"十二五"国家重点图书出版规划项目

中国近现代原创型教育家研究丛书

总主编　宋恩荣　李剑萍

教育家康有为研究

李剑萍　杨　旭　著

山东人民出版社

国家一级出版社　全国百佳图书出版单位

图书在版编目（CIP）数据

教育家康有为研究/李剑萍，杨旭著. —济南：
山东人民出版社，2016.1
（中国近现代原创型教育家研究丛书/宋恩荣，
李剑萍总主编）
ISBN 978-7-209-09369-9

Ⅰ．①教… Ⅱ．①李… ②杨… Ⅲ．①康有为
（1858—1927）—教育思想—研究 Ⅳ．①G40-092.6

中国版本图书馆 CIP 数据核字（2015）第 317704 号

教育家康有为研究

李剑萍　杨　旭 著

主管部门　山东出版传媒股份有限公司
出版发行　山东人民出版社
社　　址　济南市胜利大街 39 号
邮　　编　250001
电　　话　总编室（0531）82098914
　　　　　市场部（0531）82098027
网　　址　http://www.sd-book.com.cn
印　　装　山东临沂新华印刷物流集团印装
经　　销　新华书店

规　　格　16 开（169mm×239mm）
印　　张　25.5
字　　数　400 千字
版　　次　2016 年 1 月第 1 版
印　　次　2016 年 1 月第 1 次
ISBN 978-7-209-09369-9
定　　价　63.00 元
　　　　　如有印装质量问题，请与出版社总编室联系调换。

总　序　原创型教育家的文化自觉与中国现代教育体系之形成

李剑萍　杨　旭

一、教育家研究之研究

创新型教育、创新型人才培养呼唤创新型教育家。教育家研究是教育史研究中既经典又常研常新的课题,而"创新型教育家"研究迄未得到应有的重视。

几乎每一本通史类、综合类教育史或教育思想史著作,都列专门章节研究著名教育家的思想和实践,甚至将教育思想等同于教育家的思想。近一二十年来,近现代教育家的研究实际是沿着四个路向展开的。

一是中国近现代教育家研究走向系列化、精细化。系列化的代表性成果有宋恩荣主编的 23 卷本《中国近现代教育家系列研究》(辽宁教育出版社1993—1997年版),被教育学界高度肯定。厦门大学潘懋元教授称该研究"规模宏大,成果丰富,意义深远";华东师范大学孙培青教授称其"在近代教育史研究中是前所未有的,确是一项新创举";北京师范大学王炳照教授誉其"是国内首次有组织有计划地对中国近代重要教育家进行深入、全面、系统地个案研究的重要成果"①。另有,美国 General Books LLC 2010 年出版的 *Chinese Educators*,内收蔡元培、胡适、盛宣怀、马相伯、张伯苓、于右任、马君武、蒋梦麟、陶行知、傅斯年、罗家伦、钱伟长等 79 人的传记,以及中国高等教育学会组编的《共和国老一辈教育家传略》(高等教育出版社 2008 年版)等。所谓精细化,是指除了扩大研究视野之外,还出现从校际、地域等视角研究教育家的倾向,如刘国生主编的《从清华走出的教育家》(内蒙古文化出版社 2012 年版)、俞可著的《海上教育家》(文汇出版社 2010 年版)等。

二是研究外国教育家及其对中国的影响,并与教师培训培养相结合而走向普及化。从早期的中央教科所比较教育研究室编写的《世界著名教育家》(贵州人民出版社 1989 年版),到代表性的赵祥麟主编的《外国教育家评传》(上海教育出版社 1992 年第一版),以及刘传德著的《外国教育家评传精选》(北京师范大学出版社 2006 年第三版)、霍力岩等编著的《影响新中国教育的外国教育家》(天津教育出版社 2009 年版)、汪明帅主编的《常青藤:一本书读懂世界教育家丛书》(中国青年出版社 2011 年版)等,此外还有弗兰克·M.弗拉纳根著、卢立涛等译的《最伟大的教育家:从苏格拉底到杜威》(华东师范大学出版社 2009 年版)等,都表明了常研常新和普及化的态势。

三是更加清晰地提出了学习教育家智慧、精神的命题,并出现了一些对教育家进行总论性、本体性研究的成果。从早期余立主编的《校长教育家》(同济大学出版社 1988 年版)到后来殷爱荪等主编的《校长与教育家》(福建教育出版社 2004 年版),学习教育家的智慧、精神、风骨尤其突出了两个重点,一是对民国教育家寄予了某种理想化的观念,如智效民著的《民国那些教育家》(四川科学技术出版社 2013 年版)等,二是开始关注当代教育家,如袁振国编著的《这就是教育家:品读洪宗礼》(教育科学出版社 2009 年版)、张彦春等主编的《16 位教育家的智慧档案》(华东师范大学

---

① 参见潘懋元、孙培青、王炳照、张瑞璠、董宝良、杨东平等教授对《中国近现代教育家系列研究》评审鉴定意见书手稿。

出版社 2006 年版)、张康桥编著的《在教育家的智慧里呼吸》(华东师范大学出版社 2012 年版)等。由此,出现的总论性、本体性研究的代表性著作,有孙孔懿著的《论教育家》(人民教育出版社 2006 年版)等。

四是研究方法趋于多样,试图借鉴其他学科的方法从新的角度挖掘教育家的深层性东西。如从心理史学视角有胡志坚著的《教育家心理史学范式研究》(社会科学文献出版社 2007 年版),从生活史角度有路书红开展的"中外教育家的生活史研究"等。

以上表明,教育家研究这个经典领域保持了常研常新的态势,或者说保持了研究成果数量增加的态势,这主要是由研究者增多、出版业繁荣、成果普及化所推动:一是集众人之力把单个教育家的研究整合成系列成果;二是拓展新的研究领域,把一些未被关注、曾经湮没的教育家发掘出来;三是研究成果普及化,除了专业研究者之外,中小学教师成为重要的受众。当然,从学术史的角度考察,更有价值的还是运用新方法、新范式对于教育家的新认识、深认识,这种努力现在还处于尝试之中,系统性的创新之作还在期盼之中。这些态势,从蕴含着更大信息量的论文数据库中可以得到进一步印证。

近年来,关于"教育家"的研究论文数量呈现快速增长态势。在"中国知网"的"期刊论文"数据库中,以"教育家"在论文题目(篇名)中精确检索(截至 2015 年 6 月 25 日)发现,1990 年至 2000 年仅 589 篇,2001 年至 2010 年达 995 篇,2011 年至 2015 年 6 月已达 806 篇。同样,"硕博士论文"数据库中,以"教育家"为"题名"进行检索(截至 2015 年 6 月 25 日),检索到 41 篇,其中,2001 年至 2010 年仅有 8 篇硕士论文、1 篇博士论文;其余 32 篇都是 2011 年以后的,但其中博士论文也仅有 3 篇,这表明虽然数量增多,但原创性高水平成果仍缺乏,并且,在 41 篇硕博论文中,有 20 篇是针对被冠以"教育家"的某人的研究。

这种快速增长乃至井喷之势,表明教育家研究、至少"教育家"一词成为近时期的教育热点之一。这些研究成果,还反映出教育家研究中存在着"两大主题、两类重点、一种背反"的特点。

其一,研究的两大主题是"教育家办学"和"未来教育家培养"。它的提出既跟领导人的关注和教育实际工作的需求相关,更深层反映了当下的社会诉求和教育思潮。教育、学校愈益成为一种社会性事业,与每个家庭每个人发生着更密切更长久的联系,公众期盼愈益高涨和深切,随着教育成为社会公平公正的投射焦点,改革和发展的呼声更加强烈,进而将教育存在的问题归因为教育行政化,与之相应便呼唤教育家办学,并反思因何缺乏教育家以及如何培养教育家。可以说,这是近年来教育家研究兴起的直接背景和动因。

其二,研究的两类重点,就是关于教育家型校长和教育家型教师的培养,包括教育家型校长和教师的主要特征,教育家型校长和教师与一般校长和教师的区别,教育家型校长和教师的培养途径和方式,教育家的内在核心精神和外部成长环境等。这些研究普遍隐含的价值假设是,教育家型校长和教师是优秀的和高级的,他们具有独特的优秀品质和精神气质,这些品质和气质是可以通过培养而具备的,并且,教育家的生成和作用发挥需要一定的社会保障条件,只要经过适当培养和提供条件保障,就可以养成教育家或促成教育家的涌现。

其三,研究中的一种背反现象是,一方面感叹教育家太少,另一方面又将教育家之名泛化,所有论文中 80% 以上的被冠名"教育家某某研究"。被冠以教育家之名者,又依次集中在艺术教育(音乐、美术、戏剧等)、农业高等教育、医学高等教育、工程高等教育等 4 个领域,分别被称为音乐教育家、戏剧教育家、农业教育家、医学教育家、工程教育家等。文章、论文的作者主要是被尊为教育家的弟子或媒体人,而较少教育理论研究者。这实际反映了这些领域特别是艺术领域的师承关系和流派特点,暗示凡被称为"教育家"者自然是大家,大家的弟子自然是名门正派。由是便引发教育家的标准问题,或者说成为教育家是困难的还是容易的,叶澜等认为教育家只能是少数人的事情,王道俊等则认为大多数教师只要经过努力就可能成为教育家。

从已有研究成果来看,目前教育家研究的不足或者说今后特别值得加强之处在于以下四个方面。

一是教育家的元研究,代表着研究的自觉水平。近年来教育家研究成果的"井喷"之势,为开展元研究即研究的研究提供了基础条件。元研究一方面是对于研究成果的事实描述,包括研究对象的聚类分析(哪些人被作为教育家来研究)、研究人员的构成分析(理论研究者、媒体人、教育家的亲朋弟子等)、研究成果的类型分析(学术性、普及性、纪念性等),以及研究周期、研究成果来源、研究成果发表载体等的分析;另一方面是对于研究问题的实然分析,诸如研究成果涉及的教育家成长经历、思想基础、精神气质、教育教学理念、治校治学方法等,以及这些研究问题及其研究方法的消长变化。在此基础上,可以判断教育家研究的现有状态和发展趋向。

二是教育家的分类研究,代表着研究的细致程度。如果认为教育家是"在教育思想、理论或实践上有创见、有贡献、有影响的杰出人物"①,那么目前研究成果中被冠以教育家者,似乎大多并未达到这一标准,而更多地与研究者的情感色彩、经验因素、利益考量、比附想象相联系。有的研究者坚持教育家是极少数人的事情,成为教育家是很不容易的,无疑具有理性和规范的意义,可以防止教育家的泛化、泛滥乃至欺世盗名;有的研究者主张成为教育家并不很难,只要具有成为教育家的理想就可能达到,这在呼唤教育家的时代,可以激发教师、校长提升愿景以及形成造就教育家的氛围,而从现实来看,也确实正在涌现出一批具有教育家水平的优秀教师和校长。正因为此,教育家趋于分类分层,教育家的标准也趋于多元,分类研究不同的教育家及其标准,可能比坚持教育家的唯一标准去争论什么人是教育家或成为教育家的难易,更为迫切和更有价值。

三是教育家的"行为·目的·情境"权变关系研究,代表着研究的深入程度。目前大多成果还集中在"教育家特质"研究阶段,即试图找出教育家独特而卓越的品质素质,或者说教育家优异于一般教师和校长之处,研究往往采取描述和归纳的方法,对于教育家的特质进行罗列或者归类。这种研究成果可能存在两个问题,一是罗列的各种特质简则以偏概全,多则繁冗寡要,且难以进行实证归因;二是这些特质之间往往是相互矛盾的,包容谦和与霸气决断、理性内敛与感性外露等相矛盾的特质,可能鲜明地存在于不同教育家身上。于是,教育家研究的深化方向,便指向教育家在特定的约束条件、组织情境中,为了实现教育教学目的而采取的卓越行为,

① 顾明远主编:《教育大辞典》(增订合编本)(上册),上海教育出版社1998年版,第755页。

以及这种行为与目的、情境之间建立起的权变关系范式。所有教育家的永恒目的或职责就是育人,但不同时期、不同组织,所要解决的重点问题不同,或是更新教育教学理念、创新体制机制、改革课程教学、促进教师专业发展,或是解决办学条件、办学体制等,这些问题又是相互交织、相互影响的,同时教育家面临的组织情境、所能运用的组织资源也不相同。正是在这些多因素变量中,教育家才凸显出高超的智慧、卓越的策略和鲜活的人格特征,这才是教育家之所以成为教育家之处,也是教育家研究值得深入之处。

四是教育家的本体研究,代表着研究的质量水平。教育家研究要从数量繁荣走向学术深入,实现的基本策略是从两方面"返本开新"。一方面是回归教育家这个本,此乃根本之根本,无论古今中外、高层草根、主流另类,必须首先是教育家,从这个意义讲,研究教育家也是"去水分"、披沙拣金的过程,也是甄选出真正教育家的过程。另一方面是回归教育家思想和实践这个本,无论采用何种新方法、新视角、新范式,既要视野宏阔,跳出教育看教育家,发现教育家与社会的广泛联系和深层关系,又要避免泛化,丧失教育的自身立场;既要深入发掘教育家,又要避免过度解释,回到教育家史料的本身,无论文献的还是田野的。

二、教育家的类型与原创型教育家

教育家的类型可以按照不同标准进行划分。从其生活年代、活动时间来看,可以分为古代教育家、近代教育家、现代教育家、当代教育家等。这种划分的意义,一是任何教育家都带有时代烙印,也是时代教育精神的凝缩和代表,认识了一个时代的教育家便可高效地认识那个教育家所处时代的教育精神,在丰富教育历史认识中提升自己的教育智慧;二是某个时代的教育家就是要解决所处时代的教育问题,这些问题往往是那个时代特有的、必须解决又为那个时代教育家所解决了的,后代教育家可以在传承中超越,在扬弃中创新。后代教育家与前代教育家的思想关系,可以是继承性的、超越性的、批判性的甚或断裂性的。断裂性关系,即一个国家在社会和教育进程中出现明显断裂,后时代与前时代是非延续、非继承乃至否定性的,譬如殖民地国家模仿宗主国建立的教育体系与本土原生教育体系之间,后代教育家与前代教育家在学缘、思想和行动上是相对独立的。而其他几种关系,无论继承性的还是超越性的、批判性的,都具有广义上的继承性。狭义的继承性关系是一种延续性、顺向性、量变为主的继承,超越性关系是一种断续性、虽顺向但以质变为主的继承,批判性关系则是一种非顺向性(逆向或歧向性的)、针对前代教育家问题的继承。正是这种广义的继承性,为教育家的时代类型划分赋予了深刻而现实的意义,从教育家的代际起承转合、消长嬗替之中,可以寻绎出不同代际教育家的创新性之所在,可以说教育家智慧的形成,苦功夫是对自己教育实践的哲学思考,捷径则是向前代教育家的学习。

从教育家的活动和影响范围来看,可以分为地方性的、全国性的和世界性的教育家。教育家的实践活动范围与其影响范围,既有一致性也有区别,前者相对清晰和稳定,后者则有模糊性和变动性。教育家在一个时段只可能在一个相对固定的范围、场域开展实践活动,实践活动范围的大小取决于:一是场域自身的大小,既指场域的地理、物理空间也指场域的文化、思想空间。由于现代场域的联结性和虚拟延伸性,一般来讲,城市的教育家比乡村的教育家实践活动和影响范围都相对更大。二是场域变换的频度。同样条件下,教育家保持适度的场域变换频度,影响范围也相对更大。三是场域的典型性和辐射力。教育家同样是在乡村,具有文化样本意义的乡村影响力就更大,同样是在城市,省会、首都、中心城市乃至世界性、全球性城市,其影响就远超一般城市。教育家的实践活动范围通常就包含了其影响范围,但教育家的影响力、影响范围还取决于一些内在与外部、必然与偶然因素。从外部条件看,是教育家的作用发挥和思想传播机制。在传统社会和传统教育中,教育家的影响力主要依靠著书立说、讲学立派、官方认可立名(包括自己和弟子入仕、学说成为官方意志、著作列为科举教材等)等学术性、教育性、政治性机制,相互为用、共同作用来实现;进入现代,这些作用机制又注入了新的形式,著书立说的学术性机制与现代媒体、课题立项、各类评审评奖和人才队伍建设相结合,授徒讲学、开宗立派的教育性机制与现代学校教育体系、研究生培养、学术团体相结合,官方认可的政治性机制在精神激励之外又增加了巨额的经济支持,也就是说教育家的作用机制在现代呈现传媒化、学科化、资本化(主要指知识资本)的特点,教育家的影响范围大大扩张。"世界性教育家"的概念确切讲是 20 世纪以来的事情,也因此为古代教育家的现代"复兴"提供了时代条件。从内在因素看,则是教育家所指向问题的重要性和普遍性。这些问题,一是人及教育的基本问题、永恒问题。只要还有人及教育存在,此类问题就会被反复探讨,它们一般是哲学层面的宇宙观、本体论、知识论、价值论、方法论、思维及其与教育的关系问题等。古代的大教育家行不过一地一国,而能具有现代性、世界性意义和影响,就在于他们关切的教育问题是基本性和永恒性的。二是转型时代的重大教育思想和制度问题。当此时代,旧有的思想体系已经难以解释教育的新命题,旧有的制度框架已经无法容纳教育的新要求,教育乃至整个社会从思想、理论到体制、制度都面临重整再构,这些问题往往需要做出社会性、政治性和制度性、政策性安排,解决此类问题的教育家也通常带有政治家色彩,如建议"罢黜百家、独尊儒术"和建立太学的董仲舒,系统论述"中体西用论"和规划现代学制的张之洞等。三是契合教育发展的趋向性问题,诸如非正规性学习、女性女权教育、环境教育、跨文化理解教育(和谐教育、国际理解教育、民族和解教育、宗教与文明理解教育)等。此类问题历史上曾隐含地存在却并不紧迫,而在当代和未来呈现高涨态势,前瞻性关注过此类问题的教育家便成为思想的源头。也就是说,越是关切和解答上述三类问题的教育家,其教育思想和实践可能愈加高明,愈益可能成为创新性和全国性乃至世界性的教育家。

从教育家的创造程度来看,可以分为继承型教育家和创新型教育家,创新型教育家又可以分为消化吸收再创造型、原创型教育家等。原创型教育家一般产生于历史大周期的巅峰时代或转型时代。历史大周期是长时段的,短则几百年长则上千年,或如中国历史上的汉、唐经过数百年涵养深蓄而达于历史周期的巅峰,此时所要回答和解决的是巍巍盛世的教育问题;或如春秋战国、魏晋南北朝、两宋、明清之际、近代以来,正处一大历史周期与另一周期的交汇转折之际,此时所要回答和解决的是叔季之世、新旧过渡、重整复兴的教育问题。也正因此,原创型教育家的产生具有历史集中性,有的时期大家辈出、群星璀璨,[①]其余时期又相对平稳平淡。

---

① 参见姜国钧:《中国教育周期论》,北京大学出版社 2005 年版。

原创型教育家善于以广博而深邃的文化视野,敏锐而深刻地洞察教育问题。巅峰或转型时代所蕴含的重大教育问题,为原创型教育家的诞生准备了先天的原创性要素,正因为这些问题是划时代的、前所未有的,又必然是弥漫性的、隐而不显的,能够最先、最敏感、最清晰、最深刻地认识到这些问题,即把隐含的问题予以"问题化"并在此基础上聚焦化、系统化,不仅需要天赋和机遇,更需要广博而深邃的文化视野。原创型教育家通常还具有丰富的实践积累,他们在教育实践中感受、认识和抽绎教育问题,总结、修正和检验自己的教育思想和理论,形成和发挥自己的教育影响。原创型教育家在教育实践中面临着传承与创新的先天困境,扮演着旧教育的改造者、新教育的创造者、新旧教育的锻铸者等多重角色,一方面必不同于既往的教育主流,否则不可能成为教育创新者、原创者,另一方面代表着教育发展的主流方向,不可能专事批判、破坏而不顾建设,这就需要高度的实践智慧。从这个角度讲,原创型教育家乃侧身于新旧教育体系之间,从古代的孔子、孟子、朱熹、王守仁到近代的康有为、蔡元培、黄炎培、梁漱溟、陶行知等,大都曾身在教育旧体系之内,思想却指向之外的教育新体系。

原创型教育家是教育家的最高级类型或形式,其"原创性"主要体现在四个方面:原创性的时代,一般产生于长历史时段的巅峰时代或转型时代;原创性的问题,敏锐而深刻地发现并概念化时代的重大教育问题,这些问题是前所未有且无法回避的,对于这些问题的解答、解决就构成了教育历史发展的一个个必然环节;原创性的思想和实践成果,开创学理、学派或创立学校、学制,"立言"丰赡卓越、自成体系,"立功"构想深远、规模宏大;原创性的影响,不仅影响当代一时,并具永久性乃至世界性价值,值得反复研究和解读以汲取智慧。总之,原创型教育家就是那些生于原创性时代,提出原创性问题,创立原创性思想和实践成果,并具有原创性影响的教育家。

三、中国现代教育体系的解释框架和形成问题

对于中国现代教育的发生发展,我们提出"一体化说"作为一种新的解释框架。① 所谓"一体化",一指纵向一体化,即从1862年中国人自己创

---

① 参见李剑萍:《中国现代教育问题史论》(修订本),人民出版社2011年版。

办的第一所现代学校京师同文馆诞生,1904 年中国第一个现代学制"壬寅·癸卯学制"颁行以迄于今,中国现代教育是一个持续的整体过程,作为现代教育的根本形态和趋向并未终结,并将在今后较长时期继续发展。二指横向一体化,即中国幅员辽阔、人口和民族众多、经济社会发展极不平衡,各地各民族现代教育发生发展的起点、进程、速度、路径也有差异,但总体趋向相同。此点意义极为重大,就是说中国现代教育的形成与发展过程,也是中国作为现代国家重整与复兴的过程。三指外向一体化,即中国现代教育是学习、引进、吸收先发国家教育思想、制度、理论和方法等的过程,就是增进教育国际交流与合作的过程,就是挽世界现代教育于中国、推中国教育于现代世界、中国教育与世界教育一体化、中国教育复兴并为世界教育做出崭新贡献的过程。四指内向一体化,即以现代学校制度为代表的现代教育制度逐步系统化和普遍化,以书院、私塾为代表的传统教育体系逐步学校化和消融化,以教会学校为代表的外国教育体系逐步中国化和世俗化,共同建构中国现代教育体系的过程。

中国现代教育的发生发展作为一个持续的整体过程,大致可以分为两大时期、四个阶段,即以 1949 年新中国成立界分为两大时期,此前是中国现代教育体系的形成时期,此后是中国现代教育的探索和发展时期,每一时期又各分为两个阶段,共计四个阶段。从 1862 年京师同文馆设立至 1927 年南京国民政府成立前是早期现代化阶段;从 1927 年南京国民政府成立至 1949 年新中国成立前是多元互动阶段,包括以党国化、制度化为特征的国民政府的教育建设与教育统治,以革命化、大众化为特征的中国共产党领导的革命根据地教育,以教育救国、杜威教育思想中国化为特征的民主主义教育家们的教育改革与教育试验,还包括教会学校的中国化和世俗化,私塾教育的学校化和消融化。从 1949 年新中国成立到 1984 年是转折与探索阶段,在新的社会制度基础上和毛泽东思想指引下,曲折地探索了什么是社会主义教育以及如何建设社会主义教育两大问题;1985 年中共中央印发《关于教育体制改革的决定》和 1986 年颁布实施《中华人民共和国义务教育法》以来是新型现代化阶段,开始在改革开放和全球化的环境中,建设和发展中国特色的现代化教育体系。

中国现代教育是在三个层面依次启动,多层互动,整体联动的。一是学校层面,包括现代学校的产生,学校类型的丰富,以及学校课程、教学和师生观念、角色、活动的现代趋向等;二是教育制度层面,包括现代学制的建立,现代教育行政体制和教育管理制度的形成与调适等;三是教育思想层面,包括先觉者和领导者的教育思想、教育家的教育思想与理论、社会公众的教育观念、官方教育思想即教育方针及其政策化等。从世界范围来看,各国现代教育的发生发展大致可以分为五种模式,第一种是以西欧国家为代表的先发内生型教育现代化模式,第二种是以美国、日本为代表的学习先发国家而自我创新的教育现代化模式,第三种是以印度等亚非拉殖民地国家为代表的主要移植原宗主国体制的教育现代化模式,第四种是以部分中东国家为代表的在政教合一体制基础上发展起来的教育现代化模式,第五种就是以中国为代表的在本土基础上学习外国而走自己特色道路的教育现代化模式。可见,不同国家的教育现代化不能简单分为先发内生型、后发外源型两类,而是有着不同模式,每一大模式又可细分为不同的小模式,它们在全球化浪潮中相互联系更加密切,相互影响更加广泛,使得世界教育一体化不是单一化而是多元化、丰富化。也正是从这个意义上讲,一方面,中国现代教育是中国教育与世界教育一体化的过程;另一方面,中国现代教育又是世界教育一体化中独具代表性的一极,具有独特价值,中国现代教育应彰显光大此种价值,这是中国现代教育的全球价值和使命。

以上的"一体化说"解释框架,可以概括为"一体多向、二期四段、三层第五模式"。在中国现代教育发生发展的第一时期即体系形成时期,中国现代教育面临的重大问题或称中国现代教育的形成问题主要是:

其一,培养什么样的人即教育目的、教育方针问题。这是中国现代教育形成的核心性问题,其他问题是由此衍生和为此服务的。它在起初,既不像欧洲那样经历过一个宗教改革和文艺复兴的人本主义启蒙过程,也不是中国传统社会和传统教育自我发展、自我生发的结果,而是由于传统教育所培养的传统型人才无法应对严峻的外患内忧的紧迫需求而倒逼产生的,是外铄性和社会性的。也因此,这个问题经历了由培育精英化"人才"向养成现代性"国民"再到培养合格的"人"的转变,经历了由偏重政治化的"社会人"到全面发展的"知识人"再到综合中国人、现代人、世界人的"文化人"的认识发展。

其二,建立和发展学校教育即教育制度、教育体制问题。这是中国现代教育形成的结构性问题,是实现教育目的、教育方针的制度设计和制度选择。它在经历了起初的创设新式学校、建立现代学制和现代教育行政体制两步之后,便遇到三个更深层次问题:一是现代学校的内涵性建设。只有具备了现代课程教学和师生行为观念才是真正的现代学校,因此在中小学校要进行现代性的课程改革和教学实验,在大学要引入大学精神和科学研究。二是教育普及,确切地说是普及学校教育。学校教育的制度化优势也兼具高成本压力,在人多地广、一穷二白的当时中国如何普及教育,始终是必须直面的两难问题,面临采取单一的制度化教育还是融通制度化与非制度化教育的选择。三是对于旧教育、传统教育的认识和态度。传统教育既是现代教育的对立面,又是现代教育的参照系,甚至在现代教育中传统教育不会根除,只会通过传统教育的现代化转换成为现代教育的必然构成。

其三,教育与社会的关系即教育与社会改造、社会建设问题。这是中国现代教育形成的功能性问题。中国现代教育是在社会转型之际应需而生、应运而生的。正因为传统社会及其教育已经不能应对早期现代化的需要,所以必须在其之外引进和建设一套现代教育体系,而现代教育的发生发展又是以传统社会的改造、现代社会的建设作为基础和目的之一的。这就决定了中国现代教育形成时期在与社会的关系上呈现三个特征:一是偏重社会本位的教育,即在人与社会的关系方面更加关注后者,通过人的社会化来造就"新民"以改造旧的社会、缔造新的社会,注重人的社会工具价值,相对忽视人的自身意义和人的个性化;二是教育社会化,教育改造旧的社会、缔造新的社会的前提和途径,就是教育必须与社会实际、社会实践相联系,这一时期出现了形形色色的"教育救国论"者和教育试验运动,甚至在教育社会化中出现了轰轰烈烈的教育运动化、教育政治化,教育成为社会运动和政治活动的工具;三是社会教育化,社会改造论、社会建设论的教育家们提出的社会方案,几乎无一不是教育化的,即在教育社会化的同时社会教育化,按照教育的模式、体系去组织和构建新的社会体制,把教育社会化与社会教育化作为理想的教育和社会状态。

其四,教育与文化的关系特别是教育与中西古今文化的关系问题。这是中国现代教育形成的深层性问题。教育与文化密不可分,是文化的一部分,教育传承创新文化并受到文化的规定制约。中西古今文化的关系及其与教育之间的关系,可以归结为外来文化本土化、传统文化现代化、中华文化世界化三大命题。虽有所谓传统文化本位主义者和全盘西化论者,实际上都是基于自己的立场,对中西古今文化的关系命题进行着自己的思考和解答。对于外来文化和外国教育理论,通常采取实用主义态度加以选取、改造和利用,即所谓"洋为中用";对于中国传统文化和传统教育理念,也往往站在现实主义立场予以延续、变换和使用,即所谓"古为今用",两者共同构成了教育与文化关系的民族化、现代化趋向,此点从 20 世纪 30 年代以后表现得尤为明显。

其五,教育哲学特别是知识价值论、认识论与教育的关系问题。这是中国现代教育形成的基点性问题。什么知识是有价值的或是最有价值的,如何认识有价值的知识或如何认识这些知识是最有效率的,便构成教育中教什么、学什么和怎样教、怎样学的问题,亦即课程和教学问题。在中国哲学传统中,本体论多与修养论相合一,即本体论道德化,宇宙观多倾向朴素唯物主义或带有人格化特点的唯心主义。而且,在实用理性的传统惯性和社会问题导向的现实需求作用下,现代教育家们的哲学思考是较少以本体论和宇宙观作为出发点的,而多是直接从知识价值论、认识论层面切入,并在课程教学哲学上呈现两个鲜明的倾向:一是在课程上,重视社会性、实用性、生活化、大众化的知识,二是在教学上,强调理论联系实际,与社会实践相结合,为生产生活服务。这一方面改变了中国传统教育教学与现代社会、现代生活相脱离的问题,另一方面也使得社会本位和工具主义进一步强化,这也是杜威实用主义教育理论之所以能在中国流行的深层原因。

四、原创型教育家的代际分期与中国现代教育体系的形成问题

在中国现代教育体系的形成时期,堪称原创型教育家者主要有张之洞、康有为、蔡元培、黄炎培、晏阳初、梁漱溟、陶行知、陈鹤琴等。就其原创性教育贡献和教育影响来看,张之洞、康有为属于以维新运动和新政改革为背景的晚清一代,蔡元培、黄炎培属于以辛亥革命和新文化运动为背景的民初一代,其余四人属于以国内革命和全面抗战为背景的民国中后期一

代。以上八人历时半个多世纪,大约算是三代教育家。

由于中国的早期现代化是一种急剧突变式的"压缩"了的现代化,八位教育家也可以算是两代半人。蔡元培、黄炎培作为第二代,其创新性教育影响发轫于清末,从辛亥革命后到20世纪20年代后期持续约20年;第三代则在20年代前期崭露头角,20年代后期开始形成较大影响,三四十年代成为主角。第二代的两人,与第三代的主要重叠期在20年代中后期,进入30年代他们虽然依然活跃并发挥重要影响,但已经主要是社会政治活动家的身份了。第三代的四人,生年奇迹般地顺差一岁,除了陶行知突发脑出血中年而逝,其余三人又都出奇地长寿,他们作为原创型教育家的光耀之时是在20世纪三四十年代,后来的人生道路、境遇虽然不同,但在当时都是民主主义教育家的杰出代表。从文化的代际传承来看,第一代的张之洞、康有为与第二代的蔡元培、黄炎培之间的关联性更多,即使康有为几近周游世界,蔡元培多年游学欧洲,也都属于传统文化的最后一代人,传统文化是他们青年所习、终生浸润、晚年所归,是他们教育改革的对象,也是他们的思想资源和文化比较的坐标系。第三代虽在童年时期受过一些传统文化的教育,但少年以后的思想和价值观形成时期,主要接受的是现代学校教育,除梁漱溟是自学成才之外,其他三人都在美国取得硕士、博士学位,受到过规范的现代思维训练和西方思想影响。由此,三代教育家的问题指向虽然都是中国的,但第一代、第二代教育家除了蔡元培,多带有中体西用、以中释西的立场,第三代教育家除了梁漱溟,多是西方教育理论,确切地说是杜威现代教育理论中国化的产物。

第一代教育家张之洞(1837—1909)和康有为(1858—1927)是亦旧亦新、从传统走向现代的一代,他们共同的历史使命是建立现代学校系统,终结传统教育制度,以及从制度安排上回应中西文化的关系和传统儒学的命运。

张之洞是洋务教育的殿军后劲、清末教育改革的总设计师、中体西用论的集大成者,三重角色既是他教育思想和实践的分期,也反映了19世纪末到20世纪前10年中国教育由传统走向现代中的巨变。他在前期,主要延续或者说复兴了早期洋务派曾国藩、左宗棠、李鸿章、沈葆桢等人的教育事业,在甲午战争失败后更加深重的民族危机中,以更大的毅力和担当兴办洋务学堂、改革旧式书院、设立新式书院,特别是在国际国内的新形势和早期改良派的新思想影响下,开始由侧重军事应对转向全面改革,洋务学堂的办学重点也由军事技术领域拓展至社会政治学科,与之相应,培养目标由"新技术人才"拓展至"新国民",办学视野由专业教育拓展至普通教育、由精英教育拓展至普及教育。这是清末全面教育改革的基础和前奏。进入 20 世纪,经历了八国联军战争和庚子赔款的剧痛,中国不得不在全面危机中开始史称"清末新政"的全面改革,包括其中的教育也在此前学校数量增加、类型增多的基础上,进行整体谋划、顶层设计,北方的袁世凯和南方的张之洞历史性地充当起设计师的角色。由于袁世凯更加侧重军政方面,张之洞调任中央后主抓教育,成为全面教育改革的总设计师,从"立新"和"破旧"两方面构建起中国现代教育的四大制度基础——颁行第一个现代学制"壬寅·癸卯学制",建立与之相应的以学部为代表的现代教育行政体制,颁布"中体西用"思想指导的新旧参互的教育宗旨,停废科举考试直至最终废除科举制度。同时,张之洞作为政治化的儒家学者和道统承继者,一方面采取通经致用、经世致用的务实主义态度,另一方面坚守道统红线和文化底线。他 1898 年撰写的《劝学篇》,奠定了其作为"中体西用"论集大成者的地位。所谓"西用"即利用、吸收西方先进的科学技术乃至管理体制,所谓"中体"即保持、维护中国的君主体制和儒家道统。他晚年认为即使君主立宪亦未尝不可,但儒家道统不能失守,既反对康有为托古改制式的今文经学曲解,更感叹进入 20 世纪在立宪与革命思潮的博弈中民主共和观念的大行其道,进而横扫孔孟之道及其精神象征孔子。其实,中国人对于孔孟儒学多采取功利主义态度,学校已兴,科举既废,制度化儒学和道统的解构已经不可避免,所以作为兴学校、废科举设计者的张之洞在晚年陷入吊诡、反思和哀叹,认为自己实际成为传统文化掘墓人,有"我虽未杀伯仁、伯仁因我而死"的自责和懊悔,正因此才有倡办存古学堂的最后一搏。当然随着他的去世、清朝的终结,存古学堂很快也就烟消云散了。但他所留下的文化命题并没有结束,他解决问题的方式是传统的,但所要解决问题的意义是现代的。如果说张之洞作为教育家完成了建立现代学校系统、终结传统教育制度的使命,而从制度安排上如何安置传统儒学呢? 他只是认识到这个命题,没有也不可能解答这个命题。

康有为是维新运动的领袖、著名的改革家和思想家,虽比张之洞晚生、晚逝约 20 年,但其教育思想和实践的辉煌期都集中在 19 世纪末 20 世纪初,与张之洞具有交集和重叠,从这个意义上讲两人属于思想上的同代人、同一代教育家。康有为与张之洞在 19 世纪最后几年的教育变革大潮当中,总体目标是一致的,就是都想兴学校、变科举,大办各级各类学校并使之体系化制度化,变八股取士为策论取士直至逐步停废科举制度,并且这些改革都必须在中央的强力领导下进行,无非康有为依赖光绪帝,张之洞乃实际掌权者慈禧太后的"手擢之人"。二人的区别就在于,张之洞是体制内的政治型教育家,康有为是体制外的思想型教育家。康有为虽以"帝王师"自命,拼命想挤进体制内却不得,即使"百日维新"期间曾短暂地进入过也未能成为核心和主流。体制外的改革家注定只是改革启蒙家和改革思想家,这也正是其意义所在。康有为的人格特点和知识结构,决定了其思想更具突破性、新锐性和挑战性、解构性,他希望构建一套新的思想和制度体系去取代原有体系,而张之洞偏重于从原有体制体系去补苴、生发出一套新的东西。这是两种不同的原创类型,或可分别名之"替代型创新"和"生发型创新"。当然,它们的共同指向是创新、是质变,前者是骤变,后者是渐变,二者即使在同一教育家身上,在一定条件下也可以转换,生发积累到一定程度就是替代。比较而言,康有为的思想更具有爆发力、震撼力,也易走向旁门左道,不见容于当道;张之洞的思想更具建设性,也更中庸、更易被接受、更具可操作性,当然思想的启蒙意义便相对逊色。"百日维新"期间,康有为虽可提出"废八股、变科举"的建议,但具体实施方案必须赖于张之洞,张之洞作为体制内、政治型、生发型创新的教育家,有学有术,有思想有担当,最善于四两拨千斤,用技术性设计解决体制性问题而不囿于技术官僚。康有为的教育原创性在于维新、孔教、大同三个方面或者说层面。维新教育是康有为作为清末改革家和维新运动"头儿"的贡献,其核心在于兴学校、废八股、变科举。但康有为与同侪的不同之处,是把维新教育作为维新变法的重要内容和途径,是想通过教育变革、维新教育来培养一批维新变法即搞资本主义一套的政治精英,这是他跟张之洞等洋务教育家的根本区别,也是他作为原创型教育家对同时代其他要求变科举、兴学校的教育家的超越。孔教教育是康有为作为文化学人的原创性建构。在 19 世纪中叶以降的中西古今文化之争中,无论何种解答方案,要想有效就必须指向中国文化问题的解决,又必须把中国文化置于世界文化的总格局中进行思考,这就容易在中西文化比较中走向中国文化本位、西方文化形式,与其说是"中体西用"毋宁说是"中本西形"。康有为正是从宗教政治学层面来思考和设计中国传统文化的时代命运、中国文化的时代使命,他把"保教"与"保国""保种"相联系,即由政府组织建立孔教并确立孔教为国教,从教义到仪式仪轨予以体系化、制度化、普及化。康有为从早年编撰《孔子改制考》直到晚年组织孔教会、创办《不忍》杂志,一以贯之,终身不懈。大同教育是康有为作为思想家的原创性贡献,对康氏的大同理想冠以"大同空想社会主义"可能更是政治家者流的现实解读和比附衍义。康有为的大同观实际是他所诠释的中国古代大同观与其流亡国外反思西方工业资本主义之弊,以及与其"天游"思想(以佛学思想为主融合了庄子一派道家思想)杂糅的产物。解读康有为的大同观,必须将《大同书》与其晚年最后一部主要著作《诸天讲》结合起来理解。他晚年所创造的《诸天讲》、天游园、天游老人等"天游"系列,实为其少年以来究研佛学思想的特质化个性化发展。至于为人所乐道的大同社会教育模式,不仅是看似严密的空想,也实非康有为措意之所在。他所关注者更在于宇宙之人(人居无限广漠之宇宙,人至为渺小,人生至为短暂)的形而上问题,这实开启蔡元培、梁漱溟同类思考的先声。

蔡元培(1868—1940)和黄炎培(1878—1965)属于第二代、民国初年一代的教育家,教育贡献集中于民国元年(1912 年)到 20 世纪 20 年代中期之前。蔡元培比黄炎培年长 10 岁,在南洋公学经济特科班与黄炎培还有师生之谊,在世时的政治地位、社会声望也远高于黄炎培,但两人的早期经历颇为相似。蔡元培是清朝翰林,黄炎培是举人,都在青壮年时期主动脱离清朝的政治体制和学术体系,游历游学国外,蔡元培甚至以访问学者身份在德国大学学习研究多年。可两人囿于自身的知识结构,对于外国思想理论文化的汲取和介绍充其量是"高级常识"级的,专深程度无法与后来的胡适等人相比。两人都极其聪明敏锐,默察世界大势,善假于势,知清廷无可救药,在清末的上海以办学为反清之掩护和张本,投身辛亥革命,分别是当时最有影响的教育派别——浙江籍教育派和江苏籍教育会派的代表,并以教育社团兼行社会政治活动,实开后来晏阳初、梁漱溟等人以教育改造社会之先河。1927年以后,蔡元培对蒋介石经历了由支持"清党"走向反对独裁的转变,黄炎培也一度被国民党通缉,后由中华职教社而组党,成为第三方势力中的重要一派。两人都成为民主斗士、社会政治活动家,黄炎培在新中国成立后曾任政务院副总理。比较而言,蔡元培的教育贡献更大,影响和意义也更深远。

蔡元培对于中国现代教育的贡献主要有三:一是1912年他作为民国首任教育总长,提出"五育并举"的教育方针,在发展了清末"中体西用"教育宗旨合理成分的基础上,更增加了美感教育和世界观教育,并以世界观教育为实体的、根本的、本质性之教育目的,"以美育代宗教",美感教育是联系隶属于政治的德智体育和超轶乎政治的世界观教育之津梁。这不仅直指中国人、中国教育过分注重实用理性之病,更是迄今对于中国现代教育培养什么样人的最深刻思考。二是1917年就任北京大学校长后,他提出大学以"研究高深学问"为宗旨,学、术应当分途而治,第一次明确了中国现代大学的科学研究职能,而且大学所研究之科学具有高深、纯粹的特点,这便为中国的大学注入了灵魂,通俗地讲就是"大学像大学"了。由是,大学必须采取"思想自由,兼容并包"的办学方针,相应进行内部管理体制改革,学科专业结构调整,师资队伍优化,学校文化建设。北京大学为之焕然一新,成为中国大学、学术和思想界之"灯塔",进而由此成为新文化运动的发源地和"五四"运动的策源地,极大地改变了中国的思想文化面貌、社会政治生态以及历史走向。溯源推始,固是由于北大所处地位及当时国内外社会环境、思想潮流所致,亦不可忽视蔡元培顺势而发之伟力。三是他秉持"教育独立"思想,并在1927年前后进行了大学院制和大学区制试验,这些试验虽因制度缺陷、人事纷争、利益博弈等仅一年多便被废止了,但教育应独立于教会、政治之外,并从经费、政策上予以保证的思想成为一大潮流。归根结底,这是要求尊重教育规律、保持教育静气,是对教育过度社会化、政治化和运动化的反动。蔡元培的超凡之处在于,一方面他作为国民党元老是广泛而深入的社会政治参与者,尤以北京大学为基地从思想文化层面推动了中国的深层变革,另一方面他又始终有意无意地采取了既非入场又非离场的"即场"态度,研究人、教育、大学的本质,可谓"教育家之教育家"、原创型教育家之首。

黄炎培对于中国现代教育的贡献主要在两个方面:一是在清末发起成立江苏教育会,并使其成为全国最有影响的教育社团,兼具政治团体性质和政党雏形,不仅在江苏的辛亥革命中发挥了很大作用,而且在 20 世纪 20 年代前期的文教界和东南政坛影响巨大。正如他自称:"这是教育性的江苏中心组织,经过几年,成为政治性的江苏中心组织……在辛亥革命洪潮中,成为江苏有力的发动机构。"[①]二是组织成立中华职教社。他由民国初年倡导职业教育的前身——"实用教育"开始,到 1917 年组织成立中华职教社,其后创办职业学校、编印报刊、举办年会等,影响不断扩大,1926年又在江苏昆山徐公桥设立乡村改进试验区。中华职教社成为被共产党争取的党派团体。黄炎培的两大教育事业——江苏教育会和中华职教社,都由教育团体走向政治团体,他自己也从教育家成为社会政治活动家,从清末在上海川沙办学,创办浦东中学,到新中国成立后任政务院副总理。他一生的教育路向,主要是指向社会改造的,通过教育来改造社会进而造福人,而教育改造社会的路径就是社团化、试验区化和社会化、政治化,即教育家们要组织起来、行动起来。在这一点上黄炎培不同于蔡元培,而更接近于晏阳初、梁漱溟,黄、晏、梁三人应该说是"教育救国"论的代表和实践家。

晏阳初(1890—1990)、梁漱溟(1893—1988)、陶行知(1891—1946)、陈鹤琴(1892—1982)属于第三代、民国中期一代的教育家。他们比蔡元培小 20 多岁、比黄炎培小 10 多岁,作为原创型教育家的集中作为在 20 世纪 30 年代及其前后。

晏阳初、梁漱溟可称乡村建设运动的双子星。晏阳初从事平民教育运动持续时间之长、影响之大,实无出其右者,包括梁漱溟。他在美国留学期间,于第一次世界大战中被教会派到法国从事华工识字教育,从此开始平民教育生涯;1920 年回国后,由平民识字运动而平民教育运动、乡村改造运动;1949 年后又在国外从事世界平民教育活动,具有世界性影响。梁漱溟所主持的乡村建设运动,则集中在 20 世纪 20 年代后期 30 年代前半期。

---

① 黄炎培:《八十年来——黄炎培自述》,文汇出版社 2000 年版,第 75 页。

所谓乡村改造、乡村建设运动,实质都是"五四"运动前后开始的平民教育运动由城市向农村的延展,由教育运动向社会运动的拓展。随着北伐战争前后社会动员向着农村的深入,以及随后开展的"中国社会性质问题论战",特别是到 20 世纪 30 年代中前期,论战重点转向中国农村社会性质,农村、农民、农业问题的严重性和迫切性引起广泛关切,国共两党以及民主主义者们对于"三农"问题探索了不同的利用和解决方案。"据统计,当时 600 多个教育和学术团体及大中专院校在全国建立了 1000 多个乡村建设试验区。"①更深层原因,也是对于当时城市化浪潮中城市大量虹吸农村资源的反思与反动。民主主义教育家晏阳初、梁漱溟分别以河北定县、山东邹平为基地开展县域试验,影响一时,是以教育运动救治"三农"问题、"教育救国"思想实践于农村或称"教育救农"运动的杰出代表,是当时的新农村建设运动中最重要一派。二人思想的共同之处在于:一是都以中国社会的重整和复兴为目的、为己任,认为近代以来在西方列强的军事打击和经济冲击下,加之中国传统社会的自然老化,传统的中国社会走向破碎和衰败,只有进行社会重整和复兴中国才有希望。二是都认为中国社会重整和复兴的难点、重点和希望在农村。农村面积和人口占中国的大多数,中国的经济社会发展水平还是农业国,在工业化、城市化浪潮中,本来就困顿的农村更陷于破产的境地,这不仅在于经济的凋敝,更在于基层组织的衰落、伦理文化的解体、人心的陷溺。中国的重整复兴包括并且必须依靠中国文化的更新复兴,而中国文化之根在农村,中国未来的新文化不可能由某种外来新文化替代,中国问题的解决要走"农村包围城市"的道路。这也是当时国共两党和民主主义派别的共同认识,只是具体路径、实施方案和效力效果有所区别。三是中国"三农"问题需要综合性的总解决方案,即所谓的乡村改造、乡村建设。中国"三农"问题是愚、弱、贫、私等并存,既有自然经济破产、民间借贷重压、疾病肆虐、游民流民问题,又有宗族社会解体、伦理道德沦丧、文化教育水平低下等问题。四是这些问题总解决的切入点、突破点就是文化教育,包括识字和扫盲教育、卫生知识普及和卫生清

---

① 郑大华:《民国乡村建设运动之"公共卫生"研究》,载《天津社会科学》2007 年第 3 期。并参见郑大华:《民国乡村建设运动》,社会科学文献出版社 2000 年版。

扫运动、科普和农业技术推广、经济互助组织，以及基层选举和政权建设、移风易俗运动、乡规民约订定、道德重整运动等，一般不出这些方面，亦即梁漱溟等人所谓的"教养卫"一体化。当时各派对于"三农"问题的解决方案基本都是综合性的，只是切入点、重点、路径和立场、目的有所区别。从切入点来看，有政治的、经济的、文化教育的之分，分别对应的是革命救国、实业救国和教育救国。晏阳初、梁漱溟等教育家，不同于卢作孚等实业家和国共两党，他们所能做的、所擅长做的就是教育。五是乡村改造建设的根本力量和关键问题在于农民的自觉自动，缺乏农民自觉自动的改造建设，就只剩一批"看热闹者"和"包办者"。平教会、乡建派等干部只是组织者、辅导者、帮助者，尽职而不越位，指导而不包揽，由此，乡村改造建设的关键在于发动农民，发动农民的利器在于教育农民。以上，就是当时晏阳初、梁漱溟的思维逻辑。在这种逻辑下，他们及其所领导的乡村改造、乡村建设必然走向社会化、运动化乃至政治化、政党化，既与当时国民党推行的新县治运动相因应，也如 1940 年 10 月 20 日中共中央宣传部所发的《关于向全国教育界各小派别小团体推广统一战线工作的指示》中所说："教育界各小派别中，以陶行知所领导的生活教育社，黄炎培、江问渔所领导的中华职业教育社，晏阳初、陈筑山所领导的平民教育促进会，梁漱溟所领导的乡村建设派等最有历史和地位。"①可见，他们的出发点和目的，都是社会的而不仅仅是教育的。

值得注意的是，晏阳初、梁漱溟对于自己的事业和理念都有着宗教家般的执着。作为基督徒的晏阳初是入世式的，他读的是教会学校，去欧洲从事华工教育是受教会派遣，回国后从事平民识字教育也是从基督教青年会起步的；作为新儒家的梁漱溟深研佛学而自称不是佛教徒，内热外冷，满腔热忱中装着坚毅的冷静。或许由于这种宗教性背景，二人都从文化层面去发现、发掘、解答、解决乡村改造和建设问题，他们既是行动的又是思考的，既是社会的又是文化的，相对于同侪更加坚定和深刻深沉。他们身上有一种信仰的力量，这种信仰来自于他们对于中国社会的文化认识、文化解读和文化图景建构。也正因为这种带有先验性、想象性的文化范式，使

---

① 中央档案馆编：《中共中央文件选集》（第 12 册），中共中央党校出版社 1991 年版，第 536 页。

得他们的乡村改造和建设理路带有主观性,成败毁誉参半。

晏阳初认为乡村建设的根本在于开发"脑矿",发挥"民力",发扬"国族精神",以实现"民族再造"——"它的发生完全由于民族自觉与文化自觉的心理所推迫而出"①。"它对于民族的衰老,要培养它的新生命;对于民族的堕落,要振拔它的新人格;对于民族的涣散,要促成它的新团结新组织"②。"当今日全世界新旧文化过渡的时期,我中华四万万众多的人民,承五千余年文化丰富的历史,正当努力发挥新光彩,以贡献于全世界"③。由此,我们将其平民教育原则概括为"三四四四",即采取学校式、社会式、家庭式三种教育方式,实施"四大教育"以治"四病",以文艺教育治愚,以生计教育治穷,以卫生教育治弱,以公民教育治私,培养兼具知识力、生产力、健康力、团结力"四力"的"新民"。梁漱溟作为文化学者、文化大家,对于中华文化的思索更为深邃,也更带有先验性。他认为中国社会的特征是"伦理本位,职业分立,没有阶级分化","士人即代表理性以维持社会者"④,中国乡村衰败的原因在于组织涣散,而乡村组织"必须以中国的老道理为根本精神","发挥伦理关系,发挥义务观念"⑤,即西方社会是以法律精神或曰契约关系、选举程序组织起来的,而中国社会是基于伦理的,变契约关系为伦理关系,变权利观念为义务观念。"乡村建设,就是要先从乡村组织做起,从乡村开端倪,渐渐地扩大开展成为一个大的新的社会制度,这便叫做'乡村建设'。"⑥而乡村组织要从两方面入手,一是"乡约"的补充改造,二是成立乡农学校。乡约类似于乡村自治宪法,乡农学校是乡

---

① 晏阳初:《十年来的中国乡村建设》(1937 年),见宋恩荣总主编:《晏阳初全集》(第 2 卷),天津教育出版社 2013 年版,第 79 页。

② 晏阳初:《农村运动的使命及其实施的方法与步骤》(1934 年 10 月 10 日),见宋恩荣总主编:《晏阳初全集》(第 1 卷),天津教育出版社 2013 年版,第 225 页。

③ 晏阳初:《平民教育的宗旨目的和最后的使命》(1927 年),见宋恩荣总主编:《晏阳初全集》(第 1 卷),天津教育出版社 2013 年版,第 105 页。

④ 梁漱溟:《乡村建设理论》(1937 年 3 月),见《梁漱溟全集》(第 2 卷),山东人民出版社 2005 年版,第 167、170、185 页。

⑤ 梁漱溟:《乡村建设大意》(1936 年 1 月),见《梁漱溟全集》(第 1 卷),山东人民出版社 2005 年版,第 665 页。

⑥ 梁漱溟:《乡村建设大意》(1936 年 1 月),见《梁漱溟全集》(第 1 卷),山东人民出版社 2005 年版,第 720 页。

约的整体表现,是"推动设计机关",并将此新的机关"嵌入"现行的基层体制当中。① 乡约以"向上学好"为目标,教养卫一体化,以教育为龙头。乡农学校由学众、学长、学董、教员等组成,主要负责两项工作,一是"酌设成人部、妇女部、儿童部等,施以其生活必须之教育",二是"相机倡导本村所需要之各项社会改良运动(如反缠足、早婚等),兴办本村所需要之各项社会建设事业(如合作社等)"②。从这些意义来讲,无论喝过洋墨水、与美国联系密切的基督徒晏阳初,还是自学成才的本土学者梁漱溟,都是在世界一体化大潮中、在中西文化范式比较中的中华文化本位论者、中华文化复兴论者。这是信仰的作用和力量。至于中西文化的原貌是否果真如此,则见仁见智。社会基层的契约关系果真不蕴含伦理关系吗? 伦理关系不也是一种契约吗?

陶行知、陈鹤琴与晏阳初、梁漱溟同属第三代教育家,却类型不同。

陶行知是当时民盟的中央常委,是当时民族民主运动和社会政治活动的积极投身者,但比较而言他更偏为职业型的教育家。这主要体现在两个"一以贯之"的方面。第一个"一以贯之",是他从事平民教育、乡村教育、普及教育、国难教育、全面教育到民主教育,与时俱进,不断从社会大变局、大格局来思考教育问题、提出教育的"新名词",也曾希冀教育救国、通过教育改造社会,但他在教育与社会之间楔入了一个变量——"新人",即通过培养千千万万新人来缔造一个新社会。晏阳初、梁漱溟在教育与社会之间也有一个变量——"新民"。"新人"与"新民",一字之差,立意迥异。而且陶行知关注的重点在于中间变量的"人",晏阳初、梁漱溟关注的重点在于教育所缔造的新乡村和新社会,所谓新民只是新社会的组成分子,培育新民只是构建新社会的一个过程、步骤乃或工具而已。无论"平民"教育还是乡村改造、乡村建设,都只是一套基层社会组织建构理论,是社会学的、政治学的,是着眼社会重构再造、社会本位的,他们都没有提出一套相对完整的创新性的育人理论体系。这不仅是社会活动型教育家晏、梁的不

---

① 梁漱溟:《乡村建设理论》(1937年3月),见《梁漱溟全集》(第2卷),山东人民出版社2005年版,第320—366页。

② 梁漱溟:《乡村建设大意》(1936年1月),见《梁漱溟全集》(第1卷),山东人民出版社2005年版,第672页。

足,更是中国教育早期现代化时期乃至整个中国现代教育时期教育家的群体性缺陷。在近代原创型教育家中,真正自觉而一贯地思考育人问题者,前有蔡元培,后有陶行知和陈鹤琴。这本身就是一个值得思考的命题——教育本是育人的事业,教育家本是育人的大师,而原创型教育家们因何较少立足于研究育人呢? 第二个"一以贯之"就是他的生活教育论。陶行知曾说:"我们是发动了四个教育运动,即乡村教育、普及教育、国难教育、战时教育。这四个运动只是一个运动的四个阶段。这一个运动便是生活教育运动。"①所谓"生活教育是生活所原有,生活所自营,生活所必需的教育。教育的根本意义是生活之变化。生活无时不变,即生活无时不含有教育的意义。因此,我们可以说:'生活即教育。'到处是生活,即到处是教育;整个的社会是生活的场所,亦即教育之场所。因此,我们又可以说:'社会即学校'"②。他又说,"教学做合一","教和学都以做为中心","做是在劳力上劳心",生活教育必以生活工具为出发点。生活教育特质是生活的、行动的、大众的、前进的、世界的、有历史联系的;培养的人的特征是康健的体魄、农人的身手、科学的头脑、艺术的兴趣、改造社会的精神。③ 陶行知是他的老师、美国著名教育家杜威的现代教育理论在中国的重要引进者、传播者和修正者、发展者,一方面他批评杜威所倡导的"教育即生活""学校即社会"只是在学校里模仿社会生活、是虚拟的生活,并未真正将教育与生活融为一体,把杜威的名言"翻半个筋斗",另一方面他的生活教育论又是杜威现代教育理论中国化修正的产物,它既是指向中国教育问题的、总结和应用于中国教育实践的、中国化形式的,又与当时世界上方兴未艾的杜威现代教育理论相接轨。那些只看到陶行知对杜威理论的批评、强调生活教育论与杜威教育理论的区别者,我宁愿相信他们是出于非学术的深意,而没有领会杜威及其实用主义教育学在中国广泛传播的内因正在于其与中华文化、中国知识分子

① 陶行知:《告生活教育社同志书》(1939年3月25日),见董宝良主编:《陶行知教育论著选》,人民教育出版社1991年版,第520页。
② 陶行知:《生活教育》(1934年2月16日),见董宝良主编:《陶行知教育论著选》,人民教育出版社1991年版,第390页。
③ 参见陶行知:《生活教育之特质》(1936年3月16日),见董宝良主编:《陶行知教育论著选》,人民教育出版社1991年版,第462—464页。

精神、中国教育传统、中国现代教育问题的内在契合。[①] 陶行知的生活教育论是理论的又是行动的、是中国化的又是世界性的、是通俗的又是现代的，标志着中国现代教育理论的形成。此前的教育家可以称为教育实践家或教育思想家，但无一堪称教育理论家者。

　　陈鹤琴是中国近代教育家中的最后大师，也是最为专业化的教育家。长寿的他虽亦参与政治，但与实际参与最重要的第三党——民盟创建工作、曾任民盟秘书长和机关报《光明报》创办人的梁漱溟不同，也与曾任民盟中央常委、积极投身民族民主运动的陶行知不同，他曾任民盟中央常委，主要是荣誉性的，其实际最高官方职务就是新中国成立后长期担任南京师范学院院长，无论 1949 年前后，包括 20 世纪 50 年代批判陶行知进而批判他的"活教育"的时候，他都是被当作教育家，尤其是幼儿教育家看待的。陈鹤琴作为教育家的主要贡献，在于幼儿教育、家庭教育以及幼儿心理发展和测量研究三个方面。幼儿教育是最主要、最基本也是原创性的，家庭教育是幼儿教育在家园联系方面的必然延伸，幼儿心理发展和心理测量是幼儿教育的科学基础，是当时科学教育运动的成果之一。发轫于新文化运动时期的科学教育运动包括科学的教育化和教育的科学化两方面，前一方面主要是由任鸿隽等科学家和中国科学社等科学团体来倡导和实施的，后一方面则主要由教育家来承担。教育的科学化又包括教育教学试验运动、学业成绩和智力测量运动、儿童心理发展和测量研究等三方面，儿童心理发展和测量研究又是前两方面乃至整个教育科学化运动的基础，中国的儿童发展心理学进而教育心理学乃至心理学研究主要是沿着这条路径发展起来的。只是由于现代学科的分化，中国近代最有成就的心理学家艾伟等人，主要精力还是集中于心理学领域的研究，教育实验或教育试验不过是其心理学理论的实证来源和验证场，他们并没有把儿童发展和教育改造作为自己的主要目的。而陈鹤琴心理学功力深厚，既是心理学家又是教育学家并以幼稚园的教育实践统合二者，终成为以幼儿教育家知名的原创型教育家，构建起中国特色的幼儿教育理论体系。他相对于大多的心理学家是积极致力于教育行动的，相对于前辈教育家又是经过了科学思维训练和具

[①]　参见李剑萍、杨旭:《中国现代教育史》，人民教育出版社 2011 年版，第 208—213 页。

有深厚心理学功力的,更重要的是,相对于通常的科学型的心理学家或教育试验者,他又有着自己所秉持的哲学和价值观,即杜威现代教育理论中国化及其在中国幼儿教育实践化的产物——"活教育"。"活教育"是相对"死教育"而言的,它的"一切设施、一切活动以儿童做中心的主体,学校里一切活动差不多都是儿童的活动;教育的目的在培养做人的态度,养成优良的习惯,发现内在的兴趣,获得求知的方法,训练人生的基本技能;一切教学,集中在'做',做中学,做中教,做中求进步;分组学习,共同研讨;以爱以德来感化儿童;儿童自订法则来管理自己;课程是根据儿童的心理和社会的需要来编订的,教材也是根据儿童的心理和社会的需要来选定的,所以课程是有伸缩性,教材是有活动性而可随时更改的;儿童天真烂漫,活泼可爱,工作时很静很忙,游戏时很起劲很高兴;师生共同生活,教学相长;学校是社会的中心,师生集中力量,改造环境,服务社会"①。陈鹤琴自称:"我们要利用大自然、大社会做我们的活教材。我们要在做中教,做中学,做中求进步,我们要有活教师、活儿童,以集中力量改进环境,创造活社会,建设新国家。"②他后来把活教育的目的总结为"做人、做中国人、做世界人"。具体来讲就是,"第一是健全的身体;第二是要有创造的能力;第三是服务的精神;第四是要有合作的态度;第五是要有世界的眼光"③。可见,陈鹤琴教育哲学的主旨是指向幼儿个体发展的,即教育的最基础和最深层,这一点与陶行知相同且有过之,超越了晏阳初、梁漱溟二人而上承蔡元培。如果说,蔡元培的人学及其教育目的观是以康德哲学为底色的,那么陶行知和陈鹤琴则是以杜威现代教育理论及其中国化为基础的,陈鹤琴在此之外又增加了一个科学主义的心理学的支撑。而且,陈鹤琴选择幼儿这一社会化程度最低且与社会改造最为间接的教育领域,专以深耕幼儿教育领域为骛,以此卓然成家,究竟是专业使然、兴趣所在抑或智慧的选择?

---

① 陈鹤琴:《活教育与死教育》(1941 年),见陈秀云、陈一飞编:《陈鹤琴全集》(第 5 卷),江苏教育出版社 2008 年版,第 21—22 页。

② 陈鹤琴:《〈活教育〉发刊词》(1941 年 1 月),见陈秀云、陈一飞编:《陈鹤琴全集》(第 5 卷),江苏教育出版社 2008 年版,第 1 页。

③ 陈鹤琴:《活教育目的论》(1948 年),见陈秀云、陈一飞编:《陈鹤琴全集》(第 5 卷),江苏教育出版社 2008 年版,第 64 页。

从这个意义上来讲,陈鹤琴无疑是中国近现代原创型教育家中最为纯粹、最为专业者。

由上可见,如果说张之洞、康有为是政治家办教育,蔡元培、黄炎培是教育家办政治,晏阳初、梁漱溟则是社会活动家办教育,通过办教育改造社会,那么,陶行知、陈鹤琴则是教育家办教育,二人都以教育家为职志,是职业型的教育家。当然,比较而言,陈鹤琴更纯粹一些,陶行知介于陈鹤琴与晏阳初、梁漱溟之间。由此亦可知,中国教育早期现代化的主要命题以及所赋予教育家的主要使命,在于制度建设方面,如兴学校、立学制、废科举等,这便为张之洞、康有为等政治型教育家提供了空间,也只有这种类型的教育家才能开辟新教育之路。也就是说,中国现代教育的生成路径不是依赖职业型的教育家及其事业的积累,只有政治型的教育家构建了现代教育的基本制度架构之后,才为相对专门的、职业型的教育家的孕育和发展提供了平台。晏阳初、梁漱溟在社会政治层级上,难望张之洞和康有为、蔡元培和黄炎培之项背,也始终没有进入政治主流,他们顺应时代潮流,眼睛向下、向乡下、向下层平民,探索教育与政治、社会、救国相结合的新领域、新突破、新路向——平民教育和乡村建设,开辟了现代教育的新空间,找到了自己的新定位,成为当时的政治型教育家和理论型教育家之外的社会活动型教育家。但二人都没有受过教育学、心理学的专业训练,其教育理论主要是社会层面或文化层面的,或曰社会学、文化学在教育领域的延伸和应用,基本未能进入教学层面,甚至严格来讲,二人是教育家、教育思想家但非教育学家、教育理论家,这无疑限制了其作为教育家的专深、纯粹、专业化程度。中国近现代原创型教育家中真正能够进入教育理论思维层面者,前有蔡元培开启端绪,及至陶行知、陈鹤琴乃臻形成。

总而论之,中国近现代原创型教育家的根本使命在于构建中国特色现代教育体系。这个体系不是中国传统教育体系自我现代化的产物,在较长时期是由于外部刺激、学习西方而建立起来的,甚至起初相当时期还将中国传统教育体系当作一无是处的批判、改造和取代对象。但实际上,在中国这样一个地广人多、历史悠久、文化积淀深厚的国家,现代教育的发生发展必然包含着现代教育中国化与传统教育现代化两个方面,两个方面既不可或缺,又是相互扭结交织在一起的,一显一隐,前者显而得到重视,后者隐而易被忽视。无论现代教育的中国化,还是传统教育的现代化,其变革的广度、深度和复杂度,从历史和世界范围来看都是前所未有的,都是原创性的。由此,更加凸显原创型教育家的重要和艰辛。

三代教育家的贡献因时代而有侧重。张之洞、康有为作为第一代的主要使命是发展现代学校、构建现代教育制度。第二代、第三代出现分化。黄炎培、晏阳初、梁漱溟是一系,主要贡献在于推动学校教育走向平民、走向乡村、走向社会。这有助于救治现代教育体系的过分制度化之弊,为封闭的、体制化的现代教育制度打开了一个新的领域,开辟了更广阔的天地,不仅把现代教育制度与当时的工农运动、社会运动相结合,而且与中国的教育传统和理念相吻合,可谓中国传统教育与现代教育在思想与实践上的化合,探索了传统教育现代化和现代教育中国化相融合的命题,只是囿于自身的经历、知识结构和学养,提出相应思想却理论基础薄弱,有思想体系而无理论体系。蔡元培、陶行知、陈鹤琴又是一系,他们无不参与当时几乎所有的教育运动,更重要的是他们开始构建起富有中国特色的教育理论体系。从这个意义来讲,他们三人是近现代原创型教育家中的三座高峰,是最伟大的教育家,是中国特色又具世界水平。

五、教育家的文化自觉与教育家成长

其一,教育家尤其是原创型教育家的高明之处或者说本质特征就在于其文化自觉,这是他们区别于一般教育家、优秀教育工作者的"金标准"。

所谓文化,虽然言人人殊、人云亦云,却也有不言而喻的共同指向,即指像空气那样无处无时不包裹着我们的一种须臾难离而不自知的氛围,或者说是"场",就是每个人在"场"中的生活状态以及与"场"的互动、交融、同构。这其中最深层的是精神生活,精神生活中最核心的又是价值观和思维方式。文化自觉是文化自信、文化自强的理性基础和指南。缺乏文化自觉的文化自信可能陷于文化自恋、文化自闭、自我文化膨胀;缺乏文化自觉的文化自强可能走向文化输出、文化侵略、文化沙文主义、文化殖民主义。所谓文化自觉,费孝通曾简捷了当地说就是要有自知之明和知人之明,最终达到"各美其美、美人之美、美美与共、天下大同"之境。当然,他更多地

是从民族学、社会学的中华民族多元一体观出发的。而从教育和教育家的角度来看,教、学、觉是同源字①,皆从"爻"得音得字。"爻"是教、学的音源,也是它们的义源,就是使人明白、觉悟之意。如果说"教"是使人明白、觉人觉他,"学"就是自己明白、自觉觉己,自觉与觉人是一体交融的,是一而二、二而一的。自觉是觉人的前提,否则就是以其昏昏,使人昭昭;觉人是自觉的施用延伸,并在看到他人的觉悟中体验成功、感受愉悦,进而体悟和深化自觉,在觉人中提升自觉。当然,被觉者的真觉、正觉,终究还是其自觉,觉人若不是为了使人自觉,则不是真正的觉人,被觉者也不可能真觉,那只能是一种不自觉的思想暗示、思想占领和思想剥夺。

相当多的教师一生都处于工作和人生的"滑行"状态,一生都处于集体无意识状态,一生都被外在所控制而不自知、不觉悟,有人偶有所觉悟却深陷其中、难以自拔、颇感痛苦。为什么相当多的教师没有自觉觉悟过呢?除了教师自身的天赋、水平因素之外,就是因为教师乃主流阶层、主流价值观的代言人,他们的第一职责是传授、传递、传播而不是转变、改变、创造、创新,某种意义上甚至不希望、不需要、不应该自觉。只有社会转型和教育转折时代,原有的"教育范式"已经难以包含、解释、规范先前和当下的教育,于是必须发生一场"教育范式的革命",才可能有不世出的大教育家、原创型教育家自觉觉人而领袖群伦。这或许正是所谓承平时代、太平盛世反而原创型教育家少见的原因。教师就是自觉觉人者,教育家就是最能自觉觉人者,通俗地讲就是"最明白的人",就是文化的智者达人。中国教师的理想境界是教育者与思想者的统一,觉人与自觉的统一,个人与家国的统一,一生自觉、一生觉人。正如孔子所谓"学而不厌,诲人不倦","吾十有五而志于学,三十而立,四十而不惑,五十而知天命,六十而耳顺,七十从心所欲不逾矩"②。教育家的理想人格状态是,既能"举世誉之而不加劝,举世非之而不加沮,定乎内外之分,辩乎荣辱之境"③,用时又有"虽千万人吾往矣"的肝胆和执着。

---

① 参见李剑萍:《汉语"教""育"源义考略》,未刊稿;王力:《同源字典》,中华书局2014年版。
② 《论语·为政》。
③ 《庄子·逍遥游》。

其二,教育家文化自觉的核心或者说重点是价值观自觉、人性和国民性自觉以及思维方式自觉。

所谓价值观自觉,就是对一系列价值命题和价值关系的理性认知和情感秉持,从逻辑上可分为认知、判断、选择和秉持等环节或层面,在实际中却是高度混合的。真正的价值观自觉是建立在认知、判断等理性基础上的情感秉持,价值选择则介于知与情之间,两者兼而有之,或者说是由知向情的过渡,既以认知为前提又是情感的发动。价值观自觉的理想模式,应是理性认知基础上的情感秉持,两者不可偏颇偏废。一般教师与优秀教师、教育家的高下立见之处在于,前者仅仅是基于情感的选择和秉持,缺乏价值观的认知、判断等理性活动,就直接在人云亦云、集体无意识中选择、秉持了某种价值观,缺乏理性的反思、澄清,这充其量是囿于情感意志的价值观盲从;后者具有在理性认知基础上的价值观秉持并能与时俱进,这才是终究的价值观自觉。这种终究秉持的价值观就是理念乃至理想信念,缺乏情感和意志难以形成理想信念。"师者,传道授业解惑也。""传道"是第一位的,教师既要善于"授业""解惑",更须以"传道"为责任和使命。所谓"道",主要不是指道德而是指"道统"。要真正理解韩愈的《师说》,必须与他的《原道》并读。《原道》是《师说》的原旨,《师说》是《原道》的推衍。韩愈作为宋明理学的先声,是"道统说"的主要发明者和首倡者。他编导了一个由尧、舜、禹、汤传至周文王、周武王再传至孔孟的统绪,孟子死后道统不传。孟子不能救之于未亡之前,他欲全之于已坏之后,就是要实现道统的复兴,以道统的继承者和挽救者自命,这里面包含了一种强烈的文化价值观秉持,并由此成为中国教育、中国教师的一个重要传统和理想。今天来看,所谓"道统"其实就是一种文化传统、文化使命。原创型教育家异于常人之处,在于无不以民族文化生命之继起复兴、发扬光大为使命,人生为一大事来、为一大事去。

所谓人性和国民性自觉,就是对于人类天性和国民文化共性的深刻自省。虽然理解两者都不可能脱离时空场域,但相对而言,理解后者时历史的理性更为突出,或者可以说,人性是国民性的基础和底色,国民性是人性在一定社会条件中的表现和具体化。理想的人性和国民性自觉状态,是在跨文化比较中对自我文化的自信性自省,以及对于异质文化的尊重性理解。人性论是教育哲学的基本问题之一,是教育活动展开的先验假设,也是中国传统教育和教育传统中最为古老恒久的话题,从孔墨孟荀等先秦诸子,以迄历代名儒大家多有论述,并以"人之初,性本善""墨悲丝染""近朱者赤,近墨者黑"等格言警句的形式普及化,成为中国教师和大众普遍尊奉的信条。一般来讲,先验道德本善论通常是与弘扬个性的个体本位教育观相联系的,先验道德本恶论或者无善无恶论、有善有恶论常是与强调教育的个体改造作用等社会本位教育观相联系的。由于中国的教育传统以及近世以降的社会现实,中国教育的主流文化是社会本位的,在人性论上也暗含着对本性之恶的改造。这种人性改造理论必然跟国民性的改造和建构具有天然联系。中国古代只讲人性而无国民性的概念,国民性是用"人心""民风"等相近词语来表示的。直到19世纪晚期,随着现代国家观念、现代民族国家概念的兴起,倡言保国保族保种保教,才开始从国民性方面反思中国落后的原因以及国民劣根性。教育的重要目的就是改造国民性、培养新国民,国民性问题取代人性问题成为中国教育的先验基础,或者说话语系统从讨论人性论问题转向了国民性问题。对于国民性最为自觉者当推鲁迅先生,其冷峻的认识、深入的剖析和犀利的表达,使人心惊、汗颜乃至不忍卒读,仿佛就在说我们每一个人,就在说我们自己。中国近现代原创型教育家无一不从人性和国民性的角度深刻认识中国人和中国教育的问题,无非有的立足于国民性以改造旧国民、造就新国民,进而造就一个新社会新国家,有的则从积极的人性论角度出发,尊重人的个性,培养健全人格,促进人的自由和谐发展,进而缔造民主自由的新中国。

所谓思维方式自觉,就是对于思考、认知、表达之方法类型的觉醒,可称"思维的思维""元思维",包括对于人类思维方式共性、民族思维方式特性、个体思维方式个性的自觉,这里主要指对于民族思维方式特性的自觉。民族思维方式是一个民族的历史传统和社会环境所造就的文化中极深层、稳定、复杂的部分,价值观和人性、国民性影响着思维方式,思维方式又表达和体现着价值观和人性、国民性。钱学森作为战略科学家也是创建思维科学部类的首倡者,不少人都熟悉他多次说过的话:"中国还没有一所大学能够按照培养科学技术发明创造人才的模式去办学,都是人云亦云、一般化的,没有自己独特的创新东西,受封建思想的影响,一直是这个样子。"①这就是通常所称的"钱学森之问",我们更愿意称其为"钱学森之答"。钱学森以其智慧不可能不知道答案,其实他也给出了答案——这就是"受封建思想影响"。这种精辟的归因,便由制度性的显性因素深入到思想思维性的隐性因素,由制度环境的外部因素深入到文化基因的内部因素,由专制政治的单因素说拓展到多因素相互作用的系统论。所谓"封建思想"即指中国传统的专制主义思想,不仅指专制主义的社会政治观和历史观,也指专制主义的知识价值论和思维方式。知识价值论与思维方式是紧密联系的,认为什么样的知识最有价值,决定了用什么样的方式去认识和表达知识。中国传统的实用理性的知识价值论,也决定了以"语录思维"为特性的思维方式。"语录思维"崇尚思维霸权,定于一尊,不必质疑;本体论不发达,经验主义盛行,急用现学、立竿见影;形式逻辑不发达,重视结论,忽视论证;尊奉实用理性,重视结果,轻视过程,是社会政治中"成者王侯败者寇"在思维领域的表现。中国传统思维方式重经验、重直觉、重顿悟、重整体、重实用的特征,不仅与基于实证、分析、演绎的现代科学思维方式不同,更在专制主义和实用理性的作用下,未能彰显其利于创新思维的一面。钱学森认为创新型人才有两大思维特征,一是高度逻辑性,一是大跨度联想,而最好的训练学科分别是数学和艺术。就个体而言,思维发展和思维方式的形成具有关键期,一旦错过关键期,用功多而见效少,事倍功半。原创型教育家对于民族整体的思维方式和特性有所自觉,高明的教师对于自己和学生的思维方式有所自觉,促其优长,补其短板,整体提升,和谐发展。

其三,原创型教育家多生于文化灿烂时代,具有广阔文化视野。

原创型教育家多产生于文化灿烂的时代,尤其是文化的碰撞、融合、转型时代,诸如先秦、宋明以及19世纪末叶以来。最富强、鼎盛、承平的时代,可能是教育事业高度发达之时,却未必是教育家特别是原创型教育家群体涌现之际,因为此时,文化转型的使命已经完成,新教育开始定型,教育事业进入一种"滑行"和量增状态。原创型教育家必具广阔的文化视

① 涂元季等整理:《钱学森的最后一次系统谈话——谈科技创新人才的培养问题》,载《人民日报》2009年11月5日第11版。

野,并沿着三个向度展开:一是纵向的即历史的文化视野,从历史演进中体察"数千年未有之变局";二是横向的即空间的文化视野,从异质、异域文化的比较中生成文化自觉;三是综合的即"教育·社会·人"的系统视野,对于教育与社会进步、国家前途、人类命运以及与"新人"的关系进行综合性文化思考。19 世纪末叶以后的教育家们正值这样的时代。从纵向来看,不仅文化积淀的丰厚度超过任何前代,先秦、汉唐、宋明都无法比拟,更为关键的是文化传承不再是沿袭延续的,而是呈现前所未有的历史大断裂乃至自我质疑、自我否定,所带来的文化焦虑感、迷茫感、痛苦感也是前所未有的。也就是说,文化自信所遭受的冲击前所未有,文化自强所面临的使命前所未有,文化自觉所面临的压迫也前所未有。从横向来看,文化碰撞交流的广度、深度和复杂性、剧烈性是空前的。它是在地理大发现、全球一体化的大背景大格局中展开的,第一次把中国置于世界体系、全球视野来思考,第一次把中国置于衰落者、落后者、蒙昧者、学习者,而西方国家乃至近邻日本才是强大者、先进者、文明者、被学习者的境地。夷夏大防的文化中心体系与万国来朝的朝贡体系一同崩溃,文化交流融合实际是在列强的武力、经济和文化侵略与中国的民族主义抗拒中进行的,这必然要求文化自觉者要有大视野、大胸襟、大智慧。从综合性来看,教育与政治、经济、军事等各个社会领域发生着前所未有的紧密联系、交互影响,教育系统自身的复杂性、精密性前所未有,教育对于人的影响的广泛性、深刻性前所未有。这是一个以新文化运动为中心的新的文化"轴心时代",胡适等人将之称为"中国的文艺复兴运动"是有道理的,如果以更大时段视野来看,其对于中国乃至世界历史的影响,意义可能不逊于欧洲的文艺复兴运动。社会文化的巨变,必然催生新形态的教育予以回应,这里便成为中国现代教育、现代文化、现代历史的起点,也是中国近现代原创型教育家涌起的原点。

与以上相联系,中国的现代教育体系是在文化碰撞中学习西方而建立起来的,必然面临两大问题,一是此种体系在中国的适切性问题,二是中国原有的传统教育体系的转换问题。前者可称为现代教育的中国化,后者可称为传统教育的现代化,两者相辅相成,也是每位原创型教育家无法回避的命题,或者说,只有思考、回答出这两大问题的解决之道者,才是真正的原创型教育家。他们相对于传统的教育家,必须置身世界一体化背景来思考中国问题,无论他们对于世界的认识还多么有限。其中,蔡元培、陶行知、晏阳初、陈鹤琴多年游学留学国外,康有为、黄炎培多年多次游历海外,张之洞、梁漱溟虽然没有出过国,但他们都从中西古今、传统与现代、中国与世界的关系角度来思考中国文化。张之洞提出著名的"中体西用论",梁漱溟从诸种文明比较中阐释中华文化的特点和前途。蔡元培更说:"教育家最重要的责任,就在创造文化,而创造新文化,往往发端于几种文化接触的时代。"①"东西文明要媒合","媒合的方法,必先要领得西洋科学的精神,然后用他来整理中国的旧学说,才能发生一种新义"②;"一战"前"以西方文化输入东方"为特征,"一战"后"以东方文化传布西方"为趋势。③

其四,原创型教育家思考的核心问题是培养什么样的人,培养文化自觉的现代中国人是教育家的最大文化自觉。

培养什么样的人是教育的根本性、原点性问题,教育的其他问题都是由此衍生并为此服务的。教育的本质是育人,育人的专门性是教育赖以存在的基础,如果失去了育人功能,专门的教育、学校就没有了存在的价值,当然,也就不会再有专门的教师和教育家。而且,现代教育从诞生起就不是一般意义上的育人,而是与人本主义启蒙运动相结合的,现代教育的育人就是启蒙人、解放人,就是培养文化自觉的人;同时,现代教育又是工业化的产物,是为了适应现代大机器生产的需要,像批量化生产产品那样生产学生,学校制度、班级授课制、集体教学等又从一个方面禁锢着、剥夺着人的文化自觉。由此,现代教育的育人功能,天然上存在着启蒙主义传统与其工具理性、功利主义传统之间的矛盾。如果说传统教育的育人功能天然上存在着自然主义传统与政治、思想、宗教控制传统之间的矛盾,那么现代教育诞生以来,这种矛盾发生了转向。在中国,这种情况与西方不尽相同且更为复杂。中国现代教育的发生,既不像欧洲那样经历过一个宗教改

---

① 蔡元培:《在檀香山华侨招待太平洋教育会议各国代表宴会上演说词》(1921年8月18日),见高平叔编:《蔡元培教育论著选》,人民教育出版社1991年版,第350页。

② 蔡元培:《杜威六十岁生日晚餐会演说词》(1919年10月20日),见高平叔编:《蔡元培教育论著选》,人民教育出版社1991年版,第240页。

③ 参见蔡元培:《东西文化结合》(1921年6月14日),见高平叔编:《蔡元培教育论著选》,人民教育出版社1991年版,第335页。

革和文艺复兴的人本主义启蒙过程,也不是中国传统社会和传统教育自我发展、自我生成的结果,而是由于传统教育所培养的传统型人才无法应对外患内忧的严峻紧迫形势而倒逼产生。一方面,传统教育中的自然主义追求与政治、思想控制之间的矛盾依然存在,甚至在新的背景下政治、思想控制更趋严密,另一方面,现代教育中的启蒙主义发育不完全、大工业需求也不充分,主要是在反帝反侵略的军事现代化需求中成长起来的,并且与战时集权主义相伴的政治集权主义始终存在,可谓传统与现代相交织,脚步和大腿已经跨入现代,而上肢尤其大脑还常常停留在传统。

这个总背景必然影响着中国现代教育培养什么样人的问题,使得培养文化自觉的人更为重要,更为复杂,也更为幽隐难识,非大教育家、原创型教育家难以探赜索隐、学究天人、卓力以成。19 世纪末叶以降,对于这个问题的认识逐渐深化,经历了由培育精英化"人才"向养成现代性"国民"再到培养合格的"人"的转变,经历了由偏重政治化的"社会人"到全面发展的"知识人"再到综合中国人、现代人、世界人的"文化"的认识发展。由此,更凸显了蔡元培、陶行知等人本主义教育家的洞识和远见。中国现代教育在培养什么样人的问题上,一直或显或隐地存在着两个普遍性问题,一是严重的社会本位倾向导致的教育"目中无人",只记得教育如何适应和服务于社会政治经济的需要,反而忘记了教育如何满足和促进人的发展,忘记了教育是做什么的,忘记了教育在根本上是育人的活动;二是"泛道德主义"倾向导致的教育"以德杀人",把主流价值观作为道德的唯一标准,把主流道德作为衡量一切的绝对尺度,仿佛占据了这个道德制高点就可睥睨六合、雄视一切,一方面,只要符合了这种道德规范其余都是细枝末节,另一方面,又容易把所有问题归因为道德问题。

其五,原创型教育家是立足于解决中国教育问题并用中国形式、中国话语系统来表达的。

中国教育现代化问题必然和必须是立足中国的,原创型教育家就是为了解决中国教育现代化问题应运而生,或者说,正因为他们立足于并分别从不同方面解决了中国教育现代化的一系列重大问题才成为原创型教育家。他们不单纯是传统教育的延续者、西方教育的速递员,他们不是"吃教育者",而是把解决中国教育现代化问题作为自己的使命。中国教育现代化问题,包括现代教育(西方教育)中国化和传统教育现代化两方面。严格来讲这种二分法是不准确的,源于西方的现代教育和带着强大历史惯性的传统教育,在现代中国的时空中化合,彼中有我、我中有彼、难分彼我、化成新我,在此意义上讲,现代中国化与中国现代化是交织在一起的。原创型教育家深刻认识和正视中国教育问题,既认识到中国传统教育已经不适应、不适合于现代世界,又认识到传统教育以其强大的教育 DNA 作用于每个中国人,源于西方的现代教育无法在中国照搬照套,必须建立中国特色的现代教育体系;原创型教育家也深刻认识和正视中国现代教育体系是中国的、也是世界的,是世界教育体系的重要组成和独具特色的一支,并应为人类教育做出特别且更大的贡献,必须具有现代意识和世界眼光,必须推旧中国于新世界、揽新世界于旧中国。原创型教育家立足解决的中国现代教育问题具有重大和深邃的特点,一是教育自身的重大体系性问题,二是教育与社会、政治、经济发展的重大互动性问题,三是培养什么样的人和怎样培养人的重大根本性问题。

原创型教育家是用中国形式来表达中国教育问题的。使用中国形式和中国话语系统来表达中国教育问题,是中国现代教育、现代教育家走向成熟的重要标志,也是原创型教育家与一般教育家、教师相区别的重要思维标志和文化标志。一个教育家只有真正形成具有自己特色的、中国式的表达方式和话语系统,才达到了文化自觉、成为原创型教育家。张之洞、康有为、蔡元培、黄炎培、梁漱溟这些从传统文化中走来者自不用说,就是晏阳初、陶行知、陈鹤琴这些留学美国多年、受过美国式现代学术训练者,其教育话语系统也无不是中国式的,用惯常的话来讲就是"民族的""大众的"。原创型教育家都有丰厚的文化思想积淀,其原创性不是割断历史、割裂世界联系而独生的,他们善于从广阔的文化视野、中西古今比较中汲取文化资源,对于传统资源的继承发扬是创造性的,而非墨守成说、食古不化,对于外国资源的汲取吸收是中国化的,而非照搬移植、食洋不化,在与传统文化、异质文化的多重互动中,重构、创造了一种明显高于原来的思想文化。正如朱熹所构建的哲理化儒学及其教育思想体系,就超越了孔孟为代表的先秦古典儒学、董仲舒为代表的天人感应式儒学,在对佛学的批判中隐借了禅宗思想及其言说方式,把儒学推入一个全新阶段;近现代的康有为利用今文经学来表达维新教育思想,附会议会、选举、宪政等时代命题;陶行知则把美国杜威的教育信条以所谓"翻半个筋斗"的方式中国化、大众化乃至乡村化。

其六,原创型教育家具有共同的文化成长规律。

原创型教育家都是学思互进、知行合一的典范,终其一生都行走在学习、思考、行动、著述的路上,只有进行时,没有完成时。他们具有共同的文化成长规律。

一是学有本源,取法乎上。张之洞、康有为、蔡元培都是清朝进士出身,黄炎培明于世道、用意事功,也是举人出身,梁漱溟自学成才而成为新儒家的代表、不世出的思想家,晏阳初、陶行知、陈鹤琴在少年及文化养成的"关键期"深受传统教育和传统文化的熏陶,后留学美国多年并获得名校硕士或博士学位。他们不仅天资超伦、终身学而不厌,更因为有条件或自己抓住机遇、创造条件,经历了中国传统学术或西方现代学术的规范训练、系统涵养,避免了仅凭天资、自矜小智走向急用先学、学必由径、局促一隅的野狐禅之路,而能植养深厚、洞窥门径、登堂入室,也就是说,他们稔熟传统或现代学术的来龙去脉和体系结构,知道什么是高水准的,遵循规范并能推陈出新。仅以张、康而论,糅合汉宋之学的张之洞与作为今文经学最后大师的康有为,虽然学派不同,各有秉持,但学问格调之高都非同凡响,这从张之洞所著《书目答问》《劝学篇》和康有为所著《新学伪经考》《孔子改制考》等书中可见一斑,它们不仅在晚清时期是高水准的,就是置于"近三百年学术史"中乃至放大至宋元以降的学术史中也必有一席之地,是思想的高水准,也是学术文化的高水准。他们之所以能够达到这种高水准,是因为他们知道什么是高水准,并系统掌握了学术文化的高水准,进而努力看齐高水准,努力创造一种新的高水准。

二是神接中西,思究天人。这些原创型教育家都从中西关系、天人关系的时空坐标中,来思考中国现代教育的构建问题、现代中国人的培养问题。他们都具有当时所能达到的世界眼光,穿梭于中西文化两大体系之间。多年游学、留学欧美的蔡元培、晏阳初、陶行知、陈鹤琴自不必说,康有为流亡海外十余年,几乎周游世界,黄炎培多次到美日和东南亚考察。张之洞虽然没有出过国,但他在国门打开不久,凭借自己的悟性、地位和信息渠道,尽可能多地了解外国尤其是日本,原创性地提出了"中体西用论"。梁漱溟虽然没有出过国,却终生从世界不同文明的比较中来思考中华文化的前途和人类的命运问题。同时,他们将人置于宇宙中来思考人之为人等本体问题。康有为从《大同书》到《诸天讲》构建起一个"天民"系列,蔡元培以美育代宗教,把美育作为人由现象世界通向实体世界(本体世界)的津梁,晏阳初以宗教家的精神做教育事业,梁漱溟出入新儒家与佛家之间,以出世之精神做入世之事业,以入世之事业求出世之境界。

三是力行一生,思想一生,学习一生,著述一生,总结一生,进步一生。原创型教育家都是伟大的力行者、实践家,他们都有清晰的问题指向、强烈的行动意识和以天下教育为己任的担当情怀,从来没想做空头的教育著述家、理论家、思想家,教育行动和实践是教育思想的动力源、应用场和检验所。原创型教育家又都是伟大的思想者、思想家,他们不是人云亦云的,而是在中西比较融汇之中、在智慧力行的教育实践之中、在苦思开悟的融会贯通之中,提出原创性教育设想或思想。思想是行动的先导和指南,思想走多远行动就走多远,思想是教育家想过的路,实践是思想家走过的路。原创型教育家无不兼具实践家和思想家之质,无论实践还是思想都有"聪明人下苦功夫、硬功夫乃至死功夫、笨功夫"的特点,既智慧圆融,又艰苦力行。想得开、做得成是评价原创型教育家的金标准,正如张之洞在废除科举制中的策略谋略,他们做的是前无古人、终结古人的开辟性事业,是要从旧体制中打出一番新天地,任何自我的惰怠、思想的羁绊、环境的阻力都可能功亏一篑,非大勇气、大担当不敢为;同时为了避免赤膊上阵而惨遭排箭,又非大智慧、大谋略不足为。原创型教育家都是学习型、博通型教育家,活到老、学到老,改造到老、进步到老,学思结合、知行合一,学思和真知的成果一是力行的事业事功,一是勤于笔耕的等身著述,立功与立言同是思想表达和传播的载体,也是自我总结和进步的标志。

其七,一个时代是否涌现出原创型教育家群体,一方面与如何产生教育家有关,即与教育家的成长机制和作用发挥机制,尤指教育家脱颖而出的时代环境和土壤有关;另一方面与如何成为教育家有关,尤指教师、一般教育家成为原创型教育家的个人条件和际遇。

原创型教育家集中出现于什么时代?有无一般规律性可寻?从中国

的大历史时段来看,原创型教育家是为了解答原创型教育问题而生,一般产生于社会转型时期。最多、最集中的出现期有两次,一次是出现了先秦的诸子百家,延续至西汉的董仲舒;另一次是出现了宋代的理学、心学教育家张载、周敦颐、程颐、程颢、朱熹和陆九渊等。这两个时代,都是中国历史的最大转型期,先秦是由上古进入中古的前夕,宋代是由中古进入近古之门槛。当然,每一大的历史时段之内还有小的分期,也会出现一些转折时期。明代就是由近古进入近世的前夜,出现了以王阳明为代表的一批心学教育家,一方面发展了宋代以来的哲理化儒学,一方面又揭橥人的主体性和能动性,反映了专制重压下市民社会的兴起和重商言利的社会风气。明季清初、汉满鼎革又是一次社会转折,涌现出顾炎武、黄宗羲、王夫之等一批大思想家、教育家。他们都是百科全书式的大学者,对于中国传统思想、学术具有总结性质,同时又半只脚开始跨出传统、跨入近代。相对于王阳明的揭橥主体性之外,他们还祭起质疑君权专制的启蒙主义大旗,开启实学思潮的近代理性主义之路,奠定乾嘉学派的现代学术范式。可见,原创型教育家群体的涌现与所谓"盛世"并不一定吻合。从大的历史时段来看,巍巍汉唐并没有集中出现震古烁今的原创型教育家,从小的历史阶段来看,"文景之治""贞观之治""开元盛世""仁宣之治""康乾盛世"等时期也都没有出现多少原创型教育家,相反,他们大都产生于所谓治世、盛世的前夕,即历史的转型时期。由此,进一步考察可知:进入治世、盛世之后,教育事业虽然相对高度发达,但由于新的教育体制已经确立、成型,教育发展所需解决的"范式转换"问题已经解决,原创型教育家无论思想还是实践的启蒙任务已经完成,其作用和地位就不再凸显了;而且,在中国的威权体制下,教育事业的发展往往更多依靠领导人的意志意愿、社会动员、政策倾斜、资源支撑等,教育家个体的智慧型力量便显得微不足道了。而所谓治世、盛世也正是君权高涨的时代,良好的历史机遇、外部环境、资源禀赋加上幸运地遇到了"明君",这位明君雄才大略、开明而乾纲独断,此时又怎么可能需要和诞生原创型教育家呢?而从大的历史时段来看,近代以降是中国历史上的第三次大转型时期,从小的历史时段来看,19世纪末20世纪前期又是这次大转型的开始期,是新的治世、盛世的前夕,于此时期集中涌现出一批原创型教育家恰合规律。

　　教育家不同于教育名家,更不是教育名人或教育闻人。教育家的创造性与其影响力不一定总是成正比的,一个末流教育家可能煊赫一时,甚至非教育家可能被冠以教育家的称号,相反,一位具有非凡教育思想创造力、创新性的教育家,可能相当时期隐而不显或者只在一定区域、特定圈子有所影响。王夫之作为中国古代总结性、综合型、百科全书式的大学者、大思想家和教育家,生前学术思想影响力只限于同侪师友、船山学派内部和湖湘一隅,著述均未刊行,直至近 200 年后世道丕变,湘人曾国藩等挖掘显扬,王夫之的影响才横空而出。就近现代原创型教育家群体而论,张之洞、康有为是以政治家而兼教育家,以政治家为主业而兼办教育;蔡元培和黄炎培是以教育家为体、以政治家为用,以教育事业作为社会政治活动之张本;晏阳初、梁漱溟是教育家而兼社会活动家,或者说是以社会活动家的方式来办教育事业,把教育事业、教育活动作为社会活动;陶行知、陈鹤琴则主要是教育家,虽间有社会活动,而以教育家作为自己的专业和职业。这三代四类教育家,论社会历史名气、论生前身后之名是依次递减的,论教育家的专门程度却是依次递增的,这实反映了中国现代教育的形成过程,由外部关系走向内部关系,教育逐步走向专门化,教育家也逐步走向专业化。《孙子兵法》云:“古之所谓善战者,胜于易胜者也。故善战者之胜也,无智名,无勇功。”育人是沉潜的、个性化的事业,成名成家是轰轰烈烈的名头,在当下尤需运作炒作,从这个角度讲,教育名家越多,可能越是教育家的异化。

　　(李剑萍系天津市教育科学研究院副院长、教授、博士生导师,杨旭系天津市教育科学研究院副研究员。)

目　录

第一章　康有为的人格特质和
思想渊源

　　康有为于 1858 年出生在广东省南海县的一个教育世家,早慧聪颖,博学驰想,自信自大,知识渊源极其复杂,思想体系极其庞杂,"不中不西,即中即西",终其一生极具魅力而又极富争议。他以教主自命,以经世为务,以拯救天下为己任,维新以救国,孔教以救教,大同以救世救人类,其教育思想活动亦循这三个方面展开,因此康有为也就兼具了维新教育家、孔教教育家和大同教育家的三维特征,这实际也是他作为维新改革家、今文经学家、大同思想家三重身份在教育领域的演绎。

第一节　家世和人格特质

康有为又名祖诒,字广厦,号长素[①]。咸丰八年二月初五日(1858 年 3 月 19 日)生于广东省南海县(今广东省佛山市南海区丹灶镇银河苏村有康有为故居)。

广州是鸦片战争前清政府唯一的对外开放口岸,珠江三角洲既最早遭受西方列强侵略,也最早接受西方文明熏染。19 世纪后期,从得风气之先的这里先后走出了一批震烁中外、改变中国历史的伟大人物,洪秀全、康有为和孙中山是他们的突出代表,这足见此时此地风气之强悍不屈、人心之奋发求变。

据考,"康氏自始祖康建元繁衍至康有为凡 21 世;自九世祖康惟卿始为士人,流绎至康有为,凡为士人 13 世。在中国封建社会的末期,康家的男子们走着两条道路,一条是从军起家,一条是科举入仕。"[②]

的确如此。康氏家族不乏因军功而获官者,尤以康有为的叔祖康国器为代表。康国器从镇压太平军起家,官至广西布政使,曾护理广西巡抚,其子康熊飞随父累功至浙江候补道,获"巴图鲁"封号,父子在《清史稿》中并有传。康有为的另一叔祖康懿修,咸丰年间办理团练,狡诈凶悍,名噪乡间,成为一大地方势力。康懿修之子康达腾和康有为的叔父康达迁,曾跟随冯子材在云南抵抗法国侵略军,分别官至副将和知县。就连康有为的父亲康达初,青年时也曾佐幕军中,参加镇压太平军,得官江西补用知县。太平天国运动是影响中国历史之绝大事件,与鸦片战争并为开启中国近代巨变之肇始,它与历次农民起义之不同,不在于规模之宏大、历程之壮阔、口号纲领之新异,而在于它是第一次在中国走向世

[①]　戊戌政变后,易号更生;参与张勋复辟后,易号更甡;晚号天游化人。另有明夷、不忍、南海老人等笔名和字号多种,世称康南海、康圣人,此不一一叙列考释。

[②]　马洪林:《康有为大传》,辽宁人民出版社 1988 年版,第 11 页。

界及世界一体化的大格局中展开的农民运动,第一次超越中国而与世界联系起来,对于清政府和中国历史走向的影响迥乎不同于此前历次农民运动,它是中国的事件,又是世界性的事件,对于中国的影响必须放在世界格局中来考量。而广东、广西作为太平天国运动的发源地,就从参军起义和参军镇压两个方面,为很多人提供了人生的选择契机,康氏家族显然属于后一方面。

从康有为的嫡宗来看,大都还是读书人、教书人出身。高祖康辉是嘉庆举人,"讲理学"①。曾祖康建昌虽然未得科名,也能够秉承父学。祖父康赞修是道光举人,历任教谕、学正、教授等教职,对康有为的知识和成长影响很大。康赞修授徒传经,引为乐事,仅 1865 年在广府学宫孝悌祠讲学时,即"学者将百人"②。父亲康达初是当地名儒朱次琦的学生,脱离军幕后,因病居家,教授乡里。康家的科名是隔辈传,高祖、祖父是举人,曾祖、父亲都未中举,直到康有为才成为进士。康有为是家族的第一位进士,可以想象他被家族寄予多少期望,又担负了怎样的家族中兴的责任。康有为临终前曾总结自己的家族说,"虽十三世之为士,而门非华腴"③。这句话既有正确之处也有不准确之处。康家的确有读书的传统,但并非人人读书为士;康家的确出过官吏,但并非有过"华腴"的达官显贵。④ 倒是他的另外一句话说得更为贴切——"吾家实以教授世其家"⑤。

无论从军起家还是科举入仕,都给童年的康有为以深刻影响。这两

---

① 康有为:《我史》(1899 年 1 月),见姜义华、张荣华编校:《康有为全集》(第 5 集),中国人民大学出版社 2007 年版,第 58 页。

② 康有为:《我史》(1899 年 1 月),见姜义华、张荣华编校:《康有为全集》(第 5 集),中国人民大学出版社 2007 年版,第 59 页。

③ 康有为:《敬谢天恩以臣行年七十特赐臣寿折》(1927 年 3 月),见姜义华、张荣华编校:《康有为全集》(第 11 集),中国人民大学出版社 2007 年版,第 458 页。

④ 有人说,康有为出身大官僚地主家庭,高祖官至广西布政使,曾祖官至福建按察使,此系夸辞。他的高、曾祖所得官职,均是死后多年因康有为而得之追封。仔细考察,只有其祖父的堂弟康国器可称高级官吏,但这已是远亲。当然,在聚族而居的传统大家族里,康有为确可沾得一点实惠。此外,他的家庭虽然衣食无忧,但难称殷富。父亲死后,"家计骤绌,仅用一婢。老母寡居,手挽幼弟,与诸姊妹治并灶之事"。(康有为:《我史》(1899 年 1 月),见姜义华、张荣华编校:《康有为全集》(第 5 集),中国人民大学出版社 2007 年版,第 60 页。)

⑤ 康有为:《我史》(1899 年 1 月),见姜义华、张荣华编校:《康有为全集》(第 5 集),中国人民大学出版社 2007 年版,第 58 页。

条路之间,并没有截然鸿沟,当时不第文人的谋生出路,除了在乡里继续务农为主之外,基本只有 4 条:教书、从商、佐幕和从军。教书的成本最低,风险最小,从事者最多,一般只能维持基本生活,充其量以小士绅终老乡间;后三者需要资本、人脉、勇气、体力、技能等,非常人所能为所敢为,更多包含了不甘命运、不愿苟活的自我挑战。所以说,康有为选择教书讲学,既是家族基因的遗传,也是职业身份的自然选择。从一定意义来讲,如果再有天赋、环境、努力、机遇,他就有成为教育家的潜质与可能;同时,如果他自信、不屈服、挑战命运、以天下为己任,便又不会成为一个纯粹的教育者或教育家,而以教书授徒为余事,以讲学聚众为手段,以教育改革为政治变革之张本。康有为后来即如此,他是一位教育家,但不是职业的、专业的教育家,而是一位思想政论型、社会活动型、个人魅力型、以普世导师自居的教育家。

康有为是家中的长孙。他的出生,使当时正在钦州学正任上的祖父欢欣异常。这极大地慰藉了祖父盼孙含饴的苦心,他对康有为报以诗书传家的殷切期望,为长孙起名"有钦",可交通不便,信递迟缓,长孙已被伯祖先行命名"有为"。这并没妨碍祖父的欣喜之情,他写下了《闻长孙有钦生》一诗,其中两句最能表达这位祖父当时的心情——"久切孙谋望眼穿","书香再世汝应延"。[①] 他既喜且悲,喜的是自己有了一个孙子,悲的是去世的夫人已无法分享这份喜悦。

康有为兄弟姐妹共 6 人,2 姊、2 妹和 1 弟。弟弟康广仁在其引导下,积极参加维新运动,成为他的重要助手,百日维新失败后被清政府杀害,是"戊戌六君子"之一。康有为对幼弟之死深感哀痛,至死未泯,每每"一念一肠断,再念涕横落"[②]。康有为 10 岁时,父亲病逝,全靠母亲劳莲枝操持家业,抚育子女,备尝艰辛。百日维新失败后,康母也恐遭株连而逃亡香港,家人不敢把广仁的死讯告诉她,骗她说广仁已逃到蒙古做了和尚,等待时机再出来。康有为因此不时假冒弟弟写信给老母。1913 年,康母病逝

---

① 康有为:《我史》(1899 年 1 月),见姜义华、张荣华编校:《康有为全集》(第 5 集),中国人民大学出版社 2007 年版,第 58 页。

② 康有为:《康南海先生诗集》(1888 年至 1927 年),见姜义华、张荣华编校:《康有为全集》(第 12 集),中国人民大学出版社 2007 年版,第 220 页。

香港,终年 83 岁。

幼年的康有为聪颖好学,深得长辈钟爱。5 岁时,他就已经能背诵几百首唐诗。6 岁那年,诸父考他属对,刚刚说出"柳成絮"的上联,他便脱口对出"鱼化龙"的下联,伯父又惊又喜,认为他长大之后必有出息。这一年,康有为由番禺简凤仪开蒙,学习《大学》《中庸》《论语》《孝经》等儒家经籍,开始接受传统教育。他非常用功,经常读书到很晚,祖父没有办法,有时就逼他睡觉,可他躲到床帐里面又偷偷地继续看书。

少年时代的康有为已表现出鲜明的个性,好思,自信,喜博览,厌八股。虽然小小年纪,可行容举止喜欢模仿先贤圣哲。写出一篇得意的文章,就自拟为苏轼;头脑中冒出一个奇想,就自拟为慧能、邱处机。在与同学交往中,他也"大有霸视之气"①。他整天喜欢杂览群书,却不喜欢作八股文,即使祖父严加督责,依然置之不理。13 岁由广州返回家乡时,叔祖康国器已建成一方园林,亭沼错落,花木掩映,内有澹如楼和二万卷书楼,少年康有为曾"读书于此十余年"②,"纵观说部、集部"③。这一年,他始应童子试不售。次年,再应又不售。素有"神童"之誉的康有为,竟然两次名落孙山,使长辈们大为光火,从此,长辈们更加严格地督责他学作八股文,并为他找过几位老师,可他时作时辍,稍得间隙,就又看起各种杂书来,连他最尊敬的祖父也无可奈何。

研究康有为早期史的几乎唯一资料,可能就是其自著的《自编年谱》(即《我史》)的早年部分,虽经学者考证④,但早年部分缺乏佐证和互证,只能依靠康有为的自说自话,而以其个性和惯用手法来讲,其中必有自夸之辞。然而,康有为自信自大的个性,与生俱来,源于禀赋,就连最早准备研究康有为且同样自信自大的丁文江,都感慨康有为"这位先生的固执自大

---

① 康有为:《我史》(1899 年 1 月),见姜义华、张荣华编校:《康有为全集》(第 5 集),中国人民大学出版社 2007 年版,第 60 页。

② 陈永正编注:《康有为诗文选》,广东人民出版社 1983 年版,第 21 页。

③ 康有为:《我史》(1899 年 1 月),见姜义华、张荣华编校:《康有为全集》(第 5 集),中国人民大学出版社 2007 年版,第 60 页。

④ 参见茅海建:《戊戌变法史事考二集》,生活・读书・新知三联书店 2011 年版,第 428—468 页;茅海建:《从甲午到戊戌:康有为〈我史〉鉴注》,生活・读书・新知三联书店 2009 年版。

简直是孙中山第二"①。

如果从一位教育家的素质和特征来看,可以将康有为概括为:早慧聪颖,博学驰想,自信自大。终康氏一生,读书极多,学问极博,学术渊源极其复杂,思想体系极其庞杂,时时思接古今中外,常常神驰四荒八极。时代条件和他本人的这种认知特点,决定了其学术和思想,使人初识有新异、诡秘、磅礴、震撼、目眩之感,爱之者五体投地,厌之者避而远之,恨之者鸣鼓攻之。这也决定了康有为是极具魅力的,又是极富争议的。更为重要的是,康有为的批判性思维和自信自大的个性,一旦与时代和社会所提出的命题、所提供的机遇相碰撞,他就将可能成为颠覆性、原创型思想家和教育家。此种人物,或在众人昏昏我独醒的自恋中被湮没,或划破夜空闪耀跃出,即使横空而出也往往是体制边缘或体制外而不是主流体制内的,是思想型的而不是实操型的,是政论型的而不是政治型的,这也是康有为与此前教育家张之洞、此后教育家蔡元培等人的绝大区别。

第二节　四位"导师"和知识思想渊源

康有为知识和思想道路上的第一位导师是自己的祖父。

他受父亲影响小而受祖父影响大。其父体弱多病,在他 10 岁时就去世了,而他和祖父生活一直到 20 岁。18 岁以前的康有为,虽曾跟随杨学华、张公辅等地方学者学习过,但收获并不大,其学问主要得益于祖父的指导和自学,故他平生少言父亲而多言祖父,自谓:

> 有为自髫丱含识,即侍先祖连州府君,几席衽趾,杖履游观,无不从焉。垂及冠年,日闻其古贤哲之大义微言,日德古豪杰之壮节高行,

---

① 丁文江:《致胡适》(1929 年 5 月 21 日),见耿云志主编:《胡适遗稿及秘藏书信集》(第 23 册),黄山书社 1994 年版,第 115 页。

浸之饫之,泳之游之,皆连州府君之庭训也。①

8岁时,祖父在广府学宫孝悌祠讲学,他侍奉左右,跟随学习。越明年,祖父任修《南海县志》,居南海县学宫志局中,他仍趋奉庭训。祖父喜山水,好游历,春秋佳日,寻幽访胜,也必定带上这个小孙子,一一为他指点,何处名胜何样来历,何处古迹何代所留。这样,他亲近了大自然,得到了许多书本以外的知识,满足了好奇心和求知欲。这既与他那思接天地的思维兴趣相吻合,无形中又强化了他的思想特点。这种祖孙关系,在讲究秩序与威严的传统大家庭中是比较难得的,这段经历是康有为人生中最美好的时光之一。直到30多年后,他在流亡异国时,仍然念念不忘,时时回忆起五彩的童年,由此亦可见祖父对他人生的重要以及所带来的浓浓温馨。

父亲去世后,家计陷入窘迫,10岁的康有为只得去连州依靠在那里作训导的祖父。在祖父的指导下,他贪婪地读着书。"始览《纲鉴》而知古今,次观《大清会典》《东华录》而知掌故,遂读《明史》《三国志》。……频阅邸报,览知朝事,知曾文正、骆文忠、左文襄之业,而慷慨有远志矣。"②治史致用,是古代学者的学术传统之一。加之,曾国藩等所谓"中兴名臣",无一不是书生领兵,纵横廓清,位至公侯,这难免激发起酷爱读书而且早熟的康有为的意气和遐想。曾国藩的影响并未至康有为止,少年时代的毛泽东不也说"于近人,独服曾文正"③吗?18岁时,康有为陪伴祖父住在广州城里,由于"督责甚严,专事八股,一切学皆舍去。但还乡则得披涉群书"④。

康有为知识和思想道路上的第二位导师是朱次琦。

朱次琦(1807—1882),字稚圭,号子襄,广东南海县九江乡人。道光

---

① 康有为:《〈连州遗集〉叙》(1909年1月),见姜义华、张荣华编校:《康有为全集》(第9集),中国人民大学出版社2007年版,第99页。
② 康有为:《我史》(1899年1月),见姜义华、张荣华编校:《康有为全集》(第5集),中国人民大学出版社2007年版,第59—60页。
③ 李锐:《毛泽东的早期革命活动》,湖南人民出版社1980年版,第28页。
④ 康有为:《我史》(1899年1月),见姜义华、张荣华编校:《康有为全集》(第5集),中国人民大学出版社2007年版,第61页。

进士,曾任山西襄陵知县,后归乡讲学20余年,是当时康有为家乡的大儒,被尊称为"九江先生"。朱次琦在学术上"扫去汉、宋之门户,而归宗于孔子","主济人经世,不为无用之高谈空论";在教学上强调"四行五学","四行"即敦行孝悌、崇尚名节、变化气质、检摄威仪,"五学"即经学、文学、掌故之学、性理之学、词章之学;在讲学中,"动止有法,进退有度,强记博闻。每议一事、论一学,贯串今古"。① 这不但影响了康有为的学术成长,也影响了康有为在万木草堂的办学思想,"四行"中除"崇尚名节"被康有为稍作文字处理改为"厉节"外,其余全部被原样纳入万木草堂的"学纲"。②

康有为投师朱次琦门下的原因有三。其一,他在求学道路上遇到了难题,迫切希望得到名师的指导。"当是时,窥书甚多,见闻杂博,而无师承门径,惟凭好学而妄行,东捃西扯,苦无向导。"③其二,他在科举道路上也很不顺利。19岁,应乡试不售,自己"愤学业之无成"④,感到除了凭借个人的聪明,更需要得到硕师大儒的教诲。其三,朱次琦是他祖父的朋友,父亲和叔叔的老师,依列世交门下也就是顺理成章的事情了。因此,他于1876年拜朱次琦为师。1876年至1878年,师从朱次琦的3年,是康有为学问突飞猛进的3年,也是康有为思想的初步形成期和成长关键期,诚如他自己所说:"吾自师九江先生,而得闻圣贤大道之绪。"他对老师充满了尊敬和感激之情。1882年,朱次琦去世,他悲痛万分,亲往服丧,充分显示了师生情深。直至1917年,他还利用自己创办的《不忍》杂志刊载老师的佚文。康有为称赞老师"国朝二百年来大贤巨儒,未之有比也。梨洲精矣,而奇佚气多;船山深矣,而矫激太过;先生之学行,或于亭林为近似,而平实敦大过之"⑤。透过这些明显的溢美过誉之辞,足见朱次琦对康有为影响之深。

---

① 康有为:《我史》(1899年1月),见姜义华、张荣华编校:《康有为全集》(第5集),中国人民大学出版社2007年版,第61页。

② 参见康有为:《长兴学记》(1891年),见姜义华、张荣华编校:《康有为全集》(第1集),中国人民大学出版社2007年版,第342—345页。

③ 陆乃翔等:《南海先生传》(上编)(1929年6月),见姜义华、张荣华编校:《康有为全集》(第12集),中国人民大学出版社2007年版,第442页。

④ 康有为:《我史》(1899年1月),见姜义华、张荣华编校:《康有为全集》(第5集),中国人民大学出版社2007年版,第61页。

⑤ 康有为:《朱九江先生佚文叙》(1908年10月),见姜义华、张荣华编校:《康有为全集》(第9集),中国人民大学出版社2007年版,第8页。

始入师门,朱次琦便出了一份试卷来考查他的水平——《五代史史裁论》。康有为遍考群书,洋洋洒洒,一口气写了 20 多页。老师看了很高兴,给予好评,并说他已不是在写一篇文章,简直像在写一本书。从此,康有为更加自信,认为著书不是难事,自己也与古人相去不远。不久,他又读了《廿二史劄记》《日知录》《困学纪闻》等史论书籍,颇受启发,更喜大发议论,评说古今。他还常与简朝亮、胡景棠等同学讨论辩难,由于以前读书多而杂,辩论时旁征博引,恢宏恣肆,令人折服,他也恃才自负,深感与众不同。

在朱次琦的指导下,康有为系统地学习了经、史、集著作,如《周礼》《仪礼》《尔雅》《说文》《水经》《楚辞》《汉书》《文选》和杜诗、徐庾文等,学识大长,受益良多,自称"如旅人之得宿、盲者之睹明,乃洗心绝欲,一意归依"。康有为尤其继承了朱次琦的"经世致用"思想,自感"以圣贤为必可期","以天下为必可为"。[①]

但是,康有为和朱次琦之间并非没有分歧,因为"九江之理学,以程、朱为主,而间采陆、王;先生(此指康有为,笔者注)则独好陆、王,以为直捷明诚,活泼有用"[②]。师生之间曾就韩愈的《原道》一文发生过争论。朱次琦从道统的角度出发,推崇韩愈,尤其激赏《原道》一文;康有为虽然模仿韩愈的古文,但鄙视其道术浅薄,空洞无用,尖锐地批评道:"《原道》亦极肤浅,而浪有大名。千年来文家颉颃作势自负,实无有知道者。"[③]他认为,讲"道"就应该像庄子、荀子那样,讲"治"就应该像管仲、韩非那样,即使讲"医"的《素问》,也可谓自成一家,精湛入微。这样,他严重贬抑了千年来道家们所推崇的韩愈,被老师"笑责其狂",同学们也骇其不逊。康有为对《原道》的批评,其实也隐含了对于儒家"道统"的质疑,对于"何为道""有无一以贯之之道"等的追问,这也是他后来编著《新学伪经考》《孔子改制

---

① 康有为:《我史》(1899 年 1 月),见姜义华、张荣华编校:《康有为全集》(第 5 集),中国人民大学出版社 2007 年版,第 61 页。
② 梁启超:《南海康先生传》(1901 年 12 月),见姜义华、张荣华编校:《康有为全集》(第 12 集),中国人民大学出版社 2007 年版,第 424 页。
③ 康有为:《我史》(1899 年 1 月),见姜义华、张荣华编校:《康有为全集》(第 5 集),中国人民大学出版社 2007 年版,第 62 页。

考》等的暗脉伏笔。

硕学方正的朱次琦的学问学风,越来越不能解释思绪万千的康有为头脑中的诸多结症。1878 年底,这种情况几乎达到极致,康有为甚至被怀疑得了精神病。请看他自己的描述:

> 至秋冬时,四库要书大义,略知其概。以日埋故纸堆中,泪其灵明,渐厌之。日有新思,思考据家著书满家,如戴东原,究复何用?因弃之,而私心好求安心立命之所。忽绝学捐书,闭户谢友朋,静坐养心。同学大怪之……静坐时,忽见天地万物皆我一体,大放光明,自以为圣人则欣喜而笑。忽思苍生困苦,则闷然而哭。忽思有亲不事,何学为?则即束装归庐先墓上。同门见歌哭无常,以为狂而有心疾矣。[1]

康有为知识和思想道路上的第三位导师是张鼎华。

1878 年冬,康有为辞别朱次琦回家,1879 年入西樵山读书、修养。西樵山是他家乡的山,景色绝佳,文化深厚。他在山中白云洞、三湖书院等地,或仰天长啸,倚石狂歌;或披发赤足,枕石漱流;或竟夜不眠,对空遐想;或徘徊泉林,写诗属文。更多的时候,他"专讲道、佛之书,养神明,弃渣滓"[2],幻想寻找佛道的利刃来斩断头脑中的万千麻结。他自称尽情遨游在超自然的主观世界中,一会儿上天,一会儿入地,一会儿享尽诸天极乐,一会儿历尽地狱众苦,一会儿见身外有我,一会儿令我入身中,一会儿视身如骸,一会儿视人如猪。康有为一生深受佛学影响,喜欢引释说儒,拟佛论孔,甚至从他的一些文章的写作风格中,都可以清晰地看到佛教经籍的影子。

他在这种思想矛盾和青春迷惘中并没有挣扎多久,就获得了拯救,拯救者便是张鼎华。康有为是这样来介绍张鼎华的:

> 先生名鼎华,又号害子,番禺人。神识绝人,学问极博。少以神童

---

[1] 康有为:《我史》(1899 年 1 月),见姜义华、张荣华编校:《康有为全集》(第 5 集),中国人民大学出版社 2007 年版,第 62 页。

[2] 康有为:《我史》(1899 年 1 月),见姜义华、张荣华编校:《康有为全集》(第 5 集),中国人民大学出版社 2007 年版,第 62 页。

名,十三岁登科,曾直军机。三十二乃入翰林,则已颓矣。词馆不娶妻者,惟先生一人。过从累年,谈学最多,博闻妙解,相得至深也。[1]

康有为、张鼎华二人相识纯属偶然。1879 年,张鼎华由京返粤,一日偶与几位朋友游西樵山,遇到了当时正在山中读书的康有为。才识过人的张鼎华激赏康有为有个性、有独到见解。由于张鼎华的推奖,广州城内的士大夫开始知道康有为这个人,康有为对他的宽容和推奖也非常感激,两人惺惺相惜,遂成忘年交,平生风义兼师友。从此,康有为经常往返于南海和广州之间,向张鼎华请教。二人时时彻夜长谈,康有为从他那里"尽知京朝风气,近时人才及各种新书,道、咸、同三朝掌故"。北京是当时的政治中心,最可以从中切诊时代的命脉。而且,一个是京官,目光敏锐,消息灵通;一个是岭南布衣,初生牛犊,少经事故。张鼎华带来的北京的消息,康有为闻所未闻,视野大开,被从超现实的思索引回到现实的观察。从此,他"哀物悼世,以经营天下为志"[2],读书兴趣也发生转移,暂时抛开佛道经籍,而专注于《周礼》《王制》《太平经国书》《文献通考》《经世文编》《天下郡国利病书》《读史方舆纪要》等经世致用之书。

此时的康有为迫切希望济世安民,一展抱负,可又时时被报国无门的烦恼困扰着。1879 年,他在广州写下了《秋登越王台》一诗。此诗不但笔力雄健,气势奔放,为其青年时期的较优秀诗作,而且也真实地反映了他这时的抱负和烦恼。

> 秋风立马越王台,混混蛇龙最可哀。
> 十七史从何说起,三千劫几历轮回。
> 腐儒心事呼天问,大地山河跨海来。
> 临眺飞云横八表,岂无倚剑叹雄才?[3]

---

[1]　康有为:《康南海先生诗集》(1888 年至 1927 年),见姜义华、张荣华编校:《康有为全集》(第 12 集),中国人民大学出版社 2007 年版,第 144 页。

[2]　康有为:《我史》(1899 年 1 月),见姜义华、张荣华编校:《康有为全集》(第 5 集),中国人民大学出版社 2007 年版,第 62—63 页。

[3]　康有为:《康南海先生诗集》(1888 年至 1927 年),见姜义华、张荣华编校:《康有为全集》(第 12 集),中国人民大学出版社 2007 年版,第 143 页。

可以说,张鼎华是康有为的政治启蒙导师。康有为将其与朱次琦并列,称"自友延秋(张鼎华字。笔者注)先生,而得博中原文献之传"。1880年春,张鼎华离粤返京,康有为依依不舍,赋诗相送。1885年3月,康有为拟应张鼎华之招游北京,临行前忽发脑病,头剧痛,失去视力,中医束手无策,康有为去不成北京,在家听天由命。过了几个月,他自称在万般无奈中有病乱投医,按照西医书上所说,自己制药服用,没想到竟日渐好转,最终捡回一条命来。当然这是康的自说,不太可信。不久,张鼎华典试福建乡试后还粤,两人又可以谈心了。1888年张鼎华病逝,康有为在凄绝的祭文中不忘回忆两人的相识、相交和相得。

> 祖诒弱少,遁迹山薮。蔽学赣狂,人莫予有。先生奇之,裁其散朽。畴昔岁月,晨夕相过。无文不讲,无道不课。优游乎文章之事,穷辨乎天人之罅。人誉则怜,人讥则骂。①

康有为知识和思想道路上的第四位"导师"是"西书"。

青年时代的康有为读书博杂,其叔祖康国器所建二万卷书楼中又藏书丰富。康有为自称早在1874年就见到了《瀛环志略》和世界地图,有了一点初步的世界地理知识,开始知道,地球极大,中国只是世界诸国之一,破除了中国世界中心观念。结识张鼎华之后,他于1879年秋离开西樵山回家读书,除了阅读中国传统的经世致用之书,还读了《西国近事汇编》和《环游地球新录》等几种"西书"。《环游地球新录》的作者是李圭,该书记载了他1876年去美国游历的经过。这是中国人撰写的最早的一部美国游记。李圭曾在容闳陪同下,看望了当时在美国的第一批留美幼童,深感西方教育"不尚虚文,专务实效",幼童"所造正未可量",并驳斥了深闭固拒者说幼童留美是"下乔木而入幽谷"的谬论,主张学习西方,认为"取长补短,原不以彼此自域。则今日翊赞宏图,有不当置西人之事为而弗取也"。② 至于李圭对大洋彼岸新

---

① 康有为:《祭张延秋侍御文》(1889年1月30日),见姜义华、张荣华编校:《康有为全集》(第1集),中国人民大学出版社2007年版,第224页。

② 李圭:《环游地球新录》,湖南人民出版社1980年版,第106—107页。

世界的描绘,是否打动了康有为之心,康氏本人未曾道及,我们就难予臆测了。

真正使康有为对西方世界感到震惊的直接起因,则源于1879年冬他的第一次香港游。南海县毗邻港九,利用方便的地理条件,他又多次游港,他在《初游香港睹欧亚各洲俗》一诗中写道:

> 灵岛神皋聚百旂,别峰通电线单微。
> 半空楼阁凌云起,大海艨艟破浪飞。
> 夹道红尘驰骠衷,沿山绿围闹芳菲。
> 伤心信美非吾土,锦帕蛮靴满目非。①

此诗的艺术水平实在尔尔,但它不仅反映了康有为的爱国思想,更反映了康有为对电线、高楼、巨舰等西方现代物质文明的初惊。他目睹了英国殖民者是如何将一个渔村发展成为一个现代城市,不由赞叹道:"览西人宫室之瑰丽、道路之整洁、巡捕之严密,乃始知西人治国有法度,不得以古旧之夷狄视之。"②回来后,他又重读了《瀛环志略》《海国图志》等书,从此开始留意西学,购买西书。康有为向西方寻找真理盖发轫于此。

1882年,康有为去北京应顺天府乡试,不第,返粤时途经上海。当时的上海已成为中国最大的通商口岸,是外国人、外国在华事业最集中的地方。面对上海租界的秩序和繁华,他不得不佩服"西人治术之有本"③,并陷入深深的思索,想探究中国何以贫弱,西方何以富强,中国何以由贫弱至富强。清末,上海实际上已成为中国认识世界的窗口。在此前20多年,初到上海的李鸿章就曾说:"若驻上海久而不能资取洋人长技,咎悔多矣。"④上海之行是康有为思想历程中的一个重要转折点,从此,他开始有目的地

---

① 康有为:《康南海先生诗集》(1888年至1927年),见姜义华、张荣华编校:《康有为全集》(第12集),中国人民大学出版社2007年版,第143页。

② 康有为:《我史》(1899年1月),见姜义华、张荣华编校:《康有为全集》(第5集),中国人民大学出版社2007年版,第63页。

③ 康有为:《我史》(1899年1月),见姜义华、张荣华编校:《康有为全集》(第5集),中国人民大学出版社2007年版,第63页。

④ 李鸿章:《李文忠公全集·朋僚函稿》卷二,台北文海出版社《近代中国史料丛刊》影印本,第47页。

大规模地学习西学。

康有为在上海"大购西书以归讲求"。据其弟子张伯桢《万木草堂始末记》载：从 1864 至 1894 年的 30 年间，江南制造局售出翻译的新书不过 1.2 万册，而康有为一人就购买了近 3000 册。这显系夸词，却也可见他对西学的关注。他还订阅了一份美国人林乐知主编的《万国公报》。回到广东后，他如饥似渴地阅读着新购的"西书"，不但学习西方的政治、经济和教育制度，也涉猎传播到中国来的现代自然科学知识，如"声光化电"、力学、算学、天文学等。这些前所未闻的知识，使他好奇、震惊、迷恋，深深感到"西学甚多新理"①，自称"自是大讲西学，始尽释故见"②。这个"故"是什么呢？它是君主专制主义之"故"，而不是中国传统文化之"故"。

康有为的祖父主要是他的知识之师，这位老举人把少年的康有为引入知识之门，并给他终生难忘的温馨亲情。讲理学的家乡大儒朱次琦，主要是康有为的学问之师，教给他经史之学的治学门径，没有朱次琦，博览好思的康有为很可能终身陷入野狐禅。富有才情的翰林京官张鼎华，主要是康有为的思想和政治启蒙导师，第一次给青年康有为带来了中国政治中心北京的直接信息，让他跳出乡土一隅觉得政治中枢、实际政治离自己这么近，并且知道了身居中枢的政治者如何思维和思考，"西学"为康有为打开了一套新的知识、学问、思想、价值体系，使他在"中学"之外有了一套新的参照系，还为他提供了新的营养源。难能可贵的是，康有为以其天赋高才、不羁个性贯通起两套体系，在他之前，无论是魏源、龚自珍，还是曾国藩、李鸿章、左宗棠、张之洞，以及冯桂芬、郑观应、王韬等人，都不能做到，或者说不能够达到康有为的水准。

---

① 康有为：《我史》(1899 年 1 月)，见姜义华、张荣华编校：《康有为全集》(第 5 集)，中国人民大学出版社 2007 年版，第 65 页。
② 康有为：《我史》(1899 年 1 月)，见姜义华、张荣华编校：《康有为全集》(第 5 集)，中国人民大学出版社 2007 年版，第 63 页。

第三节　救国—救教—救世救人类

康有为在阅读西书、接触西学之后，由于自身兴趣、知识基础和客观条件的限制，仍致力于中国传统典籍的学习和理解、诠释。

1880年，他在家乡教弟辈读书。教书之余，他专心治经，浸渍身心于《皇清经解》之中。此外，他还用心学习了《说文解字》，练习书法。次年，他依然如此，但读书兴趣发生转移，开始由"治经"转向"读史"，每天以读《唐书》和《宋史》为功课，并温习以前读过的《北史》《魏书》《宋书》《齐书》《梁书》等史书。直至1882年初他也还是这样，"读辽、金、元、明史及《东华录》以为日课"①。他每天读书都很用功。据康广仁说，康有为"每天早上拿五六本书放在桌上，右手拿着一把很尖利的铁锥，用力向下一锥，锥穿两本书，今天就读两本书；锥穿三本书，今天就读三本书，每日必定要读一锥书"②。他自称1881年是读书最多的一年。其《自编年谱》中，关于1883年、1884年分别有这样的记载："读《东华录》《大清会典则例》《十朝圣训》及国朝掌故书"；"早岁读宋元明学案、《朱子语类》，于海幢华林读佛典颇多"。③

值得注意的是，康有为此时曾"读宋儒之书，若《正谊堂集》《朱子全集》尤多"④。这表明，康有为早年也未脱程朱理学窠臼。他于1885年所著的《教学通议》中曾专辟《尊朱》篇，推崇朱熹是"孔子之后一人而已"，称赞朱熹说：

① 康有为：《我史》（1899年1月），见姜义华、张荣华编校：《康有为全集》（第5集），中国人民大学出版社2007年版，第63页。
② 梁启勋：《万木草堂回忆》，见陈学恂主编：《中国近代教育史教学参考资料》（上册），人民教育出版社1986年版，第362页。
③ 康有为：《我史》（1899年1月），见姜义华、张荣华编校：《康有为全集》（第5集），中国人民大学出版社2007年版，第63、64页。
④ 康有为：《我史》（1899年1月），见姜义华、张荣华编校：《康有为全集》（第5集），中国人民大学出版社2007年版，第63页。

原始要终,外之天地鬼神之奥,内之身心性命之微,大之经国长民之略,小之度数名物之精,以及词章、训诂,百凡工技之业,莫不遍探而精求,以一身兼备之。讲求义理,尽其精微而致其广大,撮其精粹而辨其次序。①

直到 1902 年后依然说:"有宋朱子,后千载而发明之,其为意至精勤,其诵于学官至久远,盖千年以来,实为曾、朱二圣之范围焉。"②可见,他虽然不认同朱熹的人性论和政治观,但同时对其也多有赞誉之词。这种赞誉,实际隐含了康有为的知识和思想理路。

康有为一生的知识和思想理路,可以概括为:以经世为的,史、经兼修,由史入经;治经学的理路是,早年汉、宋不专,以宋为主,偏喜宋学的解释力和扩张力,也从汉学中汲取训诂的营养;朱、陆不专,以陆、王为主,偏喜陆、王的简捷活泼、独裁己意,也钦慕朱熹的博大、以圣贤自命、以天下为己任的风格;最终,在遇到廖平之后,以《新学伪经考》《孔子改制考》为标志,康有为成为今文经学家,是中国经学史上最后一位今文经学大师。

康有为以其早慧、博杂、自信,兼容汉宋、朱陆、儒佛、中西之学,自称于 1884 年已经建立起一套"不中不西,即中即西"的思想体系。为了能更清晰地体现他的思想状况,不恤征引以下如此多的文字。

因显微镜之万数千倍者,视虱如轮,见蚁如象,而悟大小齐同之理,因电机光线一秒数十万里,而悟久速齐同之理。知至大之外,尚有大者,至小之内,尚包小者,剖一而无尽,吹万而不同,根元气之混仑,推太平之世,既知无来去,则专以现在为总持。既知无无,则专以生有为存存,既知气精神无生死,则专以示现为解脱。既知无精粗、无净秽,则专以悟觉为受用。既以畔援歆羡皆尽绝,则专以仁慈为施用。

---

① 康有为:《教学通义·尊朱第十四》(1885 年),见姜义华、张荣华编校:《康有为全集》(第 1 集),中国人民大学出版社 2007 年版,第 45—46 页。

② 康有为:《论语注·序》(1902 年后),见姜义华、张荣华编校:《康有为全集》(第 6 集),中国人民大学出版社 2007 年版,378 页。

其道以元为体,以阴阳为用,理皆有阴阳,则气之有冷热,力之有拒吸,质之有凝流,形之有方圆,光之有白黑,声之有清浊,体之有雌雄,神之有魂魄,以此八统物理焉,以诸天界、诸星界、地界、身界、魂界、血轮界统世界焉。以勇、礼、义、智、仁五运论世宙,以三统论诸圣,以三世推将来,而务以仁为主,故奉天合地,以合国、合种、合教一统地球。又推一统之后,人类语言、文字、饮食、衣服、宫室之变制,男女平等之法,人民通同公之法,务致诸生于极乐世界。及五百年后如何,千年后如何,世界如何,人魂、人体迁变如何,月与诸星交通如何,诸星、诸天、气质、物类、人民、政教、礼乐、文章、宫室、饮食如何,诸天顺轨变度、出入生死如何?奥远窅冥,不可思议,想入非无,不得而穷也。合经、子之奥言,探儒、佛之微旨,参中、西之新理,穷天、地之赜变,搜合诸教,披析大地,剖析今故,穷察后来。自生物之源、人群之合、诸天之界、众星之世、生生色色之故、大小长短之度、有定无定之理、形魂现示之变,安身立命,六通四辟,浩然自得。然后莫往莫来,因于所遇,无毁无誉,无丧无得,无始无终,汗漫无为,谓而悠然以游于世。又以万百亿千世,生死示现,来去无数,富贵贫贱,安乐患难,帝王将相,乞丐饿莩,牛马鸡豕,皆所己作,故无所希望,无所逃避。其来现也,专为救众生而已。故不居天堂而故入地狱,不投净土而故来浊世,不为帝王而故为士人,不肯自洁,不肯独乐,不愿自尊,而以与众生亲,为易于援救。故日日以救世为心,刻刻以救世为事,舍身命而为之。以诸天不能尽也,无小无大,就其所生之地、所遇之人、所亲之众而悲哀振救之,日号于众,望众从之,以是为道术,以是为行己。①

当然,康有为自撰的《我史》与他的《戊戌奏稿》等一样,或者说像不少大人物的文稿一样,都经过多次增删损益,最终面目都是为了树立自己"天生圣人"、不同凡人、先知先觉、一贯正确的威仪,不可不信也不可全信,需要冷静旁观。但从以上文字,也可看出康有为反观人生时对于自己早年的想

---

① 康有为:《我史》(1899 年 1 月),见姜义华、张荣华编校:《康有为全集》(第 5 集),中国人民大学出版社 2007 年版,第 64 页。

象性期许,或者说恰恰暴露了他进入中年、基本定型之后的知识和思想情况——何其复杂庞杂,何其自大自信。何止以素王孔子自居,简直以如来、菩萨自命;何止是援佛释儒、引释入孔,简直很少儒学的影子,几乎成了庄子与佛经的合体。

康有为冲破了当时程朱理学、乾嘉学派笼罩的旧的学术范式、知识体系和思想体系,但并没有建立起一套新的、系统的、比较公认的范式和体系,具有明显的新旧过渡时代特征。他终生的知识和思想体系还是停留在中学框架内的,对于西学的理解是凌乱和肤浅的,甚至颇多误会,这种误会既是因为无知,也是由于他对西学所采取的主观的、为己所用的实用主义态度,他始终将西学作为自己已有的或者说想建立的思想框架的注脚和佐证而已,不是也不可能构建一套融汇中西的知识和思想体系。正如康有为的大弟子梁启超评价他说:"固有之旧思想,既深根固蒂,而外来之新思想,又来源浅觳,汲而易竭,其支绌灭裂,固宜然矣。"[①]

康有为以教主自命,以经世为务,以拯救天下为己任。他的经世致用之学,与前人和同侪相比,不仅是社会政治之学,更基于自己的天赋和特质,汲取西学所开辟的世界视野和佛学所喻明的广大精微,从两个维度加以拓展——广度上的世界人类,深度上的文化信仰。简单地讲就是,维新以救国,孔教以救教,大同以救世救人类,其教育思想活动也循这三个方面展开,康有为也就兼具了维新教育家、孔教教育家和大同教育家三维特征,这实际也是他作为维新改革家、今文经学家、大同思想家三重身份在教育领域的演绎。

---

① 梁启超著,朱维铮校注:《梁启超论清学史二种》,复旦大学出版社 1985 年版,第 79 页。

第二章　救国：维新教育家康有为(上)

康有为最早确立了普及教育、开启民智以期维新救国的思想理路，一方面他创办的万木草堂成为维新思想和人才的摇篮，培养了一批所谓"康党"；另一方面他不断上书光绪帝，积极发动、参与"公车上书"和百日维新，推动维新运动由思想启蒙走向政治实践，使维新教育成为中国教育早期现代化承前启后的重要一环，他本人也成为维新运动、维新教育的"头儿"。康有为在中国近现代教育历史上，第一次将教育改革与政治改革运动、思想启蒙运动如此紧密地结合。推本溯源，后来之教育运动化、教育社会化乃至教育政治化、教育政党化盖亦发轫于此。

第一节　普及教育—开启民智— 维新救国

康有为作为维新教育家，对于教育与维新救国关系的思考和设计理路是，普及教育以开启民智，开启民智方能开议会和行立宪,开议会和行立宪方是变法维新,方能救国救亡,即普及教育是开启民智的基础和途径,是维新救国的重要内容和手段。他一方面批评洋务派的单纯的专业人才观和技术教育论,另一方面反对革命派的颠覆式的革命教育论。而且,康有为终身以政治为根本,以教育为余事,以政治改革家为职业理想,不措意也不屑意于仅作为一名专门的教育家,他实是一名"维新救国论"者而非"教育救国论"者。

康有为早年主要承继了中国古代的"重教"传统,视教育为化民成俗、育才致治的手段,没有超越古代教育家们的一般认识水平,也没有反映出多少时代特色和个人特点。他在《教学通义》中认为,"今天下治之不举,由教学之不修"①,把教育的修与不修视为国家治与不治的基础,可谓古代"建国君民,教学为先"②思想的延续。后来,在《春秋董氏学》中,也引董仲舒的话说明德治教化的重要。

> 夫万民之从利,如水之走下,不以教化堤防之,不能止也。是故教化立而奸邪皆止者,其堤防完也。教化废而奸邪并出,刑罚不能胜者,其堤防坏也。③

19世纪后期以降,对于教育的社会作用的认识,发生了三个方面的变化或者说出现了三个方面的不同:一是古代多把教育作为政治的辅助或附属,教育的作用多在正人心、易风俗、励士气以服务于良性政治之达成,即主要从政治框架、政治功能来认识教育,教育对于政治又是服务性、从属性的。近代以降,教育的功能发生拓展和更新,由教育的军事功能、经济功能开始,逐步把教育作为推动政治变革的基础和动力之一,进而揭橥教育的个体发展功能;二是基于救亡图存的时代主旋律,各派人士都从各自立场出发,进行了一系列的政治、社会、文化和教育探索,并多把教育当成救亡

---

① 康有为:《教学通义·题记》(1885年),见姜义华、张荣华编校:《康有为全集》(第1集),中国人民大学出版社2007年版,第19页。

② 《礼记·学记》。

③ 康有为:《春秋董氏学·春秋微言大义第六下》(1893年至1897年),见姜义华、张荣华编校:《康有为全集》(第2集),中国人民大学出版社2007年版,第398页。

图存的手段之一。如果说古代教育家们仅在中国范围内来思考问题，以去乱求治、济世安民为归宿，那么近代教育家们则必须从中外关系和中西比较中来赋予教育新的意义，多以育人才、开民智为出发点，以抵御外侮、救亡图存为归宿，并把西方教育作为必不可少的参照系和学习对象。三是古代教育是一种教化型的教育，通常以弥漫性、非学校化、非正式教育的方式普遍存在着，但学校较少，兴废无常，亦即教育的制度化水平较低，而现代教育是以学校教育乃至学校教育体系为代表的制度化教育，教育家们所追求的是普及教育、普及学校教育进而普及义务教育。

康有为作为维新教育家，其认识也反映了上述变化。他在《公车上书》中说，"才智之民多则国强，才智之士少则国弱"。这里的"才智"，大约相当于现在所谓的国民素质水平或国民受教育程度，即把国民素质水平视为国家兴衰存亡的关键因素。这其中就隐含了两重逻辑关系：一是要想广育才智之民，就必须大兴学校、普及教育；二是表明康有为的认识已经超越了先前洋务派"育人才"的水平，开始进入"开民智"的境界，即中国要想救亡图强不是仅仅培养一批新式专业人才就可以了，而是必须依靠国民素质、国民知识水平的普遍提高。这与中国早期现代化由器物层面进入制度层面之大势相吻合，也是中国教育早期现代化由设立新式学校进入建立现代教育制度的先声。康有为在维新运动时期对于这种认识的表达，以其惯有的沉痛之言、剀切之词，比较中西，极而言之，仿佛广兴学校、普及教育就可立致富强，否则亡国迫在眉睫。至于他引说外国的数据是否准确，中国有无财力可能，教育与富强之间的因果究竟如何，就不是他所关心的了。

> 尝考泰西之所以富强，不在炮械军兵，而在穷理劝学。彼自七八岁人皆入学，有不学者责其父母，故乡塾甚多。其各国读书识字者，百人中率有七十人。其学塾经费，美国乃至八千万。其大学生徒，英国乃至一万余。……而我中国文物之邦，读书识字仅百之二十，学塾经费少于兵饷数十倍，士人能通古今、达中外者，郡县乃或无人焉。①

---

① 康有为：《上清帝第三书》(1895年5月29日)，见姜义华、张荣华编校：《康有为全集》(第2集)，中国人民大学出版社2007年版，第74页。

他在《日本变政考》中，又说明了日本教育发展对其明治维新的巨大推动作用。

> 泰西之强由于人才，人才出于学校。日人变法，注意于是，大聘外国专门教习至数十人，小学有五万余所，其余各学皆兼教五洲之事，又大派游学之士，食而用之。数年之间，成效如此。①

并将日本在甲午中日战争中的胜利归因于教育的成功，称"近者日本胜我，亦非其将相兵士能胜我也；其国遍设各学，才艺足用，实能胜我也"②。还说，美国之所以富强也是由于教育发达，中国之所以贫弱就是由于教育落后。

> 美国学堂，乃至数百万所，学堂岁费八千万，生徒乃至二千万人，故人才至盛。岁出新书二万、新器三千，民智而国富以强，故养兵仅二万，兵费不及学费十之一，而万国咸畏之。……我中国民四万万，冠于地球，倍于全欧十六国，地当温带，人民智慧；徒以学校不设，愚而无学，坐受凌侮。是遵何故哉？盖泰西户口少，而才智之民多；吾户口多，而才智之民少故也。③

然而，千万不要因为以上文字，就将康有为定性为"教育救国论"者。这些不过是康有为的一贯言说风格而已——凡事极而言之，讲铁路、讲实业等，几乎无不如此。凡言某事，必讲其极端重要性，仿佛只有兴铁路、兴实业才可致富强，只要兴铁路、兴实业便可致富强，以致使人又误认为他是一位"铁路救国论"者或"实业救国论"者。"教育救国论"在近代中国具有特定含义，专指过分夸大和迷信教育的作用，把教育作为救国的主要或唯一手

---

① 康有为：《日本变政考·卷四》（1898 年 6 月 21 日后），见姜义华、张荣华编校：《康有为全集》（第 4 集），中国人民大学出版社 2007 年版，第 153 页。

② 康有为：《请开学校折》（1898 年 6 月），见姜义华、张荣华编校：《康有为全集》（第 4 集），中国人民大学出版社 2007 年版，第 316 页。

③ 康有为：《请改直省书院为中学堂乡邑淫祠为小学堂令小民六岁皆入学折》（1898 年 7 月 3 日至 9 日间），见姜义华、张荣华编校：《康有为全集》（第 4 集），中国人民大学出版社 2007 年版，第 317 页。

段。透过康有为种种辞藻的粉饰而究其实质就会发现，他本质上是一位"维新救国论"者，以维新变法、政治改革为职志。他首先是政治改革家，其次才是教育家，他始终是在用政治改革家的眼光打量着教育的作用，重视教育的社会作用却不夸大。这从《日本变政考》中的几段按语尤可知之。

> 近自甲午败后，讲求渐深，略知泰西之强，不在炮械军兵而在学校，于是言学校者渐多矣。实未知泰西之强，其在政体之善也。①
>
> 购船置械，可谓之变器，不可谓之变事。设邮便，开矿务，可谓之变事矣，未可谓之变政。改官制，变选举，可谓之变政矣，未可谓之变法。日本改定国宪，变法之全体也。②

可见，维新教育家康有为只是将教育改革视为"变政"而未视为"变法"，也就是仅仅把它当作改革的突破口而非改革的目标。即使"变政"，也以"改官制"为直接措施，而以"变科举"为间接措施。正如他在1903年著成的《官制议》中所说："变政之事，下手必从官制始。"③他的弟子梁启超说得更加明确："变法之本，在育人才；人才之兴，在开学校；学校之立，在变科举；而一切要其大成，在变官制。"④他们并将兴学与建立学会、编印报刊、开展演讲一道作为维新变法的组织与宣传手段。

此外，康有为还经常从政治、经济和教育的整体关系中来考察教育的作用。

> 其民智愈开者，则其国势愈强，英、美诸国是矣。民智之始何基乎？基于学校；民智之成何验乎？验于议会。夫学校与议会，相联络、

---

① 康有为：《日本变政考·卷一》（1898年6月21日后），见姜义华、张荣华编校：《康有为全集》（第4集），中国人民大学出版社2007年版，第115页。

② 康有为：《日本变政考·卷七》（1898年6月21日后），见姜义华、张荣华编校：《康有为全集》（第4集），中国人民大学出版社2007年版，第198页。

③ 康有为：《官制议·中国今官制大弊宜改》（1903年），见姜义华、张荣华编校：《康有为全集》（第7集），中国人民大学出版社2007年版，第262页。

④ 梁启超：《变法通议·论变法不知本原之害》（1896年8月），见《饮冰室合集·文集之一》（第1册），中华书局1989年版，第10页。

相终始者也。故学校未成、智识未开，遽兴议会者，取乱之道也；学校既成、智识既开，而犹禁议会者，害治之势也。①

他在 1912 年所作《孔教会序》中更直截了当地说："教化之与政治、物质，如鼎之足峙而并立。教化之与政治，如车之双轮而并驰，缺一不可者也。"②

当然，同是救亡图存，洋务派、维新派和革命派设计的救国之路各不相同。康有为作为维新运动的"头儿"，既批评洋务救国，批评洋务派单纯发展军事技术，学习西方之皮毛却不知其富强本源，也反对革命救国，反对革命派抛弃文化传统，盲目学习外国而脱离中国国情。其实，洋务派对于西方的学习和中国的改革，并未仅停于军事技术层面；革命派之所以走向革命乃至持续暴力革命也并非仅是学习法国的结果，实由国内深层政治和文化因素郁积所致。

> 当同光之初，曾文正、李文忠、沈文肃诸公，草昧初开，得之太浅，则以为欧美之强者，在军兵炮舰，吾当治军兵炮舰以拒之，而未知彼军兵炮舰之有其本也。至乙未东败之后，知之渐进，以为欧美之强在民智，而开民智在盛学校也。于是十年来，举国争事于开学矣。至戊戌之后，读东书者日盛，忽得欧美之政俗学说，多中国之所无者，震而惊之，则又求之太深，以为欧美致强之本，在其哲学精深，在其革命自由，乃不审中国病本之何如，乃尽弃数千年之教学而从之。于是辛丑以来，自由革命之潮，弥漫卷拍……危乎哀哉，其可畏也！③

康有为所讲的"盛学校""开民智"，其实就是把教育作为维新救国的手段，广设学校、普及教育、开启民智以维新救国。由此，他在维新时期的批判矛

---

① 康有为：《日本变政考·卷七》(1898 年 6 月 21 日后)，见姜义华、张荣华编校：《康有为全集》(第 4 集)，中国人民大学出版社 2007 年版，第 203 页。
② 康有为：《孔教会序》(1912 年 10 月 7 日)，见姜义华、张荣华编校：《康有为全集》(第 9 集)，中国人民大学出版社 2007 年版，第 343 页。
③ 康有为：《物质救国论·序》(1904 年)，见姜义华、张荣华编校：《康有为全集》(第 8 集)，中国人民大学出版社 2007 年版，第 63 页。

头主要指向洋务教育只重视军事技术教育而无视开启民智,民国以后他则把反对的矛头指向现代学校废止尊孔读经、断裂中华文化传统。

> 泰西之强,吾中人皆谓其船械之精、军兵之练也,不知其学校教育之详也。故五十年来,吾中国亦渐讲军兵炮械,费帑万万,而益以藉寇兵而赍敌粮耳。此中西强弱之大键,不可不明辨也。[①]
>
> 名为共和,而实共争共乱。……顷乃闻部令行饬各直省州县,令将孔庙学田充公,以充各小学校经费。有斯异政,举国惶骇。既已废孔,小学童子,未知所教,俟其长成,未知犹得为中国人否也,抑将为洪水猛兽也。呜呼哀哉![②]

可见,康有为所谓的"开民智"是开维新变法、君主立宪之智,而非开共和革命之智,更非废止尊孔读经之智。然而,科举制度一旦停废,现代学校制度一旦建立,民智之开,伊于胡底,就绝不是当事诸公所能掌控的了。不仅康有为如此,晚清重臣陈夔龙曾哀叹"宁知学堂之害,于今为烈,试问今日革命巨子,何一非学生造成"[③];清末教育改革的总设计师、现代学制的制定者张之洞,看到自己亲手推动的现代学校制度成为清政权乃至传统文化的掘墓人,不禁有"我虽未杀伯仁、伯仁因我而死"之叹,去世前曾奏请各省设立"存古学堂",保存孔孟圣学,保存其所认为的文化传统,但随即人亡政息、清亡"堂"息。张之洞、康有为、陈夔龙并非政治和文化同道者,却都曾是清末普及教育的推动者和当事人,都又最终成为现代学校的哀叹者,他们亲手缔造的现代学校最终"异化"为他们所维护的政治制度、所秉持的文化传统的终结者,不亦吊诡吗?除了时势比人强,历史的阶段性结果可能成为出发点的反面,更引人深思的是,张之洞、康有为等人的政治哀叹之外的文化忧虑,有无必然性和合理性?在救亡与革命高涨之际,

---

① 康有为:《日本书目志·卷十》(1898 年春),见姜义华、张荣华编校:《康有为全集》(第 3 集),中国人民大学出版社 2007 年版,第 408 页。

② 康有为:《覆教育部书》(1913 年 5 月),见姜义华、张荣华编校:《康有为全集》(第 10 集),中国人民大学出版社 2007 年版,第 115 页。

③ 陈夔龙:《梦蕉亭杂记》,北京古籍出版社 1985 年版,第 71 页。

人们往往遑顾文化问题,难道文化问题只是闲暇时的奢侈品?百余年后,我们是否可以更加冷静、更加心平气和的态度,来思考他们曾经思考过的文化问题?在张之洞、康有为那里,乃至在以救亡与革命为主旋律的近现代中国,教育服务乃至服从于政治经济以至救亡与革命,教育的文化功能也隶属于政治经济功能,康有为所开民智、所启蒙者亦在维新变法而已,并没有进入开文化之智、文化启蒙的层面,相反却搞出了一套杂糅今文经学、佛学等的孔教和大同观念,其究竟是启蒙主义还是蒙昧主义?

第二节 万木草堂:维新主义的摇篮

一、《上清帝第一书》和《广艺舟双楫》

康有为虽然讨厌八股制艺,但又不得不走科举之路。这条路早期走得并不很顺利,少年时两应童子试,名落孙山;从19岁开始,4应乡试,36岁才中举人。他自命高才,始终认为自己之所以科场蹭蹬,并非才不如人,而是空疏无用的八股文阻碍了才学的发挥。这种切身体会也可谓其后来坚决主张废八股、变科举的原因之一。应举几乎是当时读书人的第一选择,也是读书人实现社会升迁、获得现实利益的直接途径。一方面书中讲的是大道理、身心性命、内圣外王,读书是道问学与尊德性的统一,是成贤成圣的不二法门;另一方面多数人又离不开生存生活,首先把读书应举作为求官干禄的工具。这就导致读书与日用生产、探究学术、修养身心相分离,书中道理的神圣性与实际取向的现实性相对立。从这个角度讲,八股取士也容易导致读书人自欺欺人、心态扭曲甚至人格裂变,使读书人对于八股取士产生一种既维护、艳羡,又鄙薄、厌弃的心理,并且这种心理成为一种在读书人中弥漫的集体无意识,这也潜在影响了后来在变科举、废科举过程中士人的心理和政策选择。

1888年6月,康有为第二次入京应顺天府乡试,又不第。不久,梅妻鹤子的师友张鼎华病逝。他为张鼎华营葬后,没有立即返粤,而是游十三陵,出居庸关,登万里长城,伫立八达岭头,抚弦登陴,岂不怆恨。

时讲求中外事已久,登高极望,辄有山河人民之感。计自马江败后,国势日蹙。中国发愤,只有此数年间暇。及时变法,犹可支持。过此不治,后欲为之,外患日逼,势无及矣。①

他自感再也不能沉默了,先后上书负有时誉的户部尚书翁同龢、工部尚书潘祖荫和吏部尚书徐桐等朝廷重臣,希望他们为国振作,但都没有达到预期目的。1888 年 12 月,他又向光绪帝进呈《为国势危蹙祖陵奇变请下诏罪己及时图治折》,即《上清帝第一书》,痛言中国形势危急,请求“变成法”“通下情”“慎左右”。② 这些建议并没有超出古代有胆识的狂生与鲠臣的认识水平,在当时体制下这封布衣上书也难以上达天听。它在换来了攻击和嘲讪、有人将他视为怪物、有人将他视为狂徒的同时,也为康有为获得了第一次声名,总之康有为是出名了,开始成为公众人物、争议人物,他在争议中出名,从此声名愈大争议愈大。这是康有为个性使然,也是时代使然,时代提出了无法回避的、高度敏感的、公共性的政治命题和士人话题。相对于清前期的卧碑文、文字狱,此时清廷的社会控制力、舆论钳制力降低,从体制内到体制外、从高官到士人的求变心理涌动,新的媒体及传播方式开始兴起。天纵不羁的康有为抓住时代机遇,开始在体制的潜变中突破旧体制,像一颗耀眼的流星划过沉暗的夜空。它无法打破黑夜、带来黎明,却让人眼前一亮、看到希望,让那些同样积蓄着不满和无奈的人的心中燃起一点火花。他们虽然不知道未来应是什么样子,该往哪里去,但总觉得不能再这样沉默、沉沦、坐以待毙,总得有所改变,哪怕仅仅改变一点点,甚或有一点点改变的念头也好,但他们都在等待那位第一声呐喊者的出现。康有为就是应运而生的第一声呐喊者,看似孤独,其实不乏沉默的同道。

此时,康有为的好友沈曾植、黄绍箕等人劝他“勿言政事”,以免多言获罪,不妨借金石碑帖聊遣忧愤。1889 年春夏间,康有为寓居北京南海会馆,专心写成了《广艺舟双楫》一书。该书发展了清中期包世臣《艺舟双

---

① 康有为:《我史》(1899 年 1 月),见姜义华、张荣华编校:《康有为全集》(第 5 集),中国人民大学出版社 2007 年版,第 72 页。

② 康有为:《上清帝第一书》1888 年 12 月 10 日,见姜义华、张荣华编校:《康有为全集》(第 1 集),中国人民大学出版社 2007 年版,第 182 页。

楬》的理论,系统总结了历代碑学,是我国碑学史上的一部重要理论著作,对晚清书法艺术的发展路向颇有影响,也奠定了康有为作为书法家、重要的书法理论家、近代碑学书法代表人物的地位。在这部书法理论著作中,除了可以感受到康有为那一贯的天纵聪明、视野宏阔、贯通古今、好极而言之的特征,更能非常明显地感受到该书有着本体性指导思想——今文经学和变法思想。康有为在书中讲,"书学与治法,势变略同。前以周为一体势,汉为一体势,魏、晋至今为一体势,皆千数百年一变,后之必有变也";①"学者通于古今之变","若后之变者,则万年浩荡,杳杳无涯,不可以耳目之私测之矣"。② 这既是一部今文经学和变法思想指导下的艺术理论著作,也是一部运用书法理论阐发今文经学和变法思想之作,由于它是私人著述而非上奏皇帝的奏章,可以写得更加放开、更加自由、更加个人化,可以体味出康有为确是一位早慧早熟型思想家,在40岁之前其思想已经比较系统、基本定型,其后30余年变化进步不大,无非因事因时因势损益权变而已,或许这已经决定了其思想先觉者与落伍者、变法者与保守者的双重角色。

康有为终究不是单纯玩味于诗书画印、风花雪月的人。"治安一策知难上,只是江湖心未灰!"③既然在京上书不达,就要另辟政治蹊径。1889年9月,他在"虎豹狰狞守九关,帝阍沉沉叫不得"④的愤愤叹息中,离京返粤。一路漫游,逛苏杭,溯长江,登庐山,上黄鹤楼,直至次年1月才回到广州。他要在南中国燃起自己更大的政治之火,聚徒讲学,培养维新人才;刊布新书,宣传变法理论。

二、万木草堂:魅力型的私立书院

康有为第一次上书不达后,深感"以国民之愚而人才之乏也,非别制

---

① 康有为:《广艺舟双楫·原书第一》(1890年),见姜义华、张荣华编校:《康有为全集》(第1集),中国人民大学出版社2007年版,第254页。
② 康有为:《广艺舟双楫·体变第四》(1890年),见姜义华、张荣华编校:《康有为全集》(第1集),中国人民大学出版社2007年版,第265页。
③ 康有为:《康南海先生诗集》(1888年至1927年),见姜义华、张荣华编校:《康有为全集》(第12集),中国人民大学出版社2007年版,第145页。
④ 康有为:《康南海先生诗集》(1888年至1927年),见姜义华、张荣华编校:《康有为全集》(第12集),中国人民大学出版社2007年版,第174页。

造新国之才,不足以救国,乃决归讲学于粤城"①。不见用于当道,隐而著
书讲学,以退为进,待机而发,这正是政治家型学者的惯走之路,也是有抱
负的落第举子的谋生之途,还是康有为后来聚徒组党的基础。梁启超曾评
说康有为创办万木草堂的动机:"先生以为欲任天下之事,开中国之新世
界,莫亟于教育,乃归讲学于里城。"②

1890 年春,康有为举家迁居广州,住在其曾祖父的老屋云衢书屋,开
始收徒讲学。不久,他便有了第一个学生——陈千秋。

> 有陈礼吉者,先生乡人,一名通甫,字千秋,年少而学博,读书甚
> 多,能事考据,三月以客礼来见;先生三与论诗礼,泛及诸经,告之以孔
> 子改制之义,仁道合群之原,及考据旧学之无用。礼吉豁然悟,执贽称
> 弟子,六月首来受业。故论草堂弟子,实以礼吉为嚆矢也。③

陈千秋原为学海堂弟子,两个月后又介绍其同学梁启超来学,康有为便有
了第二个学生。请看梁启超是怎样描述自己入学经过的。

> 时余以少年科第,且于时流所推重之训诂词章学,颇有所知,辄沾
> 沾自喜。先生乃以大海潮音,作狮子吼,取其所挟持之数百年无用旧
> 学更端驳诘,悉举而推陷廓清之。自辰入见,及戌始退,冷水浇背,当
> 头一棒,一旦尽失其故垒,惘惘然不知所从事,且惊且喜,且怨且艾,且
> 疑且惧,与通甫联床竟夕不能寐。明日再谒,请为学方针,先生乃教以
> 陆王心学,而并及史学、西学之梗概。自是决然舍去旧学。自退出学
> 海堂,而间日请业南海之门。生平知有学,自兹始。④

---

① 陆乃翔等:《南海先生传(上编)》(1929 年 6 月),见姜义华、张荣华编校:《康有为全集》(第 12
集),中国人民大学出版社 2007 年版,第 445 页。

② 梁启超:《南海康先生传》(1901 年 12 月),见姜义华、张荣华编校:《康有为全集》(第 12 集),中国
人民大学出版社 2007 年版,第 424 页。

③ 陈汉才校注:《长兴学记》,广东高等教育出版社 1991 年版,第 91 页。

④ 梁启超:《三十自述》(1902 年 12 月),见《饮冰室合集·文集之十一》(第 2 册),中华书局 1989 年
版,第 16—17 页。

此后,徐勤等人也投学康有为门下。随着学生的增多,云衢书屋逐渐容纳不下满门的桃李。1891 年春,康有为接受陈千秋、梁启超的建议,租赁长兴里邱氏书屋正式开设讲堂,称长兴学舍,自任总教授、总监督,并著《长兴学记》以为学规。据张伯桢回忆:

> 吾侪之初侍先生于长兴里也,徒侣不满二十人,齿率在十五六至十八九之间,其弱冠以上者裁二三人耳,皆天真烂漫而志气堪踔向上,相爱若昆弟,而先生视之犹子。堂中有藏书,先生自出其累代藏书置焉。有乐器库,先生督制琴筝干戚之属略备。先生每逾午则升坐讲古今学术源流,每讲辄历二三小时,讲者忘倦,听者亦忘倦。①

1892 年,康有为又移讲堂于卫边街邝氏宗祠,此时学生已达 40 余人,他就让陈千秋和广西人龙泽厚担任学长;次年冬,他再移讲堂于广府学宫仰高祠,并正式称"万木草堂",这时学生有 100 余人,以陈千秋、梁启超为学长。1897 年,万木草堂达到全盛,"时学者大集,乃昼夜会讲"②。次年,百日维新失败后,康有为流亡海外,当时万木草堂中尚有学生 60 余人,这些学生在日本人田野橘次、宫崎寅藏的帮助下,在学长王觉任带领下逃至香港。万木草堂结束了,③从 1891 年开讲于长兴学舍,前后历时近 8 年。

万木草堂从办学性质和教学组织形式来看,还是一所传统的私立书院,从其办学目的、培养目标和教育教学内容来看,它又是一所前所未有的全新的书院——维新变法的人才和思想的摇篮。作为书院,万木草堂可谓形式其旧、实质其新,是中国书院发展到 19 世纪末,在新的国内、国际形势下的基因突变,是当时书院的旧瓶新酒、老树新花,甚至可以套用"周虽旧邦,其命维新"来称书院虽旧制,其命常维新。由此亦可以看出,有着一千

---

① 张伯桢:《戊戌政变前后之万木草堂》,见陈学恂主编:《中国近代教育史教学参考资料》(上册),人民教育出版社 1986 年版,第 355 页。
② 康有为:《我史》(1899 年 1 月),见姜义华、张荣华编校:《康有为全集》(第 5 集),中国人民大学出版社 2007 年版,第 88 页。
③ 1913 年,康有为在广州领得七公祠旧址,重加修葺,为诸生集结讲学之所,亦名"万木草堂"。由梁启超、韩文举、徐勤和张伯桢总持其事,并厘定章程。康有为去世后,此堂解散。

多年历史的书院作为中国传统教育制度的重要组成，中国传统教育体系的特色和精华，在人才培养模式、教育教学组织形式、办学体制机制等方面，具有其内在的教育规律性和强大生命力，在新的形势下仍有可能焕发出勃勃生机，进而成为现代学校教育制度的重要活力因子。

当时的书院大致可分三类：一是学习制艺的书院，此类书院以讲习八股文为主，纯为应付科举，可谓科举的预备学校，最为普遍。二是讲求考据之学的书院，此类书院受乾嘉学派的影响，专宗朴学，数量少而学术水平高，如同在广州的学海堂。三是讲习经世之学的书院，此类书院受明清以降"实学"思潮和当时社会环境的双重影响，关心社会实际，渴望经世致用，作策论，讲西学，反映了时代要求，如1887年两广总督张之洞在广州创办的广雅书院。当时的著名书院，或官方资助，或大儒主持，或创办有年而声誉、院产积淀丰厚，广州城内更是书院、学塾林立，学海堂、广雅书院等声望素著。万木草堂作为一所新建私立书院，以康有为一人之力，纯靠学费维持，既不能为学生提供直接的科举应考帮助、求职谋生技能，又偏离当时的理学思想主流和朴学学术主流，康有为长期离粤而生徒不溃散、草堂不解体，不断发展壮大，必有非同寻常之处。

万木草堂是一所魅力型书院，其魅力来自康有为的个性和思想，早慧而自信的先天禀赋，至三四十岁时最富活力并趋成熟，无论是其今文经学的学术体系，还是维新变法的社会政治思想，都是对当时既存范式的革命。他站在历史前沿，应乎时代要求，吸引了一批不甘屈从既定范式的年轻人，使万木草堂成为维新运动的思想孵化器和"康党"的组织基地。据1894至1895年曾在万木草堂学习的卢湘父说：

> 万木草堂不过私人讲学之所，在两年同学中，其人数又不满五十，似乎无足轻重。但当时能转移风气，与戊戌之百日维新，为中国之一大转机，实基于万木草堂之学风与万木草堂之人物……①

康有为能够吸引同是一代人杰的陈千秋、梁启超，从当时最著名、学术水平

---

① 卢湘父：《万木草堂忆旧》，台北文海出版社《近代中国史料丛刊》影印本，第86—87页。

最高的书院之一学海堂转投自己门下;万木草堂能够培养出梁启超、欧榘甲、韩文举、徐勤、麦孟华、龙泽厚、叶觉迈等一批所谓"康党"骨干①;许多人追随康有为,历经19世纪末、20世纪初眼花缭乱的中国巨变,乃至流亡海外10余年,视康有为为政治领袖和思想宗主,亦步亦趋,终生不渝,除了现实的利益关联,亦足见康有为的个人魅力和思想统摄力。就此来讲,万木草堂超越了明代东林书院式的政治派系书院,超越了讲求理学或专宗朴学式的学术派系书院,甚至可以说,万木草堂不是一个儒学群体,而是带有近乎墨家色彩的那种思想一致、组织严密、崇尚力行、尊奉领袖的半学术、半思想、半军事化、半宗教化组织。

万木草堂时期的康有为30多岁,学生多在十五六岁至十七八岁,相当于高中生、大学生的年龄,大青年引导小青年,青年们自修自励,从此意义来讲,万木草堂是个青年组织,康有为是中国近代最早的青年运动领袖和青年思想导师。中国从戊戌维新到辛亥革命,从新文化运动、五四运动到所谓国民革命,基本是以政治化了的中青年高级知识分子为导师,以20岁左右的青年人为组织主体,上演的一场场青年们的思想运动和政治运动,都是青年人向既定范式、现存秩序的挑战和冲锋,这些运动也带有青年运动的一切优点和缺陷,热烈、有勇气、富于感染力,冲动、偏激、思想拼盘化、易于消沉和分裂。

三、万木草堂:维新主义的人才培养模式

梁启超曾追忆康有为在万木草堂,"其为教也,德育居十之七,智育居十之三,而体育亦特重焉"②。这是在用后来的新式教育话语系统来诠释、重读万木草堂,虽然万木草堂当年尚无所谓德智体三育之说,却也可以在这种未必尽合历史原貌的诠释、重读中,看出一些万木草堂讲学教学、人才培养的重点与特点。

---

① 据张伯桢《万木草堂始末记》称,"各省学子,千里负笈,闻风相从,前后达三千人"。(陈汉才校注:《长兴学记》,广西高等教育出版社1991年版,第91页。)当为夸张者言,不足采信。盖康有为以圣人自居,以三千人者暗合孔子弟子三千之意。

② 梁启超:《南海康先生传》(1901年12月),见姜义华、张荣华编校:《康有为全集》(第12集),中国人民大学出版社2007年版,第426页。

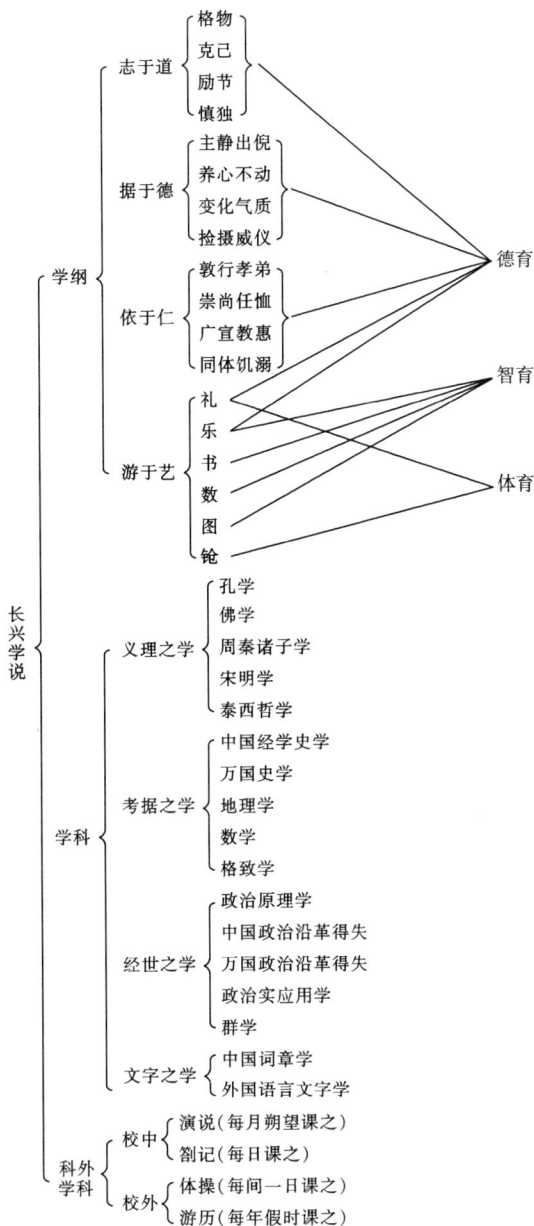

图 2-1　长兴学说之纲领旨趣

资料来源：梁启超：《南海康先生传》（1901 年 12 月），见姜义华、张荣华编校：《康有为全集》（第 12 集），中国人民大学出版社 2007 年版，第 426 页。

所谓德育,实以"仁"为核心。康有为在万木草堂学规——《长兴学记》中制定了志于道、据于德、依于仁、游于艺4条学纲。"志于道"又分4目:格物、历节、辨惑、慎独;"据于德"再分4目:主静出倪、养心不动、变化气质、检摄威仪;"依于仁"也分4目:敦行孝悌、崇尚任恤、广宣教惠、同体饥溺;"游于艺"则分6目:礼、乐、书、数、图、枪。其中,"志于道""据于德""依于仁"3条,以及"游于艺"中的"礼""乐"2目均属德育。

所谓体育,类似兵式体操,开清末私人书院中军国民教育之先声。《长兴学记》中"游于艺"之六目,源于《周礼·地官·大司徒》中的礼、乐、射、御、书、数"六艺"之说。六艺之教在历史上被儒家奉为理想教育模式,多所解说和附会,教育家往往借其来作为自己教育主张的历史依据,也往往借其来抨击和解决现实教育中的某些弊端。康有为承继了六艺中的四艺,改造了其中的"御""射"二艺。"御"原指驾驭马拉战车的训练,康有为认为它"今则无用"①,而代之以"图",即图谱之学。"射"原指射箭的训练,康有为认为"今弓矢已无用,枪即代弓矢",枪就是实弹射击。他在1886年所著的《教学通义》中就已经提出以枪代射的思想。

> 至于今日,射遂为极无用之物矣。然推古人之意,不在器而在义也。射之义在武备,今之武备在枪炮,则今之射即烧枪也。……射为"六艺"之一,天下男子所共学,今亦以枪为"六艺"之一,天下共学之可也。师古人之意,不师其器也。②

康有为自然不懂实弹射击,也无法进行实弹射击训练,就在万木草堂中设相当于体育委员的"干城科学长",负责带领同学隔天做一次体操,可能是类似于军操的兵式体操。体操、兵式体操是地道的舶来品,最早是在洋务学堂的军事学堂和军事技术学堂中开设,以增强学生体质和培养学生的纪律观念。康有为不仅有模仿的对象,而且对其有一定的认识和偏好,仅在

---

① 康有为:《教学通义·六艺(中)射御第十九》(1885年),见姜义华、张荣华编校:《康有为全集》(第1集),中国人民大学出版社2007年版,第52页。

② 康有为:《教学通义·六艺(中)射御第十九》(1885年),见姜义华、张荣华编校:《康有为全集》(第1集),中国人民大学出版社2007年版,第52页。

《日本书目志》中列举的其所知的日本体操书即达 24 种之多，他认为体操可以强身强国，中国应该学习和重视。

> 古者舞象舞勺，盖以固人肌肤之会，筋骸之节。……朱子废舞学，而士人废荬苶尔矣。泰西男女皆有体操，故能强力而任事。日人为体操之教，游戏之事附于舞末，有意哉！①

直至 1904 年"壬寅·癸卯"学制颁布实施，清政府才规定"各学堂一体练习兵式体操"，但"民间私设学堂，非经禀准，不得教授兵式体操"。② 在此前 10 余年，于私人书院中模仿开展兵式体操者，万木草堂可能是首创。重要的不是万木草堂中的体育、兵式体操多么完备，而是由此可见康有为在教育上的敏锐、善于模仿、富于想象、勇于实践，这正是创新的重要特征与特质。

所谓智育，实际是以今文经学阐释和宣传维新变法。康有为每月朔、望演讲两次，"尽出其所学教授弟子，以孔学、佛学、宋明学为体，以史学、西学为用"③。孔学是纲，其他都是目，都是为了佐证、诠释、丰富孔学。所谓孔学，就是孔子之学，即今文经学，即阐释维新变法兼及孔教、大同之说的今文经学。康有为讲学时极力发挥孔子改制变法之义，这在其弟子所记听课笔记《南海康先生口说》等中多有记载。

> 春秋前皆世卿，二千年来行选举，孔子之制也。④
> 选举之法，汉最美。日本民情亦能上达。⑤

---

① 康有为：《日本书目志·卷十三美术门·体操书》（1898 年春），见姜义华、张荣华编校：《康有为全集》（第 3 集），中国人民大学出版社 2007 年版，第 485 页。

② 张百熙等：《学务纲要》（1904 年 1 月 13 日），见陈学恂主编：《中国近代教育史教学参考资料》（上册），人民教育出版社 1986 年版，第 541、544 页。

③ 梁启超：《南海康先生传》（1901 年 12 月），见姜义华、张荣华编校：《康有为全集》（第 12 集），中国人民大学出版社 2007 年版，第 424 页。

④ 康有为：《万木草堂口说·孔子改制》（1896 年），见姜义华、张荣华编校：《康有为全集》（第 2 集），中国人民大学出版社 2007 年版，第 149 页。

⑤ 康有为：《万木草堂口说·孔子改制》（1896 年），见姜义华、张荣华编校：《康有为全集》（第 2 集），中国人民大学出版社 2007 年版，第 150 页。

以《春秋》治百世也。百世之后,穷则变通,又有三统。此改制之
微言也。①

万木草堂时期,康有为完成了最重要也是奠定其今文经学大师地位的两部
著作——《新学伪经考》和《孔子改制考》。这两部书既是他讲学内容的结
晶,也是他发动学生搜集资料、帮助纂校的成果。《新学伪经考·叙
目》说:

门人好学,预我玄文。其赞助编检者,则南海陈千秋、新会梁启超
也;校雠讹夺者,则番禺韩文举、新会林奎也。②

《孔子改制考·序》说:

同邑陈千秋礼吉、曹泰箸伟,雅才好博,好学深思,编检尤劳,墓草
已宿。然使大地大同之治可见,其亦不负二三子铅椠之劳也夫!③

梁启超在《南海先生七十寿言》中也说:

先生著《新学伪经考》方成,吾侪分任校雠;其著《孔子改制考》及
《春秋董氏学》,则发凡起例,诏吾侪分纂焉。④

至于学生们是怎样帮助康有为编纂书籍的,则以梁启勋的回忆最为详尽
生动。

---

① 康有为:《万木草堂口说·孔子改制》(1896 年),见姜义华、张荣华编校:《康有为全集》(第 2 集),
中国人民大学出版社 2007 年版,第 150 页。
② 康有为:《新学伪经考·叙目》(1891 年),见姜义华、张荣华编校:《康有为全集》(第 1 集),中国人
民大学出版社 2007 年版,第 356 页。
③ 康有为:《孔子改制考·序》(1892 年至 1898 年),见姜义华、张荣华编校:《康有为全集》(第 3
集),中国人民大学出版社 2007 年版,第 3 页。
④ 梁启超:《南海先生七十寿会》(1927 年),见《饮冰室合集·文集之四十四(上)》(第 5 册),中华
书局 1989 年版,第 28 页。

在万木草堂我们除了自己用功读书外，还有一种特殊工作即编书，这是协助先生著述的工作。譬如康先生要写一部《孔子改制考》，由他指定一二十个同学，把上自秦汉、下至宋代各学者的著述，从头检阅。凡有关孔子改制的言论，简单录出。注明见于某书之第几卷、第几篇，用省属稿时翻检之劳。时间由编书团体共同商定，每月上旬某日某日，中旬某日某日，下旬某日某日，自几点至几点，会合在大堂工作。仍坐无靠背之硬板凳。某人担任某书，自由选择。一部编完，又编第二部。①

康有为也指导学生读史。"明史致用"是中国传统学者惯走的一条路子，他本人也是这样走过来的。他虽主张"廿四史宜全读"，更主张"读史宜以《史记》、两《汉》为重"。读此三史时，"宜用功深"，"宁少其卷数"，不可贪多图快，囫囵吞枣。只要读通了此三史，"余史皆易读"。这是因为，《史记》《汉书》《后汉书》中包含了许多"孔门微言大义"。这些所谓的微言大义，就是今文经学家者言，就是改制变法、议会维新之义。康有为认为在阅读史书之前，应先知体例、年号、地理、职官，这样才便于深入理解。②

康有为还将西学引入万木草堂。援西释中与援佛释儒是康有为一生学术的两大特色。西学对于中学的佐证主要在于维新变法等政治观方面，佛学对于儒学的佐证主要在于仁学、大同等社会观和宇宙观方面。万木草堂"除读中国古书外，还要读很多西洋的书。如江南制造局关于声、光、化、电等科学译述百数十种，皆所应读。容闳、严复诸留学先辈的译本及外国传教士如傅兰雅、李提摩太等的译本皆读"③。康有为所讲的西学，既包括西方自然科学知识，也包括西方社会政治学说。他所涉及的自然科学领域很广，包括天文学、地理学、生物学、物理学、数学等；就西方社会政治学说而言，他着重讲西方政治体制，并与中国传统的社会政治理论相比附，以阐发自己的维新变法主张。

① 陈汉才校注：《长兴学记》，广东高等教育出版社1991年版，第104页。
② 康有为：《桂学答问》（1894年），见姜义华、张荣华编校：《康有为全集》（第2集），中国人民大学出版社2007年版，第21页。
③ 陈汉才校注：《长兴学记》，广东高等教育出版社1991年版，第103页。

地球各国,皆有章服,惟美国无之,平等也。①

孟子用贤、用杀,皆听国人皆曰可,亦"与众共之义"也。西人议院即本此意。②

外国有十二绅士曰遭利,必俟画押,然后定。即疑狱,讯与众共之也。外国亦何能出孔教外耶?③

德国相卑士麻(今译卑斯麦。笔者注),评论诸教,以孔子为最。④

现欧洲多尚白,亦行孔子三统之白统也。⑤

当然,康有为所讲的西学尤其是自然科学知识,往往羼杂着曲解和谬误,这既是因为当时科学常识普遍缺乏,康有为又非专门科学者,更是由于他强万物以为己用、强各学以为己学注脚的特质和气概。例如:

> 光绪二十一年,考出恒星二百四十余。地绕日之说为高白尼(今译哥白尼。笔者注)所创。恒星之光与日同。经星之光,用镜见之,其光缩小,恒星则不然。日之黑点发出来时四万里地,约五万岁。人之生约在五千年前。以地中之物质考之,地绕日一次,地长皮约一寸。⑥

正因为此,万木草堂的教学号称中西兼备,实际上康有为不可能将中学西学等量齐观,他重视的是中学而不是西学,他所谓的西学实指技艺之学、常

---

① 康有为:《万木草堂口说·王制》(1896 年),见姜义华、张荣华编校:《康有为全集》(第 2 集),中国人民大学出版社 2007 年版,第 163 页。

② 康有为:《万木草堂口说·王制》(1896 年),见姜义华、张荣华编校:《康有为全集》(第 2 集),中国人民大学出版社 2007 年版,第 164 页。

③ 康有为:《万木草堂口说·王制》(1896 年),见姜义华、张荣华编校:《康有为全集》(第 2 集),中国人民大学出版社 2007 年版,第 166 页。

④ 康有为:《万木草堂口说·中庸》(1896 年),见姜义华、张荣华编校:《康有为全集》(第 2 集),中国人民大学出版社 2007 年版,第 172 页。

⑤ 康有为:《万木草堂口说·春秋繁露》(1896 年),见姜义华、张荣华编校:《康有为全集》(第 2 集),中国人民大学出版社 2007 年版,第 187 页。

⑥ 康有为:《康南海先生讲学记·古今学术源流》(1896 年秋),见姜义华、张荣华编校:《康有为全集》(第 2 集),中国人民大学出版社 2007 年版,第 109 页。

识之学，所谓的中学实为政体之学、维新变法之学。

> 圣道既明，中国古今既通，则外国亦宜通知。……若仅通外学而不知圣道，则多添一外国人而已，何取焉。①

> 缘学者不知西学，则愚暗而不达时变；稍知西学，则尊奉太过，而化为西人。故仆以为必有宋学义理之体，而讲西学政艺之用，然后收其用也。故仆课门人，以身心义理为先，待其将成学，然后许其读西书也。②

万木草堂设学长协助康有为管理学堂事务，共分 4 类：博文科学长，主助教授及分校功课；约礼科学长，主劝勉品行、纠检威仪；干城科学长，主督率体操；书器库监督，主管图书仪器。每当康有为外出，学堂事务就由学长代为主持。"每日功课，依先生所订章程阅书写笔记，有疑义则请益于学长。"③1894 年后，康有为大部分时间都不在广州，学长对学堂的正常运行起了很大作用。当然，并不是每位学长各方面都出类拔萃。按规定，学长应每星期讲学一次，由于学长王觉任不善言辞，同学们不愿听，经常避席，并戏称他是"王莽篡位"。万木草堂的学长相当于班委的学习委员、体育委员、纪律委员等，康有为是校长、班主任、导师、山长，这不同于学海堂的学长制。乾嘉学派大家、两广总督阮元在广州创办的学海堂，规定永不设立山长，亦不允荐山长，而实行学长制，设 8 位学长集体领导、协商决策，学长负责每季出题评卷、管理日常事务等，首任 8 位学长由阮元聘任，后有缺额，由其他 7 人公举推荐。这就是著名的学海堂学长制，颇合现代大学制度之精神。

万木草堂承继了书院的讲会、自学、答问等讲学教学方式，除了康有为

---

① 康有为：《南海师承记》(1896 年至 1897 年)，见姜义华、张荣华编校：《康有为全集》(第 2 集)，中国人民大学出版社 2007 年版，第 216—217 页。

② 康有为：《致朱蓉生书》(1891 年 7 月 28 日)，见姜义华、张荣华编校：《康有为全集》(第 1 集)，中国人民大学出版社 2007 年版，第 325 页。

③ 张伯桢：《康南海先生讲学记·张伯桢序》(1896 年秋)，见姜义华、张荣华编校：《康有为全集》(第 2 集)，中国人民大学出版社 2007 年版，第 105 页。

每月朔、望各讲演一次之外,更多的是学生自学、求问而康有为答问,师生共学,学生同学,师生在共同编撰书籍、切磋问难中,教学相长,互相提高。学生除了听康有为讲学,主要靠自己读书和写读书笔记,每人发一本功课簿,将读书的心得和疑问记在上面,半月一缴,康有为对每条疑问给予批答,有时学生的问题只寥寥几个字,而他的批语长达数百言。每本功课簿写满后,都藏入图书馆,供新来的同学阅览,仿佛听康有为亲自讲课一样。这些功课簿中当然记载了许多维新言论,后来,清政府查抄万木草堂时,将其付之一炬。

从教育学的视角审视,万木草堂的人才培养模式无疑具有鲜明特色和比较优势,这种人才培养模式无以名之,不妨冠之以"维新主义人才培养模式"。当今,人才培养模式已经由一个高等教育的工作术语成为高等教育学的学术概念,但仍鲜有准确、清晰和公认的界定。笔者认为,人才培养模式就是为了实现培养目标,一系列教育教学资源的组合过程和方式,其中,人才培养理念是根本,人才培养目标是导向,人才培养机制是保障,其重点在于教育教学资源的组合。当教育教学资源短缺之时重在课程资源开发,一旦形成部分资源之后重点便在于资源的调动、运用和组合。要以人才培养机制创新推动人才培养模式改革,人才培养模式改革既要做加法,更要善于做减法、做乘法,人才培养模式的化境是培养理念上的"极高明而道中庸",组合方式上的"以简驭繁"。万木草堂作为一所私立书院,在教育教学资源的丰富性上难望学海堂、广雅书院之项背,但它在人才培养理念和目标上是全新的、前瞻性的、前所未有的、维新主义的、反映时代潮流的,康有为一面大力开发《新学伪经考》《孔子改制考》等新的课程资源,一面通过讲会、编书、问答、学长制等组合方式将人才培养效益最大化。从这个意义来讲,康有为作为一位创业型办学者,既有领先的理念、远大的抱负、前瞻的思想、广阔的视野,又有极强的资源整合力、形象推广力、行动组织力乃至经营领导力,堪称兼具思想力与行动力的教育家。

万木草堂"维新主义人才培养模式"的特征是在质疑中建构,在合作中行动。这种模式用康有为式的今文经学质疑了传统儒学,用维新改制质疑了君主专制,重估了中国传统政治和学术的价值,重估所隐含的前提是怀疑、质疑和批评、批判，其实质是解构性和颠覆性的。难得的是，康有为并未仅仅停留于质疑、批判和解构，而是超越前人形成了一套自己的建构范式，破而有立，破是为了立，这就是维新改制以及作为其学术思想基础的康有为式今文经学。万木草堂是教学相长、切磋砥砺的教育共同体，也是在教育教学过程中凝聚成共同价值观念的思想共同体和组织共同体，即所谓"康党"基地。万木草堂崇尚行动主义，透过崇尚任恤、广宣教惠、同体饥溺等内涵并不确定的"学纲"，可窥其中的团体化、行动化和救世化色彩，这种行为还是基于道义和文化的，不仅救国还要救教、救世、救人类，由此亦可见康有为这位 30 岁出头的举人的个性、气魄和视野。

万木草堂的人才培养模式也影响到维新派创办的其他学校，尤以梁启超主持的湖南时务学堂最为显著。

第三节　维新运动中的康有为和维新教育

一、公车上书中的康有为和维新教育

维新运动又称维新变法运动、戊戌维新运动①，通常认为其始于 1895 年 4 月至 5 月间的"公车上书"，终于 1898 年 9 月百日维新失败，高潮是 1898 年的百日维新。维新运动是中国历史上第一次资产阶级性质的政治改革与思想启蒙运动，其作为一场政治改革运动很快就失败了，但作为一场思想启蒙运动影响广泛而深远。

维新教育既是维新运动的重要内容，又是维新派推进维新运动的重要途径与手段。维新教育的主要内容有：兴办学校，建立三级学校制度；改八股为策论，变革科举考试制度；组织学会，编印报刊，开展演讲，进行思想启

---

① 有关维新运动研究情况可参见马洪林：《戊戌维新百年研究述评》，载《教学与研究》1998 年第 8 期；于文善、曹剑涛：《近五年来戊戌维新运动研究述评》，载《四川师范大学学报》（社会科学版）2004 年第 2 期；王晓秋：《戊戌维新一百周年国际学术讨论会综述》，载《历史教学》1998 年第 10 期等。

蒙性质的宣传教育。当然,作为政治改革运动的维新运动其兴也勃,其衰也忽,它的许多教育改革实践始兴即废,更多停留在设想和观念层面,作为一种思想武器和思想遗产影响着清末现代教育的改革与发展。

狭义的维新教育,专指维新运动时期康有为、梁启超、谭嗣同等维新派的教育改革思想与实践活动;广义的维新教育,则指中国在甲午中日战争之后出现的一轮兴学热潮,既包括维新派也包括张之洞等洋务派,以及其他开明官僚士绅的兴学活动与教育改革主张。本书所讲的维新教育以狭义为主,兼及广义。

清政府在甲午中日战争中失败后,李鸿章一行 1895 年 3 月 19 日到达日本马关代表清政府与日议和,4 月 17 日签订了屈辱的《马关条约》,规定中国割让辽东半岛、台湾全岛及附属岛屿和澎湖列岛,赔偿日本白银二亿两等。这使中国进一步陷入半殖民地的危机。消息传来,朝野震动。针对日本、《马关条约》以及李鸿章本人,在短短不到两个月时间内,掀起了一场密集的"上书"反对运动。当时正值乙未科会试,参加会试的各省举人数千人聚集北京,广通声气,相当多的举人参加、参与甚至组织了上书反对运动,史称"公车上书"。有研究者检视清廷军机处等档案,统计发现,从 3 月 23 日至 5 月 15 日,"上奏、代奏或电奏的次数达到 154 次,加入的人数超过 2464 人次","在各省,封疆大吏电奏反对者已过其半数;在京城,翰林院、总理衙门、国子监、内阁、吏部官员皆有大规模的联名上书;举人们的单独上书也达到了 31 次,介入的人数达到了 1555 人次;举人们参加官员领衔的上书为 7 次,加入人数为 135 人次"。① 作为传统知识精英群体的举人们,在世界一体化和中国半殖民地化危机的时代背景中,如此大规模、如此密集地就中外关系、中国往何处去等问题,上书朝廷,议论国是,这在中国历史上是空前的,是民族严重危机中的一场高级知识分子启蒙运动,亦由此奠定了维新运动作为一场启蒙运动的意义和地位。虽然上书举人的出发点不尽一致,认识水平亦有高低,上书之后大多数人又会回到原来的知识和生活轨迹之中,但总有少数觉醒者走上新的道路,康有为、梁启超、蔡元培、张元济等人就是代表。从此,康有为的声名、作用和地位骤显,特

① 茅海建:《戊戌变法史事考二集》,生活·读书·新知三联书店 2011 年版,第 14—15 页。

别是 1895 年至 1898 年 3 年间,康有为从一名较少人知的举人成为名满天下的改革巨子,在中国政治舞台上大显身手,对中国历史和教育历史产生了重要影响。

公车上书期间,康有为也偕梁启超等在京参加会试。5 月 3 日发榜,康有为中进士第 5 名,殿试时被列二甲第 46 名,5 月 5 日引见后,授工部预衡司主事。对于康有为在公车上书中的作用,部分研究者相信他的自述:康有为为反对签订《马关条约》,花一日两夜赶写出长达一万八千言的《上清帝第二书》,即《公车上书》。5 月 2 日联合 18 省应试举人 1300 余人上书光绪帝,但由于都察院的阻挠未能上递。5 月 29 日,康有为又上清帝第三书,不仅对第二书做了补充,还提出了变法的具体步骤。这是光绪帝第一次看到康有为的上书,阅后曾发各省督抚"会议奏覆"。6 月 30 日,康有为又上清帝第四书,提请"设议院以通下情",未达。当然,也有一些研究者对于康有为在公车上书中的实际作用严重质疑,认为"康有为组织的'联省公车上书'是一次流产的政治活动,对当时的政治生活并无作用"。其后,康有为及其党人一方面在北京继续上书,另一方面在上海出版《公车上书记》和《南海先生四上书记》,南北呼应,利用媒体宣传自己的主张。①

有两个不同概念的"公车上书"。其一是光绪帝三月二十日电旨同意签订马关条约后,由政治高层发动、京官们组织操作、各省公车参加的"公车上书",即广义的"公车上书"。……梁启超领衔的广东举人 80 人的上书,只是其中的一件。康、梁可能对各省举人的上书有影响,但最多只是广西、贵州、直隶、陕西、甘肃,且其具体影响力的大小,也难以判断。康、梁本人又是被策动的对象,而不是运动的领袖,他们的活动是整个"公车上书"链条中的一环。其二是康有为组织的各省公车在松筠庵的"集众",以能最终形成 18 省举人超过千人的联名上书,即康有为组织的"联省公车上书"。由于四月初九日来松筠庵者人数甚少,且闻条约已用宝,这一活动中途流产了。从政治决策的角度来看,前者曾发生些微的政治作用,后者因

---

① 参见茅海建:《戊戌变法史事考二集》,生活·读书·新知三联书店 2011 年版,第 40、83 页。

其未递,而并无作用。①

康有为在《公车上书》中首先坚决反对割让台湾给日本。他认为,割让台湾不仅会失去民心,也会使列强以为中国软弱可欺,纷纷效仿,加快侵略的步伐。一个失去了民心又遭到列强侵略的国家,必然难逃灭亡的命运。由此,他提出4条救国之方,即"下诏鼓天下之气,迁都定天下之本,练兵强天下之势,变法成天下之治"。所谓"下诏鼓天下之气",就是分别下"罪己诏""明罚诏"和"求才诏",通过皇帝的自我反省,鼓励士气,同仇敌忾;通过惩处那些主和辱国、作战不力、尸位素餐的文武大臣,整肃朝纲,振奋民心;通过不拘一格,唯才是举,选拔救亡图存的真正人才。所谓"迁都以定天下之本",就是放弃北京而在西安另建新都。历代都城,无不虎踞龙盘,君临天下,因地制宜,制敌控边。鸦片战争以来的北京,由于地近沿海,列强军舰可以直抵天津,威胁都城,最终不得不多次签订城下之盟。经过比较,只有西安既占"天府之腴",又据"崤函之固",一旦列强入侵,"或俯就驾驭,不必割地,和议亦成;即使不成,可以言战"。所谓"练兵强天下之势",就是要重视选拔战将和选购军械。以上三方面还都是"权宜应敌之谋",至于"立国自强之策",则是"变法成天下之治",而变法主要体现在富国、养民和教民三个方面。富国的方法有6项:设立中央银行,发行纸币;铁路民营,既可发展交通,又不增加政府财政负担,还可限制外国在华特权;发展民营工业和航运业;购买矿山机械,发展采掘工业,开设矿务学堂;废两改圆,禁止外币流通;设立邮政局,受理公私函电。养民方法有4项:设立农学会、茶学会,推广新法种植,发展畜牧业、渔业和农副业;设立考工院,奖励科技发明;减免重税,促进商业,设立商学、商会;移民垦荒,劝工警惰,发展社会福利事业。教民的方法有6项:普及教育,设立学堂,改革科举,开设报馆,设立"道学",鼓励留学。此外,他还建议裁撤冗官,精简机构,改革官制,培养外交人才;他指出"中国大病,首在壅塞",建议设置"议郎",仿效西方国家建立代议制,以期达成"君民同体,情谊交孚"的

---

① 茅海建:《戊戌变法史事考二集》,生活·读书·新知三联书店 2011 年版,第87页。

理想政体。^①

康有为在《公车上书》中的教育改革建议主要有 4 个方面。

第一，着眼于科举制度的全体进行严厉批评。他此时将矛头指向整个科举制度，与百日维新期间只攻八股、不攻科举是有区别的。他批评科举取士，考试内容无用，考试方式怪僻，录取名额太少。一旦考取，身价百倍，一旦落第，不名一文，考生为了追求富贵，将聪明才智和大好年华消磨于无用的科举，进而导致了教育的荒废。

> 功令禁用后世书，则空疏可以成俗；选举皆限之名额，则高才多老名场。况得之则词馆而蹑公卿，偕于旦夕；失之则耆硕不闻征聘，终老茅菅。……若夫小民识字已寡，或有一省而无礼律之书，一县而无童蒙之馆，其为不教，甚矣。^②

第二，普及教育，提高国民素质。他认为，"泰西之所以富强，不在炮械军兵，而在穷理劝学"，许多西方国家都实行了义务教育，学校数量、教育经费多，入学率高，教育的发达带来了国民素质的提高，国民素质的提高又带来了经济的发展和国家的强盛。中国要想富强，也必须重视普及教育。

> 州、县、乡、镇，皆设书藏，以广见闻。若能厚筹经费，广加劝募，令乡落咸设学塾，小民童子，人人皆得入学，通训诂名物，习绘图算法，识中外地理、古今史事，则人才不可胜用矣。^③

第三，改革科举，设立学校。他对传统科举提出了改革设想，文科改革的具体措施是：

---

① 康有为：《上清帝第二书》(1895 年 5 月 2 日)，见姜义华、张荣华编校：《康有为全集》(第 2 集)，中国人民大学出版社 2007 年版，第 32—45 页。

② 康有为：《上清帝第二书》(1895 年 5 月 2 日)，见姜义华、张荣华编校：《康有为全集》(第 2 集)，中国人民大学出版社 2007 年版，第 41 页。

③ 康有为：《上清帝第二书》(1895 年 5 月 2 日)，见姜义华、张荣华编校：《康有为全集》(第 2 集)，中国人民大学出版社 2007 年版，第 42 页。

文科童试,即以经古场为正场,自占经解一,专门之学一。二场试"四书"文一,中外策一,诗一,亦及格即取,不限名额。……其乡会试,头场"四书"义一,"五经"解一,诗一,纵其才力,不限格法……二场掌故、策五道。三场问外国考五道,及格者中,不限名额。殿试策问,不论楷法,但取直言极谏,条对剀切者入翰林。①

武科则完全改为艺科,省、州、县分别建立"艺学书院",艺学书院包括天文、地矿、医律、光重、化气、机械武备、驾驶等专门学堂,各学堂都以测量、图绘、语言、文字为公共课。各县选拔 15 岁以上的少年进入学堂学习,除艺学之外,还需"仍专一经,以为根本"。在县学学习一段时间后,凡通过经学和专业考试者,不限名额,荐于省学,称为秀才;依次类推,完成省学学习并通过考试者,贡于京师,称为举人;再完成京师学习通过考试者,称为进士。进士可以任州、县艺学总教习,举人可以任分教习,秀才则可以"还教其乡学塾,及充各作厂"。而且,文科和艺科之间可以兼习兼考。这些设想虽粗疏、杂乱而不切实际,却反映出改革科举和设立学校相辅相成,以及建立三级学制的重要思想萌芽。

第四,开设报馆,奖励留学。他认为,报纸具有存清议、辟见闻、通时务的社会功效,正为当时中国所亟须,应该"纵民开设,并加奖劝"。他还建议仿效俄国和日本,派遣"亲藩世爵大臣"出国考察和留学,不仅可以让他们了解外国情况,而且可以使他们开通思想,推动变法。他此时将派遣留学人员的重点放在政府官员尤其是高级官员身上,这主要是为了减轻变法时来自当权者的阻力。当然,他也非常鼓励普通人员自费留学。

(亲藩世爵大臣)宜选令游历三年,讲求诸学,归能著书,始授政事。其余分遣品官,激厉士庶,出洋学习,或资游历,并给凭照,能著新书,皆为优奖,归授教习,庶开新学。②

---

① 康有为:《上清帝第二书》(1895 年 5 月 2 日),见姜义华、张荣华编校:《康有为全集》(第 2 集),中国人民大学出版社 2007 年版,第 42 页。

② 康有为:《上清帝第二书》(1895 年 5 月 2 日),见姜义华、张荣华编校:《康有为全集》(第 2 集),中国人民大学出版社 2007 年版,第 44 页。

康有为这3次上书，尤其是《公车上书》中所谓4条救国良方的前3条，多是激愤之词和书生空言，其他建议也多曾有人提出。但其创新意义仍有三：一是康有为吸收和总结了当时的进步主张，发挥自己的个性、才华、胆识，在一个群情激昂的敏感历史关头提出，使片论体系化、私议公共化，使维新变法成为公共话题和政治时髦，或者说他将一个历史命题挑明了，让政治高层和知识精英们明白了维新变法的内涵，百日维新和清末新政改革大致不出这些范围，当然系统性和可操作性远胜于此。二是康有为、梁启超联合广大应试举人这一当时的知识精英及未来的社会精英、政治精英群体，以上书的形式表达了求变维新的愿望，拉开了维新运动的大幕，尤其是冲破了明清以来严控读书人结党干政的禁锢，实开后来知识分子组党参政的风气，用实践开启了党派政治、民主政治的先河，后来的立宪派、共和党人等就是由此接受政治洗礼的。三是康有为本人通过连续上书、拟奏上书、报刊和学会呼应、取中进士、上书被光绪帝下发各省督抚"会议奏覆"等一系列运作，极大提高了自己的知名度，开始奠定自己作为维新派"头儿"的地位，从此他风云际会，成为中国近代历史上最著名的人物之一。

可见，康有为在公车上书中的地位和作用，既不像他自己和部分研究者所言，似乎国家安危系于一身，一言兴邦一言丧邦，也不像有的研究者所谓"对当时的政治生活并无作用"。双方的共同局限就是，都将康有为作为一位实际政治家来看待和要求了，其实在庞大精密的国家机器和错综复杂的政治中枢面前，一介举人、新科进士康有为基本还是门外汉，对日和战这样的重大决策他根本就无缘置喙，更遑论实际影响了。那么，康有为对于公车上书、维新运动是否就没有什么作用了呢？恰恰相反——那就是启蒙、启蒙、还是启蒙。在此方面，康有为的作用和意义远大于一名实际政治家，其影响远远超出了近代中国某一具体历史事件，从维新到保皇影响了整整十几年。尤其康有为不同于后来的严复等人和新文化一代，他的启蒙资源还是中学为主、半新半旧，所谓的西学也掺杂了大量的附会想象，即其启蒙资源还比较匮乏陈旧，他却能以自己的天赋高才构建一套所谓即中即西、儒释西学混杂的启蒙思想体系，影响一时，既可推知当时知识精英、政治精英群体之整体状态，启蒙之时不我待，又可想见康有为创新力、传播力之强大，亦一世之雄耳。

二、百日维新中的康有为和维新教育

1897年11月，德国出兵侵占青岛，其他列强也伺机欲动，中国又一次陷入危急关头。12月初，康有为由广州赶到北京，次年1月再次向光绪帝上书，即所谓《上清帝第五书》。可见，康有为的政治嗅觉何等敏锐，政治预测力、谋划力何等强大。他在上书中提出上、中、下变法三策，上策是"择法俄、日以定国是"，即像俄国的彼得大帝那样，卧薪尝胆，发奋自强，像日本的明治维新那样，学习西方，进行改革；中策是"大集群才而谋变政"，即选拔、重用维新人才，作为国家变法的组织基础和决策智囊；下策是"听任疆臣各自变法"，即为支持变法的地方督抚争取一些自主权，以推动整个维新事业的发展。康有为不惜措辞激烈，称"自尔之后，皇上与诸臣，虽欲苟安旦夕、歌舞湖山而不可得矣，且恐皇上与诸臣，求为长安布衣而不可得矣"①，"职诚不忍见煤山前事也"②。这次上书又未达。

然而，此时的康有为已经今非昔比，名声日隆，官微言不轻，俨然已是维新变法的意见领袖，与翁同龢等高官大佬遥相呼应，互相利用。1898年1月24日，李鸿章、翁同龢、荣禄、廖寿恒和张荫桓受命在总理衙门延见康有为，询问变法事宜。3月11日，总理衙门代递康有为1月29日所上《外衅危迫分割洊至急宜及时发愤大誓臣工开制度新政局折》，请求光绪帝走日本明治维新的道路，称日本维新之始，凡有三事：一曰大誓群臣以革旧维新，而采天下之舆论，取万国之良法；二曰开制度局于宫中，征天下通才二十人参与，将一切政事、制度重新商定；三曰设待诏所，许天下士人上书，日主以时见之，称旨则隶入制度局。这三项举措的目的，一是隆皇权以推行新政，二是设立一个类似于政治体制改革委员会之类的机构来设计和领导新政，三是选拔重用维新派参与推行新政。作为新政设计和领导机构的制度局下设12局：法律局、税计局、学校局、农商局、工务局、矿政局、铁路局、

---

① 康有为：《上清帝第五书》(1898年1月初)，见姜义华、张荣华编校：《康有为全集》(第4集)，中国人民大学出版社2007年版，第3页。
② 康有为：《上清帝第五书》(1898年1月初)，见姜义华、张荣华编校：《康有为全集》(第4集)，中国人民大学出版社2007年版，第7页。

邮政局、造币局、游历局、社会局、武备局。^① 光绪帝即下发"总理各国事务王大臣，妥议具奏"^②。康有为被朝廷重臣受命延见，总理衙门代递康有为上书，光绪帝将康有为上书下发讨论，这一系列举动极有标志性，不仅表明康有为此时实际上已经成为维新运动的"头儿"和朝廷即将开始的维新变法的"大脑"，也证明康有为通过不懈地上书，特别是所谓第六上书，对光绪帝发动百日维新有直接的影响和促动作用，还显示到了 1898 年三四月间，由于持续的局势危机和思想积蓄、风气酝酿，中国非变不可、非大变不可、非尽早大变不可的意识，在政治高层已被更多接受并开始占据上风。

终于，1898 年 6 月 11 日光绪帝下诏定国是，宣布变法。至 9 月 21 日，慈禧太后重新听政，光绪帝被幽禁，前后历时 103 天，史称百日维新。6 月 16 日，光绪帝在颐和园勤政殿召见康有为，这是君臣间的第一次也是最后一次见面。对于这次召见，康有为终生赋予了它无与伦比的政治象征和想象，他把光绪帝神化成"致君尧舜上"的明君，把自己幻想、打扮成光绪帝的心腹之臣、股肱之臣甚至顾命之臣、托孤之臣，永戴皇恩，清朝在则以保皇自命，清朝亡则以遗老自居，肝脑涂地，至死不渝。这可以说是康有为的自矢自恋，也可以看作他的政治策略。召见时，康有为又将自己历次上书中的建议陈述了一番；召见后，光绪帝令他在总理衙门章京行走，不久又许专折奏事，这样一来，其奏折就可直达光绪帝手中，不必再由总理衙门代递。百日维新期间，康有为利用奏事权频频上奏，据初步统计，他自己署名及代人草拟的奏折达三四十件之多，平均每两三天就有一件，康有为颇以变法的总设计师自居。康有为关于政治方面的建议有：设立制度局议行新政；尊孔教为国教，以孔子纪年；裁冗官，断发易服改元；选才议政，许民上书等。关于经济方面的建议有：劝励工艺，奖募创新；开设农学堂、地质局；修筑铁路；废漕运，裁厘金等。关于军事方面的建议有：停弓刀石武试，裁撤绿营兵；广设武备学堂，训练新式陆海军；等等。康有为还自己上折或代宋伯鲁、徐致靖等人草拟了许多奏折，就教育问题提出一系列建议，主要集中在废八股、变科举、改书院、设学校、译西书、派留学、开报馆。

---

① 康有为：《外衅危迫分割洊至急宜及时发愤大誓臣工开制度新政局折》（1898 年 1 月 29 日），见姜义华、张荣华编校：《康有为全集》（第 4 集），中国人民大学出版社 2007 年版，第 11—16 页。

② 国家档案局明清档案馆编：《戊戌变法档案史料》，中华书局 1958 年版，第 7 页。

表 2-1　　　　　1898 年百日维新期间康有为关于教育改革的奏折

日期	奏折内容	备注
6 月 17 日	请变通科举改八股为策论折	代宋伯鲁拟。《戊戌奏稿》辑有康自拟之《请废八股试帖楷法试士改用策论折》，大意与此类似，唯内容更加完备。请求"勿下部议，特发明诏，立废八股。其今（后）乡会童试，请改试策论"，"并罢试帖，严戒考官，勿尚楷法"，还说"俟学校尽开，徐废科举"。疑为补撰之作。《戊戌奏稿》另辑有康有为自拟之《请停弓刀石武试改设兵校折》，恐性质与此类似。
6 月 17 日	经济特科以得通才为主片	代宋伯鲁拟。系《请变通科举改八股为策论折》附片。
6 月 17 日	请将盛宣怀借户部款岁息拨充学堂经费片	代宋伯鲁拟。系《请变通科举改八股为策论折》附片。
6 月 19 日	请商定教案法律厘正科举文体听天下乡邑增设文庙谨写《孔子改制考》进呈御览以尊圣师而保大教折	《戊戌奏稿》辑有《请尊孔圣为国教立教部教会以孔子纪年而废淫祀折》，即据此改撰。
6 月 20 日	礼臣守旧迂谬阻挠新政请力赐降斥折	代宋伯鲁、杨深秀拟。
6 月 22 日	请废八股以育人才折	代徐致靖拟。
6 月 26 日	请以爵赏奖励新艺新法新书新器新学设立特许专卖折	《戊戌奏稿》辑有《请厉工艺奖创新折》，文义与此不同。

续表

日期	奏折内容	备注
6月30日	请将经济岁举归并正科并饬各省生童岁科试迅即遵旨改试策论折	代宋伯鲁拟。
6月30日	请禁奏请复用八股试士片	代宋伯鲁拟。《请将经济岁举归并正科并饬各省生童岁科试迅即遵旨改试策论折》附片。
7月3日至9日间	请改直省书院为中学堂乡邑淫祠为小学堂令小民六岁皆入学折	《戊戌奏稿》辑有《请开学校折》，疑即据此改撰。
7月6日	祈酌定各项考试策论文体折	代徐致靖拟。
7月10日	请将优拔贡朝考改试策论勿尚楷法片	《请改直省书院为中学堂乡邑淫祠为小学堂令小民六岁皆入学折》附片。
7月17日	请将上海时务报改为官报折	代宋伯鲁拟。
7月31日	恭谢天恩条陈办报事宜折	8月9日代孙家鼐拟《覆奏筹办官报事宜折》内容与此折同。
7月31日	请定中国报律片	《恭谢天恩条陈办报事宜折》附片。
8月18日	请开农学堂地质局以兴农殖民而富国本折	

资料来源：见姜义华、张荣华编校：《康有为全集》（第4集），中国人民大学出版社2007年版。

百日维新期间,光绪帝颁发了 110 多道上谕要求进行各个领域的改革,其中涉及教育改革者 20 多道,主要集中在 4 个方面。

第一,设立京师大学堂。

继 1896 年李端棻、孙家鼐最早奏请设立京师大学堂之后,又有康有为、御史王鹏运等人选相奏请。后经光绪帝 1898 年 2 月 15 日、6 月 11 日、6 月 18 日、6 月 26 日等多次严谕催促,总理衙门等部门拟出举办办法。光绪帝在 6 月 11 日诏定国是时,就谈到要办好该学堂。

> 京师大学堂为各行省之倡,尤应首先举办,著军机大臣、总理各国事务王大臣会同妥速议奏。所有翰林院编检、各部院司员、大门侍卫、候补候选道府州县以下官、大员子弟、八旗世职、各省武职后裔,其愿入学堂者,均准入学肄业,以期人才辈出,共济时艰,不得敷衍因循,徇私援引,致负朝廷谆谆告诫之至意。①

7 月 3 日光绪帝下谕,任命吏部尚书、协办大学士孙家鼐管理大学堂事务,同时任命总办、提调、总教习、教习、西学总教习等管理人员,并公布了梁启超参考日本学制参与起草的《京师大学堂章程》8 章,规定大学堂既是全国最高学府,也是全国新式学堂的最高管理机关,"各省学堂皆当归大学堂统辖";培养目标是"培植非常之才,以备他日特达之用";办学指导思想是"中体西用";专业设置与课程内容是"中西并重"。课程分普通学、专门学两类,普通学为公共必修基础课,开设经学、理学、中外掌故学、诸子学、初级算学、初级格致学、初级政治学、初级地理学、文学、体操等 10 门课程,并可在英、法、俄、德、日语任选一种学习;专门学为类似专业方向的专业课程模块,分高等算学、高等政治学、高等格致学、高等地理学、农学、矿学、工程学、商学、兵学、卫生学等 10 类,每人限选一类。② 大学堂附设藏书楼、仪器院、编译局、仕学院、师范斋、附属中小学等。1898 年 11 月正式开学时,学生不足百名,仅仕学院、附属中小学开课,分班讲授《诗》《书》《易》《礼》《春秋》等课。

---

① 《清实录·德宗景皇帝实录》卷四一八,中华书局 1985 年影印本,四月乙巳。
② 《清实录·德宗景皇帝实录》卷四一九,中华书局 1985 年影印本,五月丁卯。

第二，书院一律改为学堂，普遍设立大、中、小学等各级各类学堂。

早在百日维新之前，1896 年 6 月 12 日，刑部左侍郎李端棻便上著名的《请推广学校折》，请求"自京师以及各省府州县皆设学堂"，修业年限各为 3 年，课程内容中西兼学，"每省每县各改其一（书）院，增广课程，变通章程，以为学堂"，省学和大学毕业生"予以出身，一如常官"。① 这是清朝高级官员关于改书院为学堂、设立三级学校体系的最早政策建议。

及至百日维新期间，1898 年 7 月初，康有为奏请"改直省书院为中学堂，乡邑淫祀为小学堂，令小民六岁皆入学"②，4 日，贵州巡抚王毓藻也奏请改书院为学堂。③ 10 日，光绪帝下谕："各省府厅州县现有之大小书院，一律改为兼习中学西学之学校"，省会、郡城、州县书院分别改为高等学校、中等学校和小学；各地民办义学、社学等"亦令一律中西兼习"；民间不在祀典的"淫祠"也"一律改为学堂"；颁发《京师大学堂章程》作为各地办学参考；中小学教材由官书局编译发行。④ 7 月 29 日下谕，要求各省选派专人，认真落实各级学堂的管理工作，称"著各直省督抚，就各省在籍绅士，选择品学兼优，能孚众望之人，派令管理各该处学堂一切事宜"⑤。

这期间，光绪帝又接连谕令或准奏设立矿务学堂、铁路学堂、农学堂、茶务学堂、医学堂、编译学堂等各类专门学堂。6 月 20 日下谕，命"各省督抚，就现有学堂酌增矿学一门"⑥。7 月 4 日下谕，命两江总督刘坤一咨送《上海农学会章程》，以资全国推广，还命各学堂广为编译"外洋农学诸书"，以资学习。⑦ 7 月 25 日下谕，命刘坤一、张之洞将如何设立商学、商报、商会等事宜，"拟定办法，迅速奏闻"⑧。8 月 10 日下谕，要求在"各处铁

① 李端棻：《请推广学校折》（1896 年 6 月 12 日），见陈学恂主编：《中国近代教育史教学参考资料》（上册），人民教育出版社 1986 年版，第 425—426 页。

② 康有为：《请改直省书院为中学堂乡邑淫祠为小学堂令小民六岁皆入学折》（1898 年 7 月 3 日至 9 日间），见姜义华、张荣华编校：《康有为全集》（第 4 集），中国人民大学出版社 2007 年版，第 317 页。

③ 朱有瓛主编：《中国近代学制史料》（第 1 辑下册），华东师范大学出版社 1986 年版，第 440—441 页。

④ 《清实录·德宗景皇帝实录》卷四二〇，中华书局 1985 年影印本，五月甲戌。

⑤ 《清实录·德宗景皇帝实录》卷四二一，中华书局 1985 年影印本，六月癸巳。

⑥ 《清实录·德宗景皇帝实录》卷四一九，中华书局 1985 年影印本，五月甲寅。

⑦ 《清实录·德宗景皇帝实录》卷四二〇，中华书局 1985 年影印本，五月戊辰。

⑧ 《清实录·德宗景皇帝实录》卷四二一，中华书局 1985 年影印本，六月己丑。

路扼要之区暨开矿省份",增设铁路、矿务学堂,"著王文韶、张荫桓悉心筹议,奏明办理"。① 8 月 21 日下谕,命在京师设立农工商总局,并要求"各省府州县皆立农学堂、广开农会、刊农报、购农器","工学、商学各事宜,亦著一体认真举办,统归督办农工商总局大臣随时考察"。② 9 月 11 日下谕,命通商口岸和茶丝生产省份建立茶务学堂和蚕桑公院。③

第三,改革科举考试的内容、场次和科目,改八股为策论,增设"经济"特科(指经世济民的实学,如法律、财政、外交、工程技术等)。

早在百日维新前,必须改革仅凭八股取士的科举考试制度,已经成为部分洋务派、早期改良派、维新派和开明官绅的共识,形成了一定的改革思想基础和舆论氛围,贵州学政严修、浙江巡抚廖寿丰、监察御史宋伯鲁等也奏请开设"经济"特科,并获得朝廷的原则上同意。

百日维新期间,又经康有为等的奏请呼吁,1898 年 6 月 23 日光绪帝谕令废八股取士而改试策论,称"自下科为始,乡会试及生童岁科各试,向用四书文者,一律改试策论"④。6 月 30 日下谕,将经济岁科归并正科,并将生童岁试废八股改策论的时间提前至当年,称"至生童岁科试,著各省学政,奉到此次谕旨即行一律改为策论,毋庸候至下届更改"⑤。7 月 13 日,谕令催促尽快举行经济特科考试,颁布总理衙门会同礼部拟呈的《经济特科章程》6 条,并"著三品以上京官及各省督抚、学政,各举所知",保荐人才,于三个月内咨送来京,然后举行经济特科考试。⑥ 7 月 19 日下谕,变通科举章程,批准礼部所拟《乡会试详细章程》和张之洞、陈宝箴的奏请。

> 乡会试仍定为三场,第一场试中国史事、国朝政治论五道;第二场试时务策五道,专问五洲各国之政、专门文艺;第三场试四书义两篇、五经义一篇。首场按中额十倍录取,二场三倍录取,取者始准试次场。

---

① 《清实录·德宗景皇帝实录》卷四二二,中华书局 1985 年影印本,六月乙巳。
② 《清实录·德宗景皇帝实录》卷四二三,中华书局 1985 年影印本,七月丙辰。
③ 《清实录·德宗景皇帝实录》卷四二五,中华书局 1985 年影印本,七月丁丑。
④ 《清实录·德宗景皇帝实录》卷四一九,中华书局 1985 年影印本,五月丁巳。
⑤ 《清实录·德宗景皇帝实录》卷四一九,中华书局 1985 年影印本,五月甲子。
⑥ 《清实录·德宗景皇帝实录》卷四二〇,中华书局 1985 年影印本,五月丁丑。

每场发榜一次，三场完毕，如额取中。……嗣后一切考试，均以讲求实学实政为主，不得凭楷法之优劣为高下。①

7月23日下谕，命各省督抚对变通武举章程，"迅速议覆"②。8月19日下谕，重申7月19日和21日上谕，要求严格执行。③

第四，译西书，派留学，开报馆。

光绪帝于1898年6月28日下谕，批准总理衙门的上奏，将梁启超在上海所办译书局改为官督商办，月拨银2000两翻译西书，先译政法史传书籍，再译医农工矿书籍，并称"京师大学堂指日开办，亦应设立译书局以开风气。如何筹款兴办之处，著总理各国事务王大臣，一并妥拟详细章程，迅速具奏"④。

光绪帝在6月11日"诏定国是"时，就谕令选派宗室出国游历，称"选派宗室王公游历各国，亦系开通风气、因时制宜之举。著宗人府察看该王公贝勒等，如有留心时事，志趣向上者，切实保荐，听候简派"⑤。8月2日下谕，命总理衙门制定留学日本章程，选拔留学日本人员。

> 现在讲求新学，风气大开。惟百闻不如一见，自以派人出洋游学为要，至游学之国，西洋不如东洋，诚以路近费省，文字相近，易于通晓，且一切西书均经日本择要翻译，刊有定本，何患不事半功倍？……著即拟定章程，妥速具奏。一面咨催各该省迅即选定学生，开具衔名，陆续咨送。并咨询各部院，如有讲求时务，愿往游学人员，出具切实考语，一并咨送。⑥

8月18日再次就留日人员选拔工作下谕，"著各省督抚就学堂中挑选聪颖

---

① 《清实录·德宗景皇帝实录》卷四二一，中华书局1985年影印本，六月癸未。
② 《清实录·德宗景皇帝实录》卷四二一，中华书局1985年影印本，六月丁亥。
③ 《清实录·德宗景皇帝实录》卷四二三，中华书局1985年影印本，七月甲寅。
④ 《清实录·德宗景皇帝实录》卷四一九，中华书局1985年影印本，五月壬戌。
⑤ 《清实录·德宗景皇帝实录》卷四一八，中华书局1985年影印本，四月丙午。
⑥ 《清实录·德宗景皇帝实录》卷四二一，中华书局1985年影印本，六月丁酉。

学生,有志上进、略谙东文英文者,酌定人数,克日电咨总署办"①。

为了开设报馆,光绪帝于 7 月 26 日下谕,命"将《时务报》改为官报,派康有为督办其事,所出之报,随时呈进",津、沪、鄂、粤等地也将报纸呈送朝廷,供作参考,"以胪陈利弊、开广见闻为主。中外时事,均许据实昌言,不必意存忌讳"。② 9 月 12 日下谕,批准侍读学士瑞洵在京师筹办报馆,以便与上海《时务报》南北呼应。③

第四节　中国教育早期现代化中的维新教育

一、维新教育的意义在于启蒙

百日维新是维新运动的高潮,它是康有为等维新派催动、辅佐光绪帝,在一定的高层共识和政治博弈中,所发动的一场自上而下的全面的资产阶级改革活动,涉及政治、经济、军事、教育、文化、社会事业等各个领域。它虽然仅维持了 103 天就失败了,但为几年后清末新政改革、立宪运动开辟了先路,也刺激了资产阶级革命运动的兴起。经过了百日维新失败的教训以及 1900 年抗击八国联军侵华惨败的打击,很多人都认识到中国必须变、必须大变、必须快变,虽然对变革的目标和路径有着不同考量,但必须变革君主专制制度,必须发展市场经济这两条底线,几乎是百虑而一致。中国近现代出现过多次滞误性改革,始则认识不到需要改革、拒绝改革,再则在咸与维新的口号下应付改革、异化改革、进行利益集团式改革,终则贻误改革、错失改革机遇期,社会情绪在等待中失望、焦躁,进而走向集体暴力崇拜,导致剧烈的社会失序乃至断裂。

百日维新的失败,固然是由于当时顽固守旧的意识、惯性和实力还非

---

① 《清实录·德宗景皇帝实录》卷四二三,中华书局 1985 年影印本,七月癸丑。
② 《清实录·德宗景皇帝实录》卷四二一,中华书局 1985 年影印本,六月庚寅。
③ 《清实录·德宗景皇帝实录》卷四二五,中华书局 1985 年影印本,七月戊寅。

常强大,同时也是因为康有为等维新派和光绪帝在这场激进式改革乃至革命性变革中犯了一系列错误与失误:缺乏政策与策略意识,四面出击,八面树敌,全面紧张,大大超出了改革的社会承受度。生于深宫、长于妇人之手、素性羸弱的光绪帝,既缺乏康熙、乾隆等祖辈的天纵明睿,更没有沙俄彼得大帝的国际视野、雄才大略。康有为是别辟蹊径的创新型、魅力型启蒙思想家,可以振聋发聩却难以融入主流、引领主流,自信自大、有领袖群伦之志而终究是书生。君臣大致都知道哪些方面应该变革,至于如何变革、如何建设则考虑甚少,这是时代的局限,也是个性的缺陷,若将国家之命运寄托于这种有缺陷的个性就是历史悲剧了。1898 年 6 月 11 日光绪帝所下定国是诏,历来被视为百日维新的启动标志、维新变法的宣言书,但透过其空洞的滥调,可窥光绪帝其实不明了具体要做什么,更不知道如何去做。

> 嗣后中外大小诸臣,自王公以及士庶,各宜努力向上,发愤为雄,以圣贤义理之学植其根本,又须博采西学之切于时务者,实力讲求,以救空疏迂谬之弊。专心致志,精益求精,毋徒袭其皮毛,毋竞腾其口说,总期化无用为有用,以成通经济变之才。[1]

百日维新失败之后,政府主导型的改革运动和早期现代化事业,在政策尤其是中央政策层面,陷入了两年左右的徘徊、停滞乃至倒退时期,直至 1901 年新政改革之后再次启动并深化。除了京师大学堂仍被保留之外[2],百日维新中的各项教育改革政策也与其他改革一样多被废止或叫停。虽然中央政策层面的教育改革停止了,但地方的改革书院、兴办学校活动仍在不平衡地潜滋暗长着,尤其在张之洞、刘坤一等改革型官僚主政的湖北、江苏等地更为突出。

维新运动期间,维新派创办的学校仅寥寥数所,而且存在时间很短,其

---

① 《清实录·德宗景皇帝实录》卷四一八,中华书局 1985 年影印本,四月乙巳。
② 参见朱英:《京师大学堂并非变法失败后的唯一幸存者》,载《近代史研究》1999 年第 2 期;茅海建:《京师大学堂的初建——康有为派与孙家鼐派之争》,见《戊戌变法史事考二集》,生活·读书·新知三联书店 2011 年版,第 207—283 页。

规范化水平也不及洋务学堂。百日维新中,光绪帝颁发的教育改革上谕、提出的教育改革政策,单就某项具体改革举措与思路来讲,此前都已经被提出甚至局部实施过,而且是在维新派与洋务派、其他开明官僚的共同催动下进行的,甚至张之洞、李端棻、孙家鼐、王鹏运、严修等人的奏请对于光绪帝教育改革上谕的颁发,较康有为、梁启超等维新派的作用更为直接。

但是,维新教育是洋务教育之后中国教育早期现代化的又一重要环节,对于中国教育早期现代化的意义无可取代,其意义主要不在于实践性而在于启蒙性,其启蒙性主要表现在政策性、国民性、体制性与普及性等4个方面。

其一,维新教育及百日维新中的教育改革,标志着举办新式学堂的活动已经从洋务教育的零星试点发展成为中央政府的基本政策,标志着以兴学校、变科举为核心内容的教育早期现代化运动已经从民间舆论和地方行为发展成为中央政府的宏观决策。此后虽经短暂停挫,因人废言,因政废教,但大势所趋,不可遏逆,1901年开始新政改革后,甚至比百日维新时期走得还远。

其二,维新教育以及维新派的教育改革主张,是在所谓"保国""保种""保教"的旗号下,以培育维新人才、制造维新理论、传播维新思想为目的的一场"开民智"运动。相对于洋务教育,它将现代教育的视点和价值基点从培养一批新式专业人才转向普遍开启民智,是中国国民教育思想的先声。而且,中国现代教育中具有启蒙主义的国民教育思想始终发育不够完全,这也更加衬托出维新教育"开民智"思想的创新与宝贵。

其三,维新教育及百日维新中的教育改革,将洋务教育中"创办"洋务学堂的"点"上工作,发展成为广泛"兴办"大、中、小学与专业学校等各级各类学校的"面"上工作;将以培养专门人才为主的专业性洋务学堂,发展成为以普通教育为主、普通教育与专业教育兼顾的学校体系;将不改变传统教育体制而仅在其外增加新的教育因素的增量改革,发展成为兴学校与变科举、立新与破旧互动互进,用现代教育体制取代传统教育体制的全面而系统的体制性变革。

其四,在维新运动和维新教育的影响下,19世纪末叶中国出现了一轮兴学热潮,其重要特征之一就是兴学运动与启蒙运动交相呼应,维新派的

"开民智"思想与"小民六岁皆入学"主张，以及百日维新期间普遍设立大、中、小三级学校，官书局发行中小学教材等教育改革政策，实为中国普及义务教育的前奏，而普及义务教育恰是现代教育的重要内涵与标志。

总之，维新运动和维新教育虽是一场失败了的改革实践活动，却是一次剧烈而成功的思想启蒙运动，为中国现代教育制度的建立与传统教育制度的颠覆做了全面的舆论宣传和思想准备。必须普遍兴办现代学校、建立现代学校教育制度已经成为时代共识，改革乃至停废科举考试制度、改造乃至取代传统官私学体制也只是时间问题了。

二、维新、早期改良、洋务教育之关系

19世纪最后二三十年，资本主义列强先后进入帝国主义阶段，其经济和科技实力提高到一个新的水平，并且"资本主义已成为极少数'先进'国对世界上绝大多数居民实行殖民压迫和金融扼杀的世界体系"①。英、法、俄、美、德、日等国以亚洲和非洲为重点进行了争夺和重新瓜分殖民地的斗争，更多亚非国家沦为殖民地或半殖民地。1884至1885年中法战争、1894至1895年甲午中日战争之后，列强也掀起瓜分中国的狂潮，中国的半殖民地化程度进一步加深，中华民族的灾难进一步深重。也正是在这种背景下，中国的社会思想与政治活动出现繁荣与分化。一方面，洋务运动走向深化，民族资本主义初步发展，早期改良思潮形成，维新变法运动兴起，以孙中山领导的"兴中会"为代表的资产阶级革命团体出现，变革与开放成为时代主流。另一方面，在反抗列强侵略与压迫的斗争中，中国的民族主义乃至民粹主义思潮也具有广泛而深厚的群众基础与上层呼应，其极端表现就是经常发生驱杀教士教民、烧砸教堂的反教会事件，大大小小"教案"多达几百上千起，而几乎每起教案又必然引发中外外交交涉乃至军事冲突，对抗越多，反抗愈剧，排外愈烈，守旧愈重，如此恶性循环，最终爆发了义和团运动和八国联军侵华战争。但是，无论变革开放以自强御侮，还是顽固保守以排外灭洋，都需要培养人才，都需要宣传教育，这就成为19世

---

① 列宁：《帝国主义是资本主义的最高阶段》（1916年1—6月），见《列宁选集》（第2卷），人民出版社1995年版，第578—579页。

纪末 20 世纪初兴学热潮出现的重要社会思想基础。

19 世纪的最后二三十年，洋务思想、早期改良思想、维新思想相继涌现，交织互动为一幅变革思潮的灿烂图景。

早期改良思想是 19 世纪 70 年代出现、80 年代比较活跃、90 年代前期仍有较大影响的一股思想潮流。早期改良派是一个思想群体而不是组织派别，其成员的成分、经历和背景比较复杂，既有思想上逐步超越洋务派的洋务派幕僚或中下级官员薛福成（1838—1894）、郑观应（1842—1921）、马建忠（1845—1900）等人，也有长期留学、生活在国外或香港等地的容闳（1828—1912）、王韬（1828—1897）、胡礼垣（1847—1916）、何启（1858—1914）等人，还有倾慕"西学"的士绅陈虬（1851—1903）、汤震（1857—1917）、陈炽（？—1900）等人。早期改良派在自强御侮的总体方向上与洋务派相一致，但在思想上的两个重要方面又超越了洋务派：一是在经济方面，主张"欲制西人以自强，莫如振兴商务"①，要求突破官办、官督商办的官僚领导体制和官僚资本控制，发展民营工商业和民族资本主义；二是在政治体制方面，主张"富强之道，在有议院以通上下之情，而他皆所末"②，要求突破君主专制体制，广开言路，广纳民意，君民共治，开设议会。早期改良思想突破了前期洋务运动以军事、技术为重点的"封建军事资本主义"，提出了兵战不如商战、商战不如学战的思想理路，促使洋务运动从求强转向以求富促求强、求强与求富并重，由以军事、技术为重点转向编练陆海新军与发展资本主义工商矿业等并举的全面自强运动。

早期改良思想对于现代教育的创见与贡献主要在于以下方面。

首先，从实施商战、学战与改革政治体制的立场出发，主张普遍设立学校，建立学校教育制度。"学校建而智士日多，议院立而下情可达"③，改书院为学堂，"设于各州、县者为小学，设于各府、省会者为中学，设于京师者

---

① 郑观应：《盛世危言·商务三》（1894 年），见夏东元编：《郑观应集》（上册），上海人民出版社 1982 年版，第 614 页。
② 陈虬：《创设议院以通下情》（1890 年），见胡珠生编：《陈虬集》，浙江人民出版社 1992 年版，第 331 页。
③ 马建忠：《适可斋记言》卷二《上李伯相言出洋工课书》（1877 年），见郑大华点校：《采西学议——冯桂芬、马建忠集》，辽宁人民出版社 1994 年版，第 159 页。

为大学"①，修业年限各为 3 年，相互衔接，经考试依次递升。这种学制思想的雏形，早于维新派与张之洞的《劝学篇》。

其次，拓展了对于"西学"的认识，主张将"西学"作为普通学校的主要课程。郑观应等将"西学"分为天学、地学、人学，并设想将小学课程分为10 科，除经学、中国书、中国字之外，还开设算学、地舆、史学、生物植物学、格致学、图画学、体操等课程。这些思想，就将洋务学堂以军事、技术、外语为主的"西学"拓展至包括西方自然科学、社会科学和技术科学等更加丰富的领域，将"西学"课程化由洋务学堂等中高等专门学校拓展至普通中小学校。

再次，率先倡导女子学校教育。陈炽在其代表作《庸书》中专列《妇学》篇，郑观应在其代表作《盛世危言》中专列《女教》篇，集中讨论女子教育问题，建议学习西方，"各省广立女塾，使女子皆入学读书"，除学习中国诸经、列传、训诫女子之书及女红外，主要"参仿西法"。② 这是清末最早关于新式女子教育的思想。

此外，早期改良派普遍批评八股取士的科举考试制度，呼吁改革考试形式，改八股为策论；改革考试内容，在四书五经之外增加"西学"；改革考试科目，增设特科，专门录取"西学"人才等。这些，成为当时科举改革的共同呼声。

早期改良思想具有明显的承上启下的过渡性质，上承 19 世纪四五十年代林则徐、魏源等改革派的经世致用、师夷长技以制夷思想，下启 19 世纪 90 年代的维新思想，更与同时代的洋务思想互动交融。早期改良派发挥影响的主渠道是上书洋务大员、发表言论、协助传教士编印报刊、创办新式书院等，未像维新派那样形成爆发式启蒙影响与发动公车上书、催动百日维新等政治运动，但其思想在 19 世纪 80 年代无疑是具有创新性和先进性的。由于早期改良派生活年代的跨度较大，晚清社会政治又急剧变化，他们的思想也在不断变化与分化，容闳、何启等人晚年就支持甚至参与了

---

① 郑观应：《盛世危言·考试下》（1894 年），见夏东元编：《郑观应集》（上册），上海人民出版社 1982 年版，第 299 页。

② 郑观应：《盛世危言·女教》（1894 年），见夏东元编：《郑观应集》（上册），上海人民出版社 1982 年版，第 288、289 页。

孙中山等资产阶级革命派的活动。

进入 19 世纪 90 年代,尤其是 1895 年甲午中日战争失败之后,以康有为、梁启超等为代表的维新思想成为中国思想文化舞台的新兴力量。维新思想的历史进步性就在于主张政治变法与文化思想维新。

一是政治变法,主张实行君主立宪制(主要是在百日维新之前,百日维新时就基本不再提了),而实行君主立宪制,"一切要其大成,在变官制"①,要变官制则"制度局之设,尤为变法之原"②。也就是说,实行君主立宪的核心在于进行政治体制与行政体制改革,政治体制与行政体制改革的突破口,又是在皇帝领导下成立一个类似于"政治体制改革委员会"之类的总体设计与领导机构。

二是文化思想维新,尤其是启蒙主义者严复和激进主义者谭嗣同,对于君主专制制度的伦理基础"三纲五常"直接提出了质疑与抨击。严复比较中西之不同称,"中国最重三纲,而西人首明平等;中国亲亲,而西人尚贤;中国以孝治天下,而西人以公治天下;中国尊主,而西人隆民"③。而中国"君臣之伦,盖出于不得已也!唯其不得已,故不足以为道之原"④。谭嗣同更痛批道,"数千年来,三纲五伦之惨祸烈毒,由是酷焉矣。君以名桎臣,官以名轭民,父以名压子,夫以名困妻,兄弟朋友各挟一名以相抗拒"⑤,号召"冲决君主之网罗""冲击伦常之网罗"等一切网罗⑥。这比起康有为今文经学式地著《新学伪经考》和《孔子改制考》,阐释立宪、议会等西方政治制度在中国古已有之的"曲笔",远来得直截了当。

如果说维新变法运动作为一场政治改革运动失败了,那么它作为一场

---

① 梁启超:《变法通议·论变法不知本原之害》(1896 年 8 月),见《饮冰室合集·文集之一》(第 1 册),中华书局 1989 年版,第 10 页。
② 康有为:《上清帝第六书》(1898 年 1 月 29 日),见姜义华、张荣华编校:《康有为全集》(第 4 集),中国人民大学出版社 2007 年版,第 19 页。
③ 严复:《论世变之亟》(1895 年 2 月 4—5 日),见王栻主编:《严复集》(第 1 册),中华书局 1986 年版,第 3 页。
④ 严复:《辟韩》(1895 年 3 月 13—14 日),见王栻主编:《严复集》(第 1 册),中华书局 1986 年版,第 34 页。
⑤ 谭嗣同:《仁学》(1896 年),见蔡尚思等编:《谭嗣同全集》(下册),中华书局 1981 年版,第299 页。
⑥ 谭嗣同:《仁学·自叙》(1896 年),见蔡尚思等编:《谭嗣同全集》(下册),中华书局 1981 年版,第 290 页。

思想启蒙运动则是成功的。它第一次从中西比较的视野对中国 2000 余年来君主专制制度的合理性提出了质疑，进行了抨击，想前人之所不能想，言古人之所不敢言，为其后的资产阶级立宪运动、资产阶级革命运动开辟了思想前路。由此亦可见，张之洞所著《劝学篇》中的《明纲》《正权》等篇，绝非无的放矢、泛泛空言，也从反面证明了维新思想在当时的巨大启蒙性与冲击力，洋务派尚且惧怕、反对若此，则又遑论顽固守旧派。

主张维新变法，正是维新派的进步之所在，也是维新派超越洋务派以及与洋务派产生根本分歧之所在。在看到两派的根本分歧与区别的同时，还必须注意他们之间的共通性与互动性。

一方面，洋务派是当权的改革者，维新派是不当权的改革者，他们的思想矛头共同指向顽固守旧，需要相互借重、相互利用。洋务派希望借维新派之口说出自己不便说、不能说和不敢说的话，制造舆论，然后推波助澜以促成之；维新派也希望得到洋务派的理解和支持，借他们的权力资源将自己的思想付诸实践。1887 年沈葆桢曾经奏请废罢武科，却被朝廷传旨申斥，大触霉头。反之，康有为虽提出"废八股改策论"的建议并被光绪帝采纳，但行政经验不足，考虑欠周，最终还须按照张之洞等人的办法组织实施。

另一方面，洋务派与维新派在军事、经济、教育等方面的改革愿望与改革措施基本一致，甚至由于张之洞、盛宣怀等洋务派实际经验、信息资源更加丰富，其改革设计比康有为、梁启超等人的更为周密可行。尤其在兴学校、变科举等教育改革方面，洋务教育与维新教育之间的共通性、互动性更多，共同推进着中国教育早期现代化的发展。

第三章　救国:维新教育家康有为(中)

　　清朝的最后 50 年是中国现代教育的起步时期,完成了中国教育早期现代化的前两个阶段或者说两个层面,一是设立现代学校,二是建立现代学制。它始于洋务运动时期,持续至清末新政改革和预备立宪时期,维新运动时期具有承前启后的意义,一方面出现了晚清第一波兴学热潮,现代学校的数量、类型增多;另一方面进行了改革科举制度、建立三级学校系统的政策尝试。维新教育家康有为侧身其中,其原创性贡献亦是启蒙性的。他将废八股变科举作为维新变法的政策突破口,作为百日维新立改立行的当务之急,这不同于单纯就科举论变科举者,而是设想将建立三级学校系统与改革书院等传统教育机构相结合,将建立三级学校系统与普及义务教育相结合,开启后来"壬寅·癸卯"学制的思想主旨。他在百日维新其间,通过自己上奏和代人拟奏,同其他要求改革者一道,对光绪帝形成极强触动,他们的建议也被采纳并付施行。

第一节　废科举运动中的康有为

一、清末科举制度的改革和废除

（一）维新运动之前：固守八股取士，小开算学特科

科举制度从本质来讲不是教育制度而是选官制度。隋唐以前，选官任官以贵族袭封和推荐为主，推荐制度又有西周的乡举里选、汉代的察举制、魏晋时期的九品官人法等。隋唐以后，袭封、科举、捐纳、学校、特擢等制度并行，愈至后世科举的地位愈重要，明清两代已经成为从中央到基层官员的最主要选拔制度。科举者，即分科举士之意。唐代曾设秀才、进士、明经、明法、明算等科，后来诸科渐停，只留进士一科。有时也举行博学鸿词科等特科，以备非常之时选拔非常之才，但非常制。科举制起源于隋，形成于唐，历经宋元明清日益完备。它自身也是一个因代损益的过程，唐重诗赋，宋重策论，明清重八股制艺。至明清，科举制的报名、考试、命题、答卷、阅卷、录取等日趋严密化、成熟化乃至形式化、僵固化。

科举制延存了 1300 多年，对于中国的政治、文化教育、社会生活乃至民族思维、价值观、社会心理等方面产生了广泛而深刻的影响。在古代，读书学习者的目的除了应付日常生活生产之需，主要就是应举做官，"朝为田舍郎，暮登天子堂"。科举制对教育教学发挥着指挥棒的功效，科举所考即学校所教、学子所学。中国古代教育之发达，主要不是依靠一套庞大的官学系统，而是依赖科举制影响下的传统"学习型"社会。科举制是一把双刃剑，在扩大选人用人视野、维护选官的公开公平、维系社会阶层大稳定小流动和普及教育的同时，也禁锢了思想，加剧了功利化和空疏化的学风，导致了所教所学所考非所用，出现了教育教学应试化、科举考试八股化、选拔人才空疏化的严重问题。

清末以前，历次科举制改革的目的都是为了维护其存在，着眼点多在

考试内容、形式、录取、名额等制度的健全完备。进入清末,改革的总体取向发生根本转变,由改革科举考试的内容、形式直至废除科举制度。在维新运动之前,科举考试改革的基本态势是在守旧之中小有开新。

所谓守旧,即固守八股取士的科举制度。"科举制度之为世诟病,见于明清两代人士的言论的,不胜枚举。明遗民顾炎武、魏禧等,痛故国沦丧,言之尤为激切。"①康熙三年(1664年)、六年(1667年)两科曾下诏废八股改策论,称"八股文章,实于政治无涉,自今之后,将浮饰八股文章,永行停止,惟于为国为民之策论中出题考试"②。但不久仍复其旧。乾隆三年(1738年),兵部侍郎舒赫德也曾指摘,"今之时文,徒空言而不适于用"③,要求废八股、改科举。康熙、乾隆两朝,为了显示盛世气象,举辟逸才,还偶开博学鸿词科,补苴科举常科的不足。这些批评与改革的着眼点,都是在技术层面维护和完善科举制,由于没有找到成功的改革工具,特别当时的社会还没有发出强烈的改革要求,最终都不了了之。

如果说科举制问题的严重性与紧迫性,在承平时代、传统社会、相互封闭隔绝的世界格局下尚可掩盖敷衍,那么到了鸦片战争之后则暴露无遗。1840年第一次鸦片战争以后,一部分先觉之士为了救亡图存,开始睁眼看世界。他们总结,中国之所以被动挨打,就是因为军事、科技、经济和政治的落后;中国之所以军事、科技、经济和政治落后,就是因为缺乏这些方面的人才;中国之所以缺乏这些方面的人才,就是因为空疏腐朽的八股取士制度扼杀了广大学者的聪明才智。于是,他们从现实的社会需求出发,将批评的矛头首先指向了以八股取士为代表的科举制度,要求废八股,变科举。

龚自珍最先强烈地预感到一个新的时代即将到来。他生活在嘉、道叔世,卒于1841年,即鸦片战争开始的后一年、《中英南京条约》签订的前一年。当时的中国,其表依然歌舞升平,文恬武嬉于康乾盛世的遗风余烈之中,其实已经大厦将倾,丧权辱国即将接踵于列强的隆隆炮声之后。龚自

---

① 王德昭:《清代科举制度研究》,中华书局1984年版,第32页。
② 转引自王德昭:《从改革到革命》,中华书局1987年版,第93页。
③ 贺长龄编:《皇朝经世文编》卷五十七《礼政四·学校》,台北文海出版社《近代中国史料丛刊》影印本,第13页。

珍从虚假的太平繁荣中，敏锐地觉察到衰落危亡就要来临了，警告世人说，"衰世者，文类治世，名类治世，声音笑貌类治世"，衰世的重要特征就是人才衰竭，极言"左无才相，右无才吏，阃无才将，庠序无才士，陇无才民，廛无才工，衢无才商，抑巷无才偷，市无才驵，薮泽无才盗，则非但鲜君子也，抑小人甚鲜"。[①] 他从今文经学变易思想出发，批评八股取士的科举制度，"我劝天公重抖擞，不拘一格降人才"。1822 年在《拟厘正五事书》中，他就痛言改革科举的要求。

> 今世科场之文，万喙相因，词可猎而取，貌可拟而肖，坊间刻本，如山如海。四书文禄士，五百年矣；士禄于四书文，数万辈矣，既穷既极。阁下何不及今天子大有为之初，上书乞改功令，以收真才。[②]

此外，他还提出改革童子试的具体措施，免试说经和诗赋，而仿照汉代代以讽书和射策，讽书限 9000 字，射策兼问本朝事。

假如说龚自珍尚有幸未及亲历衰世的来临，那么，与其同年出生而晚逝 16 年的魏源，就身经目见割地赔款之痛了。魏源对当时人才的匮乏深表忧虑，在《圣武记叙》中称，"财用不足国非贫，人才不竞谓之贫"[③]，痛批食古不化、死守经书、误国误民的"庸儒"。

> 君子之为治也，无三代以上之心则必俗，不知三代以下之情势则必迂。……读黄、农之书，用以杀人，谓之庸医；读周、孔之书，用以误天下，得不谓之庸儒乎？[④]

① 龚自珍：《乙丙之际箸议第九》（1815 年至 1816 年），见樊克政编：《中国近代思想家文库·龚自珍卷》，中国人民大学出版社 2015 年版，第 30 页。
② 龚自珍：《拟厘正书事书》（1822 年 4 月 22 日），见樊克政编：《中国近代思想家文库·龚自珍卷》，中国人民大学出版社 2015 年版，第 107 页。
③ 魏源：《圣武记·叙》（1823 年），见魏源全集编辑委员会编：《魏源全集》（第 3 册），岳麓书社 2011 年版，第 1 页。
④ 魏源：《古微堂内集·卷二默觚下·治篇五》，见魏源全集编辑委员会编：《魏源全集》（第 12 册），岳麓书社 2011 年版，第 49 页。

他也从"天下无数百年不敝之法，无穷极不变之法"①的今文经学变易思想出发，呼吁"师夷之长技以制夷"，在近代中国第一次明确提出学习西方以抵御西方侵略的观念，从此被无数后来者奉为圭臬。他还建议"武试增水师一科"②，对武科考试提出了具体的改革措施建议。

早期改良派也严厉批评八股取士的科举制度，要求改革科举考试的科目、内容和形式，并广立学校，辅之选官的推荐选举制等。冯桂芬在《变科举议》中，痛斥八股取士"其术为唐宗英雄入彀之术，其心为始皇焚书坑儒之心"，"意在败坏天下之人才，非欲造就天下之人才"，"谬亦甚矣"，"陋亦甚矣"，并设计了相应的改革措施。

> 宜以经解为第一场，经学为主。凡考据在三代上者皆是，而小学、算学附焉。经学宜先汉而后宋，无他，宋空而汉实，宋易而汉难也。以策论为第二场，史学为主。凡考据在三代下者皆是。以古学为第三场，散文骈体文赋各体诗各一首。三场各一主考而分较之。盖合较则有所偏重，其弊必至以一艺之优劣而为去取，不如分较之善。③

在《制洋器议》中，要求"特设一科，以待能者"。

> 于通商各口，拨款设船炮局，聘夷人数名，招内地善运思者从其受法，以授众匠。工成与夷制无辨者，赏给举人，一体会试；出夷制之上者，赏给进士，一体殿试。④

薛福成在《选举论》中则指出，"专精小楷试贴者"之所以"一出而殃民辱国"，就是由于"所用非所学，所学非所用"。他还从"穷则变，变则通，通则

---

① 魏源：《古微堂外集·卷七筹鹾篇》，见魏源全集编辑委员会编校：《魏源全集》（第 12 册），岳麓书社 2005 年版，第 408 页。

② 魏源：《海国图志·筹海篇三》（1852 年），见朱有瓛主编：《中国近代学制史料》（第 1 辑下册），华东师范大学出版社 1986 年版，第 1 页。

③ 冯桂芬：《校邠庐抗议·变科举议》（1861 年），见朱有瓛主编：《中国近代学制史料》（第 1 辑下册），华东师范大学出版社 1986 年版，第 3 页。

④ 冯桂芬：《校邠庐抗议》，台北文海出版社《近代中国史料丛刊》影印本，第 72 页。

久"的改革思想出发，建议"以策论掌故律令，代制艺、律赋、试贴，以糊名易书代小楷"①。王韬也对文武两科都有自己的改革设想。他在《变法自强》中建议，武科应"废弓石而改为枪炮"，文科则采取辟举与考试相结合的办法。辟举分孝悌贤良、考廉方正、德著行修、茂才异等4种，"皆由乡举里选，国家不必试其文章，但当优其奖励"；考试则分经学、史学、掌故之学、词章之学、舆学、格致、天算、律例、辩论时事、直言极谏等10科，"不论何途以进，皆得取之为士，试以为官"。② 郑观应既主张对原有文武两科进行改革，还建议"另立一科，专考西学"。他关于武科的改革设想与王韬类似，关于文科的改革设想是，在八股文之外加试西学，以二者的综合成绩作为录取标准。

> 即使制艺为祖宗成法，未便更张，亦须令于制艺之外，习一有用之学，或天文，或地理，或算学，或富强之事，苟能精通制艺，虽不甚佳，亦必取中。如制艺之外，一无所长，虽文字极优，亦置孙山之外。③

陈虬则设想，将八股取士改为艺学、西学、国学、史学、古学5种，"不取词章楷法"④。

洋务派李鸿章、沈葆桢、丁日昌等身处宦场，虽然难以像上述龚自珍、魏源、冯桂芬、王韬诸人那样放言无忌，但侧身与西方列强直接交涉的第一线，更加直接而紧迫地感受到人才的匮乏和科举制对于人才的禁锢，更加痛感八股文的贻害无穷，批评的言论俯拾皆是。李鸿章曾说，"小楷试帖太蹈虚饰，甚非作养人才之道"，"丝毫无与于时务"，⑤曾国藩和自己都"误

① 薛福威：《选举论》（1873年），见朱有瓛主编：《中国近代学制史料》（第1辑下册），华东师范大学出版社1986年版，第5—7页。
② 王韬：《变法自强》（1883年），见朱有瓛主编：《中国近代学制史料》（第1辑下册），华东师范大学出版社1986年版，第8页。
③ 郑观应：《盛世危言·考试》（1884年），见朱有瓛主编：《中国近代学制史料》（第1辑下册），华东师范大学出版社1986年版，第10页。
④ 陈虬：《经世博议·变法三》（1892年），见朱有瓛主编：《中国近代学制史料》（第1辑下册），华东师范大学出版社1986年版，第15页。
⑤ 李鸿章：《李文忠公全集·奏稿》卷二四，台北文海出版社《近代中国史料丛刊》影印本，第23页。

于当时之时文小楷",即使有曾国藩和自己这样的人"数十辈,洋务亦断办不好"。[1] 左宗棠在家书中更是放言无忌,将八股文骂得一塌糊涂,说"试看今时人才,有一从八股出身否? 八股愈做得入格,人才愈见庸下"[2]。早在 1867 年底,在李鸿章转奏丁日昌关于国是的意见中,就有"取士兼求实用之才"一条,对八股取士的科举制度提出了初步的改革设想。

> 似应于文场科举之制,略为变通,拟分为八科,以求实济。一曰忠信笃敬,以觇其品;二曰直言时事,以觇其识;三曰考证经史百家,以觇其学;四曰试帖括诗赋,以觇其才;五曰询刑名钱谷,以觇其长于吏治;六曰询山川形势、军法进退,以觇其能兵;七曰考算数格致,以观其通,问机器制作,以尽其能;八曰试外国情事利弊、语言文字,以观其能否不致辱命。上以实求,下亦必以实应。并特设一馆,延致奇技异能之士,则人才将日出而不竭;即海外华人之抱绝艺者,亦将返中国以营爵禄。[3]

他们还从历次战争中认识到,进入热兵器时代以后,以弓刀马石为考试内容的武试更属虚应故事,无补时用。丁日昌曾上奏请求武科改试枪炮;沈葆桢曾经奏请停止武科,被朝廷传旨申斥。

所谓开新,又有大开、小开之别。大开即在八股取士之外,别开多种特科、广设学校、推荐任官等;小开即仅在八股取士之外开设算学特科。既然旧章难改,只得另辟蹊径,洋务派试图在不触动原有科举体制的前提下,为"西学"寻求一点生存的夹缝,于是上奏请求增设算学科和艺学科。早在 1843 年,两广总督祁𡎴就奏开制器通算科,1862 年,贡生黎庶昌又请开绝学科。1870 年 10 月 21 日,闽浙总督英桂和福州船政大臣沈葆桢奏称,"水师之强弱,以炮船为宗,炮船之巧拙,以算学为体",请求"特开算学一

---

① 李鸿章:《李文忠公全集·朋僚函稿》卷一五,台北文海出版社《近代中国史料丛刊》影印本,第4 页。
② 左宗棠:《左文襄公家书》(上册),台北文海出版社《近代中国史料丛刊》影印本,第12 页。
③ 《同治朝筹办夷务始末》卷五五,台北文海出版社《近代中国史料丛刊》影印本,第19 页。

科"。① 但均被礼部奏驳,上谕"应毋庸议"。1874 年 12 月,李鸿章在其著名的《筹议海防折》中,支持沈葆桢和丁日昌设立算学特科、武试改试枪炮的建议,认为科举"科目即不能骤变,时文即不能遽废","似应于考试功令之外稍加变通,另开洋务进取一格,以资造就"。② 从而引发了继 1866 年京师同文馆增设天文算学馆以及招收"正途人员"入馆学习之争后的又一场高层论争,虽获得总理衙门、恭亲王奕䜣等的支持,并于 1875 年上谕礼部议复开设算学科一事,但终被礼部以打太极拳的方式阻挡。1884 年至 1885 年中法战争之后,中国的半殖民地化程度进一步加深,外患内忧进一步加重,当时的政坛上层一度出现过一轮小的改革热潮,在此背景下,1884 年 7 月 9 日,国子监司业潘衍桐奏请"另开一艺学科(相当于算学科技科。笔者注),凡精工制造、通知算学、熟悉舆图者,均准与考"③。他的建议被皇帝下发大学士六部九卿会同总理衙门议处,虽然未获批准,但冲破了此前"应毋庸议"的禁谕。1887 年 4 月 18 日,御史陈琇莹再次奏请"将明习算学人员,量予科甲出身",至 11 月皇帝终于批准了总理衙门拟定的算学取士实施办法,算学考生每 20 名录取 1 名,至多录取不超过 3 名。

> 试士之例,未容轻议变更,而求才之格,似可量为推广。拟请旨饬下各省学政,于岁科试时,生监中有报考算学者,除正场仍试以四书经文诗策外,其考试经古场内另出算学题目,果能通晓算法,即将原卷咨送总理各国事务衙门复勘注册。俟乡试之年,按册咨取赴总理衙门,试以格物测算及机器制造、水陆军法、船炮水雷,或公法条约、各国史事诸题,择其明通者录送顺天乡试,不分满、合、贝、皿等字号,如人数在二十名以上,统于卷面加印"算学"字样,与通场士子一同试以诗文策问,无庸另出算学题目。其试卷由外帘另为一束,封送内帘,比照大省官卷之例,每于二十名额外取中名,但文理清通,即为合式。如并无清通之卷,任缺无滥。卷数最多亦不得过三名,以示限制。④

---

① 朱有瓛主编:《中国近代学制史料》(第 1 辑下册),华东师范大学出版社 1986 年版,第 18 页。

② 李鸿章:《李文忠公全集·奏稿》卷二四,台北文海出版社《近代中国史料丛刊》影印本,第 23 页。

③ 朱有瓛主编:《中国近代学制史料》(第 1 辑下册),华东师范大学出版社 1986 年版,第 21 页。

④ 朱有瓛主编:《中国近代学制史料》(第 1 辑下册),华东师范大学出版社 1986 年版,第 30 页。

这个办法,并不是在科举考试中单独开设"算学"一科,而只是给予学习算学人员获得科甲出身的可能,其规定是何等苛刻!实际上,1888年仅录取1名,1889年报名人数不足,一名未取。① 从洋务派奋斗了近20年取得的这份战果中,可见科举制度的强大与顽固,即使这种有名无实的小开,也需要经历漫长而艰辛的努力,由此亦可见维新运动对于科举制改革的推动作用是多么巨大。

总之,在维新运动之前的四五十年间,从龚自珍、魏源到早期改良派再到洋务派,都对以八股取士为代表的科举制度提出了严厉批评和一系列改革建议。这些建议可以归纳为:第一,改革原来专重四书五经的考试内容,兼重实学、西学;第二,改革原来专重制艺的考试形式而代之以策论,不凭楷法取士;第三,在原来常规科目之外增设特科,以利于新式人才的登进;第四,改革武举,废除弓刀马石而试以新式军事知识和技能。应该说,这些改革建议几乎涉及了科举考试的科目、内容、形式、程序等各个方面,以后的改革基本上没有超出此范围。但是,除了1887年总理衙门制定的一个"算学取士"办法之外,其他建议还仅仅停留于口头和纸面,根本未能获得实施。其实,当时的中央统治者又何尝不知八股取士的科举制度的弊病,只是积重难返,非借外力大震荡难以自改。

(二)维新运动期间:改八股取士为策论取士,改革科举考试制度

维新运动中,八股取士的科举制度更加成为众矢之的,维新派、洋务派甚至个别保守派,都对它群起而攻之。除了康有为,严复、梁启超、徐勤、唐才常等维新派也将攻击的矛头指向八股文。严复为八股文总结了"锢智慧""坏心术""滋游手"三大危害,称"如今日中国不变法,则不必亡是已。然而变将何先?曰:莫亟于废八股。夫八股非自能害国也,害在使天下无人才"②。梁启超为科举制度的改革设计了上、中、下三策,"由上策者强,由中策者安,由下策者存"。上策是"合科举于学校",即对学堂学生奖

---

① 参见朱有瓛主编:《中国近代学制史料》(第1辑下册),华东师范大学出版社1986年版,第17—31页。
② 严复:《救亡决论》(1895年),见王栻主编:《严复集》(第1册),中华书局1986年版,第40—43页。

励科举出身；中策是"多设诸科，与今日帖括一科并行"，即在原有科举科目之外再为新式人才开辟广泛出路；下策是单纯对原有科举制度进行改革，具体措施为：

> 童子试非录取经古者不得入学，而经古一场，必试以中外政治得失、时务要事、算法格致等艺学。乡会试必三场并重，第一场试四书五经文试帖各一首，第二场试中外史学三首，专问历代五洲治乱存亡之故，第三场试天算地舆、声光化电、农矿商兵等专门，听人自择一门，分题试之，各三首。殿试一依汉策贤良故事，专问当世之务，对策者不拘格式，不论楷法。①

张之洞在《劝学篇》中也认为，"救时必自变法始，变法必自变科举始"，不但"考试艺文小楷之事，断断必宜停免"，考试内容和方法也必须重新设计。

> 第一场试以中国史事、本朝政治论五道……大率十倍中额，即先发榜一次，不取者罢归，取者始准试第二场。二场试以时务策五道，专问五洲各国之政、专门文艺……大率三倍中额，再发榜一次，不取者罢归，取者始准试第三场。三场试四书文两篇，五经文一篇，四书题禁纤巧者，合校三场均优者，始中式发榜如额。②

他一再声明，将原来第一场的考试内容四书五经移至第三场，是为了将其作为压轴以示更加尊崇。其实试想，实行了逐场淘汰制的考试，只通四书五经而不通时务者，第一场就面临被淘汰的命运，而根本无法进入第三场；只通时务而不通四书五经者，或有可能经第一、二场而侥幸进入第三场。张之洞作为洋务派的殿军后劲，位高言重，他的建议自然引起朝廷的重视。

---

① 梁启超：《变法通议·论科举》（1896年），见朱有瓛主编：《中国近代学制史料》（第1辑下册），华东师范大学出版社1986年版，第43—44页。
② 朱有瓛主编：《中国近代学制史料》（第1辑下册），华东师范大学出版社1986年版，第55—56页。

后来,百日维新中制定的变通科举考试章程,就是以此为蓝本。此外,贵州学政严修和兵部尚书荣禄,还分别于 1897 年底和 1898 年初奏请开设"经济专科"和"武备特科"。

即使个别反对维新派者,也在时势逼迫下,唱起以策论代八股的论调。湖南的王先谦就无可奈何地承认,"一统之天下之士,以制艺造之;列国之天下之士,不可以制艺造之"①。可以看出,不论怎样的倾向保守者,在列强的隆隆炮声中都难以酣眠如故了。

总之,废八股、改科举已经成为维新运动时期的共同呼声,由口号转化为实施,只需一剂催化剂了,而康有为正是起到了催化剂的作用。维新运动时期,变科举与兴学校共为教育改革的两大主题。相对于前一时期,此时出现了新的态势。②

其一,共识性。变科举成为时代呼声,从康有为、梁启超、严复等维新派,到何启、胡礼垣等早期改良派,到张之洞、刘坤一等洋务派,到翁同龢、陈宝箴等支持维新改革的高级官僚,甚至倾向保守的王先谦等人,以及部分传教士,③都在批评科举制度,提出全面的改革建议。

其二,深层性。不仅将批评的矛头指向八股取士,而且指向科举制整体:"子谓策论之视制艺(即八股。笔者注),果有以相高乎? 曰:唯唯否否"④,无非两害相权取其轻,退而求其次罢了。而且,时人不仅从空疏腐朽、禁锢人才的角度抨击科举制,还开始从锢智慧、坏心术、滋游手等民族劣根性来反思科举制的弊害。

其三,整体性。不仅从人才选拔、选官取士的角度考虑科举改革,而且将其作为维新变法、整体改革的一个方面,综合考虑科举改革与政治改革、发展资本主义工商业、加强国防等方面的关系,尤其是与建立现代学校系

---

① 王先谦:《科举论·上》(1898 年),见朱有瓛主编:《中国近代学制史料》(第 1 辑下册),华东师范大学出版社 1986 年版,第 57 页。

② 参见朱有瓛主编:《中国近代学制史料》(第 1 辑下册),华东师范大学出版社 1986 年版,第 32—115 页。

③ 参见孙邦华:《晚清来华新教传教士对中国科举制度的批判》,载《学术月刊》2004 年第 6 期。

④ 王先谦:《科举论》(上)(1898 年),见朱有瓛主编:《中国近代学制史料》(第 1 辑下册),华东师范大学出版社 1986 年版,第 58 页。

统的关系，"合科举、经济、学堂为一事"①。

其四，全面性。改革涉及科举考试从内容到形式的各个方面，核心是停废八股改用策论取士。同时，根据张之洞、陈宝箴的奏请改革科举考试的命题、场次、组织形式等；根据贵州学政严修、浙江巡抚廖寿丰等的奏请设立经济特科。1898 年 7 月 19 日，朝廷还下谕今后各级各类科举考试，"均以讲求实学实政为主，不得凭楷法之优劣为高下"②。

上述以停废八股、改用策论取士为核心的全面的科举考试制度改革，在维新派的促动、光绪帝的严旨催逼下，都由总理衙门会同礼部拟订了详细章程，颁发了上谕准备实施。但百日维新失败后，1898 年 10 月 9 日，慈禧太后颁发懿旨：科举考试"悉照旧制"，经济特科"即行停罢"。③ 这些改革虽然最终未能实施，但为后来更全面、更深层的改革，以至最终废除科举制度做了思想和政策的准备。

（三）新政改革时期：停废科举考试，奖励学堂出身

这一时期仅短短不足 5 年时间，经过"三步走"最终停废了延续 1300 多年的科举考试制度。这固然是时代潮流，同时也与发挥重要作用的两位关键性人物张之洞和袁世凯直接相关。二人一南一北，位高权重，是当时各项新政改革的先锋和风向标，也是建立现代学制、现代教育行政体制以及改革、停废科举考试制度的筹划者、试验者与推动者。

第一步，停罢武科，恢复经济特科和改八股为策论的考试制度。

1901 年 1 月 29 日，清政府颁发新政改革上谕，令各大臣"参酌中外政要，举凡朝章国故、吏治民生、学校科举、军政财政，当因当革，当省当并"④，各抒己见，两个月内奏闻。3 月，两广总督陶模等即奏请恢复百日维新期间，即 1898 年 7 月 19 日根据张之洞、陈宝箴建议改八股为策论取士，以及改革科举考试内容、场次、命题等的上谕及章程规定。7 月，张之洞与刘坤一在其著名的"江楚会奏"变法三折之一《变通政治人才为先折》中，

① 朱有瓛主编：《中国近代学制史料》（第 1 辑下册），华东师范大学出版社 1986 年版，第 88 页。
② 朱有瓛主编：《中国近代学制史料》（第 1 辑下册），华东师范大学出版社 1986 年版，第 96 页。
③ 朱有瓛主编：《中国近代学制史料》（第 1 辑下册），华东师范大学出版社 1986 年版，第 104 页。
④ 朱有瓛主编：《中国近代学制史料》（第 1 辑下册），华东师范大学出版社 1986 年版，第 117 页。

提出设文武学堂、酌改文科、停罢武科、奖励游学等 4 条建议,其中酌改文科科举考试制度一条,基本承袭了百日维新期间的精神,只是更加周详。与此同时,各省督抚、六部九卿纷纷遵旨上奏新政改革建议,其中多有涉及教育和科举者,如山东巡抚袁世凯、安徽巡抚王之春、江西巡抚李兴锐、湖南巡抚于荫霖、御史张冶秋等。在这些奏章中,从改革者袁世凯到保守者于荫霖,虽然对于如何改革、变通科举考试制度意见不一,但没有一人再固守八股取士而杜绝他路,最低限度也是"科举宜变通,徐图转移,勿废制艺"①,大致不出改八股为策论取士、开设经济特科等百日维新期间的政策思路,更多讨论的是八股考试是全废还是半废、如何进行策论考试、如何开设经济特科等技术问题。

于是,1901 年 6 月 3 日,慈禧太后颁发懿旨,重开经济特科;8 月 29 日,颁发上谕,武科考试"一律永远停止",②并恢复百日维新期间改八股为策论取士以及改革科举考试内容、场次、命题等的规定,只是将原定的三场逐场淘汰制,改为"合校三场以定去取",算是为末场的八股文考试保留了一点地位,遗留了一点尾巴;③12 月及次年 4 月,颁发礼部及政务处拟订的《变通科举考试章程》和《经济特科考试章程》,科举考试改革进入实施层面。

第二步,与现代学制相联系,递减科举中额,渐停科举考试。

1901 年 7 月 12 日,张之洞、刘坤一在《变通政治人才为先折》中就设想"渐改科举之章程,以待学堂之成就","俟学堂人才渐多,即按科递减科举取士之额,为学堂取士之额"。④"壬寅"学制颁布后,1903 年 3 月 11 日,袁世凯、张之洞奏请逐年递减科举中额,言之痛彻,"足以为学校之敌而阻碍之者,实莫甚于科举。盖学校所以培才,科举所以抡才,使科举与学校一贯,则学校将不劝自兴;使学校与科举分途,则学校终有名无实";"科举一日不废,即学校一日不能大兴;将士子永远无实在之学问,国家永远无救时

---

① 于荫霖:《遵旨敬抒管见折》(1901 年),见朱有瓛主编:《中国近代学制史料》(第 1 辑下册),华东师范大学出版社 1986 年版,第 128 页。
② 朱有瓛主编:《中国近代学制史料》(第 1 辑下册),华东师范大学出版社 1986 年版,第 152 页。
③ 朱有瓛主编:《中国近代学制史料》(第 1 辑下册),华东师范大学出版社 1986 年版,第 129 页。
④ 朱有瓛主编:《中国近代学制史料》(第 1 辑下册),华东师范大学出版社 1986 年版,第 120 页。

之人才；中国永远不能进于富强，即永远不能争衡于各国"。① 1904 年 1 月 13 日，张之洞、张百熙、荣庆等奏定学堂章程的同时，请求递减科举、注重学堂。同月，上谕批准所请，自 1906 年丙午科开始分三科"逐科递减，俟各省学堂一律办齐，确有成效，再将科举学额分别停止，以后均归学堂考取"②。值得注意，这项政策存在的严重问题是，实际在将科举取士改为学校取士，即将学校教育与选士制度合一，这是张之洞的基本主张。

第三步，立即停废科举考试，促进学校教育发展。

1905 年 9 月 2 日，直隶总督袁世凯在严修等人的建议下，牵头联合考察宪政大臣端方、盛京将军赵尔巽、湖广总督张之洞、两广总督岑春煊、两江总督周馥等重臣，奏陈："就目前而论，纵使科举立停，学堂遍设，亦必需十数年之后，人才始盛；如再迟至十年甫停科举，学堂有迁延之势，人才非急切可求，又必须二十余年后，始得多士之用"；"故欲补救时艰，必自推广学校始；而欲推广学校，必先自停科举始，"请求立即"停罢科举"。③ 同日，颁发上谕，宣布自 1906 年各级各类科举考试一律停止。

科举考试虽然停废了，但科举制度的影响不散，尤其是学堂毕业生奖励出身及授予实官，导致严重的教育和政治问题。1904 年 1 月，张之洞等所奏定的学堂章程之一就是《各学堂奖励章程》。该章程设计了一个复杂的学堂毕业学生奖励科举出身体系，中等及以上各级各类学堂毕业生，经考试后分为 5 等，前三等直接奖励出身、授予实官，第四等者补习一年经考试合格后也如前三等，基本是中学堂（并包括中等实业学堂、初级师范学堂）毕业生奖励贡生出身，高等学堂（并包括政法学堂、高等实业学堂、优级师范学堂）奖励举人出身，分科大学奖励进士出身。更为严重的是，随着奖励出身，还直接授予实官，如高等学堂毕业生"考列最优等者作为举人，咨送学务大臣复试合格，内以内阁中书尽先补用，外以知州分省尽先补用"；高等实业学堂毕业生"考列中等者，作为举人，以州同尽先选用"等。④

① 朱有瓛主编：《中国近代学制史料》（第 2 辑上册），华东师范大学出版社 1987 年版，第 104、105 页。
② 朱有瓛主编：《中国近代学制史料》（第 2 辑上册），华东师范大学出版社 1987 年版，第 109 页。
③ 朱有瓛主编：《中国近代学制史料》（第 2 辑上册），华东师范大学出版社 1987 年版，第 109 页。
④ 朱有瓛主编：《中国近代学制史料》（第 2 辑上册），华东师范大学出版社 1987 年版，第 117—127 页。

（四）预备立宪时期：停止奖励学堂出身，全面废除科举制度

学堂毕业生奖励出身及授予实官，看似是新旧教育转换之际的一项非常举措和调和政策，并可在一定时期、一定程度提高学堂的地位，扩大学堂的生源和拓宽毕业生出路，便于科举制向学校教育的平稳过渡。但实际上，它不仅是主持制订者张之洞的文化保守主义在政治与政策上的反映，与各省设立存古学堂为其晚年管理学部时的两项败政和一生败笔。同时也是当时传统与现代、守旧与革新相对抗的集中体现，导致了严重的教育与政治问题。

首先，它的核心思想是将学校教育与选官任官相融合，完全背离了现代教育尤其是国民教育、专业教育的本质，是古代官学"三舍法""六等黜陟法"等制度的延续，无非变选官于科举为选官于学校。

其次，学堂毕业生为了获得出身还必须参加学部等组织的统一考试，这种考试既不是文官考试也不是毕业会考，而更像一种考试内容、命题、形式等发生了变化的科举考试，在其强大的指挥棒作用下，将对学校的教育教学产生重大导向，使得各级学校沦为"应试教育"的准备场，重蹈传统官学的覆辙。

再次，学部投入大量资源，直接组织或领导奖励出身考试，并主办过7次留学生奖励出身考试，会办过4次留学生廷试，选拔出1399名留学生奖励进士或举人出身，其中829名被授予翰林、主事、内阁中书、知县等实官，严重背离了现代中央教育行政机构的职能。

最后，学堂毕业生奖励出身并授予实官，尤其是"皆以分数定等，均不限额"[1]，而学堂毕业生又远远超出科举取士数量，直接导致官员剧增、机构膨胀等"官灾"。这不仅加剧了清政府的财政困境，更导致组织体系严重混乱，官员队伍严重不纯，一旦时机成熟这些学堂学生就不再是清政府的维护者而是掘墓人。后来学堂学生与新军、新兴绅商、留日学生等一道成为辛亥革命主力。这也是武昌首义一声炮响，各地纷纷独立光复，清政

---

[1] 《学堂奖励章程》（1904年1月13日），见朱有瓛主编：《中国近代学制史料》（第2辑上册），华东师范大学出版社1987年版，第126页。

府这个维系数百年的庞大专制机器轰然倒塌的原因之一。这亦可谓民国之大幸，清政府之大不幸。

学堂毕业生奖励出身及授予实官的建议，源于1901年7月张之洞、刘坤一的"江楚会奏"。张之洞是其坚定的倡导者和坚持者。它甫经出台，就不断受到质疑和批评。1905年9月，御史陈曾佑奏请变通学堂毕业奖励出身政策，改为只发文凭，不授实官；学部、朝廷碍于张之洞而采取了暧昧、回避态度。1909年张之洞去世后，摄政王载沣、大学士李家驹等重臣以及资政院明确反对；1910年，教育法令研究会提出报告，建议奖励出身及授予实官政策"按之立宪政体，反之教育宗旨，皆不能不废"；1911年4月，各省教育总会联合会决议案之一就是《请停止毕业奖励案》，建议立即停止实官奖励，废除进士、举人、贡生等科举名称，大学堂毕业生称学士，其余称毕业生，并另行制定学位章程；1911年8月，该议题又成为中央教育会议决案之一；9月，学部会奏《酌拟停止学堂实官奖励并定毕业名称折》后，停止了各级学堂毕业生实官奖励，但考试列中等以上者，仍分别给予进士、举人、贡生、生员等称号，这已经类似于现在的学位制度，希求任官者需另行参加文官考试。至此，才算全面废除了科举制度。

从1905年清政府宣布停废科举考试至其覆灭之前，曾有候补内阁中书黄运藩、给事中李灼华等人奏请恢复或变相恢复科举考试，并形成一定的社会舆论，但大势所趋，不复得逞。

二、康有为的科举改革思想和活动

康有为早在1885年所著《教学通义》中即对科举制度进行了激烈抨击。在《公车上书》中，除了抨击如故，还对八股取士提出了改革的设想。然而，这些都是泛泛私议，未能上达天听。

1895年5月22日，康有为借殿试对策之机，再次向朝廷提出了改革科举的建议。

今之乏才，以教之非其道也。教士以诗文楷法，试武以弓刀步石，习非所用，用非所习，一旦授政，而欲其任事，岂可得哉！窃谓宜采司马光十科取士之法，令以专门自见，或开鸿博之选。其能专著一书，发明新义，王制圣道，有所补益者，皆入翰林，量授庶常待诏，分班轮值，用备顾问，可以博闻广知，可以求贤审官。天下之士，皆明古今、通中外，而才不可胜用矣。其武科无用，宜改为艺学，凡天算、制造、格致、武备，并令专门。①

殿试制策中虽有"朕得亲览"之类的体面话，其实皇帝不可能亲自阅卷、评卷，他亲览的只是阅卷大臣进呈的小皇榜，再有兴致的话浏览一下三甲等重点试卷而已。加之殿试策论的格式和字数均有严格限制，康有为也难以随心所欲地一吐胸臆。因此，这份《殿试策》不会给光绪帝留下什么印象。直到 5 月 29 日，康有为以新科进士的身份再次递呈《上清帝第三书》，光绪帝才第一次看到康有为的文字。在这封上书中，他原封不动地移植了《公车上书》中包括教育在内的主要改革建议，光绪帝阅后命下发各省督抚"会议奏覆"。有的研究者考证："康有为的《上清帝第三书》，对光绪帝'毅然有改革之志'，是有促进作用的。"②也另有研究者考证，其对光绪帝改革无直接触动。③

对此，有两点值得注意：

第一，康有为此时的科举改革思想是与其"异才"思想相联系的。他也常用当时的流行语：中国正处"数千年未有之变也"④，认为非常时代呼唤非常人才，欲求非常人才，就必须打破常规，破格提拔，作为选士制度的科举制理应担当起这种时代使命。他在《殿试策》中那段论述科举改革的文字之前，还有这样一段话：

> 循资格者可得庸谨，不可得异才；用耆旧者可以守常，不可以济变。同治中兴之臣，多草泽之士，其明效也。合天下才以济天下用，何

---

① 康有为：《殿试策》(1895 年 5 月 22 日)，见姜义华、张荣华编校：《康有为全集》(第 2 集)，中国人民大学出版社 2007 年版，第 65—66 页。

② 汤志钧：《戊戌变法史》，人民出版社 1984 年版，第 124 页。

③ 参见茅海建：《戊戌变法史事考二集》，生活·读书·新知三联书店 2011 年版，第 80 页。

④ 康有为：《上清帝第四书》(1895 年 6 月 30 日)，见姜义华、张荣华编校：《康有为全集》(第 2 集)，中国人民大学出版社 2007 年版，第 82 页。

求不得。①

在上清帝第二、三书中，他也几乎照搬上文以论证其"求人才而擢不次"②的观点。其实，康有为所谓的同治中兴名臣，又有几人不是科举出身？这是康有为的一贯文风和作风，不惜强曲事实以服从自己的观点。他想说的真实意思，是希望光绪帝破格提拔像他这样的维新派"异才"以为新的一代中兴之臣。由此可见，此时康有为的人才观或可称"异才观""非常人才观"，既不同于科举制下的传统人才观，又不同于洋务派所指的新式军事人才、科技人才、洋务人才等专业技术人才观。

第二，康有为将科举改革作为整体改革的基础和突破口，而非改革的中心和全部。他认为，科举是人才的指挥棒，如不进行科举改革，读书人就不会弃八股而习西学，国家也就无从获得所需的新式人才。而且，与政治改革和经济改革相比，科举改革相对来说较为容易，因此，可以以此为突破口来带动其他改革，由易入难，逐渐展开。这个思想，在其上而未达的《上清帝第四书》中体现得很清晰。

> 今日所大患者，贫、弱也。救贫莫如开矿、制造、通商，救弱莫如练兵、选将、购械，人所共知也。而科举不改，积重如故，人孰肯舍所荣而趋所贱哉？
>
> ……
>
> 假如知开矿、制造、通商、练兵、选将、购械之不能骤求矣，于是稍改科举，而以荣途励著书、制器、寻地、办工之人，大增学校，而令乡塾通读史、识字、测算、绘图、天文、地理、光电、化重、声汽之学，亦可谓能变通矣。③

---

① 康有为：《殿试策》(1895年5月22日)，见姜义华、张荣华编校：《康有为全集》（第2集），中国人民大学出版社2007年版，第65页。

② 康有为：《上清帝第三书》(1895年5月29日)，见姜义华、张荣华编校：《康有为全集》（第2集），中国人民大学出版社2007年版，第78页。

③ 康有为：《上清帝第四书》(1895年6月30日)，见姜义华、张荣华编校：《康有为全集》（第2集），中国人民大学出版社2007年版，第84页。

进入 1898 年维新运动高潮期,康有为依然紧紧瞄准科举改革这个突破口不转移不放松。在《上清帝第五书》中,他呼吁"变科举,广学校,译西书,以成人才"①;在《上清帝第六书》中,他呼吁"变通科举以育人才"②。6 月 1 日,他代杨深秀拟折奏请"厘正文体",为百日维新中"废八股、改策论"开启了先声,他甚至请求再有胆敢以八股文代圣人立言者,以"非圣无法"的罪名处罚,简直有些极而言之,匪夷所思。由此亦可见,康有为等人确是"半截子"启蒙思想家、维新改革家,其以言论罪、矫枉过正、以暴易暴的言论背后,不正暴露了成者王侯败者寇、打倒皇帝做皇帝、以暴力争民主、只论结果不讲程序等国民性问题吗?从这个意义来讲,中国近代以来国民启蒙固然重要,而关键的前提是启蒙者的启蒙,否则,启蒙者就可能变为专制者,至少是言论暴力者,将国民启蒙引向集体暴力狂欢的歧路。

请特下明诏,斟酌宋、元、明旧制,厘正四书文体,凡各试宫命题,必须一章一节一句,语气完足者;其制艺体裁,一仿宋人经义、明人大结之意。先疏证传记以释经旨,次博引子、史以征蕴蓄,次发挥时事以觇学识;不拘格式,不限字数。其有仍用八股庸滥之格、讲章陈腐之言者,摈勿录,其有仍用八股口气,为代圣立言之谬说者,以僭妄诬罔,非圣无法论,轻则停廪罚科,重则或予斥黜。③

1898 年 6 月 11 日,百日维新开始。16 日,光绪帝在颐和园勤政殿召见康有为。康有为自述君臣二人关于废八股问题有过一段精彩对话。

---

① 康有为:《上清帝第五书》(1898 年 1 月初),见姜义华、张荣华编校:《康有为全集》(第 4 集),中国人民大学出版社 2007 年版,第 5 页。
② 康有为:《上清帝第六书》(1898 年 1 月),见姜义华、张荣华编校:《康有为全集》(第 4 集),中国人民大学出版社 2007 年版,第 20 页。
③ 康有为:《请正定四书文体以励实学而取真才折》(1898 年 6 月 1 日),见姜义华、张荣华编校:《康有为全集》(第 4 集),中国人民大学出版社 2007 年版,第 63 页。

吾乃曰："今日之患，在吾民智不开，故虽多而不可用。而民智不开之故，皆以八股试士为之。学八股者，不读秦、汉以后之书，更不考地球各国之事，然可以通籍累致大官。今群臣济济，然无以任事变者，皆由八股致大位之故。故台、辽之割，不割于朝廷，而割于八股；二万万之款，不赔于朝廷，而赔于八股；胶州、旅大、威海、广州湾之割，不割于朝廷，而割于八股。"

上曰："然。西人皆为有用之学，而吾中国皆为无用之学，故致此。"

对曰："上既知八股之害，废之可乎？"

上曰："可。"

对曰："上既以为可以废，请上自下明诏，勿交部议。若交部议，部臣必驳矣。"

上曰："可。"①

且不论康有为的"甲午之败、败于八股文"的奇思妙论，单是这段追记的真实性、准确性也值得存疑。这充其量提供的研究线索就是，君臣曾就废八股问题有所问对，并且康有为依然把废八股作为维新变法的内容和突破口之一。17日，康有为代御史宋伯鲁拟折奏请"改八股为策论"。

特下明诏，永远停止八股，悉如圣祖仁皇帝故事，自乡会试以及生童科岁一切考试，均改试策论……其详细章程，应请饬部妥议，自庚子科（指1900年。笔者注）为始，一律更改。②

19日，康有为再上《请商定教案法律厘正科举文体听天下乡邑增设文庙谨写〈孔子改制考〉进呈御览以尊圣师而保大教折》，请求"特下明诏，立变科

---

① 康有为：《我史》（1899年1月），见姜义华、张荣华编校：《康有为全集》（第5集），中国人民大学出版社2007年版，第93—94页。

② 康有为：《请变通科举改八股为策论折》（1898年6月17日），见姜义华、张荣华编校：《康有为全集》（第4集），中国人民大学出版社2007年版，第82页。

举八股之制,勿动于浮言,勿误于旧论"①。22 日,又代侍读学士徐致靖拟折奏请"请废八股以育人才",请求"特旨明谕天下,罢废八股,自岁科试以至乡会试及各项考试,一律改用策论"。② 23 日,光绪帝终于颁发上谕,宣布"自下科为始,乡会试及生童岁科各试,向用四书文者,一律改试策论"③。

光绪帝诏定国是及宣布废八股改策论之后,为了扫除反对者的阻挠,康有为于 6 月 28 日代杨深秀拟折奏请"请御门誓众",请求"严警守旧诅挠造谣乱政之罪"。④ 为防止科举改革夜长梦多,他又于 30 日代宋伯鲁拟折奏请"将经济岁举归并正科并饬各省生童岁科试迅即遵旨改试策论"及请废八股"勿为所摇",请求生童岁科试改革不必等到下科,而是"一经奉到谕旨,立即遵照新章,一律更改"⑤,如有观望阻挠者,严惩不贷,"重则斥革降调,轻亦严旨申饬"⑥。同日,光绪帝即颁发上谕准予施行。

同时,康有为积极参与推动经济特科的设立。1897 年 12 月 16 日,贵州学政严修奏请增设经济专科,受到朝廷重视。

> 为今之计,非有旷出非常之特举,不能奔走乎群才,非有家喻户晓之新章,不能作兴乎士气。……或周知天下郡国利病,或熟谙中外交涉事件,或算学律学,擅绝专门,或格致制造,能创新法,或堪游历之选,或工测绘之长,统立经济之专名,以别旧时之科举。⑦

次年 1 月 27 日,总理衙门在严修的建议基础上,拟定了具体实施办法。同

① 黄明同等编:《康有为早期遗稿述评》,中山大学出版社 1988 年版,第 292 页。
② 康有为:《请废八股以育人才折》(1898 年 6 月 22 日),见姜义华、张荣华编校:《康有为全集》(第 4 集),中国人民大学出版社 2007 年版,第 295—296 页。
③ 《清实录·德宗景皇帝实录》卷四一九,中华书局 1985 年影印本五月丁巳。
④ 康有为:《请御门誓众折》(1898 年 6 月 28 日),见姜义华、张荣华编校:《康有为全集》(第 4 集),中国人民大学出版社 2007 年版,第 304 页。
⑤ 康有为:《请将经济岁举归并正科并饬各省生童岁科试迅即遵旨改试策论折》(1898 年 6 月 30 日),见姜义华、张荣华编校:《康有为全集》(第 4 集),中国人民大学出版社 2007 年版,第 307 页。
⑥ 康有为:《请禁奏请复用八股试士片》(1898 年 6 月 30 日),见姜义华、张荣华编校:《康有为全集》(第 4 集),中国人民大学出版社 2007 年版,第 308 页。
⑦ 朱有瓛主编:《中国近代学制史料》(第 1 辑下册),华东师范大学出版社 1986 年版,第 61 页。

日，光绪帝颁发上谕，令三品以上京官和各省督抚学政向总理衙门咨送人选，等到"人数汇齐至百人以上，即可奏请定期举行"经济特科考试。① 据传，这项举措遭到大学士徐桐等顽固势力的反对，徐桐不再承认严修是自己的门生，甚至其子徐承煜要推荐人选时，他都说："你要是敢推荐人选，以后就再也不用来见我。"②各地也相互观望，一拖再拖。6 月 17 日，康有为代宋伯鲁拟折奏请经济特科限时举行。7 月 13 日，光绪帝再次颁发上谕，催促各地务必于 3 个月内咨送人选，不得拖延。

其实，当时各地固有观望拖延之意，恐怕更主要原因还是大多官员仓促之间根本不知何为"经济"人才、"经济"人才何在，贸然保荐，名不副实，自取咎谴，干脆多一事不如省一事。这也正是科举制所带来的弊病。科举出身的各级官员可能稔熟四书五经、经史子集，进而精于吏治、明于人情，但绝大多数确实不知除此之外尚有何学问，不知何为"经济"之学，更不知现代学科体系，不懂现代科学技术和行政管理知识，这就造成整个官僚队伍知识结构严重畸形，管理思维严重雷同，领导视野严重狭隘。而且，绝大多数是中下层官员，唯上是从，老于世故，明哲保身，他们认为官场的秘诀是服从和应付，间或有一二振作者，也是传统的循吏酷吏套路，根本不知所谓帝党与后党、维新与守旧，与其说他们是顽固毋宁说是颟顸，与其说是颟顸毋宁说是因循。

可以说，康有为提出的所有科举改革建议，几乎没有言人所未言、发人所未发，几乎都不是提出最早的、论述最系统的、见解最深刻的，更不是可行性最强的。那么，康有为在废科举运动中的地位和作用是什么呢？启蒙，启蒙，还是启蒙。此次启蒙的特点在于：一是启蒙的对象不是一般官员和知识分子，也不是民众，而是当时名义上的最高统治者光绪帝；二是把废八股变科举作为维新变法的政策突破口，作为百日维新立改立行的当务之急，这是他与单纯就科举论变科举者的最大不同和最高明之处；三是通过自己上奏或代人拟折上奏，在一个月内接连密集奏请废八股、变科举、设特科，与其他奏请者一道对光绪帝形成极强的触动力，他们的意见被光绪帝

---

① 朱有瓛主编：《中国近代学制史料》（第 1 辑下册），华东师范大学出版社 1986 年版，第 67 页。
② 朱有瓛主编：《中国近代学制史料》（第 1 辑下册），华东师范大学出版社 1986 年版，第 108 页。

采纳并付诸施行。由此,亦可见维新改革家康有为的人格特质、政治策略和行事风格。

三、废除科举制度的影响

清末科举制的改革与最终废除,经历了从改革八股取士的科举考试制度,到停废科举考试制度,再到全面废除科举制度的过程,最终与建立现代学校教育制度一道改变了以科举制为枢纽的传统教育制度。

科举制作为一种沿用1300多年的选官制度和传统教育制度的枢纽,它的最终废除对于中国教育、文化、政治、社会等的影响是全方位和解构性的,其对于当时教育的影响主要表现在以下方面。

其一,科举制的废除为现代学校教育的发展扫除了重要的传统体制障碍,有利于理顺现代教育行政体制,保障学校教育教学的正常秩序。

只要科举制存在,就会发生学堂学生、尤其中等以上学堂学生大规模参加科举考试的情况,就将严重影响学堂的正常教育教学秩序。即使如京师大学堂,已经明确规定毕业生奖励进士或举人出身,但“(1903年)三月,为癸卯会试,先期乞假者十之一二。至四月间乡试渐近,乞假去者盖十之八九焉。暑假后人数廖落如晨星,迨九月中,各省次第放榜,获隽者利速化,视讲舍如蘧庐,其失意者则气甚馁,多无志于学”[1]。各地高等学堂的学生,也如蒋梦麟所回忆:“为求万全,我们仍旧准备参加科举考试。除了革命,科举似乎仍是参加政府工作的不二途径”,“郡试以后,又再度回到浙江高等学堂,接受新式教育”[2]。同时,只有废除了科举考试,从中央的礼部到地方的学政才会投闲置散或被裁撤,从学部到提学使司、劝学所才能真正成为现代教育的领导机构。

其二,科举制的废除一方面促进了现代学校教育的发展和学校教育制度的巩固,另一方面又导致中国传统的教化型、文化型的教育体系趋于崩溃,扩大了城乡教育差距,妨碍了教育公平。

---

[1] 王仪通:《〈京师大学堂同学录〉序》(1903年),转引自刘海峰:《科举考试的教育视角》,湖北教育出版社1996年版,第185页。

[2] 蒋梦麟:《西潮与新潮》,团结出版社2004年版,第72、78页。

中国传统教育体系是教化型、文化型的，各级官学仅具示范性、象征性意义①，甚至后来有名无实，沦为科举的附庸，真正承担教育教化功能的是数量众多、此废彼兴的民办官助书院，社会力量举办的社学、义学、私塾、家学族学等，以及乡约族规、宗教祭祀、民间说唱等社会教化活动和读书人的自学、切磋等。官私学并行，而以私学、民办公助学校为主，办学体制与教育教学形式灵活弹性，办学成本、管理成本和受教育成本很低，利于基层民众识文断字、传递社会经验、接受社会习尚。同时，科举考试以其公开性和公平性扩大了选人用人的视野，维系了社会阶层整体稳定、层内流动，虽然中试者最终还是以官绅子弟、耕读世家子弟为主，但由于当时城市不发达、城乡差别不大、社会变迁缓慢、社会经济落后，又缺乏国民教育、教育公平的意识，因此城乡教育差距问题并不严重或并未凸现。

但是，现代教育制度是与工业化、城市化等现代社会特征相适应的，高等以上学堂主要集中在首都、省会及中心城市，中学堂基本设在府厅州的治所，小学堂也多设于州县城，加之教育经费严重短缺且办学成本、求学成本高昂，设立完备的初小、高小、中学堂仅基建经费即分别需要 2000 两、3000 两、8000 两白银左右。② 按照 1907 年 3 月《奏定学堂收费章程》规定，除初等小学堂"暂予酌免"，师范学堂及半日学堂、艺徒学堂全免学费外，各级学堂每月均应收取学费银圆初小 3 角、中学 1—2 元、高等学堂和实业学堂 2—3 元，并视情缴纳食宿费、教材费等，学校的教育教学内容、组织形式、管理制度等又脱离农村生产生活实际和受教育者的需求，因此一度导致现代学校教育制度"对贫寒而向学之家的子弟有所排斥，导致乡村读书人数量日益减少，平均识字率逐渐降低"③。当时即有人指出："科举之弊，

---

① 据《钦定大清会典事例》卷一〇九六，1825 年全国府、厅、州、县、旗、卫等共设各级各类官学 1788 所；另据研究，1840 年前后，全国生员（指通过考试取得各级官学学籍者，不包括捐纳取得资格者）总计 739199 人，约占全国总人口 4.023 亿的 0.18%（参见张仲礼：《中国绅士》，李荣昌译，上海社会科学院出版社 1991 年版，第 100 页）。如果按照清朝乾隆时期规定的每 50 名应试者取中生员 1 名推算，再加之其他读书识字者，则晚清时期全民识字率超过 10%，总人数超过 4000 万人。如此庞大的读书识字人口，显然不是 1788 所官学所能承载的。

② 赵尔巽：《川督赵尔巽致学部函》（1910 年 3 月 5 日）、《督部堂赵限制各学堂建筑及岁修各费不得任意滥用令》（1910 年 9 月），转引自罗志田：《科举制废除在乡村中的社会后果》，载《中国社会科学》2006 年第 1 期。

③ 参见罗志田：《科举制废除在乡村中的社会后果》，载《中国社会科学》2006 年第 1 期。

近人详言之矣,而其中亦有至善之处,则公平是也。今学堂学生,近城镇者入之,僻远不与,有势力者入之,寒微不与。"①

其三,科举制的废除"使数百万之老举人老秀才,一旦尽失其登进之路"②,传统的知识阶层在这场巨变中发生升降、裂变、轮替,相当一部分人转化为新兴学堂的教师,为学校教育提供了最初的大量的师资来源。

据研究,太平天国运动后全国共有生员910597人,清末童生(即参加童试而未考中秀才者)的总数可能达到近200万。③ 科举制停废,这批传统知识阶层人士或被新的社会体系、知识体系边缘化,或徘徊颠踬于传统与现代之间,或自觉不自觉地完成知识更新、自身蜕变而从事新兴职业,成为新兴知识群体的一员。其中,大多仍从事教师职业,情况大致可分三类。

一是自办私塾或通过应聘继续充当传统的私塾教师。现代学校教育制度建立以后,虽曾在城市、城市周边和个别发达地区改良私塾,但从未取缔私塾,私塾在很长时期不仅广泛存在,甚至仍是农村及教育不发达地区的主要办学形式,这既与教育发展水平有关,也与私塾的办学灵活弹性、教育成本低廉以及受教育者的习惯有关。1910年,清政府为避免实施《检定小学教员章程》可能引发的恐慌,特规定该章程只适用于官立和经官立案的公立、私立两等小学,简易小学、识字学塾、私塾教师等不进行资格检定。

二是部分私塾教师经过培训,成为具备初步新知识和教育教学技能的半旧半新型教师。1904年"癸卯"学制实施后,兴办学校情况列入府厅州县长官和地方教育行政官员的政绩考核内容,并随有考核办法和奖惩机制,各地除了新建学堂,更多是将传统的书院、私塾、社学、义学等改制为新式学堂。与此相应,《奏定初级师范学堂章程》要求,各州县设立师范传习所,"凡向在乡村市镇以教授蒙馆为生业,而品行端谨、文理平通、年在三十以上五十以下者,无论生童,均可召集入学传习,限定十个月为期。毕业后给以准充副教员之凭照,即令在各乡村市镇开设小学";"初级师范学堂

---

① 《举人李蔚然请变通整顿学务呈》(1907年),见故宫博物院明清档案部编:《清末筹备立宪档案史料》(下册),中华书局1979年版,第985页。

② 梁启超:《六月初一日上谕之案语》,见中国史学会主编:《中国近代史资料丛刊·戊戌变法》(第2册),上海人民出版社1957年版,第41页。

③ 参见张仲礼:《中国绅士》,李荣昌译,上海社会科学院出版社1991年版,第100、112页。

应设置旁听生，以便乡间老生寒儒，有欲从事教育者来学堂观听"。① 这样，部分私塾教师经过培训，成为能使用阿拉伯数字、能教简单的算术和初级的国文、了解初步的学校教育教学方法的半旧半新型教师。②

三是部分科举士子考入各级师范学堂及师范简易科，经过培养成为新型教师。师资、经费和教材是当时及其后很长时期直接制约教育发展的三大因素，中国自现代教育制度建立以来就有重视师范教育的传统，将师范教育视为整个教育体系的"母机"。起初，初级师范学堂主要"就现有之贡、廪、增、附生及文理优长之监生内考取"，而且"师范学生无庸纳费"，服务"义务期满，视其尽心无过者奖给官职"，③这成为举贡生员的重要出路和跳板。

可见，科举制废除后的举贡生员成为新式学校的重要师资来源，极大缓解了现代学校教育制度建立初期的"师荒"，一定程度保证了快速启动式的现代学校大发展对于师资的需求。至于教师的专业知识、教育教学技能不能适应现代教育的要求，则不仅是当时的问题，而且是一个永恒的教育问题。

其四，科举制的废除促进了传统知识体系向现代知识体系的演进，也促进了知识价值观和课程价值观的现代嬗变。

中国传统知识体系的核心是儒家学说和儒家经典，科举制以利禄为目标激励，以核心价值体系和话语系统为共同规范，奉儒家经典为圣经，运用制度力量和价值导向合一的机制，维系、赓续、传播、强化着传统知识体系和思想体系。隋唐以前，即科举制诞生以前，儒家内部虽有今古文之争，但更主要的是与外部学派、思想派别的竞争，先秦时期儒、墨、道、法等百家争鸣，西汉前期遵奉"黄老之学"，即使汉武帝"罢黜百家，独尊儒术"之后，实际也是"汉家自有制度，本以王霸道杂之"④。魏晋南北朝时期更是儒、道、

---

① 朱有瓛主编：《中国近代学制史料》（第2辑下册），华东师范大学出版社1989年版，第222、223页。
② 参见干春松：《清末新政和儒家体制的崩溃》，孔夫子2000网 http://www.confucius2000.com/scholar/ganchunsongwenji.htm。
③ 《奏定初级师范学堂章程》（1904年1月13日），见朱有瓛主编：《中国近代学制史料》（第2辑下册），华东师范大学出版社1989年版，第222、235、236页。
④ 《汉书·元帝纪》。

佛、玄诸家相互击撞、相互吸收。但隋唐以降,无论个别时期佛、道势力如何强大,对于民众甚至知识分子的影响如何潜移默化,已经完全无法与儒学相颉颃。在主流思想、知识领域,儒学的统治地位已经无可动摇,而只是表现为儒学内部的宋学与汉学、程朱学派与陆王学派之争。

科举制的废除,切断了传统知识体系、思想体系与国家权力之间的制度性联系,儒学地位迅速衰落。[1] 与此相应,职掌祭礼、典礼及科举、学校等事,即以组织科举考试来维系传统知识体系、意识形态为主要职能的礼部竟成闲曹,并最终被撤销。而领导现代教育的中央教育行政机构学部的地位迅速崛起,不仅取代了礼部的地位,甚至隐性获得了原来吏部的某些权力,尤其是学部组织的学堂毕业生、留学生奖励出身考试,以及无所不在的各类考试,均以现代知识体系为主要内容,并与谋职就业密切联系,直接影响着知识价值观和课程价值观的现代嬗变。

在中国这样一个实用理性发达的国度,一旦废除科举制,以儒家思想、儒家经典为核心的传统知识体系既然不能带来功名利禄,而学堂毕业生、留学生借其所掌握的现代知识能够谋生谋官,则无论教育宗旨如何强调"尊孔","癸卯"学制如何煞费苦心地设计修身、读经讲经等课程以维系传统知识体系和思想体系,最终都将不复存在。难怪张之洞看到自己主持制订的学校教育制度实施后的状况慨叹道:"近来学堂新进之士,莫先正而喜新奇,急功利而忘道谊,种种怪风恶俗,令人不忍睹闻。至有议请废罢四书五经者,有中小学堂并无读经讲经功课者,甚至有师范学堂改订章程,声明不列读经专科者。人心如是,习尚如是,循是以往,各项学堂于经学一科,虽列其目,亦止视为具文,有名无实。"[2]我们甚至可以说,中国传统知识体系的解体源于废除科举制,中国传统思想体系的解体源于新文化运动。

其五,科举制的废除使清政府丧失了传统知识阶层的支持,现代学校培养出的又是一批异己的新兴知识分子,忠君、尊孔的教育宗旨实际落空,加速了传统政治、社会、文化的解体。

---

[1] 参见干春松:《科举制的衰落和制度化儒家的解体》,载《中国社会科学》2002 第 2 期。
[2] 张之洞:《设立存古学堂折》(1907 年 7 月 9 日),见朱有瓛主编:《中国近代学制史料》(第 2 辑下册),华东师范大学出版社 1989 年版,第 506 页。

　　1906 年,政务处奏定《举贡生员出路章程》,对于中年以上举贡生员采取 6 项倾斜政策,加速选官使用、调剂安置,科举考试停废后优拔贡考试又举行三科,录取约 4500 人,举贡会考进行两次,录取 687 人,录取比例之高、录用安置之优大大超过以前。但对于数十万举贡生员来讲,这无异杯水车薪,更多的人在社会大裂变中自寻出路,或进入学堂学习,或赴日本留学,或参加新军,或投身其他新兴事业。据统计,1890 年至 1911 年间,湖北省原具科举功名出身而再接受新教育者 20337 人,"约占全部士绅人数的 43%","接受师范教育者约 8 千人,占 40%;习法政者 3 千人,约占 15%;习军事者约 1 千 5 百人,占 8%;习实业及其他专门者约 1 千人,分别占 5%。其余止于高小程度者约 27%"。[1] "清末各省谘议局中,绅士(指具科举功名者。下同。笔者注)议员一般占到议员数的 90.9% 以上。据对奉天、山东、陕西、湖北、四川等省的统计,议员中进士、举人、贡生、生员分别占总数的 4.7%、19.1%、43.1% 和 24%。"[2]这表明,科举制停废之后,几十万举贡生员发生了分化,一部分人在新旧转换之际凭借自己的知识优势,乘势而上,顺势而为,不仅没有落伍、委顿、没落,反而迅速蜕变、涅槃、新生,填补了知识阶层代际嬗变时期的空白,跻身新兴阶层的各类代表人物之列,提高了职业竞争力和社会地位;但更多的底层科举人员,急剧边缘化,被时代洪流所抛弃,陷于困顿。但无论上天者还是入地者,大多数人都从政治利益和文化依存两方面失去了对清政府的忠诚与信赖。

　　同时,正如蒋梦麟所回忆,晚清学堂学生一边念学堂、一边应科举、一边阅读革命书刊酝酿反清竟成当时一景。也正像晚清重臣陈夔龙后来所哀叹:"科举一废,士气浮嚣,自由革命,遂成今日无父无君之变局。""宁知学堂之害,于今为烈,试问今日革命巨子,何一非学生造成?"[3]1905 年至 1907 年加入同盟会的会员,出身可考者 379 人,其中留学生和学堂学生竟达354 人。

　　科举考试停废后不久,严复就敏锐地觉察到:"此事乃吾国数千年中莫

① 参见苏云峰:《中国现代化的区域研究——湖北省,1860—1916》,台北研究院《近代史研究所专刊》(41)1981 年印,第 460—481 页。
② 关晓红:《科举停废与近代乡村士子》,载《历史研究》2005 年第 5 期。
③ 陈夔龙:《梦蕉亭杂记》,北京古籍出版社 1985 年版,第 61、71 页。

大之举动,言其重要,直无异古者之废封建、开阡陌。造因如此,结果何如,非吾党浅学微识者所敢妄道。"①100 多年来,很长时期对于科举制批判多于研究,武断地全盘否定多于理性地细致分析,但 20 世纪 90 年代至今,出现了科举研究的高潮,"科举学"竟成"显学",而且主流声音是反思、同情、理解乃至认同,其中更多折射出当下对于教育公平、干部选拔任用的公开与公正、社会正义等的理想诉求,以及对于中国传统文化的尊重。

第二节　兴学校运动中的康有为

一、维新运动前的兴学校运动

维新运动之前几十年的兴学校运动是沿着两条路径展开的,一是传统意义的整顿、振兴官学,二是洋务运动中兴起和兴办的洋务学堂。

传统意义的整顿、振兴官学活动,几乎无代不有,而且多是从学校与科举的关系来考量的。学校是育才的场所,科举是选士的形式。隋唐以前,选士制度与学校教育相辅而行,各具独立作用。隋唐以后,科举制将二者联系到一起,学校的兴衰制约着科举取士的质量,科举的标准、形式又影响到学校的培养目标和教学内容。唐代,参加科举考试的考生主要有两个来源,一是学校出身的生徒,二是非学校出身而学有所成的乡贡。生徒虽经学校学习,但只有通过科举考试才会被承认为人才;乡贡虽然未经学校学习,但只要通过科举考试也会被承认为人才。这样,科举就俨然凌驾于学校之上,为日后重科举轻学校伏下隐患。考察古代历史,任何时期假如只重科举不重学校,必然带来人才危机。一个王朝在发展上升时期,这种危机或许表现得尚不明显,但在走下坡路的时候,就足以影响其统治。唐初,科举与学校并重,科举制度刺激了学校教育的发展;中后期,不经官学学习

---

① 严复:《论教育与国家之关系》(1906 年 1 月),见王栻主编:《严复集》(第 1 册),中华书局 1986 年版,第 166 页。

而科举及第的考生比例逐渐增加，官学随着国势的衰微而衰落，学校开始沦为科举考试的附庸。宋初，大倡科举选才而忽视兴学育才，范仲淹、王安石等人批评说这同农民只坐等收获而不事耕耘一样愚蠢，终将导致人才的枯竭。王安石曾试图将选士制度与学校教育相融合，在太学中实行"三舍法"，考核优秀的学生可以不经科举考试而直接授予官职，以期提高学校的地位。至明清两代，官学虽然继续发展，但科举重于学校的整体趋势没有改变，且日益加剧。

清代中前期的官学和书院都比较发达，但书院官学化、官学科举预备化、教育教学应试化的倾向非常严重，许多官学、书院都成为科举考试的预备学校。道、咸以后，随着清王朝政治、经济的衰落，不少官学名存实亡，虽然政府依旧规定应科举者必须先在学校取得生员资格，但生员大多徒领廪饩而不住校求学，教官大多年老昏庸而难负师责。一些人士，在建议科举改革的同时，也批评官学徒以八股课士的陋习，并得到朝廷的重视。乾隆四十四年（1779 年）的上谕就称：

> 习制艺者，止图速化……无论经籍束之高阁，即先儒传注，亦不暇究心；惟取浮词俗调，捃扯求售，师以是教，弟以是学，举子以是为揣摩，试官即以是为去取。[1]

此前，一些人士还批评书院仅以科举为重是"儒者末务"[2]。因此，朝廷多次下谕令各省学政严饬教官，于季考、月课时加试策论，"务期切近时务，通达政治"，并令讲解现行律例内有关刑名钱谷各条，以便"使之熟习淹贯，豫识政治之要"[3]。由于作为学校教育指挥棒的科举考试并没有改变，这些学校改革当然不著见效。鸦片战争之后，中国的传统官私学与科举制度也在烂熟中走向衰落和腐朽，虽从皇帝到开明官僚到忧国忧时的学者，屡屡大声疾呼、痛下决心、力求整顿，可仍陷入"整顿—废弛、腐败—再整

---

① 昆冈等修：《钦定大清会典事例》卷三三二《礼部·贡举·试艺体裁》，光绪十二年内府石印本。
② 昆冈等修：《钦定大清会典事例》卷三九五《礼部·学校·各省书院》，光绪十二年内府石印本。
③ 昆冈等修：《钦定大清会典事例》卷三八二《礼部·学校·诸生考课》，光绪十二年内府石印本。

顿—再废弛、再腐败"的路径依赖之中,已经无法应对正在到来的天崩地坼的崭新时代。

特别是第二次鸦片战争以后,随着对外交涉的日益频繁和洋务运动的兴起发展,对外语、军事、科技等新式人才的需求不断增加。既然传统官学和书院难负此任,洋务派便从19世纪60年代开始,花了30多年时间,办了30多所洋务学堂,以培养洋务人才。洋务学堂可分为外国语学堂、军事学堂和科技学堂三类。外国语学堂主要有京师同文馆(1862年)、上海广方言馆(1863年)、广州同文馆(1864年)、湖北自强学堂(1893年)等,军事学堂主要有福州船政学堂(1866年)、天津水师学堂(1881年)、天津武备学堂(1885年)、江南水师学堂(1890年)、湖北武备学堂(1896年)等,科技学堂主要有福州电气学塾(1876年)、天津电报学堂(1880年)、天津西医学堂(1893年)、山海关铁路学堂(1895年)等。洋务学堂与当时广大的传统官私学相比,虽然数量微乎其微,却标志着中国人自己举办的现代学校的诞生。从洋务学堂的创办来看,它具有政府举办、地方试点、军事中心、专业优先的特征。

首先,洋务学堂全部由政府而非私人或社团举办,全为公立而无私立。这也符合中国教育现代化是一种政府领导型现代化模式的总体特征,没有经历欧美先发国家那样先由教会、社团、私人举办现代学校,然后过渡成为政府和国家的教育责任与义务的过程。

其次,洋务学堂除京师同文馆外,其余均由地方政府、有关部门尤其是洋务大员领导举办,办学经费也来自地方财政或部门经费。这种中央批准、地方试点的模式,既能保证统一领导,又利于局部突破与创新,减轻改革阻力,减缓改革失误所可能引发的全局性震荡,具有政府领导型现代化模式的实施特点。

再次,洋务学堂的多数与中心是军事学堂和科技学堂,科技学堂也多与军队装备、军事技术相关,体现了中国早期现代化是一种在与西方列强的军事对抗中外源后发的"封建军事资本主义",不同于欧美先发国家基于大机器生产、产业革命以培养熟练工人、普及义务教育为中心的教育现代化特点。

最后，洋务学堂大多属于中高等专业教育或技术教育[①]，主要培养新型专门人才，这种专业教育优先发展的教育现代化起步特点，既不同于欧美先发国家基础教育、义务教育优先的现象，也不同于其高等教育早先以博雅教育为主的古典教育观。

洋务学堂是中国现代学校和现代教育的开端。首先，从洋务学堂的培养目标来看，它们是在 19 世纪中后期世界整体化进程中，在中国内忧外患、救亡图存、求强求富的历史背景下，培养新形势所需要的国防、外交、科技等领域的新型专门人才。所谓"新型"，即不同于中国传统官私学的培养科举士子、培养乡绅、传承家学与师说、满足个体学术或修养需求、满足自然经济下农商业和手工业生产生活需要的培养目标；所谓"专门"，即其专业设置、专业培养规格是建立在学科分类的现代学术与专门职业分类的社会分工的基础之上的，不同于传统教育中道问学与尊德性相统一的通才式教育。

其次，从洋务学堂的课程内容与课程设置来看，学生主要学习外语、数理化、外国史地法律、西方科技与军事知识。虽然京师同文馆"汉文经学，原当始终不已，故于课程并未另列"，船政学堂"每日常课外令读《圣谕广训》《孝经》，兼习策论，以明义理"，但既然不再列入课程计划或仅课外学习，显然已经不是"主课"，只是作为思想政治课、文化素养课或写作工具课来开设，不同于以"三百千千"和四书五经等儒家经典为内容的传统官私学。而且，大多洋务学堂已经按照专业设置建立起公共必修课、基础课、专业基础课、专业课的课程体系，这也是传统官私学所不具备的。

再次，从洋务学堂的课程与教学管理制度及人才培养模式来看，它们普遍采用了学年制、课程计划制、班级授课制以及规范的考试、毕业制度，这些都是基于现代大机器生产所产生的制度化、规模化的现代教育特征，不同于没有明确修业年限、缺乏统一课程计划、实行个别化教学的传统官私学。而且，洋务学堂非常重视实践教学，尤其是科技学堂和军事学堂大多构建起包括实验教学和实习实训等的实践教学体系。京师同文馆的课程计划规定，从第一年至第八年要从"翻译条子""翻译选编""翻译公文"

[①] 参见刘华：《论京师同文馆的高等教育性质》，载《浙江大学学报》（人文社会科学版）2004 年第 1 期；潘懋元：《福建船政学堂的历史地位及其影响》，载《教育研究》1998 年第 8 期。

到"练习译书"逐年递进;福州船政学堂更以完备的实践教学为办学特色;1888年《北洋海军章程》详细规定:"凡海军学生出身,在堂学习四年期满,考列优等,选上练船学习一年,考验中式,请咨部以把总候补。再逾一年,考验中式,送回水师学堂学习六个月,枪炮练船学习三个月,如列一等,保以千总候补";"凡管轮人员,由学生出身者,在学堂时学习几何、算法、代数、三角、格致、轮机理法,考列优等,派入机器厂学习拆卸、合拢、修理锅炉汽机等件,由管带战船官会同全军总管轮官考试厂艺,如能深明管轮应办之事并机舱内一切器具用法,准上兵船练习,保以管轮把总候补"。① 这不同于重视知识教学而忽视实践教学,重视人文知识教学而缺乏科技知识、专业知识教学的传统教育,而这种不同与其说是中西教育理念的区别所导致的,毋宁讲是传统与现代社会的差异所造成的。

最后,从洋务学堂的开放性来看,它们在世界整体化和中国半殖民地化的过程中,自觉或不自觉地普遍开展了国际教育交流与合作,既不同于传统教育的本土封闭办学,也不同于中国中心主义下怀德柔远、万邦来仪的单向接收外国留学生。洋务学堂开展国际教育交流与合作的形式主要有三种:一是向外国派遣留学生,最重要者就是船政学堂学生留欧活动。二是京师同文馆、上海广方言馆以及其他洋务学堂的外国教习和师生结合学校专业特点,翻译、编译了大量的外国史地法律、自然科学、工程技术、军事、外文辞典等书籍。这标志着中国官方有目的有组织的翻译活动的开始,改变了此前零星的、私人的、以传教士为主的翻译状况,传播了西方科学技术与文化知识,开阔了中国人的眼界,促进了中外文化交流与中国早期现代化。三是大量聘请外国教习,他们不仅从事教学工作,有的还参与学校管理,甚至长期担任学校主要领导,如京师同文馆总教习丁韪良、福州船政局正监督日意格等。这些外国教习对于学堂的规划、建设、管理、改革起过重要作用,不仅缓解了中国现代学校创办之初师资匮乏的问题,更引进了西方先进的办学模式、课程设置与课程内容、学校管理经验等,建立起与外国进行教育交流与合作的直接渠道,促进了中国教育早期现代化的发

---

① 总理海军事务衙门编:《大清北洋海军章程·升擢》(第3册),台北文海出版社《近代中国史料丛刊》影印本。

展。总体来讲,洋务学堂聘请外国教习是必要与成功的,管理是比较严格和规范的,付给外国教习相当于中国教师多倍的薪酬也是正常与合理的,至于部分外教水平不高甚至个别者携教育之名行文化侵略、宗教渗透之实,也是中国半殖民地化过程中的事实。

此外,洋务学堂通过给予学生津贴、免费食宿、奖励出身、不经科举考试直接任官试用以及毕业生的良好出路、优厚待遇、快速晋升等,形成强大的利益诱导机制,引导了社会风尚与价值观念的转变。而且,洋务学堂是在与顽固势力、守旧思想的论争中发展起来的,最重要和最有代表性的,就是1866年底至1867年上半年持续半年之久的围绕京师同文馆增设天文算学馆、招收"正途人员"的争论与斗争。这场论争最终以恭亲王奕䜣为代表的洋务派取得胜利,以大学士倭仁为代表的守旧派失败落幕。而由于倭仁位重德劭、年尊学高,是同治帝师、理学名臣与一代学行楷模、文化象征,他们的失败无可奈何地奏响了文化保守主义的挽歌,在中央高层为洋务运动的发展消减了思想障碍,开辟了政策空间,并为地方洋务运动、洋务教育以及中国早期现代化的发展起到导向作用。

这一时期,大规模兴办学校、培养新式人才成为时代呼声。由于30多年间只办30多所洋务学堂远远难以满足需求,加之当时经济衰敝、财政窘困,赔款、备军、购舰练兵等需要花钱的地方太多了,政府根本无力筹措普遍兴学所需巨额经费,一些有识之士就打上书院的主意。当时,全国各省的府州县都设有书院,少者一二所,多者十几所,一般多少有些经费来源,但大多仅以教习时文贴括为业,生徒志趣卑陋,若能将它们改造成新式书院甚至新式学校,化无用为有用,岂不善哉!早在1879年,贵州候补道罗应毓就曾奏请,"改京师太学及直省学院为经世书院,令举贡生员有心经世之学者以充学生"[①],研习实学和西学。1884年,郑观应在《盛世危言》中也建议,"中国自州县省会京师,各有学宫、书院,莫若仍其制而扩充之,仿照泰西程式,稍为变通,文武各分为大中小三等,设于州县者为小学,设于各府省会者为中学,设于京师者为大学",这样就"无须另筹经费,另行

---

① 中国史学会编:《中国近代史资料丛刊·洋务运动》(第1册),上海人民出版社1961年版,第174页。

建筑,一转瞬间,通国即可举行"。① 1890 年,汤震也在《危言》中呼吁,"亟乞明诏中外所有省府州县各书院,一切铲除旧令,改延谙习西学者为之教习,取同文馆章程颁示之"②。当然,各地书院真正普遍改为新式学校,则是进入 20 世纪清末新政改革中的事情了。

总之,维新运动之前的二三十年间,基于外患内忧的剧烈刺激,不仅有传统意义的整顿、振兴官学活动,还提出了改书院为学校、建立三级学校体系的思想,更重要的是,洋务运动中兴办的洋务学堂成为中国人自己举办现代学校和现代教育的开端,开启了中国教育早期现代化之路。至于维新运动中,梁启超、严复等人否定洋务学堂的地位和作用,则是政治斗争的策略,而非教育家的客观评价。

二、维新运动中的兴学校热潮

甲午中日战争的失败使得中国在面临强敌之时也有了学习样板,刺激了中国自强改革的步伐,促使了洋务运动在编练新军、修建铁路、兴办洋务企业、整顿洋务学堂等方面呈现出新局面,加速了民族资本主义的初步发展。维新运动时期,以兴学校、变科举为主要内容的教育改革成为一种共识与呼声,《知新报》《时务报》等刊载的有关兴学的文章都达数十上百篇,"公车上书"后一年半内有关兴学的奏章近 20 份,③于是酝酿成为晚清第一轮兴学热潮,在百日维新期间达到高峰,并促动了维新运动失败之后、20 世纪之初新政改革和预备立宪时期新一轮更为广泛的兴学热潮。

1895 年,早期改良派何启、胡礼垣在《新政真铨》中提出,"一国之人才,视乎学校,学校隘则人才乏,学校广则人才多",设想"国中各府州县俱立学校,每省拨一大臣,为学政以总其成,每年成才者登诸册簿,以记其才学、人数"。学校以中国文字作为公共必修科目,然后在此基础上进行分科学习,大致分为 19 个学科专业。

---

① 朱有瓛主编:《中国近代学制史料》(第 1 辑下册),华东师范大学出版社 1986 年版,第 12—13 页。
② 朱有瓛主编:《中国近代学制史料》(第 1 辑下册),华东师范大学出版社 1986 年版,第 154 页。
③ 参见章开沅等主编:《中国早期现代化研究》,浙江人民出版社 1993 年版,第 530 页。

先以中国文字为一科，凡欲学以下各科者，必先学此。此后则以外国文字为一科，以万国公法为一科，以中外律例为一科，以中外医道为一科，以地图数学为一科，以步天测海为一科，以格物化学为一科，以机器工农为一科，以建造工务为一科，以轮船建法为一科，以轮船驾驶为一科，以铁路建法为一科，以铁路办理为一科，以电线传法为一科，以电气制用为一科，以开矿理法为一科，以农务树畜为一科，以陆军练法为一科，以水师练法为一科。

每班学生 25 人、教师 1 名，教师由取得各科专业文凭的中国人或外国人担任，学生从县学毕业后依次升入府学、省学，修业年限均为 3 年，毕业时发给文凭，分别称为某艺秀才、举人和进士。① 虽然这些设想还十分粗糙，但其中有两个闪光点：一是广兴学校必须建立相互衔接的三级学校体系，二是学校中开设的是工程技术等"西学"类学科专业，经史子集等"中学"类知识几乎失去地位和价值。当然，他们所要兴办的还是专业技术学校，培养的还是专业技术人才，认识还没有达到广开民智、普及教育、义务教育的层面。

1893 年至 1894 年，陈炽在《庸书》中建议：

近日各省学官，有名无实，惟书院一席，乐群敬业，成就较多，然所教时文帖括而已。……宜由督抚分饬所属，仿书院之意，广设学校……始于城邑，而后分及于四乡。至于商埠海疆，人情浮动，尤宜急建书院，广储经籍，延聘师儒，以正人心，以维风俗。其同文方言、水师武备各馆，即可并入其中。并请洋师兼攻西学，庶几体用兼备。②

可见，他还不懂得现代学校制度究竟是怎么一回事，竟然建议模仿书院建立学校，将已有学校合并到新建书院中，大讲经书然后兼攻西学，实质不是将书院改造成学校，而是将学校改造成书院。他还建议，将犯法的佛寺道

① 朱有瓛主编：《中国近代学制史料》（第 1 辑下册），华东师范大学出版社 1986 年版，第 471—472 页。
② 陈炽：《庸书·内卷上》（1893 年至 1894 年）、《续富国策·商书》（1895 年），见赵树贵、曾丽雅编：《陈炽集》，中华书局 1997 年版，第 29—30 页、272 页。

观的"田宅一律查封,改为学校",可谓百日维新中康有为"改天下淫祠为
学校"的先声,但比康有为慎重稳健,他要改的只是"犯法的"而非"天下
的"。陈炽在《续富国策》中又设想,当时部分工商企业已有一定的经营规
模和资本积累,应该"各提公积,倡立学堂","每创一业,开一厂,设一局,
均应附设一学堂,或独立创办,或数家合办"。① 在特定历史情况下,为了
解决教育经费短缺问题,促进教育尤其是实业教育的迅速发展,有的官办、
官督商办企业附设学校,这是必要和可行的。但如果把这种政策绝对化,
变鼓励为强制,必然干涉和影响企业的正常经营发展。从陈炽的这些言论
可以看出,虽然改书院、兴学校已是当时的普遍呼声,但人们在如何改、如
何兴的认识上差距很大,往往先进与落后、实行与空谈、理性与义愤并陈杂
见,陈炽历任户部郎中、军机处章京,曾遍游沿海商埠,考察香港、澳门,号
称"留心天下利病",其见识尚且如此,他人更遑论矣,由此亦可见康有为、
梁启超确有超越时人之处。

1895 年 7 月,顺天府尹胡燏棻在《条陈变法自强疏》中称,西方国家之
所以人才辈出,"全在广设学堂",学校体系完备,不仅设有农、工、商、医等
专门学校,甚至设有女子学校和聋哑学校,于是"国无弃民,地无废材,富
强之基,由斯而立"。反之,中国的官学和书院除了教习八股文之外,"一
无讲求",明明知道耗费光阴,扼杀人才,无补时事,却又囿于陈规陋俗,不
肯改革。因此,他建议,"目前之急,首在筹饷,次在练兵,而筹饷练兵之
源,尤在敦劝工商,广兴学校",饬下各省督抚"先举省会书院,归并裁改,
创立各项学堂",等到"数年之后,民智渐开,然后由省而府而县,递为推
广。将大小各书院,一律裁改,开设各项学堂"。所有学堂均以西学为主
要教学内容,以外国人或对西学有研究的中国人为教师。② 这时洋务派从
求强为主转向求富与求强并重,并以兴学作为求富求强之本。应该说,这
在当时确是认识较透辟且可行性较强的建议。

1896 年,梁启超在《变法通议》的《学校总论》和《论科举》中认为,"言

① 朱有瓛主编:《中国近代学制史料》(第 1 辑下册),华东师范大学出版社 1986 年版,第 474—
476 页。
② 朱有瓛主编:《中国近代学制史料》(第 1 辑下册),华东师范大学出版社 1986 年版,第 473 页。

自强于今日,以开民智为第一义"①。欲开民智,必须改科举、兴学校,并将改革科举和建立学校统筹考虑,设想"合科举于学校"。

> 自京师以讫州县,以次立大学小学……入小学者比诸生,入大学者比举人,大学学成比进士,选其尤异者出洋学习,比庶吉士。其余归内外户刑工商各部任用,比部曹。庶吉士出洋三年,学成而归者,授职比编检。②

这种见解在当时颇为领先和独到,虽还保留着科举的名义,实际上已经完全要以学校体系取代科举制度。问题的关键在于,学校体系应该如何建立? 只有建立起完整的学校体系,科举制度才会有处可合,否则,合科举于学校只是一句空话,最终学校也难以取代科举。恰恰对于这个关键性问题,梁启超没有找到切实可行的解决方案。他设想各地普遍设立学校后,每年招收小学生 40 万人、中学生 11840 人、大学生 1850 人,经过一番仔细计算后宣称,"岁费七十余万足矣"③。无论他怎样能言善辩,70 万元维持经费远远不足。以 1896 年钟天纬在上海创办的三等公学(实为 6 年制小学。笔者注)为例,计划招生 88 人,预算维持经费约 2000 元;再以 1895 年盛宣怀在天津创办的中西学堂(实为设有预科的 8 年制本科学校。笔者注)为例,计划招生 120 人,预算维持经费白银 55000 两;若以 1898 年创办的京师大学堂为例,计划招生 500 人,则预算维持经费白银 188680 两。因此,按照梁启超规划的招生规模测算,即使不计数额更加庞大的开办经费,仅每年维持经费恐怕就要再加几十倍不止。当时的清政府根本无力负担这笔巨额财政支出,他的设想也自然无法实现。

1896 年 6 月,刑部左侍郎李端棻可能接受他的堂妹夫梁启超的建议,上奏著名的《请推广学校折》,第一次向朝廷比较完整地提出了建立三级学校系统的愿望,并对各级学校的招生、课程、年限等问题进行了初步规划。

---

① 朱有瓛主编:《中国近代学制史料》(第 1 辑下册),华东师范大学出版社 1986 年版,第 477 页。
② 朱有瓛主编:《中国近代学制史料》(第 1 辑下册),华东师范大学出版社 1986 年版,第 43 页。
③ 朱有瓛主编:《中国近代学制史料》(第 1 辑下册),华东师范大学出版社 1986 年版,第 483 页。

育才之法匪限于一途,作人之风当遍于率土。臣请推广此意,自京师以及各省府州县皆设学堂。府州县学,选民间俊秀子弟年十二至二十者入学,其诸生以上欲学者听之。学中课程,诵《四书》《通鉴》《小学》等书,而辅之以各国语言文字,及算学天文地理之粗浅者,万国古史近事之简明者,格致物理之平易者,以三年为期。中学课程,诵经史子及国朝掌故诸书,而辅之以天文、舆地、算学、格致、制造、农桑、兵矿、时事、交涉等书,以三年为期。京师大学,选举贡监生年三十以下者入学,其京官愿学者听之。学中课程一如省学,惟益加专精,各执一门,不迁其业,以三年为期。

他出于可行性的考虑,建议改书院为学校,请求"令每省各县各改其一院,增广功课,变通章程,以为学堂"①。李端棻的这份奏折引起朝廷的重视,朝廷立即便下发总理衙门"议奏"了。不久,山西巡抚胡聘之和翰林院侍讲学士秦绶章等也分别上奏请求"变通""整顿"书院,虽然或多或少地提到了书院的师资、经费改革,但中心议题还是课程改革,即改革书院以往专课时文帖括的陋习,增授实学和西学,以适应时代发展要求。

按照当时的领导体制,书院事业属礼部领导,学校事业属总理衙门领导,改书院为学校涉及两个管理部门。无论礼部还是总理衙门,都很快对李端棻、胡聘之、秦绶章的奏折做出积极反映,共同态度就是:允许兴办学校,允许新建、变通和整顿书院,既不禁止改书院为学校,也不强迫改书院为学校,所需经费一律地方自筹,中央财政分文不给。由以上可知,在百日维新之前的数年间,设立学校、改书院为学校、建立三级学校体系已经成为一种共识,没有像废科举那样遭遇那么多阻挠、经历那么多曲折。至于何为学校、学校与书院的区别何在、如何兴学校、何为学校体系、如何建立学校体系、兴学的当务之急何在等问题,由于认识不同,也导致当时兴学活动的多元化。

一是最为广泛的传统民间兴学活动。其中,最有代表性的就是被尊为"千古奇丐"的武训在堂邑(今属山东聊城冠县)的行乞兴学。1888年,武

---

① 朱有瓛主编:《中国近代学制史料》(第1辑下册),华东师范大学出版社1986年版,第485页。

训主要靠乞讨集资办起第一所义学"崇贤义塾",1890 年与寺院合办了第二所义学,1896 年又得到官绅资助办起第三所义学。武训的兴学活动在甲午中日战争后达到极致,武训这个民间兴学典型也在此时被发现和宣传,先被山东巡抚召见、赐名、捐银,接着又被朝廷赐匾、旌奖、授号"义学正"、赏穿黄马褂,声名大振,一直流播至民国及新中国成立以后。武训这个典型的出现和树立,除了其个人的感人事迹、民间智慧以及地域文化的熏陶之外,更折射出当时兴学热潮的涌现与价值导向的需要。这类兴学活动从动机、形式、内容等都是传统与朴素的,同时也是最为恒久与普遍的,它们承继了中国重教兴学的传统,绵延赓续,并在一些特定时期形成风尚。这类兴学活动以义学、社学、族学等启蒙教育为主要办学形式,以"三百千"、农用杂字等启蒙读本为主要教学内容,绅民集资兴办于下,官府倡导奖励于上,民办公助,官、绅、民互动,兴衰无常,此衰彼兴,主要以文化形态而非制度形态传承着中华文化与传统教育。

二是改革传统书院的课程内容和教学组织形式。1896 年 7 月山西巡抚胡聘之、学政钱俊祥上《请变通书院章程折》,9 月翰林院侍讲秦绶章上《请整顿各省书院折》,建议传统书院"参考时务,兼习算学,凡天文、地舆、农务、兵事,与夫一切有用之学"①,这些奏折获得朝廷奏准,由礼部转发各省参酌采纳。1896 年 5 月陕西布政使张汝梅等上《陕西创设格致实学书院折》,1897 年 8 月浙江巡抚廖寿丰上《请专设书院兼课中西实学折》,请求设立专习"实学""新学""西学"的新式书院。于是,部分书院逐步突破了四书五经、八股制艺、乾嘉考据等传统课程的范畴,开始引进西方自然科学与社会科学知识,并有限度地采取了某些学校式的教学组织形式。如陕西味经书院增设了西学课程,山西令德堂书院、江西友教书院增开了算学课程,湖北两湖书院按照学校章程办学,贵州学古书院改成"经世学堂",这为几年以后书院大规模地普遍改为学堂做了试点与准备。

三是维新派创办的少量学堂。据梁启超统计,维新派创办的学堂有

---

① 朱有瓛主编:《中国近代学制史料》(第 1 辑下册),华东师范大学出版社 1986 年版,第 156、157 页。

10 余所。① 其实,它们又可分三类:一类是维新派用来培养维新人才、传播维新思想基地的学堂,如康有为在广州创办的万木草堂(1891 年),黄遵宪、谭嗣同等在长沙创办的时务学堂(1897 年),谭嗣同、唐才常创办的浏阳算学馆(1895 年)也有类似性质;另一类是维新派创办的新式普通学堂,如张元济等在北京创办的通艺学堂(1897 年)、经元善在上海创办的经正女学(1898 年)等;再一类是受到维新风气影响的新式学堂,如北京八旗奉直小学堂(1896 年)、广东逊业小学堂(1898 年)、广东时敏学堂(1898 年)等。这些学堂不能都认为是维新学堂,有的是维新派与洋务派、开明士绅共同创办的,有的则难以明确界定其创办者的身份派别,有的始办即废或在办学过程中性质发生变化。这些学堂的规范化程度一般不如洋务学堂,但开一时风气,并与举办学会、编印报刊、讲学演讲以及维新派的活动相结合,形成很大的社会影响力和观念冲击力。

四是洋务教育走向深化。一方面,创办了一批新的洋务学堂,如江南陆师学堂(1896 年)、直隶武备学堂(1896 年)、湖北武备学堂(1896 年)、山海关铁路学堂(1895 年)、南京储才学堂(1896 年)等;另一方面,对松懈停滞的福州船政学堂等老牌洋务学堂进行整顿复兴。此外更为重要的是,在洋务派及其带动影响下,洋务教育突破了原来外语、技术、军事等专业教育的范畴,开始向普通教育和职业技术教育延伸,著名者有盛宣怀创办的天津中西学堂(1895 年)、上海南洋公学(1896 年)以及杭州知府林启创办的杭州蚕学馆(1897 年)、张之洞创办的湖北农务工艺学堂(1898 年)等。

总之,在百日维新到来之前,新式学堂已经突破原来洋务教育的范畴而扩展到普通教育领域,改革传统书院的活动也大规模开展起来,改书院兴学校成为时代的呼声,模仿西方建立三级学校系统的思想也被明确提出并逐渐深化,这一切都为近代学制的确立奠定了理论和实践基础。

三、康有为与现代学制的建立

学制是学校教育制度的简称,又称学校系统,它规定着各级各类学校

---

① 梁启超:《强学会封禁后之学会、学堂、报馆》,见陈学恂主编:《中国近代教育史教学参考资料》(上册),人民教育出版社 1986 年版,第 417—418 页。

及其入学条件、修业年限、相互衔接关系等，将各级各类学校系统化和制度化，是教育制度的核心。现代学制是现代学校发展到一定程度的产物，当各级各类学校的数量增长到一定程度，必然需要一种体制、机制设计使之体系化，现代学制就会应运而生。从中国现代教育的发生发展来看，如果说洋务运动和维新运动时期主要是产生了现代学校，那么清末新政改革和预备立宪时期主要是建立现代学制和教育行政体制。中国的第一个现代学制虽然是在 20 世纪初颁布实施的，但建立现代学制的迫切要求和基本思路是在维新运动时期提出的，并在百日维新期间以上谕的形式进行了建立三级学校系统的首次政策尝试。这其中，康有为的思想经历了兴办新式学校、普及学校教育、建立三级学校系统三个阶段，其思想的原创之处尤在于两方面，一是将建立三级学校系统与改革书院等传统教育机构相结合，二是将建立三级学校系统与普及义务教育相结合，这也正是后来"壬寅·癸卯"学制的主旨，并在百日维新中被光绪帝直接采纳。

当时中国，要想建立现代学校体系就必须走改书院（包括义学、社学等）兴学校的道路，这既是终南捷径，也是必由之路。假如在书院系统之外再建一套学校系统，不但经济条件不允许，也会放弃对于传统教育体系组成部分的书院等的改造。这条现在看来简单明了之路，却并不是每个人一开始便能找到的，而是一个认识逐步深入的过程。康有为也是如此。在《公车上书》中，他就已显露出建立三级学校系统的思想萌芽，但是此时，他还没有将建立三级学校系统与改革书院结合起来，所要求的"各省、州、县遍开艺学书院"，实质是要另搞一套学校系统。在光绪帝见到的《上清帝第三书》中，他又重复了《公车上书》中的建议。直到 1898 年 3 月，在为宋伯鲁代拟的《请统筹全局派员往美集大公司折》中，依然说着"各省府县皆设工艺学堂"①之类的话。康有为因何迟迟没有提出改革书院的思想呢？这是由于，他以上所说的"艺学书院"和"工艺学堂"，均指教授科技知识的专业学校而非普通学校，以培养新式科技人才为主要目的，其教学内容、教学组织形式、教师、学生都与传统书院迥异，正与当年的洋务派一样，

---

① 康有为：《请统筹全局派员往美集大公司折》（1898 年 3 月 9 日），见姜义华、张荣华编校：《康有为全集》（第 4 集），中国人民大学出版社 2007 年版，第 24 页。

自然想到的是另起炉灶而非改旧换新。

百日维新中,光绪帝6月23日下谕废八股改策论后,7月初康有为上《请改直省书院为中学堂乡邑淫祠为小学堂令小民六岁入学折》,7月10日光绪帝颁发上谕,命各地按照三级学校系统改书院等为学校。康有为在奏折中建议:

> 今既罢弃八股,而大学堂经济常科皆须小学、中学之升擢,而中学、小学直省无之;莫若因省、府、州、县、乡、邑公私现有之书院、义学、社学、学塾,皆改为兼习中西之学校,省会之大书院为高等学校,府、州、县之书院为中等学校,义、社学为小学。……责令民人子弟年至六岁者,皆必入小学读书,而教之图算、器艺、语言、文字。其不入学者,罪其父母。①

维新运动前后,从郑观应到何启、胡礼垣再到胡燏棻、李端棻等,10余年间谈三级学校系统者并非绝无仅有,谈书院改革者更非寥寥,却只有康有为将建立三级学校系统与改革书院等密切结合了起来,这是康有为综合"立新"与"改旧"为中国教育早期现代化做出的原创型贡献。

同时,康有为对于京师大学堂的筹建、开办也曾起过直接作用。1896年6月,李端棻在《请推广学校折》中,首次正式提议设立京师大学堂,引起朝廷重视。但是,直到百日维新诏定国是时,光绪帝才正式批准建立,并命总理衙门等部门就有关问题"会同妥速议奏"。1898年7月3日,总理衙门拟具《京师大学堂章程》复奏。据康有为自称,他与梁启超参与其事并产生重要影响。

> 自四月秒大学堂议起,枢垣托吾为草章程。吾时召见无暇,命卓如草稿,酌英、美、日之制为之,甚周密,而以大权归之教习。总署复奏

---

① 康有为:《请改直省书院为中学堂乡邑淫祠为小学堂令小民六岁皆入学折》(1898年7月3日至9日间),见姜义华、张荣华编校:《康有为全集》(第4集),中国人民大学出版社2007年版,第318页。

学堂事，大臣属之章京。章京张元济来请吾撰，吾为定四款：一曰预筹巨款，二曰即拨官舍，三曰精选教习，四曰选刻学书。……又所请各分教习，皆由总教习专之，以一事权。时派大学士孙家鼐管学，孙家鼐素知吾，来面请吾为总教习，并请次亮为总办，又来劝驾。时大学肄业，有部曹、翰林、道府、州县等官，习气甚深，自度才德、年位，恐不足以率之，度教无成，徒增谤议，故面辞之，时孙尚未睹卓如章程也。时李合肥、枢臣廖仲山、陈次亮皆劝孙中堂请吾为总教习。及见章程大怒，以教权皆属总教习，而管学大臣无权。又见李合肥、廖仲山、陈次亮皆推毂，疑我为请托，欲为总教习专权……于是大怒而相攻。我遂命卓如告孙，誓不沾大学一差，以白其志。①

康有为的这番话虽有自夸之嫌，却也并非无据。因为，总理衙门的奏折曾称，"草定章程，规模略具。举其要义，凡有四端：一曰宽筹经费。二曰宏建学舍。三曰慎选管学大臣。四曰简派总教习"②，这与康有为所说非常类似。至于康有为、梁启超与孙家鼐等人的矛盾本质，据有的研究者考证，"双方斗争之核心，并不在西学，而在于中学，在于经学，在于由经学引申出来的政治思想"，"各方对于泰西、日本经验的本质，皆缺乏一般性的了解，相互间也没有太多的分歧"，"以康有为为首的激进派，与张之洞、孙家鼐领军的温和派，都在其所宗的'中学'指导下，自行其改革事业"。③ 无论如何，都可看出康有为、梁启超对于京师大学堂的开办、筹建有着直接介入甚至深度参与，否则也就不会与管学大臣孙家鼐之间发生分歧与矛盾了。

由以上亦可见，康有为相对于同时代的陈炽等人，更加了解西方教育制度，这主要表现在三个方面。

第一，比较了解西方的义务教育制度。郑观应等人在谈到必须大兴学校的原因时，往往以育人才、开民智为出发点，康有为虽然也谈育人才、开民智，却主要以义务教育为出发点。他多次谈到，西方国家的儿童到了一

---

① 康有为：《我史》(1899 年 1 月)，见姜义华、张荣华编校：《康有为全集》(第 5 集)，中国人民大学出版社 2007 年版，第 96 页。
② 朱有瓛主编：《中国近代学制史料》(第 1 辑下册)，华东师范大学出版社 1986 年版，第638 页。
③ 茅海建：《戊戌变法史事考二集》，生活·读书·新知三联书店 2011 年版，第 281、282 页。

定年龄都必须进入学校接受教育,否则父母将会受到惩罚。在《日本变政考》中即说:

> 泰西兵之强也,不强于其训练器械船舰也,而强于其童幼入学,能识字、图算,粗通天文、地理也。……泰西有公款以立小学,有法律以限民入学,故举国无不有入学识字之人,故举国无不有才可用。……日本汲汲于限民六岁入学,男女并教,无一人之遗,至今三十年,人才蒸蒸,著述如林。①

这里所描述的正是义务教育制度。这种描述今天看来或许流于肤浅,但在当时却表明他比别人更加了解西方教育制度,也正是了解之后才可能深入地学习。而谭嗣同在《思纬壹壶台短书》中也谈过义务教育,说西方国家"凡子女生八岁不读书,罪其父母。又有五家连坐之法,一家不读书,五家皆坐罪"②,这显然有些道听途说、危言耸听了。

第二,比较了解西方的学制系统。《戊戌奏稿》中辑有《请开学校折》,此折或为百日维新后的补撰之作,却反映出其对西方学制的稔熟,他比较准确地区分了中小学和专科学校、大学各自的特点。

> 所谓大学者,不过合各专门之高等学多数为之。大聚天下之书图仪器,以博其见闻;广延各国之鸿博硕学专门名家,以得其指导。而群一国之学者,优游渐渍,讲求激励,而自得之。凡各州能备此者,皆可谓为大学,非徒在国都而已。总而言之,小学、中学者,教所以为国民,以为己国之用,皆人民之普通学也。高等、专门学者,教人民之应用,以为执业者也。大学者,犹高等学也……以为长为师、为士大夫者也。③

---

① 黄明同等编:《康有为早期遗稿述评》,中山大学出版社1988年版,第139—140页。
② 朱有瓛主编:《中国近代学制史料》(第1辑下册),华东师范大学出版社1986年版,第33页。
③ 康有为:《请开学校折》(1898年6月),见姜义华、张荣华编校:《康有为全集》(第4集),中国人民大学出版社2007年版,第315页。

即使今天来看,康有为也没有讲外行话。因此,他才可能进一步说出"远法德国,近采日本,以定学制"的话。事实上,日本明治维新以后就是学习了德国学制,中国学习日本学制也就是间接学习德国学制。20世纪初,清政府颁布实施的"壬寅·癸卯"学制恰恰如其所说。

第三,比较了解西方的教育历史。康有为经常引述外国历史以寄托自己"洋为中用""仿洋改制"的思想,有时甚至不惜割舍、曲解和编造历史。《请开学校折》中也曾引述一段德国教育历史,虽然不尽正确,却反映出其对西方教育历史的熟悉。

> 欧美之作其国民为人才也,当吾明世,乃始立学。仅从僧侣,但教贵族,至不足道。及近百年间,文学大兴。普之先王大非特力……而创国民学。令乡皆立小学,限举国之民,自七岁以上必入之。教以文史、算数、舆地、物理、歌乐,八年而卒业。其不入学者,罚其父母。县立中学,十四岁而入……务为应用之学。其初等科二年,高等科二年……自是而入专门学者听之。专门者,凡农、商、矿、林、机器、工程、驾驶,凡人间一事一艺者,皆有学,皆为专门也。①

事实是这样的:17世纪到18世纪中期,德国初等学校的管理权由教会转移到政府手中,儿童入学成为公民必须履行的义务。1763年,腓特烈二世颁布《普通学校规章》,规定父母必须把5岁至13或14岁的儿童送入学校学习,否则给予罚款;教学内容包括读、写、算、唱歌和自然、历史知识等。同时,由于工商业的发展和城市生活的需要,新兴资产阶级要求设置以讲授实科知识为主的中等学校,实科中学和实科高等小学应运而生,这类学校不以升入文科中学或大学为目标,而以培养学生的实际技能为宗旨。

康有为之所以对西方教育制度具有超越时人的了解,主要是他长期留心西学的结果。1898年,《日本书目志》由上海大同译书局出版,该书实为其搜集的日本书籍的分类目录,并附有许多按语。全书共分生理、理学、宗

---

① 康有为:《请开学校折》(1898年6月),见姜义华、张荣华编校:《康有为全集》(第4集),中国人民大学出版社2007年版,第315页。

教、图史、政治、法律、农业、工业、商业、教育、文学、文字语言、美术、小说、
兵书 15 大类;其中,教育又分道德修身学、格言集类、敕语书、教训教草修
身杂书类、修身书小学校用、言行录、礼法书、教育实书、实地教育、幼稚女
学、小学读本挂图、报告书、教育历史、教育杂书、小学读本(中学读本附)、
少年教育书、汉文书(教育小说附)17 个分类,收书 700 余种。康有为虽然
不可能全部阅读过这些书籍,但喜欢博学杂览的他肯定有目的地浏览过其
中一部分,故在一段按语中说:

> 《澳独佛瑞学校概论》《日本德国合级小学校》《公私学校比较
> 论》《学校通论》,皆兼备各国,精微详尽,皆可参观而思兼之,亦得失
> 之林矣。观国者必本于是焉。①

可知,康有为与同时代的人相比,已经具备相当的教育理论水平。而且,西
方教育制度的这些素材,一旦与他的聪慧、眼光、胆识以及强说为己的个
性、熔铸中西的学风、维新变法的诉求相结合,就可能成为巨大的教育创
新力。

四、现代学制在中国的确立

(一)"壬寅·癸卯"学制的成因及过程

1902 年 8 月,清政府颁布《钦定学堂章程》,通称"壬寅"学制;经过修
订后,1904 年 1 月清政府又颁布并实施《奏定学堂章程》,通称"癸卯"学
制。"壬寅·癸卯"学制是中国第一个现代意义的学校教育制度,标志着
中国教育早期现代化由以创办、兴办现代学校为主的第一时期与第一层
面,进入以建立现代教育制度为主的第二时期与第二层面。

"壬寅·癸卯"学制产生的原因和条件是多方面的,它的颁布实施是
一个多因素事件。

---

① 康有为:《日本书目志》(1898 年春),见姜义华、张荣华编校:《康有为全集》(第 3 集),中国人民大
学出版社 2007 年版,第 408 页。

首先，新一轮兴学热潮中迅速增多的现代学校，既为学制的产生奠定了基础，同时又迫切需要一个学制以系统化、制度化的形式来加以衔接和规范。新政改革开始后，1901年9月朝廷颁布上谕："除京师已设大学堂应行切实整顿外，著各省所有书院，于省城均改设大学堂，各府及直隶州均改设中学堂，各州县均改设小学堂，并多设蒙养学堂。"①于是，很快出现了维新运动之后的又一轮兴学热潮。1902年2月后，立即将中央的宗室觉罗八旗官学和各省驻防八旗官学、书院，改为现代普通中小学校，这无疑具有重要的导向作用。如果说，百日维新期间是希望通过建立三级学校系统来带动学校的普遍设立，即以学制带动办学，那么，此时则是因为学校的快速发展推动了学制的产生，即因兴学而推动学制。当然，学制的颁布实施又为兴学构建了制度平台，反过来带动了学校的普遍设立。

其次，清政府进行的新政改革和预备立宪活动，为建立现代教育制度、停废传统教育制度，包括建立现代学制、停废科举考试提供了宏观政策环境。尤其经历了洋务教育的奠基和维新教育的洗礼，建立现代学制已经成为共识，问题只是建立怎样的和怎样建立现代教育制度。而且，建立现代学制相对于政治体制改革、官制改革、组织内阁和议会、开展地方自治等焦点问题，甚至相对于停废科举制度，争论和反对的声音远远少得多、小得多。

再次，1898年制订的《京师大学堂章程》以及1901年袁世凯主持制订的《山东大学堂章程》、1902年张之洞主持制订的湖北学制为"壬寅·癸卯"学制提供了蓝本。百日维新期间制订的《京师大学堂章程》8章54节，不仅是京师大学堂一校的办学总章，也是清政府最早的一份学校系统规划。新政改革开始后，1901年11月山东巡抚袁世凯率先在济南创办山东大学堂，为各地最早兴办的官立大学堂，《山东大学堂章程》4章96节也被朝廷转发各省参考。1902年10月，湖广总督张之洞、湖北巡抚端方上《筹定学堂规模次第兴办折》，汇报湖北的办学情况，其中"各学堂办法十五条"将湖北的学校系统分为普通教育和专门教育两类，普通教育又分初等、中等和高等教育3段5级，专门教育又分师范、实业和特别教育3种，被朝廷下发管学大臣张百熙作为修订"壬寅"学制的参考，这也成为张百

---

① 朱寿朋编、张静庐等校点：《光绪朝东华录》，中华书局1958年版，第4719页。

熙等奏请张之洞参与制订"癸卯"学制的机缘。

最后，"壬寅·癸卯"学制还是直接学习日本教育的产物。新政改革开始后，日本成为中国全面、直接学习的对象，日本与其他列强在华利益的争夺以及对华影响与控制的加强，也为中国学习日本大开方便之门。一时间，各地各部门争相聘请日本教习与顾问，到日本考察及留学者络绎不绝，编译的日本书刊和以介绍日本情况为主的印刷品大量涌现。学习日本的教育与学制，是当时学习日本潮流中的一个方面与体现。其中，对于清末学制制订具有直接而重要影响的赴日考察活动有两次：一是 1901 年 12 月，张之洞派罗振玉等率团赴日考察教育，搜购中小学教科书，罗振玉归国后将考察日记编印为《扶桑二月记》一书，详细记载所见所闻，影响很大；他还在当时中国最有影响的教育杂志——《教育世界》上，连续译载收集到的日本教育规章制度 100 余件，发表《学制私议》《日本教育大旨》等介绍日本教育制度的系列文章，并多次向张之洞汇报，成为张之洞制订湖北学制的重要参考。[①] 二是 1902 年 5 月，管学大臣张百熙派京师大学堂总教习吴汝纶赴日考察教育，吴汝纶在日期间，广泛考察各级各类学校，在文部省听取讲座和介绍 19 次，拜会、拜访了日本天皇、首相、文部大臣和教育家，详细记载日记，及时发回大量信函，向张百熙汇报考察情况，成为张百熙主持制订"壬寅"学制的参谋。[②]

"壬寅"学制的主持制订者是张百熙，"癸卯"学制的主持制订者是张之洞。

1902 年 8 月，清政府颁布张百熙主持制定的《钦定学堂章程》，包括《京师大学堂章程》《考选入学章程》《高等学堂章程》《中学堂章程》《小学堂章程》《蒙学堂章程》等 6 份规章。由于章程本身并不完备，管学大臣张百熙又与副手荣庆之间存在思想分歧，"百熙一意更新，荣庆时以旧学调济之"[③]，加之张百熙管理京师大学堂时勇于任事、仗势用权，起用了一批

---

① 参见郑爱华：《罗振玉教育思想初探》，载《日本问题研究》2004 年第 4 期。

② 参见周惠：《吴汝纶与清末学制》，载《宁波大学学报》（教育科学版）2004 年第 5 期；赵建民：《吴汝纶赴日本考察与中国学制近代化》，载《档案与史学》1995 年第 5 期；檀赵金：《吴汝纶考察日本学制史料》，载《历史档案》1993 年第 1 期。

③ 《清史稿·荣庆传》。

被贬谪的维新分子,侵害了相关部门的权力,而京师大学堂短期内又办理不见成效,于是"谤焰乃集于百熙一身,劾者纷起"①,张百熙受到政务处和荣禄、鹿传霖、瞿鸿禨等重臣的抨击。据说,张百熙曾拟定两个稿本,"一详而得教育之方法,一略而合中国之时趋。政府意在略者"②。但"壬寅"学制颁布而未施行,根本原因还在于其自身并不完备,张之洞也曾对其多有质疑和意见,与张百熙电函往返商讨。

恰在此时,张之洞上奏的湖北办学情况和学堂办法被朝廷下发张百熙参考,张百熙"当即一律照改",并推许"张之洞为当今第一通晓学务之人","留心学务最早,办理学堂亦最认真,久为中外所推重,是该督二十余年之阅历,二十余年之讲求,于学堂一切利弊知之较悉,自与寻常不同"。③ 1903 年6 月,张百熙、荣庆奏请加派张之洞"会同商办京师大学堂事宜,将一切章程详加厘定"④。这个请求很快得到批准。于是,张之洞以其经验、阅历、地位成为"癸卯"学制制订的实际主持者。1903 年下半年,张之洞在北京组织专门的写作班子,张之洞出思想,陈毅、胡钧等人执笔,结合湖北经验,并多次到京师大学堂实地考察,与张百熙、荣庆、瞿鸿禨等反复商讨,"七易稿始成,奏上,御史史绍佐驳之,其词甚辩。付学务大臣议,复奏乃允行"⑤。"癸卯"学制的完备性、可操作性远过"壬寅"学制,既是对"壬寅"学制的继承、修订和完善,在一定意义上也是另起炉灶,"是一次新学制的重订"⑥。

1904 年1 月,清政府颁布并施行《奏定学堂章程》,包括《学务纲要》《蒙养院及家庭教育法》《初等小学堂章程》《高等小学堂章程》《中学堂章程》《高等学堂章程》《大学堂附通儒院章程》《初级师范学堂章程》《优级师范学堂章程》《实业学堂通则》《初等农工商实业学堂章程》《中等农工

---

① 《清史稿·选举志》。
② 上海图书馆编:《汪康年师友书札》(第 2 册),上海古籍出版社 1986 年版,第 1789 页。
③ 张百熙、荣庆:《清派重层会商学务折》(1903 年 6 月 27 日),见朱有瓛主编:《中国近代学制史料》(第 2 辑上册),华东师范大学出版社 1987 年版,第 65 页。
④ 朱有瓛主编:《中国近代学制史料》(第 2 辑上册),华东师范大学出版社 1987 年版,第 71 页。
⑤ 罗惇曧:《京师大学堂成立记》,见朱有瓛主编:《中国近代学制史料》(第 2 辑上册),华东师范大学出版社 1987 年版,第 958 页。
⑥ 参见李细珠:《张之洞与清末新政研究》,上海书店出版社 2003 年版,第三章。

商实业学堂章程》《高等农工商实业学堂章程》《实业补习普通学堂章程》《艺徒学堂章程》《实业教员讲习所章程》《译学馆章程》《进士馆章程》《各学堂管理通则》《各学堂考试章程》《各学堂奖励章程》《任用教员章程》等22个规章,通常合称"癸卯"学制。

"癸卯"学制规定了完备的现代学校系统,纵向初、中、高等学校相互衔接,横向普通、师范、实业三类学堂相互联系。从纵向看,普通学堂分3段7级,第一阶段幼儿教育与初等教育设蒙养院(幼儿园)4年、初等小学堂5年、高等小学堂4年等三级,第二阶段中等教育仅设中学堂5年一级,第三阶段高等教育又分高等学堂或大学预科3年、分科大学3—4年、通儒院(相当于研究生院)5年等三级;师范教育主要设初级、优级师范学堂两级;实业教育主要设初等、中等、高等实业学堂三级。

(二)"癸卯"学制及《奏定学堂章程》的意义和局限

学制是教育制度的核心。"癸卯"学制的颁布及实施,标志着中国现代学制和现代教育制度的开端。"癸卯"学制和《奏定学堂章程》对于中国现代教育的意义,即其现代性主要在于以下方面。

首先,"癸卯"学制是中国第一个现代学制,它奠定了中国现代学制的基本格局与走向,它的颁布与实施是中国教育从传统走向现代的一次全面的制度性变革。

其次,"癸卯"学制开启了中国现代学制的单轨制传统,奠定了中国现代学制公平性的基石。"癸卯"学制是倾向于单轨制的中间型学制,普通教育、师范教育、实业教育三个系统及其各级学校之间保持着相当的贯通性,除高等实业学堂毕业生外,其余均可通过一定渠道升入大学。① 而高

---

① 《奏定大学堂章程》规定:"设大学堂,令高等学堂毕业生入焉","各分科大学,应以高等学堂、大学预科毕业生升入肄业";《奏定高等学堂章程》规定:"高等学堂,应考选中学堂毕业生升入肄业;其有未得过中学堂毕业凭照而其学力实合中学堂程度者,如考验合格,亦准入学"。同时,《奏定实业学堂通则》规定:"高等实业学堂程度视高等学堂,中等实业学堂程度视中学堂,初等实业学堂程度视高等小学堂";《奏定初级师范学堂章程》规定:"初级师范生义务年限既毕后,如有愿入优级师范及高等学者听";《奏定优级师范学堂章程》规定:"优级师范生义务年限既毕后,如有愿入大学堂肄习专门者听"。(陈元晖主编,璩鑫圭等编:《中国近代教育史资料汇编·学制演变》,上海教育出版社1991年版,第339、385、337、473、413、426页)

等实业学堂修业年限为 4—5 年,比高等学堂长 1—2 年,相当于大学一二年级水平,并且"在高等各实业学堂毕业后,尚欲专攻其已习之学业者,可特设专攻科,使精究之"①。这不同于欧洲学制的双轨制传统,没有再经历由双轨制向单轨制过渡的过程。

再次,严格来讲,"癸卯"学制并不等于《奏定学堂章程》。《奏定学堂章程》在规定了"癸卯"学制的同时,其 22 个规章又构成了比较完备的现代学校法规体系。它既包括具有教育基本法性质的《学务纲要》,又包括各级各类学校法规,还包括教师任用、学堂管理等专门性法规;既规定了教育指导思想等宏观问题,又规定了各级各类学校的课程设置等中观问题,还规定了教材、教学方法、教学组织形式等微观问题。

最后,"癸卯"学制和《奏定学堂章程》奠定了中国现代教育的义务教育、国民教育和全面发展教育的制度基础。初等小学堂"以启其人生应有之知识,立其明伦爱国家之根基,并调护儿童身体,令其发育为宗旨";高等小学堂"以培养国民之善性,扩充国民之知识,强壮国民之气体为宗旨"。② 所有学校均应"于智育体育外,尤重德育"③。

"癸卯"学制和《奏定学堂章程》既是中国教育早期现代化的一个重要环节,又是中国教育从传统走向现代的一个过渡阶段,其局限性、传统性也是非常鲜明的,这主要表现在:其一,在教育指导思想上以"中体西用"观为宗旨,"无论何等学堂均以忠孝为本,以中国经史之学为基"④;其二,在教育制度设计上,以"中西礼俗不同,不便设立女学堂及女师范学堂"⑤为由,完全排斥了女子教育;其三,在学校课程设置上,规定"中小学堂,宜注重读经,以存圣教",认为"外国学堂有宗教一门。中国之经书,即是中国

---

① 陈元晖主编,璩鑫圭等编:《中国近代教育史资料汇编·学制演变》,上海教育出版社 1991 年版,第467—468 页。

② 朱有瓛主编:《中国近代学制史料》(第 2 辑上册),华东师范大学出版社 1987 年版,第 174、189 页。

③ 张百熙等:《学务纲要》(1904 年 1 月 13 日),见朱有瓛主编:《中国近代学制史料》(第 2 辑上册),华东师范大学出版社 1987 年版,第 80 页。

④ 张百熙等:《重订学堂章程折》(1904 年 1 月 13 日),朱有瓛主编:《中国近代学制史料》(第 2 辑上册),华东师范大学出版社 1987 年版,第 78 页。

⑤ 张百熙等:《学务纲要》(1904 年 1 月 13 日),见朱有瓛主编:《中国近代学制史料》(第 2 辑上册),华东师范大学出版社 1987 年版,第 82 页。

之宗教。"初小、高小、中学堂的读经讲经、修身等课的课时分别超过总课时的 40%、30% 和 20%。①

单从学制的内在合理性来看，"癸卯"学制也存在着比较突出的问题。

一则，修业年限偏长，影响了教育的效率、效益和普及。"癸卯"学制从小学入学到大学毕业需 20—21 年，长于当时的日本学制和欧美学制。这是由于它以"中体西用"为指导思想，既要竭力保存中国传统文化，又要努力学习西方现代科技知识，课程偏多偏难，从子曰诗云到声光化电，从古文外语到体操音乐，面面俱到；同时，在向现代学制转型过程中，为了扩大学堂的合格生源，拓展士子的就学门路，不得不详细划分学级，广设预科，使得课程内容重复，"高小末二年与中学初二年复，中学后段又与高等复"②，修业年限也相应延长。

二则，学校类型设计比较单一，同级同类学校可供选择的形式较少，学制的统一性较强、灵活性不足，难以适应区域间经济社会发展的不均衡和受教育者需求的差异。"壬寅"学制事属初创，草率简略、形式单一在所难免。"癸卯"学制经过修订，大为改观，师范学校和实业学校的层级、类型都趋多样，只是普通教育系统依然流于僵化，且多有反复。这尤其体现在初等小学堂上面。其始，初小设完全科、简易科两类，课程虽有繁简，但修业年限均为 5 年。为了普及教育，1909 年 5 月 15 日，学部奏请将初小分为 5 年制、4 年制和 3 年制三类，③但仅隔一年多，又奏称："欲养成明伦爱国、遐迩一致之民风，必须有因时制宜、整齐划一之学制"，故"折中定制，一律以四年为毕业期限"。④

三则，"癸卯"学制和《奏定学堂章程》在规定现代教育的公共属性和国家权力的同时，奠定了中国现代教育行政体制的中央集权传统，中央集

---

① 张百熙等：《学务纲要》(1904 年 1 月 13 日)，见朱有瓛主编：《中国近代学制史料》(第 2 辑上册)，华东师范大学出版社 1987 年版，第 83 页。
② 陆费逵：《民国普通学制议》(1912 年 1 月)，见陈元晖主编，璩鑫圭等编：《中国近代教育史资料汇编·学制演变》，上海教育出版社 1991 年版，第 620 页。
③ 学部：《奏请变通初等小学堂章程折》(1909 年 5 月 15 日)，见陈学恂主编：《中国近代教育史教学参考资料》(上册)，人民教育出版社 1986 年版，第 746—749 页。
④ 学部：《奏改订两等小学堂课程折》(1910 年 12 月 30 日)，见陈学恂主编：《中国近代教育史教学参考资料》(上册)，人民教育出版社 1986 年版，第 767 页。

权过多过细,地方分权严重不足,政府办学权大责轻,社会力量办学责权失衡。它不仅打破了中国传统的教育行政体制与教育权力格局,也改变了洋务运动和维新运动时期地方政府与社会力量作为兴办现代学校主体的地位,也不同于美国教育的地方分权主义以及教育公共属性与市场调节相结合的状况。这既与中国大一统的君主专制传统相关,又受到政府主导型的现代化模式和当时日本教育行政体制的影响,还与新政改革和预备立宪期间满汉官僚集团之间、中央与地方政府之间的权力博弈直接相联系。

（三）围绕普及教育为中心的学制补充调整

预备立宪时期,清政府围绕普及教育为中心进行了学制的补充和调整。

其一,1907 年 3 月,颁布实施《女子小学堂章程》和《女子师范学堂章程》,确立了女子教育在现代学制中的地位。[①]

其二,改革初等小学堂的类型、修业年限和课程,设立平民补习学堂、简易识字学塾。1909 年 5 月,除原来的 5 年制初小外,又增设 4 年制、3 年制两种小学简易科。5 年制初小的课程由原来的 8 科减为 5 科,并降低难度;4 年制、3 年制小学简易科仅设修身读经、中国文学、算术、体操（仅城镇初小开设）4 门必修课。1910 年 12 月,再将初小统一为 4 年制,每天上课时间一二年级 4 小时、三四年级 5 小时。[②] 1906 年 1 月,规定设立半日学堂、平民补习学堂。1910 年 1 月,颁布实施《简易识字学塾章程》,规定修业年限 1—3 年,每天上课 2—3 小时,招收对象为"贫寒无力入学之子弟及年长失学之人","一律不收学费"。[③] 至 1911 年,直隶有简易识字学塾4160 所、学生 69405 人,四川有 2596 所、47711 人,湖北、浙江分别有 1000余所,山东、广东、福建、湖南、陕西分别有 500 余所。同时,编印《国民必读课本》《简易识字课本》等,用于扫盲教育,发行量达几十万册。

---

① 参见陈晓芳:《1980 年以来的中国近代女子教育研究综述》,载《安徽广播电视大学学报》2007 年第 1 期;阎广芬:《西方女学的传入与中国近代女子教育》,载《教育研究》2000 年第 4 期。

② 学部:《奏请变通初等小学堂章程折》（1909 年 5 月 15 日）、《奏改订两等小学堂课程折》（1910 年12 月 30 日）,见陈学恂主编:《中国近代教育史教学参考资料》（上册）,人民教育出版社 1986 年版,第 747—748、767 页。

③ 陈学恂主编:《中国近代教育史教学参考资料》（上册）,人民教育出版社 1986 年版,第 752 页。

其三,改良私塾教育。从 1907 年开始,学部派人在北京城分学区设立"私塾改良讲习所",轮训私塾教师,补习国文、算术、体操知识和新式教学方法与技能,定期举行教学观摩竞赛,定期检查评估,凡参照简易小学办学、教学的私塾,评定等级,分别给予经费奖励补助。[1] 1910 年,颁布实施《改良学塾章程》。中国现代学校产生和现代教育制度建立以后,私塾教育因其非制度化、低成本、简便弹性、适合民族文化需求等特点,仍在相当长时期内广泛地存在着,不仅承担着普及教育的使命,更是民间尤其是穷乡僻壤传承中华文化命脉的重要途径。自清末至民国再至新中国成立以后,曾经多次大规模地改革、改良私塾,试图将其纳入现代学校系统,但对私塾的内在合理内核及其对于中华文化传承的作用、对于中国现代学校教育的借鉴意义等,几乎不屑一顾,反而一味将其作为落后、改造与取缔的对象。甚至在中国教育史的论述与研究中,对于清末以后私塾仍然长期广泛存在的这个事实,也几乎不提。

其四,中学堂分设文科、理科。1909 年 5 月学部规定,中学堂分文、实(相当于理科而非职业科。笔者注)两科,文科的主课为读经讲经、中国文学、外国语、历史、地理,实科的主课为外国语、算学、物理化学、博物。[2] 其目的一是减轻学生学业负担,二是避免学生在原有 12 门课程中平均用力,加强专业基础,为升入分科大学做准备。1911 年 12 月,又修订、完善了文理科课程计划。这是中国中学分科之始,见仁见智,历经反复,迄今未已。

其五,开始发展现代意义的蒙藏教育。清政府一向重视处理与蒙、藏等少数民族的关系,在新政改革和预备立宪时期也将发展现代意义的蒙藏教育等少数民族教育纳入教育事业的总体规划。尤其在内蒙古及其周边地方,1902 年以后曾出现了"蒙旗兴学"热潮,代表学校有喀喇沁右旗三学(崇正学堂、毓正女学堂、守正武备学堂)、科尔沁左翼三旗蒙汉小学堂、沈阳蒙文学堂、喀尔喀部蒙古小学堂、科布多地区蒙文小学堂、青海蒙番学堂以及黑龙江满蒙师范学堂、乌里雅苏台初级师范学校等,并曾聘请日本教

---

[1] 学部:《奏京师试办私塾改良办法情形折》(1910 年 2 月 7 日),见陈学恂主编:《中国近代教育史教学参考资料》(上册),人民教育出版社 1986 年版,第 754—755 页。

[2] 学部:《变通中学堂课程分为文科实科折》(1909 年 5 月 15 日),见陈学恂主编:《中国近代教育史教学参考资料》(上册),人民教育出版社 1986 年版,第 750 页。

习,派遣赴日留学生。在北京,1907 年 5 月学部奏设满蒙文高等学堂并附设藏文科,1909 年 1 月蒙藩王公设立殖边学堂,内设蒙部、卫藏两科,"三年毕业,养成蒙藏专门人才"。

其六,设立存古学堂和贵胄学堂。1907 年 7 月,张之洞上《创立存古学堂折》,建议在全国设立存古学堂,"存国粹而息乱源"。8 月,湖北存古学堂开学。此后,江苏、河南、湖南、安徽、广东、福建、四川、甘肃等省也先后设立。清政府颁布《存古学堂章程》,规定其目标是培养师范学堂、中学堂的读经讲经、国文、历史课师资和文科大学"经学"专业的生源。但从一开始,各地及学部内部对于设立存古学堂的态度就不一致,1911 年辛亥革命后,存古学堂几乎悉数停办。1906 年 1 月,清政府还在北京筹办陆军贵胄学堂,专门招收满蒙贵族子弟,培养皇家青年军官,这是与预备立宪时期满汉官僚集团权力斗争、满族贵族维护权力与利益,以及当时民族主义的兴起与冲突相联系的。

由上可见,清末预备立宪时期学制的补充与调整,是围绕普及教育这个中心来进行的,同时兼顾提高教育质量、满足特定群体需要以及调和中学、西学的关系。

(四)促进义务教育为目标的教育事业发展

清朝覆灭前的最后五六年,学校数量和在校生规模增长较快,教育法规、教育行政体制、教育经费体制、教育调查统计与教育督导、教科书编印发行、官话(类似于后来的国音)推广等教育事业取得较大成效。特别是教育事业的发展与预备立宪运动的互因互动,再次证明了中国教育现代化的中央政府主导模式和中国现代教育事业发展的政治驱动模式。

1906 年 9 月 1 日,清政府颁布"预备仿行立宪"上谕,宣布将广兴教育与议定官制、厘定法律、清厘财政、整顿武备、普设巡警等一道作为预备立宪的基础,然后根据"进步之迟速",几年后再"妥议立宪实行期限"[①]。1908 年 10 月,清政府要求官制改革以后的学部等各部门,根据各自职能分别制订预备立宪事宜的 9 年规划。1909 年 4 月 18 日,学部将制订的分年规划上奏,称

---

① 陈学恂主编:《中国近代教育史教学参考资料》(上册),人民教育出版社 1986 年版,第 738 页。

"教育一事,关系立宪至为重要","普通教育实能普及,然后国民之知识道德日进,国民程度因之日高,庶几地方自治、选举议员各事,乃能推行尽利"。规划的目标是到1916年"试行强迫教育章程"。[①] 1910年11月,清政府在形势逼迫下,将以开设议会为标志的实行立宪时间由原来的1916年提前至1913年,原来的9年规划也改为5年规划。12月,学部上《奏复陈普及教育最要次要办法折》,将"拟订试办义务教育章程"列为最要工作之一。[②] 甚至,宪政编查馆、资政院等预备立宪主管部门,将普及义务教育作为教育事业的重中之重,急躁冒进,要求人民识字率1912年达到5%,而学部作为教育行政部门深知此中不易,采取了相对稳妥的态度。

到1909年,全国共有各级各类学堂52000多所,在校生规模160余万人,并以直隶、四川、河南、山东、湖北等省尤为突出,仅直隶就有学堂4160所、学生69405人。

表 3-1　　　　1909 年全国(不含京师)学校数和在校学生规模

学校类别			校数	学生数	学校类别		校数	学生数	学校类别		校数	学生数
初等小学堂			44558	1170852	高等学堂		21	3387	工业实业学堂	初等	47	2558
两等小学堂			3487	199018	大学堂		2	549		中等	10	1141
高等小学堂			2038	111519	专门学堂	文科	17	1983		高等	7	1136
中　学　堂			438	38881		理科	3	211	商业实业学堂	初等	17	751
师范学堂	初级	完全科	91	8358		法科	46	11688		中等	10	973
		简易科	112	7195		医科	8	336		高等	1	24
	优级	完全科	8	1504		艺术	7	485	实业预科		67	4038
		选科	14	3154	农业实业学堂	初等	59	2272	其他类	蒙养院	92	2662
		专修科	8	691		中等	31	3226		半日校	966	25251
	传习所讲习所		182	7670		高等	5	530		女学堂	298	13489

资料来源:孙培青主编:《中国教育史(第三版)》,华东师范大学出版社 2009年版,第 351 页。

---

① 陈学恂主编:《中国近代教育史教学参考资料》(上册),人民教育出版社 1986 年版,第 742、745 页。
② 陈学恂主编:《中国近代教育史教学参考资料》(上册),人民教育出版社 1986 年版,第 766 页。

由上表可以看出：

首先，教育事业的主要目标是普及义务教育，教育工作的重中之重在于初等教育尤其是初等小学堂。1909 年，全国共有初等小学堂 44558 所、在校生规模 1170852 人，初小与高小合设的两等小学堂 3487 所、在校生规模 199018 人，两类合计，分别占到全国各级各类学校总数和在校生总规模的 92% 和 86%。

其次，高等教育有了初步的发展，而中学教育是各级教育中相对薄弱的一环。1909 年，全国共有大学堂、分科大学堂、高等学堂三类高等学校104 所、在校生规模 18639 人，但同期中学堂仅有 438 所、在校生规模 38881人。中国传统教育中只有"小学""大学"之分，而没有"中学"概念。中国现代教育开端以来，也因普及教育而发展小学教育，因培养专门人才而发展高等教育，而中学教育相对薄弱且发展滞后。这是中国现代教育事业发展中的一个基本特点，也是中国现代教育开始以后直至 20 世纪末期持续近百年的一个基本现象，曾被形象地称为"铜头铁脚豆腐腰"。这种情况，直到 20 世纪 90 年代中后期，随着逐步普及和巩固九年制义务教育以及开始普及高中阶段教育才得以改变。

再次，学龄人口入学率整体还很低，学校在校生规模也普遍偏小。据统计，1909 年中国人口的千人入学率仅为 3.7 人，不仅远远落后于美国的203 人、日本的 112 人，而且不及墨西哥的 55 人、智利的 56 人。[1] 另据研究，"清代中国的识字率大致在 30% 到最低数的 5% 之间"[2]，若以 1820 年的 4.01 亿人口测算[3]，即使剔除其高估部分，当时多数人的扫盲、识字也不是依靠学校教育的普及来完成的，而主要靠的是私塾等传统教育机构。同时，1909 年时各级学校的平均在校生规模分别为初小 30 人、高小 50 人、中学 90 人、高等学校 170 人左右，远未达到规模，若再按年级、专业分布，规模更小，给教学与教学管理造成很大困难。因此，则不难理解当时小学教

---

[1]　章开沅等主编：《比较中的审视：中国早期现代化研究》，浙江人民出版社 1993 年版，第 552 页。

[2]　〔美〕吉尔伯特·罗兹曼主编：《中国的现代化》，"比较现代化"课题组译，江苏人民出版社 1995 年版，第 283 页。

[3]　路遇、滕泽之：《中国分省区历史人口考》（下册），山东人民出版社 2006 年版，末附"中国分省区历史人口数量总表"。

学法研讨、培训的重点之一就是单级教授法、复式教学法等。

最后，与上述相联系，当时虽然对师范教育采取了优先发展的战略，小学师资仍然严重短缺，1909 年以培养小学师资为主的初级师范学堂、师范传习所在校生总计才 23223 人，与小学堂在校生之比为 1∶64；而以培养中学师资为主的优级师范学堂在校生为 5349 人，与中学堂在校生之比为1∶7。

总之，既要看到清朝覆灭前最后几年，现代学校的快速、大量增长，又要正视当时私塾等传统教育机构仍大量存在、并发挥着重要作用的事实。统计显示的现代学校，不仅数字可能存在高估虚报，而且一些学校正如当时的视学报告中所充斥的记录："有名无实，不足言学"，"实皆高讲《杂字本》《百家姓》，与冬烘先生无异"，"黑板皆无"，"在州县既以此敷衍上宪，在各村亦以此敷衍州县"。① 这既有弄虚作假、形式主义、应付上级检查等原因，也是新旧教育转换阶段的一个必然现象。至于这些学校不能适应农村、农民的生产生活需求和教育需求，则更是一个深层和长久的问题。1927 年 3 月毛泽东在《湖南农民运动考察报告》中仍说："乡村小学校的教材，完全说些城里的东西，不合农村的需要。小学教师对待农民的态度又非常之不好，不但不是农民的帮助者，反而变成了农民所讨厌的人。故农民宁欢迎私塾（他们叫'汉学'），不欢迎学校（他们叫'洋学'），宁欢迎私塾老师，不欢迎小学教员。"②

---

① 朱有瓛主编：《中国近代学制史料》（第 2 辑上册），华东师范大学出版社 1987 年版，第 274—275 页。
② 《毛泽东选集》（第 1 卷），人民出版社 1991 年版，第 40 页。

第四章　救国:维新教育家康有为(下)

　　维新教育家康有为的教育思想和活动,涉及社会、女子、实业、留学、华侨、学前、师范、军事等各类教育,但有的语焉不详,如师范教育;有的语焉较详而影响较小,如学前教育;有的语焉虽详,却未能超越时人且属纸上谈兵,如军事教育。其思想或活动比较丰富且独具特色者,大率在前五个方面。康有为无论是基于教化、保教、维新的社会教育观,"众生平等"的女子教育观,"物质救国"的实业教育观,还是"仿洋改制"的留学教育观,"保教保皇"的华侨教育观,一以维新救国为旨归。

第一节　社会教育:教化、保教、维新

一、社会教育目的观

　　广义的社会教育是指一切社会活动对于个体身心发展的影响,狭义的社会教育则指学校教育之外的各种教育活动,与

学校教育相辅相成。维新教育家康有为无论作为政治改革者,还是作为思想启蒙者,都希望支持自己的人越多越好、反对自己的人越少越好,非常重视组织和发动社会力量。他又具有"天既强使之为先觉以任斯民"[1]的强烈意志,总以觉醒和领袖世人为己任。他不仅创办万木草堂、上书光绪帝,而且积极组织学会,编印报刊,开展演讲,利用多种多样的形式制造舆论,鼓动风气,宣传思想,培植人才。可以说,维新运动时期是中国现代社会教育的萌芽期,而康有为的社会教育目的观在于教化、保教和维新三方面。

首先,康有为继承了传统的"教化"思想并在新的时代背景中予以凸显。

中国自古就有重视教化、重视社会教育的传统,中国传统教育甚至可谓是一种"教化型"体制。中国历代统治哲学的主流是王霸杂用、外儒内法、德主刑辅,宣扬"建国君民,教学为先","化民成俗,其必由学",[2]将教在刑先、广施教化、防患未然作为牧民治术之一,清政府也曾多次规定,地方官要按时派人到民间宣讲《圣谕广训》等,只不过多成具文。直至清末,随着普及教育思潮的兴起和现代工商业发展的要求,1908年清政府颁布实施《简易识字学塾计划》,一些地方还采取了设立工人半日学堂、农民耕余补习班、商业补习夜馆、女子传习所以及阅报处、阅览处等社会教育措施。民国成立后,教育部设社会教育司专门领导相关工作,这标志着社会教育正式纳入国民教育体系。清末民初的社会教育,以通俗教育和识字教育为主要内容,以普及知识和移风易俗为主要目的,带有明显的传统与现代之交的特点,一方面继承了传统的教化观并赋予时代意义,另一方面也反映了现代社会的新要求。康有为身处新旧交会之际,其社会教育观亦体现了这种特点。

康有为1885年所著的《教学通义·敷教》,可以视为其关于社会教育的最早系统表达。他提出,教育可以分为学校教育和社会教育两大类,学校教育称为"学",社会教育称为"教";学校教育以研究高深学问为目的,其教育对象是"士",社会教育以传播普通知识和道德规范为目的,其教育对象是"民";民多于士,故社会教育的范围大于学校教育,其重要性也大于学校教育,当时国家衰弱的重要原因就是社会教育的废弛。

---

① 康有为著,钟叔河等校点:《欧洲十一国游记二种》,岳麓书社1985年版,第57页。
② 《礼记·学记》。

学患不深详，教患不明浅；学患选之不精，教患推之不广。义皆相反，以学为教，安能行哉？……选举止及于士，敷教下逮于民。士之与民，其多寡可不待计也。而士大夫多轻视之，此所谓本末舛决，目不见丘山者也。乱国之政不务本，亡国之政不务实，其以此夫！①

并且，他初步设想了推进社会教育的举措，包括教材编写、教官设置、管理体系、教育方式、奖惩办法等。

今为敷教之书，上采虞氏之五伦，下采成周之六德、六行，纯取经文切于民质日用，兼取鬼神祸福之根，分门列目，合为一经，详加注释，务取显明。别取儒先史传之嘉言懿行为之传以辅之。以诸生改隶书院，以教官专领敷教事，学政领之，统于礼部。每州县教官分领讲生，隶之义学，以敷教讲经为事，以《大清通礼》《律例》《圣谕》之切于民者，以幼稚书数之通于世事者辅之。常教则为童蒙。朔望五日敷宣，则男女老孺咸集，朔望大会益盛，其仪其义简而勿繁，浅而勿深，务使愚稚咸能通晓，推行日广，远方山谷，务使遍及，苗黎深阻，一体推行。……讲生开一善堂，于德行、道艺宜许之以彰瘅之事，以劝风化。其大者上之教官，转达学政，有所奖罚……②

其次，康有为面对西方的宗教渗透、文化侵略，为社会教育注入了"保教"的时代内涵。

这是其社会教育目的观的文化诱因和独具特色之处。他认为，正是由于中国社会教育的废弛，才使得孔教衰微，基督教乘虚而入，因此必须加强社会教育以奋起卫道。

滇、粤之间，百里无一蒙馆，以巫为祭酒，为其能识字也，故耶稣教

---

① 康有为：《教学通义·敷教第二十八》（1885 年），见姜义华、张荣华编校：《康有为全集》（第 1 集），中国人民大学出版社 2007 年版，第 53 页。
② 康有为：《教学通义·敷教第二十八》（1885 年），见姜义华、张荣华编校：《康有为全集》（第 1 集），中国人民大学出版社 2007 年版，第 53—54 页。

得惑之。今遍滇、黔、粤间皆异教,以民无教化故也。①

再次,康有为一以贯之地将社会教育作为维新救国的重要途径。

维新运动中,康有为组织学会,创办报刊,都是为了宣传和推动维新变法。《上海强学会章程》宣明该会的宗旨:

> 本会专为中国自强而立。以中国之弱,由于学之不讲,教之未修,故政法不举。今者鉴万国强盛弱亡之故,以求中国自强之学。……广见闻而开风气,上以广先圣孔子之教,下以成国家有用之才。②

《强学报》也曾刊登"告白",自称本报"专以发明强学之意为主"③。《保国会章程》中更说:"本会同志讲求保国、保种、保教之事,以为论议宗旨。"④这从他创办的报纸中尤可清晰地看出来。1895 年 8 月康有为创办《万国公报》(从第 46 期更名《中外纪闻》),每期登载论文一篇,长篇则分期连载。撰文未署名,可能出于梁启超、麦孟华之手,重要者有《地球万国说》《地球万国兵制》《通商情形考》《万国矿务考》《万国邮局章程价值考》《各国学校考》《学校说》《铁路情形考》《铁路通商说》《铁路改漕说》《铁路备荒说》《铁路便利行旅说》《铁路兴屯垦说》《铁路工程说略》《佃渔养民说》《农学略说》《农器说略》《铸银说》《西国兵制考》《印俄工艺兴新富国说》《报馆考略》等,这些文章基本上是在宣扬康有为《公车上书》中的变法主张。1896 年 1 月,康有为又创办《强学报》,虽然发行几天即被查禁,可仍发表了《开设报馆议》《孔子纪年说》《毁淫祠以尊孔子议》《变法当知本源说》等文章,公然宣扬托古改制。论文亦未署名,但寻文绎意,知其出于康有为或康门弟子之手。

---

① 康有为:《教学通义·敷教第二十八》(1885 年),见姜义华、张荣华编校:《康有为全集》(第 1 集),中国人民大学出版社 2007 年版,第 53 页。
② 康有为:《上海强学会章程》(1895 年 11 月),见姜义华、张荣华编校:《康有为全集》(第 2 集),中国人民大学出版社 2007 年版,第 93 页。
③ 转引自汤志钧:《戊戌变法史》,人民出版社 1984 年版,第 154 页。
④ 康有为:《保国会章程》(1898 年 4 月 17 日),见姜义华、张荣华编校:《康有为全集》(第 4 集),中国人民大学出版社 2007 年版,第 54 页。

维新运动失败后，康有为又组织过保皇会和孔教会，创办过《清议报》和《不忍》杂志等，以为保皇立宪、虚君共和之张目。其中，保皇会已经不单是学会、协会之类的社会教育组织，已经由"会"到"党"，带有近代政党的雏形了。虽然维新的思想主旨和基调不变，但时势、内容、对象乃至价值已与以前大相径庭。

同时，康有为还设想通过社会教育来促进现代工商业的发展和科学技术的进步。科学技术虽非其所长，他依然提出过一些在当时颇有见解的主张，尤其在《上清帝第四书》中建议普遍设立各种学会，学会或为学术团体，或为行业协会，或为非政府组织，以期提高学界、行业乃至社会的组织力。

> 外国凡讲一学，必集众力以成之，固为集思广益，观善相摩，亦以购书、购器，动费巨万，非众擎则不举。故考天文则有天文之会，凡言天文者皆聚焉……考地理则有地理之会，凡言地理者皆聚焉。……其他言矿学有矿学之会，言农学有农学之会，言商学有商学之会，言史学有史学之会。……故举国风从。学业之精，制造之新，实由于此。①

二、社会教育形式观

康有为教育观的现实取向是一种大教育观，他在教育政策建议方面是发展现代学校、建立三级学校体系、构建现代学校教育制度，而他本人除了创建万木草堂之外，主要是通过组织学会、创办报刊来开展社会教育活动，并另设想和开展了演讲、译书、图书馆、博物馆、展览会等社会教育形式，从而与他人一道推动这些事业在维新运动时期进入发轫期或出现了第一次高潮期。

其一是学会。

康有为所谓的学会主要不是学术共同体，而主要是政治团体，或者在

---

① 康有为：《上清帝第四书》（1895 年 6 月 30 日），见姜义华、张荣华编校：《康有为全集》（第 2 集），中国人民大学出版社 2007 年版，第 84—85 页。

工农商领域兼有行业协会性质,即通过组织学会联络同志、传播思想、培育组织。他在《上海强学会序》中尚以学术相标榜。

> 挽世变在人才,成人才在学术,讲学术在合群,累合什百之群,不如累合千万之群,其成就尤速,转移尤巨也。①

在《保国会序》中便凸显政治色彩。

> 我士我大夫,乃欲超阱越坑,登岸出门,弃彼漏舟,舍兹覆屋,独力孤掌,又安能哉,……昧昧我思之,惟有合群以救之……②

在《保救大清皇帝公司序例》中则政党雏形显露无遗,简直要搞成一个"全民党"。

> 凡我四万万同胞,有忠君爱国救种之心者,皆为公司中同志。……凡我同志,必以多通信,多寄相,多聚谈,然后血脉通而气体盛。③

在《孔教会序二》中更延续了这种理念。

> 吾国人,本皆覆帱于孔教之中,不待立会,犹吾国人人皆为中国民,不待注籍也。……守死善道之士,血气含识之伦,同扬泗水之波澜,共奏壁中之丝竹……④

---

① 康有为:《上海强学会序》(1895 年 11 月),见姜义华、张荣华编校:《康有为全集》(第 2 集),中国人民大学出版社 2007 年版,第 92 页。
② 康有为:《保国会序》(1898 年 4 月 17 日),见姜义华、张荣华编校:《康有为全集》(第 4 集),中国人民大学出版社 2007 年版,第 53 页。
③ 康有为:《保救大清皇帝公司序例》(1899 年 10 月),见姜义华、张荣华编校:《康有为全集》(第 5 集),中国人民大学出版社 2007 年版,第 152、154 页。
④ 康有为:《孔教会序》(1912 年 10 月 7 日),见姜义华、张荣华编校:《康有为全集》(第 9 集),中国人民大学出版社 2007 年版,第 346 页。

可见,康有为的确是将学会当作"政党嚆矢"①。1898 年,他在《上清帝第六书》中建议设立"社会局",专门管理有关事宜;②在光绪帝召见时,他又曾建议"推广社会,以开民智而激民气"③,他这里讲的"社会"亦即"学会"之意,现在通称为"社团"。

康有为所谓的学会,有时亦指科普组织、行业协会乃至兼有自治团体性质的学会。在《公车上书》中,他呼吁设立"农会""商会""茶学会"等以推动工商业发展,这些学会不仅实施社会教育,有的也负有行业管理职能。在《大同书》中,他设想未来理想世界设有"农会""商务考究会"等机构,专供农民和商人交流知识,切磋经验。

维新运动时期,在康有为等维新派的鼓动和影响下,打破了清代中前期以来的结社禁闭,全国成立了几十个学会,有的以政治为主,如南学会、保川会、保滇会等;有的以学术为主,如质学会、算学会、测量会、法律学会等;有的以改革社会陋习为主,如戒鸦片烟会、延年会等。进入 20 世纪,立宪派和革命派建立的许多政治组织依然沿用学会的名称,立宪派团体有群学会、科学会、岭南学会、算学研究会等,革命派团体有励志学会、知耻学社、兴学会、合肥学会等。可见,康有为在维新运动时期倡导的组织学会之风,实开近代中国政党之先河。

其二是报纸。

康有为既把报纸作为学会的催生剂,更将其作为学会的机关报和舆论阵地。组织北京强学会之前,他采纳了陈炽"以报先通其耳目而后可举会"的建议,首先办起《万国公报》。其后,上海强学会和桂林圣学会都将"刊布报纸"④列为首要工作之一,并且办得有声有色。《强学报》曾刊载《开设报馆议》一文,总结报纸的六大作用。

---

① 中国史学会编:《中国近代史资料丛刊·戊戌变法》(第 4 册),神州国光社 1953 年版,第 335 页。

② 黄明同等编:《康有为早期遗稿述评》,中山大学出版社 1988 年版,第 270 页。

③ 康有为:《我史》(1899 年 1 月),见姜义华、张荣华编校:《康有为全集》(第 5 集),中国人民大学出版社 2007 年版,第 94 页。

④ 康有为:《我史》(1899 年 1 月),见姜义华、张荣华编校:《康有为全集》(第 5 集),中国人民大学出版社 2007 年版,第 84 页。

一、士夫可通中外之故，识见日广，人才日练，是曰广人才；二、公卿耳目渐广，兵事敌情渐熟，不至大误，是曰保疆土；三、变法当顺人心，人人以为然，则令若流水，是曰助变法；四、士夫终日从公，余则酬酢，绝无暇日读书，有报则每日一张，各学皆有日日增长，是曰增学问；五、吏长上闻，不敢作奸，是曰除舞弊；六、小民疾苦，纤悉皆知，是曰达民隐。①

百日维新期间，康有为于7月17日代宋伯鲁拟《请将上海时务报改为官报折》上奏，再次强调报纸的作用。

大抵报馆愈多者其民愈智，其国愈富且强。……报馆之益，盖有四端：首列论说，指陈时事，常足以匡政府所不逮，备朝廷之采择，其善一也；胪陈各省利弊，民隐得以上达，其善二也；翻译万国近事，借鉴敌情，其善三也；或每日一出，或间日一出，或旬日一出，所载皆新政之事，其善四也。②

并请求将《时务报》改为官办，除按时进呈朝廷，政府官员和学堂学生也应一律订阅。

拟请明降谕旨，将上海《时务报》改为《时务官报》，……其中论说、翻译各件，仍照旧核实，无得瞻顾忌讳。每出报一本，皆先进呈御览，然后印行。仍请旨饬各督抚，通札所属文武实缺候补各员一律购阅。……其京官及各学堂诸生，亦皆须购阅，以增闻见。③

26日，光绪帝下谕批准这个奏请，并"派康有为督办其事"。31日，康有为再上《恭谢天恩条陈办报事宜折》及附片《请定中国报律片》，请求光绪帝

① 转引自汤志钧：《戊戌变法史》，人民出版社1984年版，第157—158页。
② 康有为：《请将上海时务报改为官报折》（1898年7月17日），见姜义华、张荣华编校：《康有为全集》（第4集），中国人民大学出版社2007年版，第331页。
③ 康有为：《请将上海时务报改为官报折》（1898年7月17日），见姜义华、张荣华编校：《康有为全集》（第4集），中国人民大学出版社2007年版，第332页。

进一步给予支持及制定有关法律法规，其适用范围应包括外国人在中国经营的报纸。

> 臣查西国律例中，皆有报律一门，可否由臣将其书译出？凡报单中所载，如何为不合例，酌采外国通行之法，参以中国情形，定为中国报律。……并由总理衙门照会各国公使、领事，凡洋人在租界内开设报馆者，皆当遵守此律令。①

《时务官报》虽然最终没有办成，但维新运动时期的报纸也像学会一样盛行各地，达二三十种之多，其后越办越多，到清末民初全国各地大小报纸无虑数百上千种，此衰彼兴，蔚为大观，中国近代之报刊新闻事业实肇源于此。尤其难能可贵的是，康有为在1898年就向皇帝提出制定类似新闻法的正式建议，用法律法规的形式规范、保障报刊新闻事业的健康发展。这是何等远见，他可能是倡议中国新闻法第一人。

其三是演讲。

康有为是一位天才的演说家，一生不知进行过多少次演讲，从中国讲到外国，从维新领袖讲成清朝遗老，凭借一条自诩的"广长舌"，既唤醒过很多人，也迷惑过很多人。在清末民初"天不怕、地不怕，就怕老广说官话"的时代，以粤语为母语的康有为，奔说四方，听者如潮，尤其在北方许多地方演讲时也"粉丝"众多，他的演讲入耳入心，既足见他的魅力，亦可推知其对演讲之重视，对于广东官话乃至国语，可能都下过一番苦功夫。

组织保国会时，他将演讲作为学会的首要活动，在章程中专门制定了《会讲例》，洋洋19条，对演讲的内容、形式、程序等问题都做了详细规定，实开近代风气之先，甚至颇有点"罗伯特议事规则"和《民权初步》的味道。

会讲例

一、会中人数既多，谈话难合，外国开会，皆有演说，由众公举通中

---

① 康有为：《请定中国报律片》（1898年7月31日），见姜义华、张荣华编校：《康有为全集》（第4集），中国人民大学出版社2007年版，第343页。

外、博古今之才,立题宣讲,以便激发而免游谈。

二、公推通博之才,由大众公举,或投阄密举。

三、投阄者席前各置纸笔墨及一碗,听客书自己姓名及所举之人,汇齐置中间一案,一人开阄,一人宣读。

四、公举宣讲之人,当拟出数题宣讲。

五、拟题当关切保国、保教、保民、保种切近有益之事,不得旁及。

六、凡宣讲者,既为大众公推,可在中堂宣讲,以便听讲者四面环听,讲毕仍就旁坐。

七、每会可公推数人轮讲,每讲酌定钟数,以一时为度。

八、听讲者,东西北向三面环坐,其曾被举宣讲之人,讲毕复听讲者,亦就听讲之位。

九、讲时自一点钟起,至三点钟而止。

十、同会有欲问辩者,须待讲毕乃问,或分条写出。惟有意诘难,及琐碎无关大旨者,讲者可不答。

十一、辩问可同时二人并问,不得过二人以外。

十二、凡问辩者,起立乃问,问毕乃坐。其望远者,就席前问亦可。讲者起立听候,问者复坐乃坐,听者不起。

十三、讲毕,随意与同人谈论,及入茶室食茶点,去留皆听自便。

十四、宣讲者于讲时供茶。

十五、讲时客复到者,随意就坐,不必为礼,以省繁嚣,有事不待讲毕而先行者亦听。

十六、讲时会中听者不得谈论,致喧哗乱听。

十七、公推宣讲之人,以多者为先,次者留作第二次宣讲。

十八、讲时皆立书记人写所讲者,有答问者亦录之,汇登《时务报》,并将每会姓名皆登《时务报》,并译外国报以告天下。

十九、散讲及讲前随意谈论者不录。①

---

① 康有为:《保国会章程》(1898 年 4 月 17 日),见姜义华、张荣华编校:《康有为全集》(第 4 集),中国人民大学出版社 2007 年版,第 55—56 页。

其四是译书。

维新运动之前,康有为对资本主义的亲身感受除去香港、澳门就是租界,其西学知识的唯一来源只有当时的各种译著。他不仅大量购买和阅读各种译著,还曾让长女康同薇翻译日文书籍。

1895 年,康有为在《公车上书》中,呼吁"宜命使者译其农书","译外国制造之书","译外国商学之书"①。在《上清帝第三书》中他又重复了上述建议。在《上海强学会章程》中,他也将"译印图书"列为首要工作之一。他认为,随着西方的科技进步和知识发展,学科分类越来越细,连外国人都难以兼习并专,中国人就更加不易了。当时中国只有很少的专门人才,远远不能满足社会发展的需求,只有广泛地、大量地、系统地翻译外国著作,使更多的人有更多的机会学习西学,才能促进国家进步。于是,他视译书为传播西学的头等大事,并拟设立一所"译学堂"专门从事该项工作,从翻译外国报纸开始,分门别类地依次翻译各种西书。

> 讲求西学之法,以译书为第一义……欲令天下世人皆通西学,莫若译成中文之书,俾中国百万学人,人人能解,成才自众,然后可给国家之用。……今此各会先办译书,首译各国各报……然后及地图暨各种学术之书,随译随刊,并登日报,或分地,或分事,或分类,或编表,分之为散报,合之为宏篇,以资讲求而广闻见,并设译学堂,专任此事。②

由于强学会很快即遭查禁,译书设想自然落空,倒是其弟康广仁于 1897 年秋在上海创办的大同书局,可谓实现了哥哥的心愿。梁启超在《大同译书叙例》中直言,该局译书的目的就是为了推动维新变法。

> 及今不速译书,则所谓变法者尽成空言,而国家将不能收一法之效……本局首译各国变法之事,及将变未变之际一切情形之书,以备

---

① 康有为:《上清帝第二书》(1895 年 5 月 2 日),见姜义华、张荣华编校:《康有为全集》(第 2 集),中国人民大学出版社 2007 年版,第 39—40 页。

② 康有为:《上海强学会章程》(1895 年 11 月),见姜义华、张荣华编校:《康有为全集》(第 2 集),中国人民大学出版社 2007 年版,第 93 页。

今日取法。译学堂各种功课,以便诵读。译宪法书,以明立国之本。译章程书,以资办事之用。译商务书,以兴中国商学,挽回利权。大约所译,先此数类,自余各门,随时间译一二,种部繁多,无事枚举。①

1898 年 1 月,康有为在《上清帝第五书》中更称"变科举,广学校,译西书,以成人材"②,把翻译西书与变科举废八股、建立三级学校系统并列为人才培养的三大举措。2 月,他代御史陈其璋拟《请将译印各国图书颁给各学各馆片》上奏,请求将总理衙门所属同文馆翻译出版的图书,颁发给京师八旗官学和各省会馆,以期补充学校教育的不足,培养更多的西学人才。

> 侧闻总署译印各书,为数不少,皆士大夫所未得见者,虽准售卖,无从探索……臣愚以为,欲广人才之多所成就,则当广设学堂;虑学堂之难于遍开,则当广散书籍。③

同月,他又授意宋伯鲁上奏《总署官书局时务书请饬发翰林院片》,请求"选择时务切要各图书,颁布翰林院",以改变翰林们只知钻故纸堆的旧习。6 月初,他再先后代杨深秀和李盛铎拟《请筹款译书片》和《时务需才请开馆译书以宏造就折》上奏,请求设立专门机构,拨给专门经费,保证译书工作的开展。他认为,学校教授外语使学生掌握学习西学的工具,译书则既可以作为学校的教材,又可以使更多的人在短时间内了解西学,对开通在职官员的思想作用尤巨。

> 当今直省督抚,亦纷纷渐知立学堂矣。然学堂以何物教之,尚未计及也。学堂仅教诸生童幼习西国文字语言,五六年后始能通其文字;语言尚未通,其政学则又待之十年后矣。今世变甚急……及任官之士夫,尤今日所倚而用之者。乃无从得地球掌故物理、泰西政俗、经济农工商

---

① 转引自汤志钧:《戊戌变法史》,人民出版社 1984 年版,第 213 页。
② 康有为:《上清帝第五书》(1898 年 1 月初),见姜义华、张荣华编校:《康有为全集》(第 4 集),中国人民大学出版社 2007 年版,第 5 页。
③ 转引自胡绳武主编:《戊戌维新运动史论集》,湖南人民出版社 1983 年版,第 315 页。

矿各学而考求之。臣以为言学堂而不言译书，亦无从收变法之效也。①

百日维新失败后，康有为曾将维新运动中关于译书和留学的奏折合撰改编为《请广译日本书派游学折》，辑入《戊戌奏稿》，可谓反映了他此时期相关思想的发展。他认为，翻译西书的重点应在日本编著的"西学"书籍，日本新书层出不穷，仅凭官方机构难以大量翻译，应广泛调动社会上翻译者的积极性，可在京师设立译书局，每月公布待译著作目录，以免重复翻译，译者将译稿交该局审核后，可根据翻译水平奖励科举出身。

> 请在京师设译书局，妙选通人主之，听其延辟通学，专选日本政治书之佳者，先分科程并译之……虽然，日本新书无数，专恃官局，为人有几？又佳书日出，终不能尽译也，即令各省皆立译局，亦有限矣。……请下令，士人能译日本书者，皆大赉之。若童生译日本书一种五万字以上者，若试其学论通者，给附生；附生、增生译日本书三万字以上者试论通，皆给廪生；廪生则给贡生。凡诸生译日本书过十万字以上者，试其学论通者给举人。举人给进士，进士给翰林，庶官皆晋一秩。
>
> 应译之书，月由京师译书局分科布告书目，以省重复。其译成之书，皆呈于译书局，译局验其文可，乃发于各省学政，试可而给第。举人以上至庶官，则译局每月汇奏，而请旨考试给之。②

维新运动时期，中国的翻译出版事业进入第一次大发展时期。与此前数十年相比，这一时期翻译出版事业的大发展态势，不仅表现为译著的数量、销量激增，更表现为译著种类由宗教、科技、国情概览等，拓展至社会政治、行政管理、公共事业等，尤其是与维新变法相关者，阅读受众的数量大幅增加、覆盖面也大幅扩大，这种变化无疑是以维新启蒙为背景的。

---

① 康有为：《请译日本书片》（1898 年 6 月 1 日），见姜义华、张荣华编校：《康有为全集》（第 4 集），中国人民大学出版社 2007 年版，第 65 页。

② 康有为：《请广译日本书派游学折》（1898 年 6 月 1 日），见姜义华、张荣华编校：《康有为全集》（第 4 集），中国人民大学出版社 2007 年版，第 68 页。

其五是图书馆、博物馆和展览会。

康有为在《公车上书》中提出的"惠商"措施之一,就是设立"比较厂",即类似于现在的博览会,厂商在此展销产品,通过交流、竞争来促进产品改进和商业发展。他在《上清帝第三书》中重复了这个建议,在百日维新中的《条陈商务折》中又提出类似主张。组织上海强学会时,他又将"开大书藏"和"开博物院"列为学会的首要工作。"大书藏"就是现在的图书馆,他希望模仿西方公共图书馆,购藏实学和西学书籍,开放阅览,并代售图书,而不是沿用中国传统藏书楼的经史子集标榜版本、秘不外传的规则。

> 泰西通都大邑,必有大藏书楼,即中国图籍亦藏弄至多。今合中国四库图书购钞一分,而先搜其经世有用者,西人政教及各种学术图书,皆旁搜购采,以广考镜而备研求,其各省书局之书,皆存局代售。[①]

康有为认为,有的东西用文字即可表达明白,有的东西却要用图画才能描绘清楚,还有的东西不见实物不能知道究竟,西方科技产品正以实物为主。因此,必须设立博物馆来收集、收藏,供人参观学习,以期促进中国的科技进步。

> 文字明其义,有不能明者,非图谱不显;图谱明其体,有不能明者,非器物不显。……今创设此院,凡古今中外兵、农、工、商各种新器,如新式铁舰、轮车、水雷大器及各种电学、化学、光学、重学、天学、地学、物学、医学诸机器,各种矿质及动植种类,皆为备购,博揽兼收,以为益智集思之助。[②]

圣学会章程中也有"广购书器"的规定,其实质是上海强学会设立图书馆和博物馆的翻版,甚至连语言表述都相雷同。

1904 年,康有为撰写《物质救国论》,倡导实业教育,既包括学校教育

---

① 康有为:《上海强学会章程》(1895 年 11 月),见姜义华、张荣华编校:《康有为全集》(第 2 集),中国人民大学出版社 2007 年版,第 94 页。

② 康有为:《上海强学会章程》(1895 年 11 月),见姜义华、张荣华编校:《康有为全集》(第 2 集),中国人民大学出版社 2007 年版,第 94 页。

也包括社会教育。其中,社会教育措施就是开设博物院和型图馆。博物院和型图馆的性质类似,不过博物院摆放的是实物,型图馆摆放的是模型和图片。他主张,博物院应依托学校而建,并聘请"匠师"进行讲解,这样既便于学生实习,又便于社会参观者进一步研究,有的参观者可能因此受到启发,有所发明创造,从而起到学校教育所起不到的作用。

> 博物院之法,专采苏格兰制,即照苏格兰博物院各汽机与华盛顿专利院之新器,每事购其一具……器物毕具,则大地万器之新法,吾国人皆可一览而得之,乃延匠师于来游者,一一指导,其院即与学校同地,不独学生易于明解,即游客好工艺者……解物推悟,创制新法矣。……夫游欧、美者无几人,穷苦工人尤难远游,若有器物,遍在己国,则性近而有志或智敏者,一见即可心摹而力追之,如此则汽机必日出,且有不待学校之教者。①

1913 年 4 月,他又发表《保存中国名迹古器说》,再次呼吁各地建立博物馆和图书馆。不过,他此时的目的已经不是宣传西学和倡导实业教育,而是基于"孔教"思想背景保存中国文物古迹。中国现代意义的公共图书馆、博物馆和博览会正是发轫于维新运动时期。

第二节　女子教育:"众生平等"

一、基于"女性解放"的女子教育观

中国近现代女子教育,最初始于清末的教会女子学校。1844 年,英国女传教士阿尔德塞在宁波开办的女塾,是中国第一所教会女子学校。

---

① 康有为:《物质救国论》(1904 年),见姜义华、张荣华编校:《康有为全集》(第 8 集),中国人民大学出版社 2007 年版,第 96 页。

其后,公理会的裨治文夫人在上海设立女学,美以美会的麦利和夫人在福州设立太茂女学(后改为毓英女学院),美国圣公会也在上海设立文纪女校,等等。据统计,1844 年至 1860 年间,传教士共在宁波、福州、厦门、广州和上海 5 个通商口岸设立了 11 所女子普通学校。由于中西文化的差异,起初的教会学校大都惨淡经营,学校规模大都不成气候,加之中国男尊女卑的封建传统,教会女子学校的处境更加困难。但是,随着中国的开放,教会学校包括教会女子学校大大发展起来,逐步形成了包括普通教育、高等教育和社会教育的完整体系。至 1907 年,仅天主教会在江南地区就设立了 697 所女校,在校学生达 15300 人,而它同时期在该地区设立的男校仅为 675 所。民国以后,教会女子教育继续发展。20 世纪 20 年代早期,仅美国教会在江苏一省就设立了 22 所女校,在校学生达 2068 人。教会教育尤其在女子教育、高等教育以及医学、农学等专业教育领域,呈现出自己的特色和优势。在中国女子教育极不发达的情况下,教会女子学校填补了这片"蓝海"地带并起到了示范引领作用。

中国人自办的女子学校要晚约半个世纪才出现。19 世纪七八十年代开始,一些有识之士在建议学习西方建立学校制度之时,也注意到这些国家的男女有着同样的接受教育的机会,于是零星地发表了注重女学的言论。李善兰在 1873 年所写的《泰西学校论略序》中就曾说,"男固有学,而女亦有学"[1]。19 世纪 90 年代初,郑观应明确地提出设立女校的建议。他从传统典籍中寻找依据,托古喻今,证明女学"古已有之",并介绍西方国家女子教育的概况,女子不仅可以和男子一样进入学校接受教育,从学校毕业后也可以和男子一样为师为官。

> 泰西女学与男丁并重,人生八岁,无分男女,皆须入塾,训以读书、识字、算术等事,塾规与男塾略同。有学实学者,有学师道者,学成准在女塾教授女徒,有学仕学者,有入大学院肄业以广其闻见者。[2]

---

[1] 朱有瓛主编:《中国近代学制史料》(第 2 辑上册),华东师范大学出版社 1987 年版,第 2 页。
[2] 朱有瓛主编:《中国近代学制史料》(第 1 辑下册),华东师范大学出版社 1986 年版,第 866 页。

郑观应还指出，婴幼儿与母亲在一起的时间远远超过与父亲在一起的时间，母亲的抚育和教导对孩子的身心成长具有重要意义，女子只有接受教育才能更好地完成母亲的职责。他在《致居易斋主人论谈女学校书》中写道：

> 襁褓之婴，孩提之童，亲母之日多，亲父之日少，亲母之性多，亲父之性少。由六七岁有知识，以迄十二三岁，天性未漓，私欲未开，母教之如种花莳果，灌溉栽培，先养其根本。教子女亦然，凡衣服饮食、嬉戏、步趋，皆母得而引导焉、指授焉、勉励焉、节制焉。[①]

因此，他建议"通饬各省，广立女塾，使女子皆入塾读书"[②]。同时，他还尖锐批评了缠足陋习，请求政府明令禁止。

可以说，中国近代女子教育是与女性解放思想同步而兴的，而女性解放又是从"反缠足"运动开始的。维新运动时期，要求设立女学和"反缠足"的呼声更加响过之前。陈炽在《妇学》一文中建议："各省郡县之间，就近筹捐，广增女塾，分门别类，延聘女师。女子自四岁以上至十二岁为期，皆得就学。"[③]梁启超也亟亟以创设女学为务，用他那饱含激情的笔锋写道："吾推极天下积弱之本，则必自妇人不学始。"[④]从郑观应到陈炽、梁启超等，在倡办女学的同时都积极呼吁禁止女性缠足，这逐渐成为一种时代的呼声，渐成风气。《上海经正女学章程》中便规定：

> 缠足为中国妇女陋习，既已讲求学问，即宜互相劝改。惟创办之始，风气未开，兹暂拟有志来学者，无论已缠足未缠足，一律俱改。待数年以后，始划定界限，凡缠足者皆不收入学。[⑤]

---

① 中华全国妇女联合会妇女运动历史研究室编：《中国妇女运动历史资料（1840—1918）》，中国妇女出版社1991年版，第83页。

② 朱有瓛主编：《中国近代学制史料》（第1辑下册），华东师范大学出版社1986年版，第867页。

③ 陈炽：《庸书·外篇卷下》（1893年至1894年），见赵树贵、曾丽雅编：《陈炽集》，中华书局1997年版，第129页。

④ 朱有瓛主编：《中国近代学制史料》（第1辑下册），华东师范大学出版社1986年版，第869页。

⑤ 朱有瓛主编：《中国近代学制史料》（第1辑下册），华东师范大学出版社1986年版，第885页。

此后的女子学堂也往往有类似要求,规定只招收不缠足或已放足者。1907
年,清政府在颁布实施的《奏定女子小学堂章程》中,更将德智体全面发展
作为培养目标,称"女子小学堂以养成女子之德操与必须之知识技能并留
意使身体发育为宗旨",由此明令禁止女学生缠足,称"女子缠足最为残害
肢体,有乖体育之道,各学堂务一律禁除,力矫弊习"①。

康有为是当时最早反对缠足并付诸实行者之一。1883 年,他的长女
同薇不足 5 岁,已经到了缠足的年龄。康有为知道,家乡的女子无一不
缠足,假如谁不如此必然遭到舆论的攻击和乡邻的蔑视,长大之后嫁人
都困难。可他觉得,缠足"折骨伤筋,害人生理",是一种陋习恶俗,坚持
不为同薇缠足,以致惊世骇俗,受到族人的讥讽。此后,他又坚持不让次
女同璧及诸侄女缠足,并且联络同乡区谔良创办不缠足会。区谔良系同
治进士,曾任留美学生监督,游历过一些西方国家,与康有为在反对缠足
方面有着思想共通之处。他们起草章程,规定凡入会者都不得为家中女
性缠足,已缠足者不强迫放足,对自愿放足者,"同人贺而表彰之"。他
们创办的这个不缠足会"实为中国不裹足会之始"②。1895 年,康有为又
与弟弟康广仁在广州创办粤中不缠足会;1897 年,更将其推广至上海,
由康广仁和梁启超负责,规模更大,影响更广。他曾历数缠足的危害:

> (缠足)以国之政法论,则滥无辜以非刑;以家之慈恩论,则伤父
> 母之仁爱;以人之卫生论,则折骨无用之致疾;以兵之竞强论,则弱种
> 展转之谬传;以俗之美观论,则野蛮贻诮于邻国。是可忍也,孰不
> 可忍!③

百日维新期间,他上《万寿大庆乞复祖制行恩惠宽妇女裹足折》,请求光绪

---

① 朱有瓛主编:《中国近代学制史料》(第 2 辑下册),华东师范大学出版社 1989 年版,第 657—
658 页。
② 康有为:《我史》(1899 年 1 月),见姜义华、张荣华编校:《康有为全集》(第 5 集),中国人民大学出
版社 2007 年版,第 64 页。
③ 康有为:《请禁妇女裹足折》,见姜义华、张荣华编校:《康有为全集》(第 4 集),中国人民大学出版
社 2007 年版,第 382 页。

帝下谕劝导不缠足，很快便被采纳。他还向光绪帝进呈《日本变政考》，在该书中他集中论述了女子教育的意义，要求中国学习日本及欧美国家，普遍设立女子学堂。

> 泰西各国，无男女皆教，凡男女八岁不入学者，即罪其父母。其女学，则于闺范、教育、修身、女红诸学皆学焉。计国中男女读书识字、通图算者，百之九十八。……日本变法，亦重女学，女生徒至二百余万。女教习至千余员，女学校至千余所，其教法与西国略同。盖恐其民之多愚而寡智，故广为教育，使男女皆有用。中国以二百兆女子，曾无一学校以教之，则不学者居其半，是吾有民而弃之也；……且人生幼时，半借母教，其母不学，则自胎孕至总角，气质之禀赋，既关德行，俗陋之见闻，濡染尤易，是不徒弃此二万万之妇女，并二万万之男子而亦弃之矣。①

康有为也参与了筹建第一所中国人自办的女子学校。1897 年底，上海电报局总办经元善等人发起成立经正女学，次年 6 月正式开学，这是第一所中国人自办的女子学堂。1897 年 9 月，康有为携同薇由穗抵沪。此时的上海滩已经聚集了一批康门弟子骨干，康广仁正在创办大同译书局，刊印《孔子改制考》《春秋董氏学》《日本书目志》等宣传维新变法的重要理论书籍；梁启超正任《时务报》主笔；龙泽厚、麦孟华等人也在此间奔走联络，制造舆论。康广仁、梁启超与经元善同为经正女学的主要发起人，康有为“允为局外竭力匡赞”②。梁启超撰写了《创设女学堂启》，学堂经费通过不缠足会账房会计出纳，但须经三人共同签字后方可支领。不久，他听到德国侵占山东胶州湾的消息，便匆匆离沪赴京，可康同薇却留了下来，并多次参加经正女学筹备会议，成为康有为的代言人。

康有为不但不让女儿缠足，而且非常重视女儿的教育。这从他 1896 年由澳门寄给长女同薇的信中可见一斑。

---

① 黄明同等编：《康有为早期遗稿述评》，中山大学出版社 1988 年版，第 134—135 页。
② 朱有瓛主编：《中国近代学制史料》（第 1 辑下册），华东师范大学出版社 1986 年版，第 888 页。

汝现在仍以多读中书,学习中国文章,俾可充报馆主笔之才为最
要。……璧(指次女康同璧。笔者注)更以多读书为先,西文从缓也。
《时务报》可观,即学之。①

在他的精心培养下,长女同薇和次女同璧成为其进行维新变法活动的重要
助手。同薇通晓日语,曾为康有为翻译过不少日本书籍,这些书籍不但被
他辑为《日本书目志》一书,而且是他编撰《日本变政考》一书的史料来源。
《日本变政考》系康有为"托洋改制"思想的集中体现,是他上书光绪帝、鼓
动维新变法的纲领性文献。同璧则于 20 世纪初留学美国,是中国较早的
留美学生之一,曾兼充康有为的翻译,陪伴父亲游历欧美,考察政治;1902
年,她又尊父命"赴欧美演说国事,为提倡女权之先声"。临行前,康有为
赋诗十首赠别,其中有句云"女权新发轫,大事汝经营"②,可见期许之殷。
康同薇在经正女学筹备会议等,高言宏论,语惊四座,风头甚健。据
1897 年 12 月 1 日的会议记录载:

据提调沈女史函称:席散已晏,诸位太太小姐均不发议,允俟十三
大会各抒所见。惟康小姐文才敏捷,援笔立论,古人男女并重,其学为
人之道一也。是以诗首国风、礼繁内则、保师之教、宫庙之训,见诸经
义。古今之势不同,为学之道无异,惠班垂范千古,两宋自立一时,盖
所以能建树之故,非独词藻已也。我中国以圣教之宏深,山川之毓秀,
四百兆之人,二万里之地,女子半之,而未曾立学,故西人视为半教,良
有以也。西国则不然,女子六岁必入学,不,则罪其父母。教之之道,
自写、读、算、画、女范、天地、医艺无所不具,故明大义,能树立,此外国
男女所以平等也。日本新开塾,而女子生徒二百二十万三千五人,教
习一千八百六十人,女子工艺学校二百四十所,高等师范学校十数所。
而瑞典、挪威小国女子,百人之中不识字者一人耳。西人通商我华,所

---

① 康有为:《与同薇女书》(1896 年 11 月),见姜义华、张荣华编校:《康有为全集》(第 2 集),中国人
民大学出版社 2007 年版,第 125 页。
② 康有为:《康南海先生诗集》(1888 年至 1927 年),见姜义华、张荣华编校:《康有为全集》(第 12
集),中国人民大学出版社 2007 年版,第 230 页。

到之处多开女学,以辱吾国,以堂堂之中国无一女学堂,耻孰甚焉! 诸贤媛素蕴闺学,久著才名,力兴女学,他日者,弦歌雅化遍于中国,将颂诸贤媛等首善之功也。①

另据 12 月 6 日会议记录载:

> 十三日凡与集共百二十二人,座中博学妙才,首推南海康文佡(同薇字文佡。笔者注)小姐……②

再据 1935 年《东方杂志》所载褚季能的回忆文章《第一次自办女学堂》称:"在主人方面,最称活动的,便是康有为先生的女儿康同璧(此误,应为康同薇。笔者注)女士。"③

由以上记载可知,当时年仅 18 岁的康同薇的确学识不凡,俨然父亲的代言人,在一大堆夫人小姐中脱颖而出,卓然不群。1898 年,她在《知新报》发表《女学利弊说》一文,从思想到文风都酷肖其父。文章首先论述了女子和男子是平等的,女子和男子一样应该接受教育。

> 凡物无能外阴阳者矣,光有白黑,形有方圆,质有流凝,力有吸拒,数有奇偶,物有雌雄,人有男女,未有轩轾者也。形质不同,而为人道则一也。夫学者学为人所必需也,一饮一啄,一言一行……岂女子宁非人,固天生之戮尼而亲人弃体哉?④

其次又说,女子的受教育程度是一个国家文明程度的标志之一,并描述了西方国家发达的女子教育及其男女平等的社会现状。

> 学者也,固文教野蛮之所攸分也。……波斯、印度,耻其国之有女

---

① 朱有瓛主编:《中国近代学制史料》(第 1 辑下册),华东师范大学出版社 1986 年版,第 897 页。
② 朱有瓛主编:《中国近代学制史料》(第 1 辑下册),华东师范大学出版社 1986 年版,第 901 页。
③ 朱有瓛主编:《中国近代学制史料》(第 1 辑下册),华东师范大学出版社 1986 年版,第 908 页。
④ 朱有瓛主编:《中国近代学制史料》(第 1 辑下册),华东师范大学出版社 1986 年版,第 876 页。

也,不敢以示人;美利坚睹其女之多也,群喜而贺之。夫亦犹是人也,
而轻重若此,乃知男女之轩轾,良有所因,而国家之盛衰,亦非无故
也。……(欧美)其学校之制,凡男女八岁不入学者,罪其父母,幼学
所处,男女并同。及其长也,别为女学以教之。学分三等,循序而升,
高等师范,下及百艺,视其性近,乃入专门。……故美、法之女,有为皂
司者,英、美之女,有为天文生者、典史者,有为传电报、司文案、医师、
律师、教授、传教者,类皆与男无异。①

再次,论述了女子教育对国家、家庭及子女成长的重要意义,批评中国对女
子的愚弄以及缠足的陋习。最后,则提出了建三级女子学校的设想。

遍立小学校于乡,使举国之女,粗知礼义,略通书札,则节目举矣。
分立中学校于邑,讲求有用之学,大去邪僻之习,则道德立矣。特立大
学校于会城,群其聪明智慧,广其材艺心思,务平其权,无枉其力,则规
模大立,而才德之女彬彬矣。②

康同薇在文章中攻击古文经学,宣传今文经学,介绍西方的教育状况及其
自由平等观念,无一不表现出从父亲那里所受的影响。

百日维新失败后,经正女学主要创办人经元善出走避祸,加之经费
缺乏,女学于 1900 年即停办。经正女学虽然一个毕业生也没有培养出
来,但它开一时风气之先,在社会上产生了很大影响,催动一批女子学校
相继建立,1901 年至 1903 年间共达 17 所之多,著名者有吴怀疚在上海
创办的务本女塾,蔡元培在上海接办的爱国女学,以及南京的旅宁第一
女学,无锡的竞志女学,常州的争存女子学堂,等等。这些女子学校或为
私立或为地方官员倡办,朝廷对它们基本上采取放任自流的态度,既不
禁止也不提倡。这是因为,女子教育的确可以提高国民素质,有益于家
庭教育和国家进步,故为其所不加禁止;同时,女子教育的发展又必然危

---

① 朱有瓛主编:《中国近代学制史料》(第 1 辑下册),华东师范大学出版社 1986 年版,第 876 页。
② 朱有瓛主编:《中国近代学制史料》(第 1 辑下册),华东师范大学出版社 1986 年版,第 876—879 页。

及以"三纲五常"为中心的封建伦理道德，故为其所不提倡。清政府在1902年颁布的《钦定学堂章程》中，对于女子教育只字未提；在1904年颁布实施的《奏定学堂章程》中，则将女子教育归入家庭教育，充分显露出欲办还休的矛盾心态。

> 三代以来女子亦皆有教，备见经典。所谓教者，教以为女、为妇、为母之道。惟中国男女之辨甚谨，少年女子断不宜令其结队入学，游行街市，且不宜多读西书，误学外国习俗，致开自行择配之渐，长蔑视父母夫婿之风。故女子只可于家庭教之，或受母教，或受保姆之教，令其能识应用之文字，通解家庭应用之书算物理，及妇职应尽之道，女工应为之事，足以持家教子而已。其无益文词，概不必教，其干预外事、妄发关系重大之议论，更不可教。故女学之无弊者，惟有家庭教育。女学原不仅保育幼儿一事，而此一事为尤要；使全国女子无学，则母教必不能善，幼儿身体断不能强，气质习染断不能美。蒙养通乎圣功，实为国民教育之第一基址。[①]

但是，民间和地方兴办的女子教育并未因这种矛盾心态而陷于停顿，反而蒸蒸日上，不断发展。1907年，清政府迫于形势颁布实施《奏定女子小学堂章程》和《奏定女子师范学堂章程》，正式将女子教育纳入学制系统。到1909年，全国绝大多数省份已经设立了女子学堂，多者近百所，少者亦数所，在校学生近万人。民国建立后，女子教育继续发展，不但女子小学的数量和规模逐渐扩大，还出现了女子中学、女子大学，并向男女同校的方向发展。

清末民初女子教育的发展，既反映了中国教育早期现代化的曲折道路，更反映了近代女性解放运动的艰辛历程。女性的真正解放始于女性的自我觉醒，女性的自我觉醒又始于进步知识女性群体的崛起，而进步知识女性群体的崛起，正是直接源于维新派男士们的推动。他们借西方的平等、博爱思想为理论武器，宣扬男女平等，提倡女子教育，将其作为"大开

---

① 朱有瓛主编：《中国近代学制史料》（第2辑下册），华东师范大学出版社1989年版，第573页。

民智张本"①,具有极大的思想启蒙意义。此后,以秋瑾为典型的一批进步女性走出家庭放眼社会,将自身的解放与国家的命运联系在一起,负笈东瀛,创办报刊,参加同盟会,希望同男子一样肩负起救亡图存的历史重任,表现出强烈的社会责任感和远大的政治抱负,开辟了中国女性的新天地。"五四"运动时期,她们更将批判的矛头指向三从四德、包办婚姻、节妇烈女等封建伦理道德中最顽固、最腐朽的部分,追求人格独立、经济独立和婚姻自主,提出了富有时代特色的女性观,使全社会对女性的认识发生了深刻变化,是中国女性解放运动中一次质的飞跃。

二、基于男女平等的女子教育观

康有为很早就明确提出了男女平等的思想。早在 1886 年所著的《康子内外篇》中,他就抨击君尊臣卑、男尊女卑的不合理,初步表达了追求自由平等的社会理想。

> 臣下跪服长威而不敢言,妇人卑抑不学而无所识,臣妇之道,抑之极矣,此恐非义理之至也,亦风气使然耳。物理抑之甚者必伸,吾谓百年之后必变三者:君不专、臣不卑,男女轻重同,良贱齐一。呜呼!是佛氏平等之学矣!②

假如说以上的话对男女平等的描述还流于粗疏,对西方思想的折射还显得晦暗,那么,在 1888 年康有为在《实理公法全书·夫妇门》中对男女平等的描述就详细和明朗多了。他援引欧氏几何的形式,创造出实理、公法、比例三种概念,即类似于公理、定理和推论,以此来阐发自己的社会理想。康有为从自己先验构建的"实理"出发,反对禁欲主义,批判"一夫可娶数妻,一妇不能配数夫"的夫权是"无益人道",大胆地构想出一个没有家庭、没有婚姻、男女自愿结合的未来世界。

---

① 朱有瓛主编:《中国近代学制史料》(第 1 辑下册),华东师范大学出版社 1986 年版,第 885 页。
② 康有为:《康子内外篇·人我篇》(1886 年),见姜义华、张荣华编校:《康有为全集》(第 1 集),中国人民大学出版社 2007 年版,第 108 页。

　　凡男女如系两相爱悦者，则听其自便，惟不许有立约之事。倘有
分毫不相爱悦，即无庸相聚。……凡男女相悦者，即立约三月为期，期
满之后，任其更与他人立约。……其有数人同时欲合立一约者，询明
果系各相爱悦，则许之，或仍不许。①

　　康有为在《大同书》中更加详尽地论述了古往今来，世界各国女子所
遭受的种种苦难，女子对于人类的伟大贡献，以及女子获得独立自由最终
实现男女平等的途径。他将男女不平等的现象总结为 8 个方面，即女子不
得仕官、不得科举、不得充议员、不得为公民、不得预公事、不得为学者、不
得自立、不得自由。这些不平等现象并非仅仅中国存在，即使西方国家也
多有存在。在世界范围内，女子普遍沦为男子的囚犯、刑徒、奴隶和玩具，
受着男子的压迫、剥削、役使、残害、玩弄，没有人身自由、经济独立和人格
尊严。男子与女子之间的这种不平等使他感到不可思议，愤怒地吼道：
"今大地以内，古今以来，所以待女子者，则可惊可骇，可嗟可泣，不平等谓
何！吾不能为过去无量数善男子解矣。"②

　　他考察了人类的起源和发展，发现女子不但负担着人类自身的再生
产，而且与男子一样创造着人类的物质文明和精神文明。他认为，"人之
尊卑，在乎才智，不在身体"③，女子的聪明才智并不逊于男子，男子不能凭
借体貌的高大威猛来欺侮女子。

　　他认为男女不平等的原因，就在于男子将女子视为自己的私有财产，
视为自己发泄欲望和传宗接代的工具。"原女子被抑之故，全在男子挟强
凌弱之势，故以女子为奴而不为人；其继在男子专房据有之私，故以女子为
一家之私人，而不为一国之公民。"④进而认为，男女不平等使女子缺乏接

---

① 康有为：《实理公法全书·夫妇门》（约 1888 年前），见姜义华、张荣华编校：《康有为全集》（第 1
　　集），中国人民大学出版社 2007 年版，第 148 页。

② 康有为：《大同书·第二》（1902 年后），见姜义华、张荣华编校：《康有为全集》（第 7 集），中国人民
　　大学出版社 2007 年版，第 53 页。

③ 康有为：《大同书·第二》（1902 年后），见姜义华、张荣华编校：《康有为全集》（第 7 集），中国人民
　　大学出版社 2007 年版，第 68 页。

④ 康有为：《大同书·第二》（1902 年后），见姜义华、张荣华编校：《康有为全集》（第 7 集），中国人民
　　大学出版社 2007 年版，第 69 页。

受教育的机会,女子由于缺乏文化知识而不能很好地抚养子女和服务国家,因而造成两大危害,一是阻碍人类进步,一是阻碍国家发展。

他设想,女子获得独立自由最终实现男女平等的唯一途径,就是女子普遍接受教育,然后就像《实理公法全书》里说的那样,废除家庭,废除夫妻,实现女子的公养和公教,使女子摆脱家庭的羁绊、夫权的枷锁和子女的牵挂。到了那时,就会"世至太平,男女平等,各自独立,生人既养自公家,不得为一姓之私人,而为世界之天民矣。男女之事,但以殉人情之欢好,非以正父子之宗传,又安取强合终身以苦难人性乎"①。

1904 年,康有为游历法国时发现不少妇女因崇尚自由而不愿生育,政府虽然采取了一些奖励措施,但收效甚微,这使他不禁陷入思索。他一贯同情女性受压迫、受奴役的命运,提倡女子独立自由,主张男女平等,却又担心获得独立自由解放后的妇女,又有几人肯遭受生儿育女之苦呢?假如绝大多数妇女都不肯生儿育女,人类又将如何延续呢?早在一百多年前,康有为竟然忧虑人口可能呈现零增长或负增长,究竟是杞人忧天,抑或目光的敏锐和思想的深邃?

道有阴阳,即事有利害。妇女亦天生也,不贻妇女以独立,则抑女过甚而不仁;然苟尽听妇女以独立,息息行乐,以顾其有生之身,谁肯劬劳受苦,而育分身之子?苟未至于大同,则调停两得,此亦升平世至难之大题耶?吾深思而未能善之。抑女既甚,仁人悯之。天与人权之理既明,则妇女独立之势日盛,大化浩浩汹汹,转移而人不知也,亦安能逆之哉?若顺风而趋,则人道之灭绝可忧也,吾于法美妇女之趋势有惧焉。②

1923 年康有为在陕西时,曾应西安女子师范学校之邀前往演讲,演讲的中心内容是"人之生也,与忧惧来,若女子则尤甚"。虽然康有为此时的

① 康有为:《大同书·第二》(1902 年后),见姜义华、张荣华编校:《康有为全集》(第 7 集),中国人民大学出版社 2007 年版,第 76 页。
② 康有为:《欧洲十一国游记二种》,岳麓书社 1985 年版,第 251 页。

思想已经彻底没落，在演讲中大谈天游奇论和因果报应，甚至妄言"今世女子能修善因，来世亦可变男子"，却依然体现出他对女性特有的那份关心和体贴。他见到有的学生还缠足，就劝导说"诸君务必告诫诸姑姊妹，早为扫除而后已"；并勉励学生努力学习文化知识，以便将来能够在社会上找到一个好的职业而自立，称"明德固要事，而才艺为立身之本，持家之要"；还提醒学生要注意个人卫生和家庭卫生。尤其是关于爱情婚姻，他更有一大段语重心长的话语，与其说是一位没落的思想家的演讲，不如说是饱经沧桑的慈父的谆谆教诲。

> 女子最重之事，莫如婚姻。吾最助女子，以为人身平等，何可抑女。然近来好言自由甚矣，盖人性有至流动，今日见某为美、为富、为贵，而自由嫁之，明日见某更美、更富、更贵者，既许自由，安得不再改嫁？时时见更美、更富、更贵者，是自由改嫁无已也。凡男子之爱女子而欲得之，极力媚之，无所不至，及既娶矣，又见有他美者，必自由改娶，女子误与结婚，往往出于一念之差，遂至终身见弃。盖女子不习世故，易受人欺骗，其事至多，甚难言也，举不胜举，至是悔错亦无及矣。且中外礼法不同，中国婚姻，必父母媒妁，郑重分明，虽亦有苦，或有不谐，然能偕老白首，福祚宜家；外国言自由者，轻于结合，故男女年至三十，无有不离异者。若自由尽善矣，何以有离婚之事？盖父母爱子女，思深虑远，女子自由，专凭爱情，易于迷恋故也，不可不慎矣。①

可以说，康有为终生关心女性问题和女子教育，其关于女性解放和女子教育的思想，既有启蒙意义又有空想成分，既有现实的思索又有超前的臆测。他对女子教育的贡献，主要还是在于思想启蒙而不在于实践办学，尤其是他基于男女平等、女性解放的女子教育观，独具特色，颇具启蒙意义。当然，他的男女平等观，又是基于自己的天性、自创的"实理"、自持的众生平等理念、自我构建的大同社会世界，富有个人色彩和前现代色彩。

---

① 单演义：《康有为在西安》，陕西人民出版社1990年版，第222—225页。

第三节　实业教育:"物质救国"

一、维新运动时期:"以商立国"的实业教育观

一般认为,1896 年筹划设立而终未实际举办的江西高安蚕桑学堂是实业教育开始的标志。1917 年黄炎培等人组织成立中华职业教育社,标志着实业教育被职业教育取代。当然,洋务派兴办的军事技术学堂,也可视为实业教育的萌芽。及至甲午中日战争惨败,朝野反思,认识到中国要想强兵富国,救亡图存,仅仅注重军事不行,还必须全面发展现代工商业和农业,要想发展现代工商业和农业,就必须大力培养此方面的人才。当时将农、工、商、矿业统称为实业,实业学堂也正包括这几个方面。于是,开始酝酿设立实业学堂,并在清末民初形成一股实业教育思潮和运动,康有为亦是其中较早的重要一员。

康有为在 1895 年《公车上书》中,就表达了自己的实业教育思想。为了发展现代工商业,他提出了"富国"和"养民"两大建议。其中,"富国"包括 6 项措施:钞法、铁路、机器轮舟、开矿、铸银、邮政。在谈到开矿时,他就显露出设立矿务学堂的思想端倪。

> 今云南已专设矿务大臣,热河开平亦设官局,并著成效,而未见大利者,皆由矿学之未开,采办之非人也。矿学以比国为最……宜开矿学,专延比人教之,且为踏勘。[1]

"养民"则包括 4 项措施:务农、劝工、惠商、恤穷。在谈到务农时,他建议在各地设立农会、丝茶学会,传授农业知识,推广科学种植,促进农业发展。

---

[1] 康有为:《上清帝第三书》(1895 年 5 月 29 日),见姜义华、张荣华编校:《康有为全集》(第 2 集),中国人民大学出版社 2007 年版,第 70—71 页。

在谈到劝工时，他显露出设立工艺学堂的思想端倪。

> 宜令各州县咸设考工院，译外国制造之书，选通测算学童，分门肄习，入制造厂阅历数年。①

在谈到惠商时，他则显露出设立商务学堂的思想端倪。

> 今各直省设立商会、商学、比较厂，而以商务大臣统之……宜译外国商学之书，选人学习，遍教直省，知识乃开，然后可收外国之利。②

1897年，康有为在桂林发起成立圣学会之初，即将"开三业学"列为学会的5项首要任务之一。所谓三业学，就是指农学、工学和商学。他认为，西方国家之所以富强，"不在治炮械军兵，而在务士农工商"。而农工商业的发达，又是因为它们"皆有专书千百种，自小学课本，幼学阶梯，高等学校皆分科致教之"。所以，中国要想富强，就必须效法西方，"翻译其书，立学讲求，以开民智"。③ 1898年1月，康有为在《上清帝第五书》中再次建议，"创农政商学，以为阜财富民之本"④。

百日维新期间，康有为于7月上《请立商政以开利源而杜漏折》。

> 若令此数人先行在上海试办商务局，令其立商学、商报、商会，并仿日本立劝工场及农务学堂，讲求工艺、农学。所有兴办详细章程，令于两月内妥议，呈总理衙门，恭进御览酌定，诏下各省次第仿照推

---

① 康有为：《上清帝第三书》(1895年5月29日)，见姜义华、张荣华编校：《康有为全集》(第2集)，中国人民大学出版社2007年版，第72页。

② 康有为：《上清帝第三书》(1895年5月29日)，见姜义华、张荣华编校：《康有为全集》(第2集)，中国人民大学出版社2007年版，第72—73页。

③ 康有为：《两粤广仁善堂圣学会缘起》(1897年4月)，见姜义华、张荣华编校：《康有为全集》(第2集)，中国人民大学出版社2007年版，第269页。

④ 康有为：《上清帝第五书》(1898年1月初)，见姜义华、张荣华编校：《康有为全集》(第4集)，中国人民大学出版社2007年版，第5页。

行。……①

8月18日,他又上折请开农学堂地质局,请求"饬下各省府州县,皆立农学堂"②。21日,光绪帝即下谕照准。这是光绪帝第一次也是最后一次,直接采纳了康有为本人关于实业教育的奏请。

> 总理各国事务衙门代奏工部主事康有为条陈请兴农殖民以富国本一折……其各省府州县,皆立农务学堂,广开农会,刊农报,购农器,由绅富之有田业者试办,以为之率。其工学、商学各事宜,亦著一体认真举办,统归督办农工商总局大臣,随时考察……③

康有为此时的实业教育思想是与其经济改革思想互为表里的。康有为批评了洋务派单纯的"兵战"思想(其实洋务派并非只讲"兵战"),主张全面发展农工商业,以便与西方列强进行"商战"。他认为,正是由于洋务派只讲兵战不讲商战,才导致甲午中日战争的惨败。

> 谋国者不深维古今之变,别思生财之方,而日为军兵炮械之谋,有以知其必败而资敌藉寇也。威海之役,其前车矣。④

他还认为,中国传统上虽然也有士农工商的职业分途,但由于重士轻艺的传统,为士者既不屑为农工商,也不愿教农工商,于是农工商业者的素质普遍较低,往往"目不识字",加之贪官污吏的横征暴敛,最终导致"三业俱败,民且狼顾"。而西方国家却是,"农工商皆从士出,各业皆有专书千数

① 康有为:《请立商政以开利源而杜漏折》(1898年7月23日),见姜义华、张荣华编校:《康有为全集》(第4集),中国人民大学出版社2007年版,第336页。
② 康有为:《请开农学堂地质局以兴农殖民而富国本折》(1898年8月18日),见姜义华、张荣华编校:《康有为全集》(第4集),中国人民大学出版社2007年版,第384页。
③ 朱有瓛主编:《中国近代学制史料》(第1辑下册),华东师范大学出版社1986年版,第921—922页。
④ 康有为:《日本书目志·农工商总序》(1898年春),见姜义华、张荣华编校:《康有为全集》(第3集),中国人民大学出版社2007年版,第358页。

百种以发明之，国家皆有专门学校以教授之，举数十国又开社会以讲求之。其有新书、新器、新法为厚奖高科以诱劝之，大集赛会以比较之"。因此，西方国家不但兵强而且国富。国富是兵强的根本，中国要想扭转局面，就必须改变以往单纯军事主义的指导思想，而将主要精力用于发展经济。[①]

正是从这种认识出发，康有为建议普遍设立农工商学堂，尤其提出基于"以商立国"的实业教育思想。在农工商三业中，他特别重视商业在整个国民经济中的地位和作用，主张学习西方，以商立国，反映了中国早期资产阶级要求发展商品经济，发展资本主义的强烈愿望，这可谓当时重商主义的代表。他从历史的回顾和现实的反思中认识到，"一统之世，必以农立国，可靖民心；并争之世，必以商立国，可侔敌利，易之则困敝"[②]。这是因为鸦片战争以来，西方列强用枪炮进行武装侵略的同时，还用廉价商品进行着经济侵略。枪炮之耻，鸦片之害，人人易知；而充斥中国市场的质优价廉的各种洋货，却在无形中摧毁着中国的传统经济乃至传统社会。

> 外国鸦片之耗我，岁凡三千三百万，此则人尽痛恨之，岂知洋纱、洋布岁耗凡五千三百万。洋布之外，用物如洋绸、洋缎、洋呢、漳绒、羽纱、毡毯、毛巾、花边、钮扣……食物若咖啡、吕宋烟、夏湾拿烟、纸卷烟、鼻烟、洋酒、火腿……及煤、铁、铝、铜、马口铁、材料、木器、钟表……玩好淫巧之具，家置户有，人多好之，乃至新疆、西藏亦皆销流，耗我以万万计。[③]

难能可贵的是，他进一步指出这是商品经济的自身规律，"凡物有比较，优劣易见，则劣者滞销，而优者必行"[④]。西方商品"取携便而制造精，价值廉

---

① 康有为：《日本书目志·农工商总序》(1898年春)，见姜义华、张荣华编校：《康有为全集》(第3集)，中国人民大学出版社2007年版，第359页。

② 康有为：《上清帝第二书》(1895年5月2日)，见姜义华、张荣华编校：《康有为全集》(第2集)，中国人民大学出版社2007年版，第40页。

③ 康有为：《上清帝第二书》(1895年5月2日)，见姜义华、张荣华编校：《康有为全集》(第2集)，中国人民大学出版社2007年版，第40页。

④ 康有为：《上清帝第二书》(1895年5月2日)，见姜义华、张荣华编校：《康有为全集》(第2集)，中国人民大学出版社2007年版，第40页。

而外观美"①,所以畅销,中国商品质次价高,必被淘汰,这就是商品经济中优胜劣汰的必然结果。加之西方国家为了鼓励商品贸易和扶持商品生产,"国有商学以教之,有商报以通之,有商部以统之,有商律以齐之,有商会以结之,有比较厂以励之,有专利牌以诱之"②。特别是他们的"商学"非常发达,几乎各种行业都有专门的职业技术学校。

> 西人商务皆本于学……丝业则有蚕桑学堂,制茶、制糖、制瓷、制酒、开煤、炼钢、纺纱、织布,无不有学堂。每创一业,必立一学堂。故一材一艺之微,万事万物之赜,皆由于学,故能精新。③

对照中国,他不由得感叹道:"吾未有学,是未有商也,安有战也?"④这正是康有为主张设立商务学堂的思想渊源。康有为不愧是从珠三角走出的先知先觉者,他所谓的"商"不是仅指商品、商业,而是指的商品经济、市场规律。在一百多年前,面对洋货涌入,他不仅没有走向"抵制洋货"的深闭固拒,而是采取了学习、竞争的开放态度,并且深刻地认识到以洋货泛滥为表象的市场经济,必将冲毁中国的传统自然经济、传统政权乃至传统国家体制、传统社会结构,浩浩汤汤,大势所趋,不可扼逆,这是何等的先见之明与勇气。

也正是基于"以商立国"的思想,康有为又将目光聚焦在作为中国立国之基的农业,建议发展现代农业,提出普遍设立农务学堂、建立农业教育体系的思想。他认为,如果说无商不富,那么则无农不稳,农业在一国经济中居于基础地位,"万宝之原,皆出于土;故富国之策,咸出于农"⑤,政府必

---

① 康有为:《请立商政以开利源而杜漏折》(1898 年 7 月 23 日),见姜义华、张荣华编校:《康有为全集》(第 4 集),中国人民大学出版社 2007 年版,第 333—334 页。

② 康有为:《请立商政以开利源而杜漏折》(1898 年 7 月 23 日),见姜义华、张荣华编校:《康有为全集》(第 4 集),中国人民大学出版社 2007 年版,第 333 页。

③ 康有为:《请立商政以开利源而杜漏折》(1898 年 7 月 23 日),见姜义华、张荣华编校:《康有为全集》(第 4 集),中国人民大学出版社 2007 年版,第 335 页。

④ 康有为:《日本书目志·卷九》(1898 年春),见姜义华、张荣华编校:《康有为全集》(第 3 集),中国人民大学出版社 2007 年版,第 390 页。

⑤ 康有为:《请开农学堂地质局以兴农殖民而富国本折》(1898 年 8 月 18 日),见姜义华、张荣华编校:《康有为全集》(第 4 集),中国人民大学出版社 2007 年版,第 383 页。

须重视发展农业。虽然中国具有"重农"的传统，但因为科学技术的落后，农业生产水平非常低下，还处于靠天吃饭的状态。中国北方，降雨较少，经常遭受干旱影响，"水利不辟，物产无多"；中国南方的农业自然条件虽较北方好一些，可人多地少，一旦遇到水旱灾害，也往往田地颗粒无收，农民流离失所。与此相反，西方国家的现代农业却是另一番景象。

> 田样各等，机器车各式，农夫人人可以讲求。鸟粪可以培肥，电气可以速成，沸汤可以暖地脉，玻罩可以御寒气。播种则一日可及数百亩，刈禾则一人可兼数百工。择种一粒，可收一万八千粒，千粒可食人一岁，二亩可食人一家。泰西培壅，近用灰石磷酸骨粉，故能以瘠壤为腴壤，化小种为大种，化淡质为浓质，易少熟以多熟。①

而且，西方国家的农业教育非常发达，设有不同层次的农业学校，编有供不同层次农业学校使用的教材，建立起了现代农业教育体系。

> 若其教育学馆并设此学，编《初等农学》一书以授农蒙，其《农学阶梯》《农学读本》等书，《农理学初步》《小学农书》《小学农丛书》附之，为初等小学校之用。《农学通论》则为中等学校之用。《农业书》等则为高等学校之用。盖其学校分级详进而不紊如此。②

至于工业教育，康有为论述较少。他也朦胧地知道一点西方工业革命的情况，可主要认识还集中在枪炮、火车、轮船等方面，尚未深刻理解科学技术对于生产力的巨大推动。他提议设立"考工院"和倡导兴办"农工商学"，反映出建立工艺学堂的思想萌芽，但他发展工业的主要措施不在"教"而在"奖"。康有为在《公车上书》中，建议对科技发明者

---

① 康有为：《请开农学堂地质局以兴农殖民而富国本折》（1898年8月18日），见姜义华、张荣华编校：《康有为全集》（第4集），中国人民大学出版社2007年版，第383页。
② 康有为：《日本书目志·卷七》（1898年春），见姜义华、张荣华编校：《康有为全集》（第3集），中国人民大学出版社2007年版，第362页。

"给以执照,旌以功牌,许其专利"①;在《上清帝第四书》中,建议"立科以励智学"②;百日维新期间,又上《请以爵赏奖励新艺新法新书新器新学设立特许专卖》,在其中详细制定了奖励办法,却丝毫没有提及设立工艺学堂。

维新运动时期是实业教育的起步期。一时间,兴农励工通商开矿、兴办实业学堂之说,相与鼓噪,风头甚健。1897年,张謇上《请兴农会奏》。

> 凡有国家者,立国之本不在兵也,立国之本不在商也,在乎工与农,而农为尤要。……中国有志农学者,颇不乏人,近日上海设立农学会,专译西洋农报农书,未始非中国农政大兴之兆。臣拟请皇上各省专派一人,主持其事,设立学堂……③

1898年6月,江南道监察御史曾宗彦上奏,请求振兴农务工务,并"饬下南北洋大臣,设立矿务学堂"④。9月,督理农工商总局大臣端方奏称,"拟专设一堂,名曰农务中学堂","延东西各国农师,兼访近畿明农之士,与诸生讲明切究"。⑤ 同月,直隶总督荣禄奏称:

> 农工商三者,为民间衣食之原,即国家富强之本。……拟设农工务学堂,延聘东西农学博(士),选择英敏学生入堂肄业。⑥

张之洞在《劝学篇·农工商第九》中也讲述了农、工、商业的重要性,倡导开办农、工、商学。可见,这一时期,发展现代农工商业、兴办实业学堂已经

---

① 康有为:《上清帝第二书》(1895年5月2日),见姜义华、张荣华编校:《康有为全集》(第2集),中国人民大学出版社2007年版,第40页。
② 康有为:《上清帝第四书》(1895年6月30日),见姜义华、张荣华编校:《康有为全集》(第2集),中国人民大学出版社2007年版,第81页。
③ 朱有瓛主编:《中国近代学制史料》(第1辑下册),华东师范大学出版社1986年版,第913—914页。
④ 朱有瓛主编:《中国近代学制史料》(第1辑下册),华东师范大学出版社1986年版,第916页。
⑤ 朱有瓛主编:《中国近代学制史料》(第1辑下册),华东师范大学出版社1986年版,第922页。
⑥ 朱有瓛主编:《中国近代学制史料》(第1辑下册),华东师范大学出版社1986年版,第924页。

成为维新派、洋务派、后党以及其他有识之士的共同呼声。百日维新期间，光绪帝颁布了多道上谕，命令迅速建立实业学堂，包括矿务学堂、农务学堂、茶务学堂等。百日维新失败后，朝廷也并未将实业教育措施尽行废除，1898 年 9 月 26 日便下谕称："业经议行及现在交议各事，如通商、惠工、重农、育才以及修武备、浚利源，实系有关国计民生者，即当切实次第举行。"①于是，实业教育继续发展，先后建立了广西农学堂（1899 年）、福建蚕桑学堂（1900 年）、广东商务学堂（1901 年）、汉阳钢铁学堂（1902 年）、湖南农务工艺学堂（1902 年）等。

二、维新运动之后："科学救国"的实业教育观

百日维新失败后，康有为流亡海外，周游世界，所见所闻，使其思想大变。其中，也包括他的经济思想和实业教育思想。19 世纪末 20 世纪初，西方世界发生了深刻变革，尤其是开始了以电力、石油、内燃机、电话、电报等新能源新技术为代表的第二次工业革命，美国、德国的经济实力和综合国力开始超越英国和法国，并由此开始改写世界格局和世界秩序。康有为以其天赋高才和敏锐眼光，当然觉察到西方世界的这些变化，并对这些变化做出了自己的评价和反映，集中表现就是系统提出了所谓"物质救国"论，其又包含着工业立国和科学救国两方面，这两方面成为他此时期实业教育思想的两大基础。

首先是工业立国。维新运动时期的康有为貌似农工商并重，其实视农商重于工，而农商之中又特重商。他认为，轮船和火车才是现代科技的结晶，而"其余电线、显微镜、德律风、留声筒、轻气球、电气灯、农务机器"，虽然"皆与民生国计相关"，却终究是"小技奇器"。② 他还不懂得现代科技已经超越轮船、火车，发展到一个新天地，还没有充分认识到现代科技对农业和商业的推动力量。等到去国外走走看看，他便对此有了崭新认识。百日维新时，他曾上《请以爵赏奖励新艺新法新书新器新学设立特许专卖》，流

① 陈学恂主编：《中国近代教育史教学参考资料》（上册），人民教育出版社 1986 年版，第 473 页。
② 康有为：《上清帝第二书》（1895 年 5 月 2 日），见姜义华、张荣华编校《康有为全集》（第 2 集），中国人民大学出版社 2007 年版，第 39—40 页。

亡海外后,他将此折篡易修改,称为《请励工艺奖创新折》①。从其增补修改的部分,恰可窥康有为周游世界后的新感受,其经济思想和实业教育思想的新发展。

> 近者电学新发,益难思议。……吾国古者首去渔猎,则以农立国……以重农故,则轻工艺,故诋奇技为淫巧,斥机器为害心,……国尚农则守旧日愚,国尚工则日新日智……今已入工业之世界矣,已为日新尚智之宇宙矣,而吾国尚以其农国守旧愚民之治与之竞,不亦慎乎?……定为工国而讲求物质……成大工厂以兴实业、开专门学以育人才……②

康有为考察欧洲时,看到连他认为最不发达的意大利,其工业化水平也大大超过中国,痛感中国必须奋起直追。

> 意国二十年来,机器之进步亦大矣。同治十年时,其蒸汽力一百三十二万吨。至光绪二十年,已增五倍余,为五百五十二万吨。此则过于我国者矣,吾国所宜最急务也。③

他也看到,法国的经济已被德国赶上而退居世界第四位,并将其归因为法

---

① 康有为流亡海外后,将维新运动中的奏折改易后辑为《戊戌奏稿》,于1911年始刊,曾长期被认为是研究戊戌变法的史料。20世纪80年代初,从北京故宫博物院发现了康有为戊戌时期的奏折内府抄本《杰士上书汇录》。其中,前所未见者5件,与过去发表不同者7件。经勘复剖析发现,康有为删除了原奏折中颂扬君权的内容,而增撰了立宪法、开国会的内容。一般认为,《汇录》反映了他在百日维新中的真实思想,而《奏稿》则反映了他流亡海外后的主张。有关研究可参见陈凤鸣著《康有为戊戌条陈汇录——故宫藏清光绪二十四年内府抄本〈杰士上书汇录〉简介》,载《故宫博物院院刊》1981年第1期;孔祥吉著《〈戊戌奏稿〉的篡改及其原因》,见胡绳武主编:《戊戌维新运动史论集》,湖南人民出版社1983年版。
② 康有为:《请励工艺奖创新折》,见姜义华、张荣华编校:《康有为全集》(第4集),中国人民大学出版社2007年版,第301—302页。
③ 康有为:《意大利游记》(1904年),见姜义华、张荣华编校:《康有为全集》(第7集),中国人民大学出版社2007年版,第394页。

国"士人挟其哲学空论,清谈高蹈,而不肯屈身以考工艺"①。同时,他表示了要将中国建设成为一个工业化国家的愿望和决心,认为中国工业化的起步虽然晚于欧洲,但只要善于学习西方,"去短取长",就会"一反掌间,而欧美之新文明皆在我矣"。②

其次是科学立国。康有为周游世界、考察诸国的结论之一,就是西方先进的科学技术是中国应该学习的,而且是必须学习和能够学习的。他自称"遍游亚洲十一国、欧洲十一国,而至于美",考察政教,比较中西,发现拯救中国的唯一方法就是"讲物质之学而已"③,其所谓的物质之学就是西方现代科技。康有为觉察到,经历了两次工业革命的世界是一个竞争日趋激烈的世界,而每个国家的科技水平又决定了它在世界竞争中的兴衰存亡。

今之新物质学,亦皆一二百年间诞生之物,而非欧洲夙昔所有者。突起横飞,创始于我生数十年之前,盛大于我生数十年之后。……自英而被于全欧,自欧而流于美洲,余波荡于东洋,触之者碎,当之者靡。……方今竞新之世,有物质学者生,无物质学者死。④

并且,科学技术的发达又推动农业和商业的发展,即如他所说:"炮舰、农商之本,皆由工艺之精奇而生;而工艺之精奇,皆由实用科学及专门业学为之。"⑤然而,中国正缺乏这种决定着国家兴衰存亡的科学技术,于是他"以

① 康有为:《法兰西游记》(1905年),见姜义华、张荣华编校:《康有为全集》(第8集),中国人民大学出版社2007年版,第144页。
② 康有为:《法兰西游记》(1905年),见姜义华、张荣华编校:《康有为全集》(第8集),中国人民大学出版社2007年版,第201页。
③ 康有为:《物质救国论·序》(1904年),见姜义华、张荣华编校:康有为全集》(第8集),中国人民大学出版社2007年版,第63页。
④ 康有为:《物质救国论·序》(1904年),见姜义华、张荣华编校:《康有为全集》(第8集),中国人民大学出版社2007年版,第63页。
⑤ 康有为:《物质救国论·论欧洲中国之强弱不在道德哲学》(1904年),见姜义华、张荣华编校:《康有为全集》(第8集),中国人民大学出版社2007年版,第67页。

为救国至急之方者,则惟在物质一事而已"①。

他考察英、德、美等欧美强国后得出结论,认为它们之所以强盛都在于科学技术的发达。英国是工业革命最早、科技发展最早的国家,因此一度也是世界上最强大的国家;德国从前致力于哲学,一直积弱不振,普法战争之后,大力提倡科学技术,因此一跃成为欧洲第一强国;美国也是如此,从未产生一个伟大的哲学家,可由于那 20 年来科技迅猛发展,实力已开始超过欧洲诸国;反之,意大利和西班牙仍受教会的主宰,沉迷于神学的幻想,漠视科学技术,于是最为落后。他甚至指出,即使最伟大的圣贤先知,假如不能教人以科学技术,也最终无法拯救民族的灭亡,正如"耶稣能为欧人之教主,而无救于犹太之灭亡;佛能为东亚之教主,而无救于印度之灭亡"②。他还自讽道,他本人也不懂科学技术,也无补于救国救民。

> 吾于四万万人中,亦为粗有知识,于中国之书既无不读,即欧美之学理、事迹风俗亦无不探检而略通之……然使物质不兴,则即令四万万人者皆如我,然已无补于亡矣。盖我虽略具热诚,粗通学理,而于物质实业不能成一艺,则于救国之实事,即为无用之尤。③

极而言之,即使中国 4 亿人都成为"卢骚、福禄特尔、孟的斯鸠,或康德、斯宾塞、倍根、笛卡儿,进而人人为柏拉多、亚里士多图,耶稣与佛",假如不懂科学技术,最终还会成为"供人宰割之具、奴虏之用"。④

正是基于上述认识,康有为疾呼:"科学实为救国之第一事,宁百事不办,此必不可缺。"⑤为了推动中国的科技发展,他设想了 7 种机构或措施:

---

① 康有为:《物质救国论·中国救急之方在兴物质》(1904 年),见姜义华、张荣华编校:《康有为全集》(第 8 集),中国人民大学出版社 2007 年版,第 71 页。

② 康有为:《物质救国论·论欧洲中国之强弱不在道德哲学》(1904 年),见姜义华、张荣华编校:《康有为全集》(第 8 集),中国人民大学出版社 2007 年版,第 68 页。

③ 康有为:《物质救国论·二十年来德国物质盛故最强》(1904 年),见姜义华、张荣华编校:《康有为全集》(第 8 集),中国人民大学出版社 2007 年版,第 82 页。

④ 康有为:《物质救国论·论欧洲中国之强弱不在道德哲学》(1904 年),见姜义华、张荣华编校:《康有为全集》(第 8 集),中国人民大学出版社 2007 年版,第 67—68 页。

⑤ 康有为:《物质救国论·欲大开物质学于己国内地之法有八》(1904 年),见姜义华、张荣华编校:《康有为全集》(第 8 集),中国人民大学出版社 2007 年版,第 95 页。

实业学校，小学增机器、制木二科，分业职工学校，博物院，型图馆，制造厂，赛会。其中，前三者属学校教育，博物院和型图馆属社会教育。为了解决实业学校所需师资，他建议"令各国驻使访求专门名匠，聘为教习，分门设科，虽縻重费不惜"①。为了解决实业学校所需经费，他建议先由政府建购教学设施，然后再通过收取学费来"弥其他用"②。他还建议，"通国小学增设机器、制木二科"，这并不是要在小学增设职业课程，而是类似于后来的小学科学教育和职业熏陶，希望儿童在拆卸"宫室、桥梁、市场、道路、铁轨、电线"以及"各种机器"模型的游戏中，培养对于科学的兴趣，体会科学的价值，树立追求科学的理想，改变中国"重文轻艺"的文化传统。③ 总的说来，康有为是从政治改革家的立场来倡导实业教育的，其注意力主要集中于宏观问题，也有较多启发意义，而对实业教育微观问题则用意不多，参考价值较少。

康有为倡导实业教育，至老不渝，1923 年时依然说："今应采欧美之物质，讲求科学，以补吾国之短。"④他为了推动中国的科技进步，为了把中国建设成为工业化强国，提倡"物质之学"，倡导实业教育，无疑是正确的。但倘若说"吾国人之所以逊于欧人者，但在物质而已"⑤，便失之片面了，也与他自己几乎同时所说的中国"但于物质、民权二者少缺耳"⑥相矛盾。并且，他借此指责革命派"舍工艺兵炮，而空谈民主革命、自由平等"，愈至晚年，此种倾向愈加明显。

---

① 康有为：《物质救国论·欲大开物质学于己国内地之法有八》（1904 年），见姜义华、张荣华编校：《康有为全集》（第 8 集），中国人民大学出版社 2007 年版，第 95 页。
② 康有为：《物质救国论·欲大开物质学于己国内地之法有八》（1904 年），见姜义华、张荣华编校：《康有为全集》（第 8 集），中国人民大学出版社 2007 年版，第 95 页。
③ 康有为：《物质救国论·欲大开物质学于己国内地之法有八》（1904 年），见姜义华、张荣华编校：《康有为全集》（第 8 集），中国人民大学出版社 2007 年版，第 95 页。
④ 康有为：《长安讲演录》（1923 年 11 月 15 日），见姜义华、张荣华编校：《康有为全集》（第 11 集），中国人民大学出版社 2007 年版，第 278 页。
⑤ 康有为：《物质救国论·论欧洲中国之强弱不在道德哲学》（1904 年），见姜义华、张荣华编校：《康有为全集》（第 8 集），中国人民大学出版社 2007 年版，第 67 页。
⑥ 康有为：《法兰西游记》，见姜义华、张荣华编校：《康有为全集》（第 8 集），中国人民大学出版社 2007 年版，第 201 页。

> 欧美之富强,以机器制作新器之故……有此者谓之新世界富强文明国,无此者谓之旧世界野蛮闭塞国,而强弱存亡,视其程度高下为之。中国不此之先务,而高谈革命、共和、自由、平等,皆空言而无实,难食而多毒。……今欲劝学,但令本道府州多开物质学校,各县乡市镇皆行强迫教育……然后百物可兴也。①

康有为作为非科技界人士,在 20 世纪之初的头几年,就提出基于"科学救国"的实业教育思想和制度设想,比中国科学社系统地发起科学教育思潮与运动早 10 余年,足可见其远见与启蒙意义。当然,实业教育、职业教育和科学教育、工程教育是贯穿中国现代教育的重大难题之一,其政策设计和真正发展远非像康有为所说的那样简单。

清末民初是实业教育的制度化时期。1904 年,清政府将实业学堂正式纳入"癸卯"学制,实业教育自成体系,成为现代教育体系的重要组成部分而发展起来,其目的是,要在中国逐步形成"工人→熟练工人→技术人员→高级技术人员"这样一个由不同层次人才组合起来的技术队伍。1906 年,清政府又将"尚实"列为教育宗旨之一。

> 方今环球各国,实利竞尚;尤以求实业为要政,必人人有可农可工可商之才,斯下益民生,上裨国计,此尤富强之要图,而教育中最有实益者也。②

同年,学部通令各省必须举办实业学堂。1908 年,学部又通令各省,两年之内每府必须设中等实业学堂一所,每州县必须设初等实业学堂一所,每所学堂招收学生百名。至 1909 年,共有实业学堂 254 所、在校生规模 16649 人。辛亥革命后,南京临时政府公布了"壬子·癸丑"学制,在实业教育方面,该学制只对 1904 年"癸卯"学制中的实业学校系统做了部分调

---

① 康有为:《乱后罪言》(1913 年 11 月),见姜义华、张荣华编校:《康有为全集》(第 10 集),中国人民大学出版社 2007 年版,第 156 页。
② 朱有瓛主编:《中国近代学制史料》(第 2 辑上册),华东师范大学出版社 1987 年版,第 1150 页。

整,而未予根本性改革。1915 年,实业学校达到 558 所、在校生规模 21218
人,其中,乙种实业学校 489 所、在校生规模 20667 人。[1] 职业教育思潮与
运动兴起、1922 年新学制颁布实施之后,初、中等实业学校几乎全部更名
为职业学校,或改为综合中学的职业科,高等实业学校改为高等专门学校。

第一次世界大战期间,国际军工市场需求激增,而西方国家既因忙于
战争,暂时放松了对中国的经济侵略,又因受到战争破坏,本国生产设备和
生产力严重不足,这就使中国的民族工商业获得了发展的“黄金”时期。
资本主义工商业的发展,要求在短时间内补充一定数量的掌握现代知识的
科技人员、管理人员和熟练工人。为了解决当时教育界不尽如人意的实际
状况,“职业教育”思潮就应运而生了。

职业教育一词,较早见于 1904 年山西农林学堂总办姚文栋所讲“以职
业教育为主义”等语。[2] 进入民国后,特别是 1913 年至 1916 年间,陆费逵、
陈独秀、蔡元培以及马相伯、穆藕初、蒋梦麟、郭秉文、俞子夷等人,纷纷撰
文、演讲,倡导职业教育。1916 年 9 月,江苏省教育会成立职业教育研究
会,会员 148 人,这是最早的专门的省级职业教育团体。至此,职业教育思
潮与运动渐成声势,呼之欲出,完成了准备期。1917 年 5 月,经 40 余位文
教界、实业界名人发起,中华职业教育社在上海成立,陆续下设 7 部,并创
办、组织上海中华职业学校(1918 年 10 月开学)、全国职业学校联合会
(1921 年 8 月成立)以及职业指导所、职工教育馆、上海商业补习教育联合
会等,编译《德美英法四国职业教育》(中华书局 1917 年版)等著作,编印
社刊《教育与职业》,1917 年 11 月至 1925 年 11 月共发表介绍外国职业教
育的文章 116 篇,《教育杂志》《中华教育界》等主流教育媒体也相与鼓荡,
中华职业教育社同时得到上海工商界、陈嘉庚等海外华侨的捐助,以及阎
锡山、冯玉祥等军阀的支持,职业教育思潮与运动正式形成。1922 年,北
洋政府颁布了“新学制”(又称“壬戌”学制、“六三三”学制)。在该学制
中,职业教育不仅正式取代实业教育进入学制系统,而且,为了加强青年学

---

[1] 黄炎培:《三十五年来中国之职业教育》(1931 年 9 月),见田正平等编:《黄炎培教育论著选》,人
民教育出版社 1993 年版,第 241—242 页。

[2] 周洪宇:《谁在近代中国最早使用“职业教育”一词》,载《教育与职业》1990 年第 8 期。

生的职业技术训练,适应将来升学和就业的双重需要,还将职业教育渗入普通教育各阶段。例如,在小学高级阶段,可根据各地实际情况增置职业准备教育;在中学设各种职业科,等等。至此,实业教育完成了自己的历史使命。

"五四"运动前后职业教育思潮与运动的蓬勃兴起,除了其他各教育思潮与运动所共有的社会、思想背景之外,自身具有两大直接的社会动因、一大实践基础和两大思想渊源。

两大社会动因,一是大多数中小学毕业生升学无路,就业无门,毕业等于失业,普遍面临"生计"问题;二是学校培养出的毕业生眼高手低,不能适应实际生活和用人单位实际工作的需要,毕业生就业难和用人单位招人难并存。

一大实践基础就是清末民初的实业教育。不少人认为,实业教育也是职业教育,二者名异而实同,分别代表着职业教育思潮与运动的不同发展阶段。当然,有的职业教育家更愿意标榜二者的区别以显示职业教育的意义,黄炎培、顾树森等曾分析道:"实用教育,兼含研究学说之意味;而职业教育,则专重实用,纯为生活起见。实用教育所养成之人物,其一部分主用思想;而职业教育所养成之人物,则完全用艺术。"①这种区别分析,不仅颇显牵强,更恰恰证明了二者的实践联系和承继关系。

两大思想渊源,一是清末民初的实利主义教育思想和黄炎培等人倡导的实用主义教育思想,二是对于实业教育的批评与反思。1913 年 10 月,黄炎培在《教育杂志》发表《学校教育采用实用主义之商榷》,认为当时学校的"普通诸学科不能使之活用于实地之业务","管理训练亦未能陶冶之使适于实际之生活",仅仅依靠多设实业学校、普通学校加设实业科、提倡实业补习教育等,并不能根本解决学校教育与社会现实需求相脱节的问题,呼吁"打破平面的教育,而为立体的教育","渐改文字的教育,而为实物的教育",并提出了小学各科实施实用主义教育的要点。② 此文一出,庄俞等人群起响应,《教育杂志》出版增刊专号,有的学校开展试验、实践,

① 黄炎培:《职业教育》(1917 年 4 月),见田正平等编:《黄炎培教育论著选》,人民教育出版社 1993 年版,第 91 页。
② 黄炎培:《学校教育采用实用主义之商榷》(1913 年 8 月),见田正平等编:《黄炎培教育论著选》,人民教育出版社 1993 年版,第 17—21 页。

"于民国二三年之间,蔚为一种思潮,流行全国"①。黄炎培等人所倡导的实用主义教育不同于稍后流行的杜威实用主义教育学,亦无高深的理论阐释,简言之,即加强教育教学的实用性,加强教育教学与生活生产实际的联系。黄炎培等人倡导的实用主义教育思想亦非专门针对实业教育、职业教育而言,但"职业教育犹是实用教育"②,"大都以倾向实用主义者倾向职业教育。故实用主义者,不啻职业教育之背景"③,由是,实用主义教育思想乃成职业教育思潮与运动的直接思想渊源之一。同时,针对实业学校所培养的学生"上不成技师、下不若工匠之人"等问题,1916年前后,庄启、顾树森等人在《教育杂志》《中华教育界》连续发表文章,呼吁改革乃至废除实业教育,代之职业教育制度,④出现了一股集中批评、反思实业教育的思潮。这成为职业教育思潮与运动的又一直接思想渊源。

职业教育思潮与运动在1922年达到高潮。这一年的2月,在上海举办了第一次全国职业学校成果展览会;7月,在济南召开了全国职业教育会议和全国农业问题讨论会;中华职业教育社的会员人数由1917年的786人增至本年的5661人;全国职业学校的数量由1916年的531所、1921年的719所,激增至该年的1353所。⑤

职业教育思潮与运动对于中国现代教育事业的实际和直接影响,一是在1922年新学制中为职业教育谋得了广泛而重要的地位。小学高年级可增设职业准备教育课程,初中可兼设各种职业科,高中实行综合中学制,可单设或兼设普通、农、工、商、师范、家事等科,职业学校的入学程度、修业年限等由各地根据情况自行规定,在相应学校内酌设职业教员养成科,培养职业学校师资,大学或专门学校科附设专修科,招收自愿修习某种学术或职业者,等等。这为职业教育的发展奠定了制度基础,此后很长一段时间,

① 舒新城:《近代中国教育思想史》,中华书局1929年版,第148页。
② 黄炎培:《实用主义产出之第三年》(1917年1月),见田正平等编:《黄炎培教育论著选》,人民教育出版社1993年版,第71、72页。
③ 黄炎培:《中华职业教育社成立五年间之感想》(1922年4月),见田正平等编:《黄炎培教育论著选》,人民教育出版社1993年版,第165页。
④ 参见刘桂林:《中国近代职业教育思想研究》,高等教育出版社1997年版,第132—136页。
⑤ 黄炎培:《中国的职业教育》(1923年),见田正平等编:《黄炎培教育论著选》,人民教育出版社1993年版,第193页。

职业教育的学制内、体制内设计,无逾于此。当然,这些理想化的制度设计,在实践当中落实了多少、落实得如何,则是另一回事了。二是各类职业教育机构较快发展,类型多、增幅大。至 1925 年全国共有各类职业教育机构 1518 所,其中,职业学校 846 所,职业传习所及讲习所等 196 所,附设职业科的中学 57 所,设职业预备科的小学 37 所,大学及专门学校设职业专修科的 113 所,各种职业补习学校及补习科 99 所,各种职业教师养成机关 8 所,实业机关附设的职业学校 24 所,慈善或感化性质的职业教育机关 132 所,军队附设的职业教育机关 6 所。[①]

1926 年 1 月,黄炎培发表《提出大职业教育主义征求同志意见》一文,它与《学校教育采用实用主义之商榷》《中华职业教育社宣言书》并称黄炎培的三篇教育名文,也是职业教育思潮与运动的三篇代表性文献。但是,“大职业教育主义”的提出,“导致了职业教育特定内涵的淡化”,标志着职业教育思潮与运动的转向与流变,“也标志着职业教育思潮的消退”。[②] 从此,职业教育思潮与运动由平民化走向乡村化,由多样化走向教育实验区化,由社会化而走向社会改造化,最终被平民教育、乡村教育、生活教育思潮与运动所融化,进入 20 世纪 30 年代,中国的职业教育实践仍然活跃,职业教育事业仍有发展,中华职业教育社及其代表人物仍在活动,但职业教育思潮与运动渐趋沉寂。

职业教育思潮与运动归于沉寂,甚或有人称为“失败”的原因,已经多有总结,无非是政治的不良、经济的不发达、社会上的普遍重升学轻职业等。可以说,凡是思潮与运动,必有潮起潮落,职业教育思潮与运动引领教育界之风骚竟达 10 年左右,不可谓不久矣,其影响不可谓不大矣。那么,其归于沉寂除了政治、经济、社会文化等宏观、间接的原因之外,更为直接的因素是什么呢?

一则,职业教育的核心目标是“生计”,是“使无业者有业,使有业者乐

① 孙祖基:《十年来中国之职业教育》(1925 年),载《教育与职业》第 85 期。转引自王炳照等总主编,田正平主编:《中国教育思想通史》(第 6 卷)(1911 至 1927 年),湖南教育出版社 1994 年版,第 143—144 页。
② 王炳照等总主编,田正平主编:《中国教育思想通史》(第 6 卷)(1911 至 1927 年),湖南教育出版社 1994 年版,第 117、118 页。

业"，而职业学校毕业生无业、失业，恐怕是黄炎培等职业教育倡导者、办学者的最大困惑和苦恼。虽然未见当时职业学校的就业率、起薪值、薪酬增长值等统计数据，但从当时黄炎培等人探讨的话题、通信，以及加强职业学校学生个人创业能力培养等方面，可以看出这是一个现实而严峻的问题。甚而，未受职业教育者可能就业，而付出了个人成本、社会成本的接受职业教育者未必就业，这实在是一个绝大的矛盾。其实，与就业率直接相关的不是经济发展水平、GDP（国内生产总值）增长水平，而是就业弹性系数。不同的经济发展阶段、产业结构，就业弹性系数不同，对于各级各类教育毕业生的就业影响也不相同，可能"民工荒"与大学毕业生就业难并存。如果深入研究一下"五四"运动前后中国的就业弹性系数，可能会对当时职业学校毕业生就业难甚至无业、失业，做出更为合理的解释，给黄炎培等人一个当代答案。

二则，与上述原因相关联，正因为职业学校毕业生就业难，甚至无业、失业，当时的职业教育家们就向内归因为职业学校的培养模式不合理、与职业界的联系不紧密、培养对象不够大众化、培养目标不够实用化，因此愈益强调平民化、社会化。其实，在职业教育家们的头脑中，平民化、社会化都是一种理念、一个模糊的概念，并没有清晰的量化界定。职业培训、职业补习应该平民化和社会化，但职业学校究竟平民化、社会化到何种程度，则是需要研究的动态问题。当时的职业学校是培养技工还是一般劳动力？当平民化至不需职业学校专门培养也能就业，又有谁会来上职业学校？职业学校的毕业生又如何有就业竞争力？至于后来，将职业教育的重点转向农村，更无疑是对当时"职业""产业"的泛化和误解，"产业"之皮不存，"职业""职业教育"之毛安附？职业教育思潮与运动演化、异化为平民教育、乡村教育、生活教育思潮与运动，也就不足为奇了。

三则，职业教育家们夤缘时会，为职业教育在1922年新学制中谋得了绝大地位。尤其是通过课程融合、分科选科制等，在普通学校中为职业教育谋得了相当地位。在实际执行中，原有的实业学校或者独立改为职业学校，或者与普通中学合并成为综合中学的职业科，而由于职业科办学成本高、要求高，加之重普通教育、轻职业教育观念的影响，遇到办学困难的问题时，往往牺牲职业科、维护普通科，综合中学的职业科大多举步维艰、名

167

存实亡。也就是说,1922年新学制对于职业教育的重视、扩张,实践效果如何实在值得审慎评价;或者说,职业教育家们是否犯了一个战略性失误,在职业教育自身发育不足、立身未稳之际,就急于对不能令人满意的普通教育进行扩张、改造。1925年,全国附设职业科的中学仅57所,占全国中学总数687所的8.3%;共有职业学校846所。而1916年全国共有实业学校525所(其中乙种实业学校441所),1907年全国共有实业学堂137所(其中高等实业学堂7所),即初、中等职业学校(实业学校)在1907年至1916年间的年均增长率是26.6%,在1916年至1925年间的年均增长率是10.2%。[1] 形象地讲,就是职业教育思潮与运动搞了近10年,全国的职业学校由400多所增加至800多所,年均增加40所。也就是说,从康有为、张謇到黄炎培,从实业教育到职业教育思潮与运动,对于中国现代教育虽有极大的启蒙意义,但实践效果不可过分高估。由此亦可见,实业教育、职业教育和科学教育、工程教育是贯穿中国现代教育的重要命题和重大难题之一。

第四节　留学教育:"仿洋改制"

一、教育早期现代化中的清末留学运动

清末是中国留学运动的起步时期,大致包括幼童留美、船政学堂学生留欧、留日热潮和庚款留美四次重大活动。

洋务运动时期派遣幼童留学美国、派遣福州船政学堂学生留学欧洲,是最早、最有影响的向外国派遣留学生活动,是中国现代意义上最早的公派留学,标志着中国现代留学运动的开始。

幼童留美是19世纪七八十年代清政府派遣幼童赴美国留学及相关活

---

[1] 黄炎培:《三十五年来中国之职业教育》(1931年9月),见田正平等编:《黄炎培教育论著选》,人民教育出版社1993年版,第241—242页。

动的总称。1871 年,曾国藩、李鸿章接受容闳的建议,奏请朝廷"拟选聪颖幼童,送赴泰西各国书院,学习军政、船政、步算、制造诸学,约计十余年,业成而归,使西人擅长之技,中国皆能谙悉,然后可以渐图自强。""派员在沪设局,访选沿海各省聪颖幼童,每年以三十名为率,四年计一百二十名,分年搭船赴洋,在外国肄业,十五年后,按年份起,挨次回华。计回华之日,各幼童不过三十岁上下,年力富强,正可及时报效。""幼童回华时,由驻洋委员胪列各人所长,听候派用,分别奏赏顶带、官阶、差事。此系官生,不准在外洋入籍逗留,及私自先回,遽谋别业。"①所奏获得批准。为此,李鸿章专门在上海设立"幼童出洋肄业局",作为幼童出国前的招选、培训与管理机构;在美国设立"中国留学事务所",负责幼童在美的管理与"中学"及思想政治教育工作。120 名留美幼童主要来自广东（84 人）与江苏（20 人）两省,尤其前两批更主要来自广东,60 人中广东籍者 48 人;其中,容闳的老家广东香山人又最多,120 人中竟有 39 人。② 当时,风气未开,不仅官僚家庭即使一般平民家庭也不愿将子弟送到万里之外的大洋彼岸,担心一去10 余载,生死未卜,前途难定,因此,首批招生并不顺利。总体来看,留美幼童主要来自最早的沿海开放地区广东、江苏两省③,有一定海外关系或与洋务、教会有联系的殷实之家。幼童赴美前,须与政府签订类似生死契约之类的合同。幼童抵美时,平均年龄为 12—13 岁。曾国藩、李鸿章将幼童留美作为一项重大而长远的事业,从首批派出到全部学习、实习结束回国总计 20 年,预算官银 120 万两,可谓投入巨大,尽心倾力。

1872 年 8 月 11 日,首批幼童由上海搭船赴美。1873 年 6 月、1874 年11 月、1875 年 10 月第二、三、四批学生各 30 名也按计划出发。其中,第二、第四批中分别另有 7 名和 3 名自费生随行。幼童抵美后,分散寄宿在

---

① 曾国藩、李鸿章:《奏选派幼童赴美肄业办理章程折》(1871 年 9 月 3 日),见陈学恂主编:《中国近代教育史教学参考资料》(上册),人民教育出版社 1986 年版,第 112—115 页。

② 参见陈学恂主编:《中国近代教育史教学参考资料》(上册),人民教育出版社 1986 年版,第 129—134页;陈学恂主编:《中国近代教育史教学参考资料》(下册),人民教育出版社 1986 年版,第 371 页。

③ 参见马永明:《关于晚清香山籍留美幼童的地域集中性——一个群体研究的视角》,载《中南民族大学学报》(人文社会科学版)2004 年第 3 期;林辉锋:《旅沪广帮与首次官派幼童留美》,载《集美大学学报》(哲学社会科学版)2004 年第 4 期;姜新、小雨:《晚清公派幼童留美计划与江苏》,载《徐州师范大学学报》(哲学社会科学版)2004 年第 2 期。

以康涅狄格州哈特福德和马萨诸塞州斯普林菲尔德为中心的 38 个城镇的教师、医生、牧师等家庭中,学习英文,熟悉生活,就地上学,逐步升入中学、大学。幼童在美之时,正是美国南北战争之后经济社会迅速发展的时期,美国逐步成为世界体系中最重要的一极;同时也正是美国科技取得重大突破、教育事业快速发展的时期,尤其留学生所在的马萨诸塞州及其周边,更是美国最先实行初等义务教育、最早建立师范学校以及高等教育最早发展起来的地区。

但是,1881 年 7 月,清政府决定提前撤回全部留美学生。这既有国内因素也有国际因素,既有必然因素也有偶然因素。其中,留学生监督陈兰彬、吴子登与国内守旧势力相互呼应,认为留学生已经"美国化",背离了培养目标,主张全部撤回,这是决定性因素;同时,19 世纪 80 年代美国接连发生排华事件,国会通过了禁止华工入美及居留法案,中美关系跌入低谷,并且美国拒绝按照最惠国互惠待遇及日本留学生成例允许中国留学生进入西点军校和海军学校学习,偏离了当年选派学生到美国"学习军政船政"的初衷;此外,1878 年部分留美幼童成立"中国基督归主团",信教剪辫,主张中国"基督化",引起清政府的愤怒与恐慌。在为期几年撤与不撤、全撤还是部分撤的争论中,李鸿章虽感全撤"极为可惜",试图调和挽回,但最终没有改变中央政府全撤的决定。可见,清政府提前撤回留美学生是一个多因素事件①,现代教育与传统教育的根本区别之一就是开始受到国际国内多因素变量影响。

1881 年 8 月 8 日、8 月 23 日及 9 月 27 日,留美学生除病故、先期遣回及拒不回国者 26 人外,其余 94 名分三批离美回国。其中,有学籍可考者 87 名,回国时读小学者 19 名、中学者 35 名、高等学校者 33 名,其中仅有詹天佑、欧阳赓两人刚从耶鲁大学毕业,尚有 10 余人正在耶鲁大学学习。这批留美学生回国之初,主要在上海、天津、福州等地李鸿章、沈葆桢主管的洋务机构从事一般性专业技术工作。第一批回国的 21 名学生均送电报局学习收发电报,第二、第三批福州船政局、江南制造局留用 23 名外,其余

---

① 参见潘向明:《留美幼童撤回原因考略》,载《清史研究》2007 年第 2 期。

50 名分拨天津水师、鱼雷、电报、机器、医院等处学习当差。① 但据统计,这些留美幼童的最终职业与去向是:国务总理 1 人、外交部长 1 人、公使 2 人、外交官 11 人、美国驻华使馆 2 人,海军将官 4 人、海军军官 8 人、海军一般军官 4 人、海军军医 3 人,电报局局长 4 人、电报局官员 6 人,铁路局局长 6 人、铁路局官员 14 人,工矿企业 7 人、兵工厂 2 人,侍郎 1 人、政府公职 7 人,大学校长 2 人、教师 1 人,转入商界 8 人,海关 1 人、律师 1 人、报业 1 人、在美工程师 1 人,其余不详或早年去世。② 他们主要集中在外交、海军、电报、铁路、工矿兵工企业等领域的中高级管理与技术层面。其中,著名者有民国首任国务总理唐绍仪,领导建成中国第一条自筑铁路——"京张铁路"的工程师詹天佑,开滦煤矿工程师吴仰曾,首任清华学校(清华大学前身)校长唐国安,北洋大学(天津大学前身)校长蔡绍基,驻美公使梁诚,驻英公使刘玉麟,清末邮传部侍郎朱宝奎,全国电政总局局长周万鹏、唐元湛、袁长坤,民初海军上将蔡廷干和中将徐振鹏、曹嘉祥、吴应科等。另外,在中法战争马尾海战中阵亡的有黄季良、杨兆南、薛有福、邝泳钟,在甲午中日战争中牺牲的有陈金揆、沈寿昌、黄祖莲。这些留美学生大多仅是美国中、高等学校的肄业生,回国之初也仅从事一般技术性工作,而二三十年间竟然大多成为中国现代化事业的精英,除了他们个人的努力,也恰恰证明了所谓"时也运也",即中国的早期现代化事业需要他们,他们符合中国现代教育的培养方向。

福州船政学堂学生留学英国和法国,是中国最早的公派留欧活动。早在 1866 年,左宗棠于福州创办了中国第一所近代化的海军造船基地——福州船政局,其所属船政学堂是中国近代第一所海军学校,专门培养轮船制造、驾驶和指挥人才,以发展中国现代海军。1873 年 12 月,船政大臣沈葆桢奏请选派船政学堂前学堂学生"赴法国深究其造船之方",选派后学堂学生"赴英国深究其驶船之方",获得朝廷批准,但因故搁置。1875 年 3 月,沈葆桢委派曾任船政监督的法国人日意格回国购买设备,并携带 5 名

---

① 参见田正平主编:《中国教育史研究·近代分卷》,华东师范大学出版社 2001 年版,第 55 页。

② 参见陈元晖主编,陈学恂等编:《中国近代教育史资料汇编·留学教育》,上海教育出版社 1991 年版,第 686 页;胡德海:《中国早期留美学生返国后的前程、事业与结局》,载《甘肃社会科学》2002 年第 5 期。

船政学堂学生随行,前学堂学生魏瀚、陈兆翱、陈季同被安排到法国船厂学习制造,后学堂学生刘步蟾、林泰曾被安排进英国学堂学习,并上英国军舰实习。其中,魏瀚、陈兆翱在法国学习至1879年1月方回国。1876年4月,北洋大臣李鸿章也派7名武弁乘德国教习归国之机随同赴德学习,其中3人学习至1879年方回国。这是中国公派留欧学生的先声。1877年1月,李鸿章、沈葆桢等再次奏请选派船政学堂学生赴英、法留学,到法国学习制造者,"务令通船新式轮机、器具无一不能自制";到英国学习驾驶者,"务令精通该国水师兵法,能自驾铁甲船于大洋操战";其中,杰出者还可学习矿学、化学与外交、国际法等,并制订了详细的实施办法与经费预算。① 仅十几天后,这项奏请就被批准,可谓神速。1877年3月,第一批船政学堂赴欧洲留学生在监督李凤苞、日意格带领下出国。其中,后学堂学生刘步蟾、林泰增、严复等12人赴英国、西班牙,6人直接上军舰实习,6人先进军校、后上军舰实习;前学堂学生14人(其中魏瀚、陈兆翱已经先期在法)、艺徒4人以及次年加派的艺徒5人均赴法国,前学堂学生9人直接进入兵工厂学习制造,5人入学校学习矿业,艺徒9人或直接进入工厂实习,或先入工程技术学校学习再进工厂实习;随员马建忠、秘书陈季同、翻译罗丰禄3人也利用业余时间进入法国、英国的学校学习外交、法律或化学。② 这批留欧学生在1880年前后陆续回国。1881年12月,第二批船政学堂学生10人赴英、法、德学习,1886年初全部回国。1886年4月,第三批船政学堂学生24人及天津北洋水师学堂学生刘冠雄等9人出国,分别于1889、1890年回国。

相对于幼童留美,船政学堂学生留欧具有鲜明的定向培养、专业研修的特点:一是培养目标与学习专业定向,即到法国、英国分别学习军舰制造与驾驶技术,以及相关基础学科和工程技术,培养现代海军装备与指挥人才。二是学生来源与去向定向,即主要从船政学堂学生中选拔派出,到国外后主要集中在英国格林威治皇家海军学校、法国海运工程学校、土伦海

---

① 李鸿章、沈葆桢等:《闽厂学生出洋学习折》(1877年1月13日),见陈学恂主编:《中国近代教育史教学参考资料》(上册),人民教育出版社1986年版,第153页。

② 参见陈学恂主编:《中国近代教育史教学参考资料》(上册),人民教育出版社1986年版,第161—181页。

军船厂等处学习、实习,回国后仍回福州船政局工作。三是在国内进行基础外语教学与专业培养,到国外进行专业学习与进修,相对提高了人才培养的层次与效益,降低了培养成本与风险。"1900 年前,清政府总共选派54 名青年学生在法国留学,其中 45 人达到高等教育程度",其中两人在著名学府巴黎高师毕业后,又通过巴黎大学的考试,于 1890 年获得数学和物理学双学士学位。[①] 四是重视专业实习实训,不仅到法国、英国后主要进入工程技术学校或海军指挥学校进行专业学习,而且大多直接或主要到工厂进行生产及管理实习、上军舰进行驾驶与指挥实习。

也正因为船政学堂学生留欧的这种特点,这些留学生回国后也主要是在舰船制造与装备、海军指挥等领域做出贡献。一则,他们逐步成为福州船政局以及中国舰船制造行业的第一代技术专家与工程管理专家,"制造船身学生魏瀚、郑清濂、吴德章,制造轮机学生陈兆翱、李寿田、杨廉臣等 6 员,自出洋艺成回华,先后派充工程处制造以代洋员之任,历制开济、横海、镜清、寰泰、广甲、龙威等船,均能精益求精"[②]。二则,他们逐步成为福建水师和北洋水师的舰船指挥官,成长为中国第一代现代海军将领,刘步蟾、林泰曾、萨镇冰、刘冠雄等皆出于此批学生,民国初年刘冠雄、萨镇冰、李鼎新等留欧学生先后出任海军总长。三则,他们逐步成为洋务水师学堂的教师与管理者,改变了外国教习独擅的局面,成为中国海军学校的第一代华人教官与领导,严复历任北洋水师学堂洋文正教习、会办、总办达 20 年,蒋超英、魏瀚也曾分别担任江南水师学堂和广东黄埔水师学堂总办。此外,这批留学生还为中国的思想启蒙与中西文化交流发挥了重要作用,严复翻译的《天演论》等著作在中国传播了社会进化论,深刻影响了 20 世纪初期的中国知识界与思想界;马建忠运用西方语言学方法所著《马氏文通》一书,是中国第一部系统的汉语语法著作。

清末留日热潮的直接动因就是中国在甲午中日战争中的惨败。《马关条约》签订,朝野震惊,日本问题开始受到关注。1896 年,清廷驻日公使

[①] 参见〔法〕巴斯蒂:《出国留学对中国近代世界观形成的影响——清末中国留法学生》,见中国社会科学院近代史研究所编:《近代中国与世界》(第 2 卷),社会科学文献出版社 2005 年版。

[②] 《署理船政大臣裴荫森片》(1888 年 2 月 5 日),见朱有瓛主编:《中国近代学制史料》(第 1 辑上册),华东师范大学出版社 1986 年版,第 430 页。

裕庚带领 13 名学生到日本留学,这既是清末留日运动的起源,也是中国人留学日本活动的起源。维新运动时期,"中华欲游学易成,必自日本始"之类的言论甚嚣尘上,维新派、洋务派等相与鼓吹。张之洞尤其重视向日本派遣留学生。如果说曾国藩、李鸿章对于公费留美有开辟之功,沈葆桢对于公费留欧有创始之功,那么张之洞对于留日教育则有推波之力,直接促使了清末留日热潮的形成。他认为,"出洋一年,胜于读西书五年","入外国学堂一年,胜于中国学堂三年";"游学之益,幼童不如通人,庶僚不如亲贵";"游学之国,西洋不如东洋:一、路近省费,可多遣;去华近,易考察;一、东文近于中文,易通晓;一、西学甚繁,凡西学不切要者东人已删节而酌改之,中、东情势风俗相近,易仿行,事半功倍"。① 张之洞长期主政的湖北,一度成为官费派遣留日学生最多的省份之一。由于维新运动的短命,留日工作议论多而实行少。进入 20 世纪,清政府实施新政改革,留日工作旧事重提。1901 年后,留日人数逐年增加,1905 年至 1907 年间达到鼎盛,几近万人;辛亥革命后,关心中国政治前途的留日学生纷纷辍学归国,清末留日热潮大幅降温。在清末留日热潮中,由于人数众多,人员芜杂,老幼悬殊,文化参差,难免鱼龙混杂,留而不学者不乏其人。即使真正的留学生,也是习速成科者多,习普通科者少;习文法师范者多,习科学技术者少。清末留日运动始终与国内政治运动相鼓荡,这种传统一直延续到民国年间。

庚款留美活动纵跨清末民国。1881 年幼童留美活动夭折后,中国人到美国留学的足迹并未断绝,公派、自费留学生零星不绝,1903 年前后有三四十人,有人推测,1906 年大致有几百人。1908 年,美国国会通过退还中国"庚子赔款"的议案,退款总额为 10785286.12 美元,从 1909 年至 1937年逐年退还,数额不等,规定此退款用于中国向美国派遣留学生等教育文化事业。具体实施内容包括,从 1909 年起,中国政府每年选派一定数量的青年到美国大专院校留学;创办清华学堂,作为学生留美预备学校;在北京设立游美学务处,负责留学生选拔等事宜;在华盛顿设立游美学生监督处,负责留学生管理等事宜。清政府对此举积极响应,制定了《收还美国赔款

① 张之洞:《劝学篇·游学》(1898 年 4 月),见陈元晖总主编,陈学恂等编:《中国近代教育史资料汇编·留学教育》,上海教育出版社 1991 年版,第 45 页。

遣派学生赴美办法大纲》，规定80%的学生需学习物理、化学、农业、矿业、机械、铁路等自然科学和工程技术专业，并进行极其严格的选拔考试。此后，公派、自费留美学生逐渐增加，至1911年已达650人。清政府虽然覆灭，但庚款留美活动继续进行，从1912年至1929年清华学堂改清华大学止，共派出庚款留美学生1000余人。

清末留学活动标志着中国现代留学教育与留学运动的肇始，与聘请外国教习等共同标志着教育国际交流与合作的起步，与创办洋务学堂、建立现代教育制度、停废科举制度等共同标志着中国现代教育的开端。

首先，国际化是现代教育的重要特征与属性，向外国派遣留学生，尤其政府公派留学生是现代教育政策的重要方面。培养国际化的高级专门人才及其导向作用，有利于打破封闭的中国传统社会，有利于传播现代科技知识和思想观念，它既是现代教育的组成部分，又为现代教育的发展开辟了道路。

其次，留学活动不仅利用外国优质教育资源培养了中国首批现代军事、工程技术、外交外语高级人才，而且通过他们与欧美教育界建立起直接联系，其中一批留学生成为洋务学堂等现代学校的教师及管理者、领导者，自觉或不自觉地引进西方教育理念与办学模式，对中国现代学校的创办及管理起到了引领与示范作用。

再次，留学活动将中国教育与世界教育直接而紧密地联系起来，将中国教育纳入世界教育整体化的进程，中国传统教育体系再也难以封闭下去了，中国教育再也不可能孤立于世界现代教育体系之外了，从人才培养的目标、规格到课程的设置、内容再到学校管理的制度、标准等，都必须考虑与世界现代教育的衔接与联系，都必须逐步学会在全球教育体系中确定中国教育的坐标。

最后，清末留学活动已经涉及现代留学教育的内外部各种问题，为后来留学教育的发展与管理提供了经验。

此外，幼童留美、船政学堂学生留欧等的选派对象、留学国别、培养模式、管理方式等都是不同的，留学生归国后在中国现代事业中发挥作用的领域也有区别，这实际为中国现代留学教育的价值判断与政策设计留下了可供深入思考之处——到底是百年大计、立足长远培养社会变革的领袖，还是急用先学、学以致用培养专业领域的技术专家？恐怕两者不可偏废。曾国藩、李鸿章在中国危急存亡之际，在美国南北战争刚刚结束尚未成为世界体系最重要一极之时，花费巨资，选派幼童，期效于20年甚至更久之后，除了容闳及中美外交的偶然性影响因素之外，今日观之，不能不慨其眼界、手笔之阔大。

二、康有为"仿洋改制"的留学教育观

康有为的维新变法思想有两个来源，一是"托古改制"，一是"仿洋改制"。"仿洋改制"又可具体分为"以日为法""以俄为师""以法为戒""以波兰为鉴"等几个方面，就是希望中国走日本明治维新式的道路，学习俄国彼得大帝的改革决心和勇气，避免法国那样的流血革命，吸取波兰因守旧而亡国的历史教训，其中心思想是在光绪帝领导下自我革新，学习日本建立君主立宪制政体和商品经济体制。学习日本和西方的方式有两种，一种是在国内学习，一种是到国外学习，到国外学习就是开展留学教育。康有为的留学思想是其维新思想的必然产物。并且，这也决定了他在维新运动时期的留学思想具有两个特点或两大重点，一是注重选派王公大臣等官员到国外游历，一是将留学的重点放在日本。

首先，康有为把选派官员特别是选派王公大臣等高管出国考察研修作为重中之重。

1895年之前，康有为曾经伏阙上书，要求改革，但都未达。他认为，日本和俄国的改革之所以成功，就是由于其王公大臣甚至皇帝都曾亲游外国，眼界大开，思想大变，归国之后致力改革；中国的改革之所以寸步难行，就是由于达官显贵们因循守旧，盲目自大，不了解世界形势。于是，他在《公车上书》中建议，选派官员出国游历以增广见闻，设立"使才馆"以培养外交人才，可谓其留学教育思想的端倪。

> 今宜立使才馆，选举贡生监之明敏辩才者，入馆学习，其翰林部曹愿入者听。……学成或为游历，或充随员，出为领事，擢为公使，庶几通晓外务，可以折冲。考俄、日之强也，由遣宗室大臣游历各国，又遣英俊子弟诣彼读书。……我亲藩世爵大臣，与国休戚，启沃圣聪者，而

不出都城，寡能学问，非特不通外国之故，抑且未知直省之为。一旦执政，岂能有补？大臣固守旧法，习为因循。虽利国便民，力阻罢议，一误再误，国日以替。宜选令游历三年，讲求诸学，归能著书，始授政事。其余分遣品官，激励士庶，出洋学习，或资游历，并给凭照，能著新书，皆为优奖，归授教习，庶开新学。则上之可以赞圣聪，下之可以开风气矣。①

在《上清帝第三书》中，他又重复了以上建议。在《上清帝第五书》中，他又请求，"分遣亲王大臣及俊才出洋，其未游历外国者，不得当官任政"②。1898 年 6 月 1 日，他还代杨深秀拟奏请派近支王公出国游历。

顷割地纷纭，由我闭关守旧，王公大臣未尝游历，故为强敌所胁也。……臣愚谓采万国之良法，当自游学始；练天下之人才，当自王公始。伏乞断自圣衷，变通旧例，特派近支王公之妙年明敏有才志者，游历泰西各国；其有美志良才，自愿游学习政习兵者，尤有裨益，乞准其所请。③

康有为因何一而再、再而三地请求选派王公大臣等官员出国考察研修呢？这是因为，维新变法本来就是一场自上而下的改革，即借助当权者的权势来推行自己的政治主张，实现自己的政治目的。经过多次的政治较量，他对年高体弱、顽固守旧的元老派已经不再抱任何幻想，而是寄希望于在中央政府中塞进一批少壮派。这一点，从他自述光绪帝召见时二人的对话中清晰可知。

---

① 康有为：《上清帝第二书》（1895 年 5 月 2 日），见姜义华、张荣华编校：《康有为全集》（第 2 集），中国人民大学出版社 2007 年版，第 43—44 页。
② 康有为：《上清帝第五书》（1898 年 1 月初），见姜义华、张荣华编校：《康有为全集》（第 4 集），中国人民大学出版社 2007 年版，第 5 页。
③ 康有为：《请派近支王公游历片》（1898 年 6 月 1 日），见姜义华、张荣华编校：《康有为全集》（第 4 集），中国人民大学出版社 2007 年版，第 64 页。

吾知上碍于西后无如何,乃曰:就皇上现在之权,行可变之事,虽不能尽变,而扼要以图,亦足以救中国矣。惟方今大臣,皆老耄守旧,不通外国之故,皇上欲倚以变法,犹缘木以求鱼也。

上曰:伊等皆不留心办事。

对曰:大臣等非不留心也,奈以资格迁转,至大位时,精力已衰,又多兼差,实无暇晷,无从读书,实无如何。故累奉旨办学堂、办商务,彼等少年所学无之,实不知所办也。皇上欲变法,惟有擢用小臣,广其登荐,予以召对。察其才否,皇上亲拔之,不吝爵赏,破格擢用。……

上曰:然。①

正是出于以上目的,他期望通过出国考察研修和留学教育来培养一批具有新思想、新知识、新作风的少壮派。在《日本变政考》中他说:

吾今出洋游学之事,亦必不能已,但必宜派通学妙年之士大夫,若翰林部曹、候补道府州县,上及近支亲郡王、贝勒、贝子、公、将军,皆出学外国分习诸科,则归来执政,人才不可胜用矣。

今之大臣不能不用其年力稍强、稍有才志者,宜皆命出洋游学,或多命亲王重臣,俾广其学识,学成而归,尤易见效。②

在这一点上,康有为和张之洞之间有着思想共通之处。张之洞在1898 年 4 月所著的《劝学篇·幼学》中说,"游学之益,幼童不如通人,庶僚不如亲贵",并举日、俄、暹罗三国为例证明。

日本小国耳,何兴之暴也! 伊藤、山县、梗本、陆奥诸人,皆二十年前之出洋学生也……学成而归,用为将相,政事一变,雄视东方。不特此也,俄之前主彼得,愤彼国之不强,亲到英吉利、荷兰两国船厂,为工

---

① 康有为:《我史》(1899 年 1 月),见姜义华、张荣华编校:《康有为全集》(第 5 集),中国人民大学出版社 2007 年版,第 93 页。

② 黄明同等编:《康有为早期遗稿述评》,中山大学出版社 1988 年版,第 132、166 页。

役十年……归国之后，诸事丕变，今日遂为四海第一大国。不特此也，
暹罗久为法国涎伺……暹王感愤，国内毅然变法，一切更始；遣其世子
游英国，学水师。……暹王亦自通西文西学，各国敬礼有加，暹罗遂以
不亡。①

一个多月后，康有为在代杨深秀拟的《请派近支王公游历片》中，也举日本
和暹罗为例来论证自己的观点。

日本变法维新，派炽仁亲王、有栖川亲王、小宫丸亲王出游泰西，
分习诸学，故能归而变政，克有成效。暹罗变法，亦使其亲王游历泰
西，去年暹王且躬自额岁，故近年政治丕变，西人畏之，不敢逼胁。②

至于俄国彼得大帝的事迹，更为康有为所频繁称引。此外，几乎在康有为
代杨深秀拟折的同时，侍郎荣惠也曾上过一道类似的奏折并引起朝廷的重
视。于是，1898 年 6 月 11 日便有了选派宗室王公出国游历的上谕。

其次，康有为将日本作为出国考察研修和留学教育的首选之地。

康有为所谓的维新变法，其实就是要以日本为榜样，走明治维新式的
道路。他认为，中日两国国情相似，日本因学习西方进行变法而取得成功，
中国只要学习西方进行变法也会取得成功。而且，日本在学习西方时，已
经对其政治制度、文化思想等进行过一番细致地比较、选择、吸收、消化、改
造和融合，去粗取精，去伪存真，因此，中国只要学习日本即可，而不必直接
学习西方，以期减少摸索的时间和尝试的代价。他在《日本变政考序》中
充分表达了这种思想，把学习日本作为中国维新变法的必由之路和终南
捷径。

臣考日本之事，至久且详；睹前车之覆，至险可鉴。若采法其成

---

① 陈元晖总主编，陈学恂等编：《中国近代教育史资料汇编·留学教育》，上海教育出版社 1991 年版，
第 44—45 页。
② 康有为：《请派近支王公游历片》（1898 年 6 月 1 日），见姜义华、张荣华编校：《康有为全集》（第 4
集），中国人民大学出版社 2007 年版，第 64 页。

效,治强又至易也。大抵欧美以三百年而造成治体,日本效欧美,以三十年摹成治体。若以中国之广土众民,近采日本,三年而宏规成,五年而条理备,八年而成效举,十年而霸图定矣。臣荷皇上非常之知,筹为中国自强之计,未有过此。皇上若采臣言,中国之治强,可计日而待也。①

1898 年四五月间,日本照会中国表示愿意接受 200 名中国留学生并提供学费。康有为听到这个消息非常高兴,便于 6 月 1 日代杨深秀拟了《请派游学日本折》上奏,认为留学日本具有"政俗文字同则学之易,舟车饮食贱则费无多"等种种便利,宣称"中华欲游学易成,必自日本始",请求"饬下总署速议游学日本章程,准受其供给经费;其游学之士,请选举贡生监之聪敏有才、年未三十已通中学者,在京师听人报名,由译署给照,在外听学政给照"②。

在这一点上,康有为与张之洞之间也有着思想共通之处。张之洞在《劝学篇·游学》中便称:

> 游学之国,西洋不如东洋:一、路近省费,可多遣;一、去华近,易考察;一、东文近于中文,易通晓;一、西学甚繁,凡西学不切要者,东人已删节而酌改之。中东情势,风俗相近,易仿行,事半功倍,无过于此。③

于是,便有了 8 月 2 日命各省选派学生赴日本留学的上谕。这为清末留日热潮的到来开启了先声。

《戊戌奏稿》中另辑有《请广译日本书派游学折》,系康有为百日维新失败后的补撰之作,却可反映出其留学教育观的微妙变化和发展。他认

---

① 康有为:《进呈〈日本变政考〉序》(1898 年 6 月 21 日后),见姜义华、张荣华编校:《康有为全集》(第 4 集),中国人民大学出版社 2007 年版,第 105 页。
② 康有为:《请议游学日本章程片》(1898 年 6 月 1 日),见姜义华、张荣华编校:《康有为全集》(第 4 集),中国人民大学出版社 2007 年版,第 66 页。
③ 陈元晖总主编,陈学恂等编:《中国近代教育史资料汇编·留学教育》,上海教育出版社 1991 年版,第 45 页。

为，日本"工艺少阙，不如欧美"，故应将留学的重心由日本转向欧美，学习的重点由社会科学转向科学技术，主张留日学生应以自费为主，学习内容应以师范和速成科为主，这表明留学日本在其心目中的地位已经下降。

> 若夫派游学乎，则宜多在欧美矣。书者空言也，实行之事，非深久游入其学校，尚虑不能深明之。且欧美近今之盛，实以物质故。……律、医二者，我宜缓学。自哲学、海陆军、化电、光重、农工、商矿、工程、机器，皆我所无，亟宜分学，每科有二三百人矣，其后岁岁议增。……惟日本道近而费省，广历东游，速成尤易，听人士负笈，自往游学，但优其奖导，东游自众，不必多烦官费。但师范及速成之学，今急于须才，则不得已，妙选成学之士，就学于东。①

与以上思想一脉相承，他在 1905 年所著的《物质救国论》中，也辟有这样一些专节：《派游学宜往苏格兰学机器》《学电莫如美汽机亦在》《职工学宜往德》《画学乐学雕刻宜学于意》。康有为留学教育观的这种变化，固然与他此时基于"物质救国"的实业教育思想有关，但也说明，流亡海外后他对西方有了亲身感受和更加深刻的认识。

百日维新失败后，康有为、梁启超、徐勤等维新派先后流亡日本。几乎同时，孙中山也从欧洲抵达日本，并在此一住数年。这样，无论维新派还是革命派，都将自己的组织重心从国内转移到国外，当时的日本成为中国政治避难者的聚居地，日本人统称他们为"亡命客"。随着留日学生的增多，维新党与革命党都将其视为争取对象和组织基础。正如有的日本学者所说："不论维新党也好，革命党也好，一旦失败，则逃亡日本，这似成为当时的公式。……亡命客周围常有留日学生相从，有如众星捧月，为了追随亡命客而赴日留学的人，更如铁之为磁石所吸引。严格而言，亡命客与留日学生之间往往不易加以区别，尤其是那批政治犯，他们亡命日本之后，多真

---

① 康有为：《请广译日本书派游学折》（1898 年 6 月 1 日），见姜义华、张荣华编校：《康有为全集》（第 4 集），中国人民大学出版社 2007 年版，第 68 页。

正成为留日学生;他们也可以说是追随大亡命客的小亡命客。"①

起初,维新党比革命党在留学生中拥有更大的影响。1900年,受康有为和孙中山双重领导的唐才常在上海筹建"中国国会",组织自立军,企图效法日本的"扶藩勤王",以武力恢复光绪帝的权力,留日学生纷纷参加。张之洞镇压自立军后,曾发表过《劝戒上海国会及出洋学生文》,便将矛头直指"首犯"康有为。

> 惟愿自今以后,国会诸人以及各省游学诸生……勿为康党所愚,勿蓄异谋以枉其天才,勿助凶人以残其种类。即使真系康党,亦多由草野寡陋,不晓朝事,受其欺笼,以逆为忠,致兹诖误。……今日除康、梁二人外,其康党曾与诡谋,而逆迹尚未昭著者,果能憬悟改行,勿作非,勿惑众,官司亦自不株连穷治。②

康有为自然不甘示弱,也在同年12月接连发表《代上海国会及出洋学生复湖广总督张之洞书》《驳张之洞劝戒上海国会及出洋学生文》《惜张之洞劝戒文措词未善》等文章,洋洋数万言,极尽批驳讽刺。这样,康有为、张之洞二人关于留学教育的思想共通之处完全看不到了,只剩下赤裸裸的针锋相对的斗争。其实,在此前一年日本贵族近卫笃唐访华时,张之洞就曾当面提出抗议,抗议允许康有为、梁启超居留日本及其对留日学生的影响。③

由上可见,康有为的留学教育观严格来讲更像一种干部出国考察研修观,是与其维新变法思想互为表里并为之服务的,与张之洞等同时代人物比较,多的是共识,缺乏的是出类拔萃之见,如果要讲他的特色或者说启蒙之处,就在于它是以"仿洋改制"为基调的。

---

① 〔日〕实藤惠秀:《中国人留学日本史》,谭汝谦、林启彦译,生活·读书·新知三联书店1983年版,第342页。
② 上海市文物保管委员会编:《康有为与保皇会》,上海人民出版社1982年版,第66页。
③ 参见〔美〕费正清主编:《剑桥中国晚清史》(下册),中国社会科学出版社1985年版,第415页。

第五节　华侨教育："保教保皇"

一、百日维新前："保教维新"的华侨教育观

　　清末的海外华侨教育经历了从华侨自发行为到清政府行为，从私塾教育到学校教育，从基础文化知识教育为主到文化认同教育为主的发展。

　　早在雍正七年（1729 年），荷兰所属殖民地印度尼西亚的华侨，就在其首府巴达维亚（今雅加达）建起了明诚书院，这所书院一直办了 100 多年；嘉庆二十年（1815 年），马来西亚的华侨在马六甲建起了英华书院；等等。早期的侨校大都是私塾性质，规模狭促，水平较低，兴废无常，但不绝如缕，整体是随着海外华侨数量增多、事业拓展而不断发展的。

　　清政府的华侨政策有一个转变过程。清代中前期，认为侨民是去夏变夷，通敌叛国，采取禁止和遗弃态度，称"凡官员兵民私自出海贸易及迁海岛居住耕种者，均以通贼论处斩"。鸦片战争以后，闭关锁国政策被迫瓦解，华侨政策也开始松动，1842 年《中英南京条约》中首条即规定，"嗣后大清国大皇帝、大英国大君主永存和平，所属华英人民彼此友睦，各住他国者必受该国保佑身家安全"，清政府不得不开始默认华侨存在的事实；1860 年《中英北京条约》中更规定，"凡有华民情甘出口，或在英国所属各处，或在外洋别地承工，俱准与英民立约为凭，无论单身或愿携带家属，一并赴通商各口岸，下英国船只，毫无禁阻"，这表明侨民合法化。1875 年起，清政府先后在英、法、西、德、日等国设立使领馆，驻外使节每每向本国政府进行汇报和向外国政府提出交涉，要求保护华侨的利益。1893 年，总理衙门请求"敕下刑部将私出外境之例，酌拟删改，并由沿海督抚出示晓谕，凡良善商民，无论在洋久暂，婚娶生息，一概准由出洋大臣或领事官，给予护照，任其回国治生置业，与内地人民一律看待，毋得仍借前端讹索，违者按律惩治"，表明清政府开始形成公正合理的华侨政策。随着华侨政策的转变，清政府也开始将华侨教育纳入视野。百日维新中，光绪帝曾下谕，命驻外

使臣鼓励各地华侨兴办教育事业。

康有为此时的华侨教育观是以"保教维新"为基调的。所谓保教,实质是他从孔教教育家的立场出发,开展文化传播、文化推广乃至文化输出。在《公车上书》中,康有为建议朝廷派人到南洋一带建庙布教,可谓其华侨教育观的嚆矢。

> 南洋一带,吾民数百万,久隔圣化,徒为异教诱惑,将沦左衽,皆宜每岛派设教官,立孔子庙,多领讲学生分为教化。将来圣教施于蛮貊,用夏变夷,在此一举。[①]

1897 年,康有为还参与创办日本华侨学校——横滨大同学校,据以为维新变法之海外基地。据同盟会元老冯自由的《革命逸史》记载,其父冯镜如是旅日侨商,曾对孙中山多有资助,1896 年任兴中会长崎支部负责人,年仅 14 岁的冯自由也随父入会,后来又成为同盟会会员。同年,冯镜如送他和另一兴中会会员侨商子弟谭赓到东京晓星学校学习。该校系法国天主教会所办,当时有学生 200 余人,其中 2/3 是旅日欧美侨童,再就是日本儿童,华侨儿童只有冯自由、谭赓二人,他们饱受欺侮。

> 西童因吾国人少,以为可欺。恒歌中国人污秽 Chinese people, too much dirty 一语,以示侮辱,且于运动场中屡向余等寻衅殴击,余不能堪,为自卫计,尝以爪伤西童,致为校长惩罚。因是西童多呼余为猫,对余等益恣狂殴。余二人不得已每于休息期间,匿于厕所附近之小院避之。西童凶者求余不得,乃扬言华人多患腹泻。余在此校四月,卒以不堪西童帝国主义之压迫,退学归横滨。[②]

当时日本的华侨教育很落后,为了解决华侨子弟上学问题,冯镜如联合侨

---

① 康有为:《上清帝第二书》(1895 年 5 月 2 日),见姜义华、张荣华编校:《康有为全集》(第 2 集),中国人民大学出版社 2007 年版,第 43 页。

② 冯自由:《革命逸史》(初集),中华书局 1981 年版,第 51 页。

商邝汝磐等人准备筹设一所新式侨校，聘请国内通晓新学的人士来担任教师，并就此事与孙中山商谈。孙中山为学校起名"东西学校"，但兴中会缺少文士难以提供师资，孙中山在日的主要助手陈少白与康有为、梁启超有过交往，冯镜如又与康有为是广东南海同乡，邝汝磐就派专人持陈少白的介绍信赴上海请求康有为、梁启超帮助。见面后，康有为因梁启超正在主持《时务报》笔政难于分身，便推荐自己的另一高足徐勤担当此任，并派林奎、陈汝成、汤觉、陈和泽等优秀学生前往担任教师。行前，康有为感觉"东西"二字不雅，特为命名"大同"，并亲笔题写"大同学校"四字门额相赠。徐勤一行抵日后，华侨"众人见了他们，真是欢喜无限，优礼有加，赶着预备正式开学"。

此时，康有为和孙中山都在寻求救国之路，革命派的政治纲领尚不系统，维新派也还不像后来那样崇尚君权，两派尚存在合作的基础。徐勤到达日本后，与孙中山、陈少白等"彼此往来异常亲热，真无所谓有彼此之分"[1]。1897 年冬，横滨大同学校正式开学，由徐勤担任校长。起初，两派合作较为融洽，学校"专以救国勉励学生"。徐勤像康有为一样是位天才的演说家，经常给学生演讲时事，慷慨激昂，闻者无不动容。他让学生在黑板和课本上写下这样一条座右铭："国耻未雪，民生多难，每饭不忘，勖哉小子"，每次放学时师生都要共同高呼一遍。他还编了一首短歌让学生唱，歌词是："亡国际，如何计；愿难成，功莫济。静言思之，能无恶愧！勖哉小子，万千奋励！"

但是，维新派与革命派合作之中已掩藏着分裂的先兆。康门弟子都用粤语教学，使许多非粤籍学生听不懂讲课，深以为苦。而且，"徐勤于讲学之暇复承康有为命，以振兴孔教为务"，命学生每星期日到孔子画像前行三拜九叩礼，引起一些信仰基督教学生的抵触。学生赵子彬因拒绝跪拜，被老师陈和泽勒令退学，从而使华侨中的基督徒大生反感。徐勤还专程拜访日本著名汉学家、东京帝国大学文学院院长根本通明博士，相约共同以宣扬孔教为己任。1898 年孔子诞辰纪念日，他们假中华会馆举行盛大庆

---

[1] 中国史学会编：《中国近代史资料丛刊·辛亥革命》（第 10 册），上海人民出版社 1957 年版，第 46 页。

祝集会,尊孔之声,一时迷漫于日本华侨界。百日维新后,康有为俨然帝师,徐勤等一班弟子认为维新有望,中国有救,惧怕号召反清革命的孙中山、陈少白等人妨碍其事业,意加疏远。这时的大同学校,"所出课题,均属歌颂圣君誉扬新政之作"。冯自由等受孙中山革命思想影响的学生则说:"清主愈英明有为,则汉族愈不利,彼之厉行新政,实一种愚民政策,吾人有志救国,应从根本设想。"徐勤听到这种言论非常生气,把冯自由等叫去一顿申斥,要求他们放弃革命立场归于维新阵营。康有为流亡日本后,更将大同学校视为己有,采用《戊戌政变记》和《康梁诗集》作为教材。陈和泽竟在学校会客室贴上"孙文到不接待"的纸条,恰被孙中山来访时见到,便予责问,此事引起革命派和倾向革命派校董的强烈反应,大同学校面临解散危机。经日本人犬养毅出面斡旋,事态暂时平息,但两派分裂已不可免。不久,一些倾向革命派的华侨和非粤籍华侨另外组建了一所侨校——东京高等大同学校,而"横滨大同学校自是永为康党根据地"①。

二、百日维新后:"保皇立宪"的华侨教育观

百日维新失败后,康有为开始了长达16年的政治流亡生涯,相应将政治重心撤向海外,将组织重心转向华侨,对华侨教育的重视也提高到前所未有的程度。康有为、梁启超等到达日本后,1898年12月梁启超主持的《清议报》便在横滨创刊,披露政变经过,揭露后党阴谋,宣扬光绪圣德,其言论比政变前激烈得多,"明目张胆以攻击政府",名重一时,传布甚广。1899年4月,康有为由日本抵达温哥华,次月,由加拿大赴英国,旋返加拿大。

1899年,加拿大粤籍华侨李梦九等人倡建了一所侨校,康有为给予热情鼓励,为之作《域多利(即维多利亚。笔者注)义学记》。该文不足千字,却较系统地表达了其华侨教育思想。他认为,海外华侨,勤劳勇敢,聪明好学,已为各国人民所公认;但是,漂泊异国的广大华侨,既没有机会普遍进入外国学校,又因华侨教育不发达而望洋兴叹。因此,应该大力发展侨校,使他们了解中华文化传统以寄托爱国之心,学习文化知识以增强谋生技

---

① 参见冯自由:《革命逸史》(初集),中华书局1981年版,第51—52页。

能,接受思想熏染以成为维新人才。其立场和出发点,依然还是"保教之大义"。

> 异邦人皆称吾国人勤苦坚忍,俭啬而聪敏,其入欧美各国之学,皆魁于列国,此天之假吾国人以殊质也。……惜万里重瀛,与中原文献不接,既未能深知吾国孔教之义,则亦未能入各国之校,以博通其国史、物理、政治教育工商之学,则辜负此通译提怀、聪敏之资矣。方今中国多艰,变法需才,游海外者,皆将来维新之俊杰也。……大集布施,一举而成是学……岂非尤明保种保教之大义者哉![①]

同年 4 月 20 日,他在鸟喊士晚士町(即加拿大新威斯敏斯特。笔者注)演讲时,更对华侨提出 3 点期望,希望他们热爱祖国,加强团结,遵守和尊重所在国的法律制度和风俗习惯,可谓其华侨教育思想的补充。

> 我敢敬告各乡里兄弟数言:第一,既在外国,当入境问禁,入国问俗,安分自重,无作非为,则外人亦当厚待而凌辱少矣。第二,凡吾国之人,同种同貌,皆为兄弟,宜勿分彼此,勿立疆界,力戒手足之相争,相亲相爱,相周相救,相恤相扶持。第三,凡吾中国人,立誓心雪国耻,日念波兰亡国之祸,永如牛马,互相激励发愤,日以忠君爱国相摩……联络并起,以自救其国,而自救其家。否则将来无国可归矣。[②]

1899 年康有为组织保皇会,亦标志着其华侨教育观在"保教维新"的基础上,进入以"保皇立宪"为主的新阶段,并以革命党作为主要竞争对手。

流亡海外的维新派必须从华侨中寻求经济援助,发展组织基础。1899年 7 月,康有为联合华侨李福基等人集议创立"保商会"。这是因为,"华

---

① 康有为:《域多利兴学记》(1899 年 4 月),见姜义华、张荣华编校:《康有为全集》(第 5 集),中国人民大学出版社 2007 年版,第 125 页。

② 康有为:《在温哥华鸟喊士晚士町埠演说词》(1899 年 4 月 20 日),见姜义华、张荣华编校:《康有为全集》(第 5 集),中国人民大学出版社 2007 年版,第 123 页。

侨十九皆商,故保商即保侨,亦即团结华侨以爱卫祖国之会也。旋有人献议保皇乃可保国,乃易名保皇会。时那拉氏与守旧派正谋危光绪,故保皇云者,当时抗那拉氏之谋而言,此保皇会之缘起"①。"保皇会"的全称是"保救大清光绪帝会",或"保救大清皇帝公司",亦称"中国维新会"。康有为任正总会长,梁启超、徐勤任副总会长。保皇会的宗旨是"专以救皇上,以变法救中国、救黄种为主。"康有为认为,"保国保种非变法不可,变法非仁圣如皇上不可"②。保皇会成立后,康有为派遣弟子徐勤、梁启田、陈继俨、欧榘甲等人分赴各地发展会员,建立组织,号称在 200 多个有华侨的城市开展活动,建立总会 11 个,支会 103 个,发展会员 100 余万人,借百日维新之余波,声势很大,革命党此时的影响还远不及保皇会。

保皇会此时声势影响之大,固由于时势使然,亦在于康有为的善于鼓动、组织和运作。保皇会是一个非常奇特的组织,既是以保皇变法相感召的政治团体,又是以"保救大清光绪帝股份公司"相吸引的投资基金组织。吸引华侨捐款不是无偿的政治捐献,而是有长久红利的战略投资。中长期来看,等到保皇成功、光绪复位、变法实施,凡保皇公司的投资股东将优先获得国内矿山、铁路、邮政、国家公司等战略性产业行业的开发经营权;近期来看,则将投资经营加拿大酒楼、墨西哥房地产及广西的银矿等,前景诱人,回报丰厚。也就是说,在运作手法上与早期的革命党不同,其中不乏忽悠、炒作的成分,在起初颇具煽动性和诱惑性。同时,康有为另有"一武一文"两大手法,所谓"武"就是实施政治暗杀,从百日维新期间酝酿刺杀荣禄,到在海外支持唐才常的自立军起义,谋杀广西振华实业公司负责人刘士骥,再到密谋暗杀孙中山,1915 年还曾策划武装倒袁。所谓"文"就是创办华侨学校,开展华侨教育。

> 顷得铭三电,云孙文复到纽约。前得卓如书,言孙文因吾会难,势运东学生(入京)谋害皇上,我已电北京泄之。宁我事不成,不欲令彼

---

① 康有为、康同璧等著,楼宇烈整理:《康南海自编年谱(外二种)》,中华书局 1992 年版,第 72 页。
② 康有为:《保救大清皇帝公司序例》(1899 年 10 月),见姜义华、张荣华编校:《康有为全集》(第 5 集),中国人民大学出版社 2007 年版,第 152 页。

事成也。此人险毒已甚，今复来此，必专为谋我。我还纽本无事，不过为开银行耳，然立于险地，实非宜（且拒约事泄），故决不东还，即入墨矣。今拟到新藩约铭三或季雨来一见，授以事乃行，到时或电汝来一见，亦未定。此人不除之，（与我）必为大害。已授意铭、雨，并复呼岳崧出办也。惟铭、雨二人，皆胆小而多疑，又不能出手，恐败事。趁其来美（美律甚宽），最好除之。幸文惕有财权，可任大事（波利磨敢死部四十余人皆其至交）。岳崧与汝甚好（或汝令纯甫密约此贼，而彼等伏而去之），汝可与岳、文密谋勉厉之，穷我财力，必除之。如不在纽，则跟踪追剿，务以必除为主，皇上与我乃得安。铭、雨有他疑，汝密主之可也。余待后命。此与次女。两浑。九月廿二日。①

保皇会成立后，康有为为了在华侨中发展力量，不但频繁辗转各地演讲宣传，接连组织报刊鼓吹发动，还先后在各地领导创办了许多华侨学校，其中尤以东南亚和美国为最。1903 年 7 月，他在印度尼西亚"开报馆，立学校，到处演说"，并赋诗曰：

> 学校手开三十余，授经传教遣吾徒。
> 优优弟子三千众，西蜀文翁岂可无。②

1905 年被美国批准入境后，他开始将美国境内作为保皇会的主要基地进行经营，自称在美国领导设立了 22 所军训类学校，统一命名为"干城学校"，聘请美军退休军官对华侨进行军事训练，以期武力保皇，最盛时学生上千人。他在《干城学校歌序》中称：

> 吾旅美宪政会皆设兵校，凡二十二，延美兵官教之，吾名以干城学（校），学者千数。作此于来复日歌之。③

---

① 康有为：《致次女康同璧函》（1905 年 10 月 20 日）。康有为原信照片见江村：《康有为私人手札在沪披露：曾在美国密谋刺杀孙中山？》（2014 年 12 月 1 日），澎湃新闻网 www.thepaper.cn。
② 康有为、康同璧等著，楼宇烈整理：《康南海自编年谱（外二种）》，中华书局 1992 年版，第 108 页。
③ 《不忍》杂志（第 12 册），第 3 页。

康有为不仅利用学校、报纸进行教育鼓动,还写了大量诗歌让华侨传唱,进行熏陶感染,如《爱国歌》《爱国歌短行》《保皇会歌》《干城学校歌》《中华帝国宪政会歌》等。这些诗歌朗朗上口,从其歌词中可以想象当日风采。现录《保皇会歌》五章如下:

> 我皇上之仁圣兮,舍身变法以救民。维百日之新政兮,冠千古而耸万国人。

> 痛奸贼之篡废圣主兮,尽撤新政而守旧。
> 日卖地而卖民兮,嗟吾四万万人其将为奴绝种而圈后。

> 哀瀛台之幽囚兮,渺海波之浩隔。痛衣带诏之求救兮,伊中外而求索。
> 望黄种忠爱之壮士兮,思舍身救民之恩泽。共洒血以救圣主兮,乃可以新吾国。

> 皇上之不变法兮,可以不废。皇上之救民兮,遂丧宝位。
> 皇上之舍身为我民兮,胡不陨涕。

> 皇上之不复位兮,中国必亡。皇上之复位兮,大地莫强。
> 同志洒血而愤起兮,誓光复夫我皇。①

从 1900 年自立军起义失败后,一些康门弟子思想渐趋激进,梁启超、徐勤、欧榘甲、韩文举等人也倡言革命。一些保皇会会员也感到"保皇会备极忠义,而政府反以为逆党"②,致书康有为要求放弃保皇立宪:"事势如

---

① 康有为:《保救大清皇帝公司序例》(1899 年 10 月),见姜义华、张荣华编校:《康有为全集》(第 5 集),中国人民大学出版社 2007 年版,第 154—155 页。
② 康有为、康同璧等著,楼宇烈整理:《康南海自编年谱(外二种)》,中华书局 1992 年版,第 94 页。

此,不如以铁血行之,效华盛顿革命自立,或可以保国民。"①康有为为了反对这些言行,统一保皇会的思想,于1902年抛出了两篇重头文章——《答南北美洲诸华商论中国只可行立宪不可行革命书》和《与同学诸子梁启超等论印度亡国由于各省自立书》,集中论述中国只可实行君主立宪而不能实行革命共和。到1904年,康有为始游欧洲前的三年左右时间,是他在理论上又一次成果集中发表的时期,也是他在政治上日趋保守的时期。此时,以孙中山为首的革命派的力量有了很大发展,一面针对清廷发动起义,武力夺取政权,一面公开回击康有为和保皇会。1903年,章太炎发表《驳康有为论革命书》,全面批驳了康有为的保皇立宪观,论述中国革命的必要性和可行性;次年,孙中山发表《敬告同乡书》,指出"革命、保皇二事决分两途,如黑白之不能混淆,如东西之不能易位。革命者志在扑满而兴汉,保皇者志在扶满而臣清,事理相反,背道而驰",号召"大倡革命,毋惑保皇",坚决划清革命和改良的界限。② 此后,以康有为为首的保皇党和以孙中山为首的革命党,以华侨为主要对象展开了长达数年的论战。

19世纪与20世纪交会之际,保皇党和革命党各自为了争取华侨,都热衷于发展华侨教育,两派的竞争既推动了华侨教育的普遍发展,又使侨教呈现对立状态。不仅日本如此,其余地区也多是这样,在华侨教育最为发达的东南亚表现得尤为激烈。"其时,康有为亡命于南洋各地,到处讲学,受其影响者,颇不乏人。盖以当时革命党人之鼓吹,与夫热心之士,多方奔走,遂于光绪卅一年,在星洲一地即办有崇正学校、启蒙学校,翌年办应新学校、端蒙学校,而槟榔屿之邱氏新江学校亦成立。……然此犹有足述者,当时华侨,因受康有为与革命党人鼓吹之故,思想上形成两大对垒……(暹罗)若以立场分,中华学校是属于保皇党,新民学校则属于革命党。"③康有为及其领导的保皇会推动创办了许多华侨学校,不仅提高了华侨的文化素质和知识水平,增强了祖国认同感和海外生存能力,更重要的是,结束了华侨一盘散沙的局面,以保皇立宪的政治纲领取代了乡域、宗

---

① 康有为:《答南北美洲诸华商论中国只可行立宪不能行革命书》(1902年5月),见姜义华、张荣华编校:《康有为全集》(第6集),中国人民大学出版社2007年版,第312页。
② 中国社会科学院近代史研究所编:《孙中山全集》(第1卷),中华书局1981年版,第232—233页。
③ 参见张正藩:《近六十年来南洋华侨教育史》,台北文物供应社1956年版,第17—28页。

族、会党的关系纽带,使得海外华侨的精神面貌焕然一新,政治意识开始觉醒,不仅在革命派力量相对弱小的情况下显示出积极作用,也为以后革命团体的建立奠定了思想和组织基础。

1906年9月,清政府宣布"仿行宪政",这使正在欧洲旅行的康有为"大喜过望",认为光绪复位有日,自己归国有期,实行"君主立宪"也指日可待,便于10月发表《布告百七十余埠会众丁未新年元旦举大庆典告藏保皇会改为国民宪政会文》,信口曰:

> 顷自北京近要来书,皆言临朝甚悔戊戌之举,近与皇上相得甚欢,凡行政一切皆听上议行,故近者令若流水,焕然维新,虽未归政,而皇上日见有权,圣躬必可无恙,从此不复劳同志之忧矣。……苟行立宪,民可有权,国即能强,即驾于万国之上。夫革命之所望,亦不过至立宪而止极矣。[1]

大约同时,他又撰写了《法国大革命记》,以证明中国不但没有革命的必要,而且若实行革命必然带来大屠杀和大分裂。1907年3月,康有为从欧洲赶到美国,将保皇会改称"国民宪政会"或"国民宪政党",以为宪政一行就可回国组党参政,届时即算大功告成。但次年11月,他一向认为圣仁英明、春秋鼎盛的光绪帝去世,也使他的一切政治希望随之化为泡影,他宣称光绪之死"实由贼臣袁世凯买医毒弑所致"[2],接连发表《光绪帝上宾请讨贼哀启》《讨袁檄文》和《上摄政王书》,请求摄政王载沣杀袁世凯以报先帝。载沣自然杀不了袁世凯,康有为依然有国难投,眼睁睁看着国内立宪派纷纷攘攘,好不热闹,不禁有美人迟暮、明日黄花之感,哀怨道:"天马欲腾去,名姝未赎归。故国万花放,可惜老渔矶!"[3]

---

[1] 康有为:《布告百七十余埠会众丁未新年元旦举大庆典告藏保皇会改为国民宪政会文》(1906年10月),见汤志钧编:《康有为政论集》(下册),中华书局1981年版,第599页。

[2] 康有为:《光绪帝上宾请讨贼哀启》(1908年11月),见姜义华、张荣华编校:《康有为全集》(第9集),中国人民大学出版社2007年版,第15页。

[3] 康有为:《康南海先生诗集》(1888年至1927年),见姜义华、张荣华编校:《康有为全集》(第12集),中国人民大学出版社2007年版,第308页。

　　1911 年 10 月 10 日辛亥革命爆发，这是康有为始料所未及的。起初，他判断"以法国鉴之，革党必无成；以印度鉴之，中国必亡"①。但是，南京临时政府成立，清帝逊位，康有为已经无"皇"可"保"，必须及时修正自己的政治纲领，于是接连发表《救亡论》和《共和政体论》两篇长文，又为中国设计了"虚君共和"的新政体，即名义上保留君主，而实质为共和政体。

　　　　虚君者无可为比，只能比于冷庙之土偶而已；名之曰皇帝，不过尊土木偶为神而已。为神而不为人，故与人世无预，故不负责任不为恶也。今虚立帝号乎，则主祭守府，拱手画诺而已，所谓无为之治也。②

因为，"中国乎，积四千年君主之俗，欲一旦废之，以起争乱，甚非策也"；"与其他日寻干戈以争总统，无如仍迎一土木偶为神而敬奉之，以无用为大用，或可以弭乱焉"③。起先，他提倡仍以清帝为君，其后，竟提议以孔子之后"衍圣公"为君。康有为对自己发明的新政体颇为得意。

　　　　虚君共和，以共和为主体，而虚君为从体。故立宪犹可无君主，而共和不妨有君主。既有此新制，则欧人立宪、共和二政体，不能名定之，只得为定新名曰虚君共和也。此真共和之一新体也。④

　　20 世纪的最初 10 年，正是以孙中山为首的革命派逐渐取代以康有为为首的维新派，成为中国政治舞台主角的时期。康有为从"维新变法"到"保皇立宪"再至"虚君共和"的一系列政治设计，以据乱、升平、太平"三世说"来分别比附君主专制、君主立宪、民主共和制度，无论是他真的认为三世依次进

---

① 康有为：《与徐勤书》（1911 年 10 月 26 日），见姜义华、张荣华编校：《康有为全集》（第 9 集），中国人民大学出版社 2007 年版，第 200 页。
② 康有为：《救亡论》（1911 年 11 月），见姜义华、张荣华编校：《康有为全集》（第 9 集），中国人民大学出版社 2007 年版，第 238 页。
③ 康有为：《救亡论》（1911 年 11 月），见姜义华、张荣华编校：《康有为全集》（第 9 集），中国人民大学出版社 2007 年版，第 237 页。
④ 康有为：《共和政体论》（1911 年 12 月），见姜义华、张荣华编校：《康有为全集》（第 9 集），中国人民大学出版社 2007 年版，第 247 页。

化,循序渐进,将民主共和作为最高理想,如 1905 年他在美国游览时,赞颂华盛顿"不作帝王真盛德,万年民主记三坟"①,还是把"虚君共和"作为辛亥革命后的一种政治策略、权宜之计,其实他都已经是过气的政治明星,他的所谓政体设计除了自娱自乐,又有几个人还会真正听他絮烦?

清末华侨教育的推动力量,除了保皇党和革命党之外,还有第三支力量——清政府。清政府在覆灭前的最后几年,实行了一系列的积极措施,促进了华侨教育的迅速发展,这既是出于政治的要求,也是出于经济的需要。保皇派尤其是革命派,视海外为革命土壤,视华侨为革命种子,引起清廷的极大恐慌。1905 年以后,清政府多次派员赴南洋各地视察华侨教育,视察后得出的共同结论就是,既要大力发展,又要加强指导。1906 年,两江总督端方从国外考察回来,向朝廷汇报说:"近年以来,逆党孙汶(即孙文。笔者注)时至各埠演说革命宗旨,环听既众,即不免有为所煽惑之人。从前华侨皆故国衣冠,蓄有发辫,近颇有剪辫改装者。"②为了争夺华侨,清政府制定了大力发展华侨教育的政策,学部于 1907 年在《奏拟请派员赴美筹办侨民兴学事宜折》中称:

> 近年异说朋兴,邪慝之徒流毒海外,华侨之精明忠孝大义者固不至为其所诱,而劳力小人未尝学问,往往为所煽惑,不能辨其是非,沧海横流,固知所届,不可不预为之防。若施教以端趋向而正人心……宣谕华侨,务以忠君尊孔为宗旨,使该侨民知身居海外,仍在圣朝轸念之中,庶几因感生奋,愈以勤学问,笃悃忱,于维系人心,潜消隐患,不无裨益。③

此外,在清政府财政日益窘迫的情况下,侨汇成为重要的国际收入来源,发展华侨教育正可以提高侨商素质,增强其经济竞争能力。学部在同一奏折中还说:

---

① 陈永正编注:《康有为诗文选》,广东人民出版社 1983 年版,第 293 页。
② 端方:《端忠敏公奏稿·卷九》,台北文海出版社《近代中国史料丛刊》影印本,第 2 页。
③ 舒新城编:《中国近代教育史资料》(下册),人民教育出版社 1962 年版,第 832 页。

　　华人之在美者,大都习于工商,勤俭耐苦,终岁所赢,辇回中国,通商漏卮得以稍资补助。比年工商实业日即衰微,固由荷例使然,亦华民漫无学识,未能竞进;及今不图,再阅十年,恐知识愈加桎梏,生业愈形凋敝。①

这一时期,清政府的华侨教育举措主要有:一、组织侨胞成立学务总会,实行统一领导,促进相互交流,改变了侨校各自为政的局面,一些驻外使臣也纷纷捐助华侨教育,或者报请朝廷旌奖鼓励;二、加强办学指导,帮助侨校规划学制,制定章程,培养师资,补充经费;三、组织侨胞成立劝学所,提高侨胞入学率,增建侨校,填补侨区教育空白;四、鼓励侨胞回国投资建校,送子女回国就学,以增强祖国认同感,并于1906年在南京建立了第一所官办侨校——暨南学堂;五、1907年起学部并将华侨教育列入历年教育筹备事宜即教育整体规划之中。②

---

① 舒新城编:《中国近代教育史资料》(下册),人民教育出版社1962年版,第833页。
② 参见别必亮:《近代国内华侨教育的政策与措施》,载《史学月刊》2001年5期;别必亮、田正平:《近代华侨教育的历史考察》,载《杭州大学学报》(哲学社会科学版)1997年第4期;刘利:《论晚清时期的华侨教育》,载《暨南大学华文学院学报》2007年4期等。

第五章　救教:孔教教育家康有为

原创型教育家康有为,不仅是在政治层面以"救国"为己任的维新教育家,还是在文化层面以"救教"为追求的孔教教育家。作为孔教教育家,康有为的学派基础和学风特色是今文经学,他是最后的今文经学大师和原创性今文经学教育家,《新学伪经考》和《孔子改制考》两书是其今文经学代表作与教学成果。康有为的孔教思想,从维新运动前后到民国初年,再到其晚年,大致经历了"保教""创教""合教"三个阶段,既一以贯之,又与时俱化、各有特点。康有为的孔教思想的三个阶段,特别是后两个阶段,需要置于辛亥革命和新文化运动两次思想启蒙大潮之中,从传统文化本位主义如何因应拮抗的大背景来看待,它给我们留下了永恒性的现代文化和教育命题。

第一节　今文经学教育家康有为

一、《教学通义》中的经学教育思想

经学,简言之就是研究儒家经典尤指研究五经、十三经等儒家原典的学问,在中国古代既是学问,也是政治,既是身心性命之学,也是经国治民之术。在独尊儒术的古代中国,经学不仅是传统学术的主流,甚至几乎成为传统学术的全部。经学的研究范式,主要大致有两种,一种是注重训诂考据的古文经学或称汉学,一种是注重义理发挥、思想阐释的今文经学或称宋学。古代的所谓学术争鸣,主要是指经今古文之争、汉宋之争,宋学内部则是程朱学派与陆王学派之争及其相互借鉴吸收。佛、道两学主要被当作修道法门或个人偏好,在特定圈子中切磋交流,很少被官方认可为学问、学术来传授和研究;诗词歌赋和琴棋书画乃是风雅韵事、消遣爱好,充其量是技艺才华,是正学、正事之暇的"余事""末艺",一般不作为学问、学术来看待,甚至有时还认为过分用心于此,可能妨碍对于孔孟真谛的追求;天文、历法、算学、音律、农业、水利、机械、军事等科学技术知识,主要在专业人士、实际应用、师徒父子之中传授着,相对独立发展,经学家很少留意于此,充其量个别人稍通历法、音律而已,那也是作为儒经的注解而存在。在中国的传统知识体系中,能与经学并称为学问、学术的只有史学,而史学也是《春秋》等六经的推衍和证明。"六经皆史"是现代史学的观念,恰是对传统史学观的颠覆。

清代经学的发展历程包括三个阶段或者说三个方面。中前期,由于康雍乾三朝的提倡以及学者矫正明末心学流弊的自觉,程朱理学大行其道,并呈现正大、返本、致用的时代特点,不仅成为当时的学问正宗,而且终清一代作为政治主流;中期以后,乾嘉学派(汉学)崛起,蔚为大观,在一般人心目中程朱理学仅乃修身之学、政治之学,汉学才是真学问、真学术,成为清代学术中最有价值、最具特色、最接近现代学术的部分;中后期,以公羊学为代表的今文经学兴起。正如皮锡瑞在《经学历史》中所总结：

> （清朝）经学凡三变：国初，汉学方萌芽，皆以宋学为根柢，不分门
> 户，各取所长，是为汉、宋兼采之学。乾隆以后，许、郑之学大明，是为
> 专门汉学。嘉、道以后，又由许、郑之学导源而上……汉十四博士今文
> 说，自魏、晋沦亡千余年，至今而复明。实能述伏、董之遗文，寻武、宣
> 之绝轨，是为西汉今文之学。学愈进而愈古，义愈推而愈高；屡迁而返
> 其初，一变而至于道。学者不特知汉、宋之别，且皆知今、古文之分。①

其实，清代经学的这三个阶段或者说三个方面，并不是依次取代的，而是依
次兴起之后并存共生的。清代晚期的学术图谱真相，是宋学、乾嘉学派、今
文经学并存，并且都有发展，拥趸者各不乏人，只是今文经学以其标新立
异、异乎汉（乾嘉学派）宋，以及与现实政治的密切结合，使人耳目一新，在
争议中有振聋发聩之响。以至于"今文学忽而复活，居然在学术界有'当
者披靡'的现象。"②

　　康有为早年倾向古文经学。梁启超曾说："有为早年，酷好《周礼》，尝
贯穿之著《政学通义》（应为《教学通义》。笔者注），后见廖平所著书，乃
尽弃其旧说。"③今文、古文经学相区别的重要标志之一就是古文经学尊
《周礼》，崇周公；今文经学则尊《公羊》，崇孔子。康有为早年的学术思想
恰恰反映了前者。1878 年，他师从朱次琦读书时，就"大肆力于群书，攻
《周礼》《仪礼》《尔雅》《说文》《水经》之学"④。其中，《周礼》属于古文经
籍，《尔雅》《说文》属于"小学"，是研习经籍的工具书，是古文经学家的
"通经之邮"。1879 年，他受张鼎华的影响，"舍弃考据帖括之学，专意养
心。既念民生艰难，天与我聪明才力拯救之，乃哀物悼世，以经营天下为

---

① 皮锡瑞著，周予同注释：《经学历史》，中华书局 2008 年版，第 341 页。
② 周予同：《经学历史〈序言〉》（1927 年），见皮锡瑞著，周予同注释：《经学历史》，中华书局 2008 年
　版，第 2 页。
③ 梁启超著，朱维铮校注：《梁启超论清学史二种》，复旦大学出版社 1985 年版，第 63 页。
④ 康有为：《我史》（1899 年 1 月），见姜义华、张荣华编校：《康有为全集》（第 5 集），中国人民大学出
　版社 2007 年版，第 62 页。

志。则时时取《周礼》《王制》《太平经国书》《文献通考》《经世文编》《天下郡国利病全书》《读史方舆纪要》纬划之，俯读仰思，笔记皆经纬世宙之言。"①在他所列的经世致用之书中，首列《周礼》。1880年，他曾撰《何氏纠缪》，批驳东汉今文经学家何休。何休是公羊学大师，《春秋公羊传》又是今文经学的最重要典籍，可见他此时还不信奉此学。

康有为此时的学术思想主要体现在他1885年所著《教学通义》一书中。

首先，他认为周公胜于孔子。这是因为，周公有德有位，不为空洞说教，经书中的典章都是他的"经纶之迹"。

> （周公）承黄帝、尧、舜之积法，监二代之文，兼三王之事，集诸圣之成，遭遇其事，得位行道，故能创制显庸，极其美备也。②
> 周公以天位而制礼，故范围百官万民，无不曲备。③

反之，孔子不得天位，只能退而讲学。

> 孔子虽圣，而绌于贱卑，不得天位以行其损益百世、品择四代之学，即躬当明备，亦不过与史佚之徒佐翊文明。况生于春秋之末造，天子失官，诸侯去籍，百学放黜，脱坏大半矣。④
> 孔子以布衣之贱，不得位而但行教事……⑤

其次，他认为周公、孔子与六经的作用关系也不同。"经虽出于孔子，

---

① 康有为：《我史》（1899年1月），见姜义华、张荣华编校：《康有为全集》（第5集），中国人民大学出版社2007年版，第62—63页。
② 康有为：《教学通义·六经第九》（1885年），见姜义华、张荣华编校：《康有为全集》（第1集），中国人民大学出版社2007年版，第36页。
③ 康有为：《教学通义·六经第九》（1885年），见姜义华、张荣华编校：《康有为全集》（第1集），中国人民大学出版社2007年版，第36页。
④ 康有为：《教学通义·六经第九》（1885年），见姜义华、张荣华编校：《康有为全集》（第1集），中国人民大学出版社2007年版，第36页。
⑤ 康有为：《教学通义·六经第九》（1885年），见姜义华、张荣华编校：《康有为全集》（第1集），中国人民大学出版社2007年版，第36页。

而其典章皆周公经纶之迹。"①起初,六经俱有官守,但"自夷、懿以降,王迹
日夷,官守渐失",于是孔子"生失官之后,搜拾文、武、周公之道,以六者传
其徒,其徒尊之,因奉为'六经'"②。他又进一步说明,"诸经皆出于周公,
惟《春秋》独为孔子之作",然而,"谓后世皆《春秋》之治,诚所谓继周者
也"③。也就是说,孔子的《春秋》之功,最终还是由于"继周"、尊周公。

一般来说,今文经学家更加注意社会实际,但古文经学家也并非完全
躲入书斋。康有为更是如此,其"言古"最终还是为了"切今"。他认为,典
章制度不是一成不变的,主张"以时王为法"④,批评泥古不化。

> 后世不知守先王之道在于通变以宜民,而务讲于古礼制度之微,
> 绝不为经国化民之计,言而不行,学而不用。⑤

他迫切希望能够有像周公那样"有德有位"的圣君贤臣出来,以时王为法,大
治天下。康有为尊《周礼》、崇周公的目的,还是为了经世致用,这也可谓其
1895年伏阙上书的思想根源。当然,他此时的希望还寄托在"周公"身上,还
没有想到将孔子打扮成改制素王,将自己装扮成"长素"、当代孔圣。

康有为在《教学通义》中已表现出变革现实教育的强烈愿望。

首先,他开宗明义地说,师法先王的目的在于解决当今实际问题,修明
教化的目的在于达成天下治平。

> 今天下治之不举,由教学之不修也。……教学恶为不修?患其不
> 师古也。……恶为不师古?曰:师古之糟粕,不得其精意也。善言古

---

① 康有为:《教学通义·六经第九》(1885年),见姜义华、张荣华编校:《康有为全集》(第1集),中国
人民大学出版社2007年版,第38页。
② 康有为:《教学通义·失官第七》(1885年),见姜义华、张荣华编校:《康有为全集》(第1集),中国
人民大学出版社2007年版,第33、35页。
③ 康有为:《教学通义·春秋第十一》(1885年),见姜义华、张荣华编校:《康有为全集》(第1集),中
国人民大学出版社2007年版,第39、40页。
④ 康有为:《教学通义·从今第十三》(1885年),见姜义华、张荣华编校:《康有为全集》(第1集),中
国人民大学出版社2007年版,第44页。
⑤ 康有为:《教学通义·六艺(上)礼第十八》(1885年),见姜义华、张荣华编校:《康有为全集》(第1
集),中国人民大学出版社2007年版,第51页。

者,必切于今;善言教者,必通于治。①

进而,他批评了当时流行的考据学风,提倡学贵实用。

> 学而无用谓之清谈。清谈孔、孟然且不可,况今之清谈又在许、郑乎？……今言教学,皆不泥乎古,以可行于今者为用。②

其次,他从变革的思想出发,对科举制度进行了严厉的批判。这种批判的严厉,甚至超过他在百日维新中的态度。

> 今沿宋、明之旧,以科举选士,士咸在学校中;课四书五经之义以为文,士皆在义理中。魁杰之士舍此无可复进,故时出其间,以为可以育材得士矣。然士皆溺于科举,得者若升天,失者如坠渊,于是驱天下之人习哇滥之文。……不知古今,不通艺学,伥伥然若聋瞽,然可长驱登高,等为公卿。后生师慕,争相仿效,谬种相传,滔滔不绝,沛若江河,泛弥天下。……上者既无古人德行、道艺之教,下之并无后世章句文史之学,聚天下而为臭诉亡耻、嗜利无知之骇徒,国家其谁与立？由今之学,不变今之法,而欲与之立国牧民,未之有矣。③

再次,他推测了上古社会的教育形态,认为人类教育的萌芽是长幼之间的经验传递,最早的教育者是智慧超人的"智人""君子"。

> 老者传之幼者,能者告其不能者,此教之始也。幼者学于长者,不

---

① 康有为:《教学通义·题记》(1885 年),见姜义华、张荣华编校:《康有为全集》(第 1 集),中国人民大学出版社 2007 年版,第 19 页。

② 康有为:《教学通义·从今第十三》(1885 年),见姜义华、张荣华编校:《康有为全集》(第 1 集),中国人民大学出版社 2007 年版,第 45 页。

③ 康有为:《教学通义·立学第十二》(1885 年),见姜义华、张荣华编校:《康有为全集》(第 1 集),中国人民大学出版社 2007 年版,第 43—44 页。

能者学于能者,此学之始也。①

　　智人之生,性尤善辨,心尤善思,惟其圣也。民生颛颛顽愚,不辨
不思。君子所以异于小人者在斯。②

他认为,上古教育既教给人们伦理规范,也教给人们生产技能,二者并重,
而不是仅仅从德育的角度来谈教育起源问题。

　　礼教伦理立,事物制作备,二者人道所由立也。礼教伦理,德行
也;事物制作,道艺也。后圣所谓教,教此也;所谓学,学此也。③

他还认为,上古时期,民、士、官各有其教,所以天下治平;及至后来,唯士有
教,而且教不得法,所以天下难以治平。

　　后世不知其分擘之精,于是合教于学,教士而不及民;合官学于士
学,教士而不及吏;于是三者合而为一。而所谓教士者,又以章句词章
当之,于是一者亦亡,而古者教学之法扫地尽矣。二千年来无人别而
白之,治之不兴在此。④

　　总之,《教学通义》是康有为早期的重要著作之一,对研究他的学术思
想和教育思想有较大价值。从经今古文学的视角来看,它的总体立场还是
古文经学的,但其中所表达的治平天下的强烈愿望,以及对于考据学风的
严厉批评,已经蕴含着几年之后向今文经学转变的前兆。

---

① 康有为:《教学通义·原教第一》(1885 年),见姜义华、张荣华编校:《康有为全集》(第 1 集),中国
　　人民大学出版社 2007 年版,第 20 页。
② 康有为:《教学通义·原教第一》(1885 年),见姜义华、张荣华编校:《康有为全集》(第 1 集),中国
　　人民大学出版社 2007 年版,第 20 页。
③ 康有为:《教学通义·原教第一》(1885 年),见姜义华、张荣华编校:《康有为全集》(第 1 集),中国
　　人民大学出版社 2007 年版,第 20 页。
④ 康有为:《教学通义·原教第一》(1885 年),见姜义华、张荣华编校:《康有为全集》(第 1 集),中国
　　人民大学出版社 2007 年版,第 21 页。

二、最后的今文经学大师

清代中期，今文经学复兴，"庄存与揭橥于前，刘逢禄、宋翔凤接踵于后，形成'常州学派'，予清代政治思想以极大影响"①。其后，龚自珍、魏源又祭起今文经学的旗帜，将其作为社会批判的工具。康有为早年虽也曾研读今文经籍《春秋公羊传》，但并不专主。直至 30 岁以后，他才成为专门的今文经学家。若以学术水平而论，康有为在清代中后期今文经学家中未必是最高的；但以经学思想之原创性、影响力而论，康有为可谓今文经学的最后大师。

1888 年，康有为在北京上清帝第一书未达，返粤。1890 年，晤今文经学家廖平，他大受启发，从此"尽弃其旧说"，转向今文经学。廖平（1852—1932），字季平，四川井研人，平生致力经学，其学术思想"凡六变，其后三变杂梵书及医经刑法诸家，往往出儒术外。其第三变最可观，以为《周礼》《王制》，大小异制；而康氏所受于君者，特其第二变也"②。廖平经学第二变的特征是"尊今抑古"，即尊崇今文经学，贬抑古文经学，代表作是《辟刘篇》（后改称《古学考》）和《知圣篇》。抑古之说见于《古学考》，尊今之论见于《知圣篇》，核心思想与主要内容就是，古文经是刘歆作伪，今文经才是孔圣真传。③

其实，康有为在见到廖平之前，对今文经学已经有所接触。说他早年是一副古文经学家面孔，并非指其对今文经学毫无所知。因为，"康初从同县朱次琦学。朱治经，杂糅宋、汉、古、今，不讲家法"④。朱次琦的这种学风，恰被喜欢博学多览的康有为继承下来。1879 年，他受到张鼎华的影响，以读经世致用之书为主。在所读的书之中，除了《周礼》尚有《王制》，而《王制》是今文经籍。1880 年，他在居乡教授之余，"治经及公羊学"。虽然，他此时治公羊学的成果是《何氏纠缪》，是对今文经学的否定之作，但表明他对此是下过一番工夫的。

---

① 汤志钧：《近代经学与政治》，中华书局 1989 年版，第 67 页。
② 廖幼平编：《廖季平年谱》，巴蜀书社 1985 年版，第 94 页。
③ 参见陈德述等：《廖平学术思想研究》，四川社会科学院出版社 1987 年版。
④ 周予同著，朱维铮编：《周予同经学史论著选集》，上海人民出版社 1983 年版，第 21 页。

　　康有为专主今文经学以后,由尊《周礼》、崇周公转向尊《公羊》、崇孔
子。过去他认为,"有德有位"的周公胜于"不得天位"的孔子;现在他认
为,孔子有治理天下的才能而不居帝王之位,是"制法之王""素王"。东周
时期,天子失权,天下失道,既然没有"有德有位"的周公,就只得依赖有德
无位的"素王"孔子了。

　　过去他认为,"经虽出于孔子,而其典章皆周公经纶之迹";现在他认
为,"六经皆孔子所作",是孔子为改制而作,并且批驳古文经学家视孔子
为"述而不作"的观点。

　　　　然如旧说,《诗》《书》《礼》《乐》《易》皆周公作,孔子仅在删赞之列,
　　孔子之仅为先师而不为先圣,比之伏生、申公,岂不宜哉!……(刘)歆
　　欲夺孔子之圣而改其圣法,故以周公易孔子也,汉以前无是说也。汉以
　　前咸知孔子为改制教主,知孔子为神明圣王。……学者知"六经"为孔
　　子所作,然后孔子之为大圣,为教主,范围万世而独称尊者,乃可明也。①

过去,他尊《周礼》,不理解今文经学家因何尊《春秋》为孔子改制之书。

　　　　自周、汉之间,无不以《春秋》为孔子改制之书。尊孔子者,不类
　　后人尊孔子之道德,而尊孔子能制作《春秋》,亦可异矣。②

现在,他终于明白,这是因为《春秋公羊传》着重阐释《春秋》"大义",发挥
三统三世说,所以称其为改制之书。

　　这时,康有为因何要利用今文经学作为维新变法的理论基础和思想武
器?今文经学利用起来比古文经学有哪些方便呢?

　　首先,今文经学包含着丰富的"变易"思想,常引《易经》中名言"穷则
变,变则通,通则久"倡言变革。尤其,今文经学的核心范畴之一"三统说"

---

① 康有为:《孔子改制考·六经皆孔子改制所作考》(1892 年至 1898 年),见姜义华、张荣华编校:《康
　有为全集》(第 3 集),中国人民大学出版社 2007 年版,第 128 页。
② 康有为:《教学通义·春秋第十一》(1885 年),见姜义华、张荣华编校:《康有为全集》(第 1 集),中
　国人民大学出版社 2007 年版,第 39 页。

认为，历史发展就是黑、白、赤三统的循环，夏、商、周三代分别是黑统、白统、赤统，三代皆为盛世，而典章制度不同，各有因革损益，并非一成不变，这也就为维新变法提供了天然合法性论据。

其次，今文经学的另一核心概念"三世说"则为维新变法提供了方向性论据。《春秋公羊传·隐公元年》曰："公子益师卒。何以不日？远也。所见异辞，所闻异辞，所传闻异辞。"西汉董仲舒在《春秋繁露·楚庄王第一》中，解释发挥说："《春秋》分十二世以为三等，有见，有闻，有传闻。有见三世，有闻四世，有传闻五世"；"所见六十一年，所闻八十五年，所传闻九十六年。"也就是说，按照时间远近将春秋 242 年历史划分为三个阶段，类似于现在所说的现代史、近代史、古代史。东汉何休在《春秋公羊解诂》中，对此进一步解释发挥说："于所传闻之世，见治起于衰乱之中"；"于所闻之世，见治升平"；"至所见之世，著治太平"。也就是，按照社会性质将历史划分为三个阶段，即"衰乱"（康有为称之为"据乱世"）、"升平""太平"三世。"衰乱"之后，进以"升平"；"升平"之后，进以"太平"，历史是向前发展的。"三世说"实质上是一种中国式的历史进化论。至清代常州学派公羊学大家刘逢禄标榜"张三世、通三统之义以贯之"，三世三统说成为公羊学乃至今文经学的核心思想，嘉道之后，今文经学家以"三世"言社会变革、历史进化，几成惯例和风气。除了康有为，前有龚自珍在《乙丙之际箸议》中高论，"吾闻深于《春秋》者，其论史也，曰：书契以降，世有三等，皆观其才。才之差，治世为一等，乱世为一等，衰世别为一等。衰世者，文类治世，名类治世，声音笑貌类治世。"[1]其后，梁启超更糅合康有为的"三世说"与达尔文的进化论，称"《春秋》之立法也，有三世，一曰据乱世，二曰升平世，三曰太平世。其意言世界初起，必起于据乱，渐进而为升平，又渐进而为太平，今胜于古，后胜于今。此西人打捞乌盈（达尔文）、士啤生（斯宾塞）氏等，所倡进化之说也。……三世之义，为《春秋》全书之关键。诚哉其为关键也！因三世之递进，故一切典章制度，皆因时而异，日日变易"[2]。

---

[1] 龚自珍：《乙丙之际箸议第九》（1815 年至 1816 年），见樊克政编：《中国近代思想家文库·龚自珍卷》，中国人民大学出版社 2015 年版，第 30 页。

[2] 梁启超：《论支那宗教改革》（1899 年），见《饮冰室合集·文集之三》（第 1 册），中华书局 1989 年版，第 58 页。

黄遵宪等也曾信奉公羊改制说、公羊"三世说",以言社会进化。

再次,今文经学好讲"微言大义"、好发"非常异议之论"的学风,恰符合康有为的人格特质和实际需要。康有为志大言大,以治平天下为己任,以领袖群伦而自命,常不惜曲解六经以为己用,这样,今文经学的学风范式就为他预留了极大的发挥空间,此乃以实事求是相标榜的乾嘉考据学派所无法提供的,他恰可借此将孔子装扮成"改制素王",推行自己维新变法的主张。

康有为对于"三世说"的发展或者说特色在于,他把《公羊》的"三世说"与《礼运》的"大同""小康"说相糅合,即以"升平世"为"小康","太平世"为"大同"。

> "三世"为孔子非常大义,托之《春秋》以明之。所传闻世为据乱,所闻世托升平,所见世托太平。乱世者,文教未明也。升平者,渐有文教,小康也,太平者,大同之世,远近大小如一,文教全备也。[①]

他认为,中国近两千年来的传统社会都是"小康之世",只有建立了君主立宪制度,才可渐入"大同之域"。

> 吾中国二千年来,凡汉、唐、宋、明,不别其治乱兴衰,总总皆小康之世也。凡中国二千年儒先所言,自荀卿、刘歆、朱子之说,所言不别其真伪精粗美恶,总总皆小康之道也。……今者,中国已小康矣,而不求进化,泥守旧方,是失孔子之意,而大悖其道也,甚非所以安天下乐群生也,甚非所以崇孔子同大地也。[②]

康有为的"三世说",一方面是一种"变易"史观,反对因循守旧、祖宗之法不可变,希望变革社会现实,是维新变法的理论依据;另一方面,这种

---

① 康有为:《春秋董氏学·春秋例第二》(1893 年至 1897 年),见姜义华、张荣华编校:《康有为全集》(第 2 集),中国人民大学出版社 2007 年版,第 324 页。
② 康有为:《礼运注·叙》(约 1901 年至 1902 年间),见姜义华、张荣华编校:《康有为全集》(第 5 集),中国人民大学出版社 2007 年版,第 553—554 页。

"变易"史观又是一种循序的历史进化论,认为"据乱""升平""太平"三世的进化顺序是不能改变的,历史发展只能循序而进,反对在中国进行民主革命,反对越过君主立宪阶段直接以民主共和取代君主专制。戊戌变法之前,康有为已经表现出这种思想。

> 孔子哀生民之艰,拯斯人之溺,深心厚望,私欲高怀,其注于大同也至矣。但以生当乱世,道难躐等,虽默想太平,世犹未升,乱犹未拨,不能不盈科乃进,循序而行。[①]

百日维新失败后,他又对自己的"三世说"进行了修正。以前,他认为中国两千年来已是"小康之世";此时,他则认为中国尚处于"据乱世"。他用自己的"三世说",比附君主专制、君主立宪和民主共和三种社会制度。

> 据乱则内其国,君主专制世也;升平则立宪法,定君民之权之世也;太平则民主,平等大同之世也。……君主专制、立宪、民主三法,必当一一循序行之;若紊其序,则必大乱……[②]

为使自己的"三世说"更加周延,他不惜说,每一世中又有小三世,每一小世中又有更小的三世,依次类推,以至无尽。这样看来,实现大同遥遥无期,也就是说中国实行民主共和也将遥遥无期,这实际是反对孙中山领导的资产阶级革命的理论弹药。当然,他的这种论说方式,显然是借用了佛教的"无量世界"说,由此亦可见康有为研佛之深、用佛之活。

> 每世之中,又有三世焉。则据乱亦有乱世之升平、太平焉,太平世之始,亦有其据乱、升平之别。每小三世中,又有三世焉。于大三世中,又有三世焉。故三世而三重之,为九世。九世而三重之,为八十一

---

① 康有为:《礼运注·叙》(约1901年至1902年间),见姜义华、张荣华编校:《康有为全集》(第5集),中国人民大学出版社2007年版,第553页。

② 康有为:《答南北美洲诸华商论中国只可行立宪不能行革命书》(1902年5月),见姜义华、张荣华编校:《康有为全集》(第6集),中国人民大学出版社2007年版,第313—314页。

世。展转三重，可至无量数……

当草昧乱世，教化未至，而行太平之制，必生大害。当升平世，而
仍守据乱，亦生大害也。①

总之，康有为的今文经学具有鲜明的现实针对性和问题指向性，是非
纯理论的、非学术性的，是一种维新变法之学，是其维新主义和孔教思想的
理论基础。他所传授、传播的今文经学，就是这样一种今文经学，这也恰是
康有为的原创性所在。

三、《新学伪经考》和《孔子改制考》

《新学伪经考》和《孔子改制考》是康有为今文经学的代表作。虽然他
本人讳莫如深，但一般认为其今文经学思想直接受到廖平的影响，甚至认
为他本廖平的《辟刘篇》而作《新学伪经考》，本廖平的《知圣篇》而作《孔
子改制考》。当然，廖平主要是从儒学内部关系来扬今抑古，康有为则完
全突破了经学、儒学以及学术的范畴，主要以其为社会批判和社会改造的
理论工具。

《新学伪经考》初刊于1891年秋。何为"新学伪经"呢？简言之，就是
当时人们讲的"汉学"诸经，其实是"新学"，是刘歆为了帮助王莽篡夺汉位
建立"新"朝而进行的伪造。

歆既饰经佐篡，身为"新"臣，则经为"新学"，……后世汉、宋互
争，门户水火，自此视之，凡后世所指目为"汉学"者，皆贾、马、许、郑
之学，乃"新学"，非"汉学"也；即宋人所尊述之经，乃多伪经，非孔子
之经也。②

梁启超在《清代学术概论》中将该书的内容总结为：

---

① 康有为：《中庸注》（1901年3月），见姜义华、张荣华编校：《康有为全集》（第5集），第387页。
② 康有为：《新学伪经考·叙》（1891年），见姜义华、张荣华编校：《康有为全集》（第1集），中国人民
大学出版社2007年版，第356页。

一、西汉经学，并无所谓古文者，凡古文皆刘歆伪作。二、秦焚书，并未厄及六经，汉十四博士所传，皆孔门足本，并无残缺。三、孔子时所用字，即秦汉间篆书，即以"文"论，亦绝无今古之目。四、刘歆欲弥缝其作伪之迹，故校中秘书时，于一切古书多所羼乱。五、刘歆所以作伪经之故，因欲佐莽篡汉，先谋湮乱孔子之微言大义。①

假如将《新学伪经考》看作"是一部极重要极精审的'辨伪'专著"②，自然多可商榷。康有为认为《周礼》《左传》《毛诗》等古文经籍都是刘歆伪造，就连《尔雅》也是"伪学训诂之祖"③。他相信并援引《史记》以攻击刘歆，但当发现其中不利于自己的内容时，就说它们是刘歆伪造羼入的。对《新学伪经考》的主观离奇之处，连其弟子梁启超、陈千秋也颇不以为然。

乃至谓《史记》《楚辞》经刘歆羼入者数十条，出土之钟鼎彝器，皆刘歆私铸埋藏以欺后世。此实为事理之万不可通者，而有为必力持之。实则其主张之要点，并不必借重于此等枝词强辩而始成立，而有为以好博好异之故，往往不惜抹杀证据或曲解证据以犯科学家之大忌，此其所短也。④

其实，《新学伪经考》最重要的作用，在于动摇了汉、宋两学的文本基础，使"清学正统派之立脚点，根本动摇"。该书既出，在当时的学术界和思想界引起巨大震动，有振聋发聩的作用，被梁启超称为"大飓风"。《新学伪经考》被许多具有维新思想的人士奉为经典。试想，无论标榜实事求是、训诂考据的汉学，还是标榜义理心性、代圣人立言的宋学，如果

---

① 梁启超著，朱维铮校注：《梁启超论清学史二种》，复旦大学出版社 1985 年版，第 63—64 页。
② 钱玄同：《重论经今古文学问题——重印〈新学伪经考序〉序》（1931 年 11 月 16 日），见康有为：《新学伪经考》，中华书局 2012 年版，第 383 页。
③ 康有为：《新学伪经考·经典释文纠谬第十》（1891 年），见姜义华、张荣华编校：《康有为全集》（第 1 集），中国人民大学出版社 2007 年版，第 473 页。
④ 梁启超著，朱维铮校注：《梁启超论清学史二种》，复旦大学出版社 1985 年版，第 64 页。

连它们所依据的经籍文本都是刘歆伪造的,那么两千年来汉、宋两学的价值和存在的合法性基础,都将被统一扫而空,这对于汉、宋两学是颠覆性、毁灭性的打击。那么,康有为又因何要两只拳头出击、同时攻击汉、宋两学呢? 这是因为,康有为认为当时垄断学术界的汉、宋两学,都是禁锢士人的精神枷锁和维护君主专制的护法金刚,不仅不可能由其中生发出维新变法的理论,而且是维新变法的紧箍咒。

《孔子改制考》初刊于1898年春,而"始属稿"于1886年。一般认为,《新学伪经考》的意义在于"破",而《孔子改制考》的意义在于"立",前者欲破封建主义之旧,而后者则欲立资本主义之新。①

《孔子改制考》的主要内容是:其一,孔子以前的历史茫昧无稽,是孔子为救世改制而进行的托古附会,即"《六经》以前无复书记。夏、殷无征,周籍已去,共和以前不可年识,秦、汉以后乃得详记"②。其二,春秋战国时期,诸子百家纷起并争,托古改制,创立教义,企图建立自己的理想社会制度,即"诸子何一不改制哉"③。其三,孔子也像诸子一样,托古改制,创立儒教,制作《六经》,即孔子是"神明圣王,改制教主"④,"'六经'皆孔子所作"⑤。其四,诸子百家经过激烈竞争,因孔子之教最善,最终战胜各教,获得独尊,即"儒教遍传天下,战国秦汉时尤盛"⑥,"汉武帝罢黜百家,专崇儒教"⑦。

那么,孔子诸子为什么要"改制"呢? 康有为认为,随着人类的进化,逐渐由单个人发展到人群,再由人群组成社会,于是便有才智之士应运而

---

① 李泽厚:《中国近代思想史论》,人民出版社1979年版,第169页;汤志钧:《戊戌变法史》,人民出版社1984年版,第91页。

② 康有为:《孔子改制考·上古茫昧无稽考》(1892年至1898年),见姜义华、张荣华编校:《康有为全集》(第3集),中国人民大学出版社2007年版,第4页。

③ 康有为:《孔子改制考·诸子创教改制考》(1892年至1898年),见姜义华、张荣华编校:《康有为全集》(第3集),中国人民大学出版社2007年版,第21页。

④ 康有为:《孔子改制考·儒教为孔子所创考》(1892年至1898年),见姜义华、张荣华编校:《康有为全集》(第3集),中国人民大学出版社2007年版,第86页。

⑤ 康有为:《孔子改制考·孔子创儒教改制考》(1892年至1898年),见姜义华、张荣华编校:《康有为全集》(第3集),中国人民大学出版社2007年版,第126页。

⑥ 康有为:《孔子改制考·儒教遍传天下战国秦汉时尤盛考》(1892年至1898年),见姜义华、张荣华编校:《康有为全集》(第3集),中国人民大学出版社2007年版,第225页。

⑦ 康有为:《孔子改制考·汉武帝后儒教一统考》(1892年至1898年),见姜义华、张荣华编校:《康有为全集》(第3集),中国人民大学出版社2007年版,第236页。

生,创立制度,领导社会。

> 积土石而草木生,积虫介而禽兽生,人为万物之灵,其生尤后者
> 也。……故大地民众皆苠萌于夏禹之时。积人、积智,二千年而事理
> 咸备。于是才智之尤秀杰者,蜂出挺立,不可遏靡。各因其受天之质,
> 生人之遇,树论语,聚徒众,改制立度,思易天下。①

孔子及诸子改制为什么还要"托古"呢？这是为了增加改制的可信性,取得人民的信仰。因为,"荣古而虐今,贱近而贵远,人之情哉!"②此外还有一层含义,那就是"布衣改制,事大骇人,故不如与之先王,既不惊人,自可避祸"③,反映了孔子诸人的政治策略。

孔子被装扮成一位"改制素王"以后,就不再是通常所认为的"述而不作,信而好古"的古代文献保存者了。这样,康有为就可以把自己的维新变法主张,以及诸如民权、议院、选举、平等、民主等,统统附会到孔子身上,把它们说成孔子所创,古已有之。

> 孔子拨乱升平,托文王可以行君主之仁政,尤注意太平,托尧、舜
> 以行民主之太平。④
> 世官为诸子之制,可见选举实为孔子创制。⑤
> 儒是以教任职,如外国教士之入议院者。⑥

---

① 康有为:《孔子改制考·周末诸子并起创教考》(1892年至1898年),见姜义华、张荣华编校:《康有为全集》(第3集),中国人民大学出版社2007年版,第8页。
② 康有为:《孔子改制考·诸子改制托古考》(1892年至1898年),见姜义华、张荣华编校:《康有为全集》(第3集),中国人民大学出版社2007年版,第29页。
③ 康有为:《孔子改制考·孔子改制托古考》(1892年至1898年),见姜义华、张荣华编校:《康有为全集》(第3集),中国人民大学出版社2007年版,第141页。
④ 康有为:《孔子改制考·孔子改制法尧舜文王考》(1892年至1898年),见姜义华、张荣华编校:《康有为全集》(第3集),中国人民大学出版社2007年版,第180页。
⑤ 康有为:《孔子改制考·诸子创教改制考》(1892年至1898年),见姜义华、张荣华编校:《康有为全集》(第3集),中国人民大学出版社2007年版,第25页。
⑥ 康有为:《孔子改制考·儒教为孔子所创考》(1892年至1898年),见姜义华、张荣华编校:《康有为全集》(第3集),中国人民大学出版社2007年版,第99—100页。

> 然今中国圆颅方趾者四万万,其执民权者二十余朝,问人归往孔
> 子乎? 抑归往嬴政、杨广乎?[1]

> 读《王制》选士、造士、俊士之法,则世卿之制为孔子所削,而选举
> 之制为孔子所创,昭昭然矣。选举者,孔子之制也。[2]

而且,由于孔子是在托古改制,也就连带将人们理想中的圣人尧、舜等人进
行了否定,甚至认为尧、舜是否真有其人亦未可知。

> 孔子改制,恒托于古。尧舜者,孔子所托也,其人有无不可知,即
> 有,亦至寻常,经典中尧舜之盛德大业,皆孔子理想上所构成也。[3]

这简直是古史辨派"疑古"的先声,其观点不仅比顾颉刚等疑古派早
了三四十年,而且提出于戊戌变法、辛亥革命、新文化运动及"五四"运动
等之前,这在当时简直是离经叛道、骇人听闻,由此亦可见其启蒙意义之重
大,以及康有为个性与学风之卓然不群。甚至可以说,无此个性难有此学
风,无此学风难有此观点和著作,无此观点和著作亦难有维新启蒙。因此,
梁启超将《孔子改制考》比作"大火山喷火"。而从卫道者的角度来看,康
有为的伪装非常巧妙,企图用自己"改扮"的孔子反对统治阶级"原装"的
孔子,可谓"扛着红旗反红旗"。1894 年,给事中余联沅上疏,请求将"《新
学伪经考》立即销毁",深文周纳地将康有为比作少正卯。其后,更有
人称:

> 邪说横溢,人心浮动,其祸实肇始于南海康有为。康为人不足道,
> 其学则足以惑世。招纳门徒,潜相煽诱。……其言以康之《新学伪经

---

[1] 康有为:《孔子改制考·孔子为制法之王考》(1892 年至 1898 年),见姜义华、张荣华编校:《康有为
全集》(第 3 集),中国人民大学出版社 2007 年版,第 101 页。

[2] 康有为:《孔子改制考·孔子创儒教改制考》(1892 年至 1898 年),见姜义华、张荣华编校:《康有为
全集》(第 3 集),中国人民大学出版社 2007 年版,第 125 页。

[3] 梁启超著,朱维铮校注:《梁启超论清学史二种》,复旦大学出版社 1985 年版,第 65 页。

考》《孔子改制考》为主……伪六籍，灭圣经也；托改制，乱成宪
也；……①

总之，康有为的今文经学代表作《新学伪经考》和《孔子改制考》，否定
了因循守旧者言必称三代、厚古薄今的历史观，论证了历史是不断向前发
展的，社会要想进步，就必须进行维新变法。同时，彻底颠覆了韩愈以来的
传统"道统说"，即不再存在尧舜禹汤、文王武王、孔子孟子这样一个道统，
孔子是唯一的"改制教主""神明圣王"，构建起了宗教的最重要元素"教
主"，尊孔子需立孔教，立孔教必须尊孔子为教主，这就将中国原有的学问
化、思想化的儒教或孔教，予以宗教化，欲将孔教拟于佛教、基督教，欲将孔
子拟于释迦牟尼、耶稣，而且孔教与维新变法、保国保种、救世救人类相表
里，孔教是维新变法、保国保种、救世救人类之教，欲维新变法、保国保种、
救世救人类，就必须立孔教、尊孔子。

四、原创性今文经学教育家

历代经学大师，基本同时也是经学教育大师，解经、注经与授经、传经
相因互动。康有为专主今文经学之后，自然亦影响并体现于他的教育思想
与活动。除了前文所讲，《新学伪经考》和《孔子改制考》既是康有为在万
木草堂讲学的重要内容，又是他们师生共同努力的结晶。同时，康有为作
为一名个性鲜明的今文经学教育家、孔教教育家，还有着更为丰富深刻的
表现，尤其集中反映在万木草堂讲学之中，一破一立，所谓"破"就是更加
全面地抨击汉、宋两学，所谓"立"就是全面阐释康氏今文经学体系。

康有为首先更加严厉地批评乾嘉考据学派，认为他们所治之学，烦琐
支离，不切实际。他对考据之学始终抱批评态度，早在 20 岁以前就说：

……于经则有训诂、声音、名物、义理之门，其巨子曰胡、阎、惠、
戴、段五氏，奔走焉；于史则有掌故、考据、地理、议论之户，其巨子曰

---

① 苏舆：《翼教丛编·序》，台北文海出版社《近代中国史料丛刊》影印本。

　　万、钱、王、赵、张、何,乞丐焉。破碎而无统记,繁巨而不关要……①

等到专心于经世致用之学以后,他便将考据之学完全抛弃,自称"二十四、五乃翻然于记诵之学,近于谀闻,乃弃小学、考据、诗词、骈体不为"②。这时,康有为更将训诂考据之风的兴起归罪于刘歆,对该学派予以全面否定。

　　今日之害,于学者先日训诂,此刘歆之学派。用使学者碎义逃难,穷老尽气于小学,童年执艺,白首无成。必扫除之,使知孔子大义之学,而后学乃有用。③
　　自歆始尚训诂,以变异博士之学,段、王辈扇之,乃标树"汉学",耸动后生,沉溺天下,相率于无用,可为太息也。④

当然,康有为对乾嘉学派的批评不尽公允。清代古文经学兴起的最初原因,正是顾炎武等人痛感明末学风的空谈误国,力矫此弊。欲求经世致用必先实事求是,欲求实事求是必先厘清诸经本义,欲求诸经本义必先训诂考据,也就是说,乾嘉汉学兴起的动力源恰在经世致用,只是后来由于清廷的文化高压和学者的个人偏好,乾嘉之学完全学术化,训诂考据与社会实际的联系愈来愈隐晦、愈来愈疏远,终至学术贡献极大,而对社会实际影响甚微。

　　康有为进而全面抨击古文经学,并波及当时居于意识形态主流的"宋学",即程朱理学。此前的今文经学家,虽也质疑古文经籍,如刘逢禄著《左氏春秋考证》以质疑《左传》,魏源著《诗古微》《书古微》以质疑《毛诗》《古文尚书》等,但这些著作对古文经籍的质疑只是部分和片断的,康有为

---

① 康有为:《康子内外篇·觉识篇》(1886年),见姜义华、张荣华编校:《康有为全集》(第1集),中国人民大学出版社2007年版,第106页。
② 康有为:《与沈刑部子培书》(1889年9月前),见姜义华、张荣华编校:《康有为全集》(第1集),中国人民大学出版社2007年版,第237页。
③ 康有为:《致朱蓉生书》(1891年7月28日),见姜义华、张荣华编校:《康有为全集》(第1集),中国人民大学出版社2007年版,第317页。
④ 康有为:《长兴学记》(1891年),见姜义华、张荣华编校:《康有为全集》(第1集),中国人民大学出版社2007年版,第349页。

的《新学伪经考》,则试图给予古文经学根本打击和全面否定。

> 始作伪乱圣制者自刘歆,布行伪经纂孔统者成于郑玄。阅二千年
> 岁月日时之绵暧,聚百千万亿衿缨之问学,统二十朝王者礼乐制度之
> 崇严,咸奉伪经为圣法,诵读尊信,奉持施行,违者以非圣无法论,亦无
> 一人敢违者,亦无一人敢疑者。[1]

进而言之,就是程朱理学也没有获得孔子的真谛,没有发明孔子的真义。

> 宋人求之经,已有疑之,乃舍弃经而求之传,得《论语》《孟子》,至
> 朱子选最粹之《大学》《中庸》合为《四书》……虽多今文传说,然实同
> 于一隅割据偏安,迥非大一统之旧观矣。[2]

康有为在全面抨击汉、宋两学的同时,开始系统传授、传播自己的今文
经学体系。他认为,"孔子大义之学,全在今学"[3]。而且,今文经学简明扼
要,学习起来省时省力。

> 每经数十条,学者聪俊勤敏者,半年可通之矣。[4]
> 今文经说甚少,同条而不乱,一致而无歧,学者通之,至简至易,读
> 三数月可通一经,数岁可通群今文经,通不过十余种,所谓用力少而畜
> 德多,孔子之微言大义昭然发矇矣。[5]

其实,今文经学在汉代既不简明扼要,学习起来也费时费力。桓谭《新论》

---

① 康有为:《新学伪经考》(1891 年),见姜义华、张荣华编校:《康有为全集》(第 1 集),中国人民大学
　出版社 2007 年版,第 355 页。
② 康有为:《重刻伪经后序》(1917 年 11 月),见《新学伪经考》,中华书局 2012 年版,第 343 页。
③ 康有为:《致朱蓉生书》(1891 年 7 月 28 日),见姜义华、张荣华编校:《康有为全集》(第 1 集),中
　国人民大学出版社 2007 年版,第 317 页。
④ 康有为:《致朱蓉生书》(1891 年 7 月 28 日),见姜义华、张荣华编校:《康有为全集》(第 1 集),中
　国人民大学出版社 2007 年版,第 317 页。
⑤ 康有为:《重刻伪经后序》(1917 年 11 月),见《新学伪经考》,中华书局 2012 年版,第 380 页。

记载,秦延君说《尚书》中《尧典》篇目竟达 10 余万言,说"曰若稽古"4 字竟达 3 万言,以至学生自"幼童而守一艺,白首而后能言"①。今文经学的烦琐冗长,也是它在汉后逐渐衰亡的原因之一。当然,康有为的今文经学还是简明扼要的。为什么呢? 因为学生只要记住"改制"两字,就把握住其今文经学的精华了。

康有为在万木草堂和桂林讲学时,正如梁启超所说,"尽出其所学教授弟子,以孔学、佛学和宋明学为体,以史学、西学为用"②。当然,在孔学、佛学和宋明学三者之中,孔学才是体中之体,佛学和宋明学是翼,孔学是纲,佛学和宋明学是目,即佛学和宋明学都是为孔学服务的,佛学和宋明学是孔学的证明和推衍。

康有为所谓的孔学,就是孔子之学、孔教之学。这个孔子,既不是汉学中述而不作的教育家、大学问家、文献编纂家,也不是宋学中万世师表的哲学家、道德家,而是康有为装扮后的"改制素王""神明圣王""教主"。孔学的载体依然是"六经",可他对六经的教授顺序却不同于传统的今文经学家。今文经学家对六经的传统排列顺序是:《诗》《书》《礼》《乐》《易》《春秋》;古文经学家对六经的传统排列顺序是:《易》《书》《诗》《礼》《乐》《春秋》。值得重视的是,"六经的次序,对于经学没有兴趣的人,总以为是无大关系的;其实这在经今古文学家却是一个大问题。……他们除了为行文便利偶然颠倒外,决不随便乱写"③。

康有为在诸经中最重《春秋》,传经的顺序是首先讲《春秋》,其次讲《礼》,再次讲《诗》《书》,最后讲《易》。

先通《春秋》,以知孔子之改制,于是,礼学咸有条理……而礼可得而治矣。礼学既治,《诗》《书》亦归轨道矣。至于《易》者,义理之

---

① 《汉书·艺文志》。
② 梁启超:《南海康先生传》(1901 年 12 月),见姜义华、张荣华编校:《康有为全集》(第 12 集),中国人民大学出版社 2007 年版,第 424 页。
③ 周予同著,朱维铮编:《周予同经学史论著选集》,上海人民出版社 1983 年版,第 4 页。

宗,变化之极,孔子天人之学在是,精深奥远,经学于是终焉。①

他虽然也讲《礼》《诗》《书》,但这不是重点,他的重点在于《春秋》和《易》,尤其是《春秋》。他说:"《春秋》非《诗》《书》《礼》《乐》可比,《诗》《书》《礼》《乐》,略而不详。"②其实,关键不在于详略问题,而在《春秋》最能体现他的思想意图,最能论证维新变法的合法性。其所谓"六艺之中,求孔子之道者,莫如《春秋》"③,原因在于:

> 六经皆孔子作也。《诗》《书》《礼》《乐》,孔子藉先王之书而删定之;至《易》与《春秋》,则全出孔子之笔。……孔子之为万世师,在于制作六经,其改制之意,著于《春秋》。……必知《春秋》为改制,而后可通六经也。④
>
> 《春秋》本仁,上本天心,下该人事,故兼据乱、升平、太平三世之制。⑤

当然,他在传授《春秋》时,并非三传并讲,而是主要讲《公羊传》,自称"传经只有一《公羊》"⑥,这是因为:

> 孔子之道何在? 在"六经"。"六经"粲然深美,浩然繁博,将何统乎? 统一于《春秋》。……《春秋》三传何从乎? 从公羊氏。……惟

① 康有为:《长兴学记》(1891 年),见姜义华、张荣华编校:《康有为全集》(第 1 集),中国人民大学出版社 2007 年版,第 349—350 页。
② 康有为:《万木草堂口说·春秋繁露》(1896 年),见姜义华、张荣华编校:《康有为全集》(第 2 集),中国人民大学出版社 2007 年版,第 186 页。
③ 康有为:《春秋笔削大义微言考·自序》(1901 年),见姜义华、张荣华编校:《康有为全集》(第 6 集),中国人民大学出版社 2007 年版,第 3 页。
④ 康有为:《长兴学记》(1891 年),见姜义华、张荣华编校:《康有为全集》(第 1 集),中国人民大学出版社 2007 年版,第 349 页。
⑤ 康有为:《孟子微·序》(1901 年),见姜义华、张荣华编校:《康有为全集》(第 5 集),中国人民大学出版社 2007 年版,第 411 页。
⑥ 陈永正编注:《康有为诗文选》,广东人民出版社 1983 年版,第 104 页。

《公羊》详素王改制之义,故《春秋》之传在《公羊》也。①

历代公羊学家很多,而康有为独尊西汉的董仲舒,称"欲学《公羊》者,舍董生安归"②,认为董仲舒比孟子、荀子还要伟大,董仲舒所著的《春秋繁露》比《中庸》还要高明。

> 董子穷理功夫过于荀,而荀过于孟。③
>
> 《春秋》之义,不在经文,而在口说……董子为《春秋》宗,所发新王改制之非常异义及诸微言大义,皆出经文外,又出《公羊》外,然而以孟、荀命世亚圣,犹未传之,而董子乃知之。④
>
> 《中庸》不如《繁露》之精。⑤

他除了讲《公羊》,也讲今文经籍《王制》。为什么要讲《王制》呢?因为在康有为看来,"王者,素王也";"《王制》者,素王所改之制也"⑥。也就是说,《王制》提供了维新变法的理论模型。此外,由于《易》包含了丰富的变易思想,他也极为重视,曾说"今言孔子义理之学,悉推本六经,而《易》为孔子自著之书,尤以为宗"⑦。

康有为所谓的宋明学,就是宋明义理之学,实指陆王心学。他把孔子后学分为两派,一派是孟子,一派是荀子。前者继承、发扬了孔子思想中的

---

① 康有为:《春秋董氏学·自序》(1893年至1897年),见姜义华、张荣华编校:《康有为全集》(第2集),中国人民大学出版社2007年版,第307页。
② 康有为:《春秋董氏学·自序》(1893年至1897年),见姜义华、张荣华编校:《康有为全集》(第2集),中国人民大学出版社2007年版,第307页。
③ 吴熙钊等校点:《南海康先生口说》,中山大学出版社1985年版,第58—59页。
④ 康有为:《春秋董氏学·春秋口说第四》(1893年至1897年),见姜义华、张荣华编校:《康有为全集》(第2集),中国人民大学出版社2007年版,第356—357页。
⑤ 康有为:《万木草堂讲义》(1897年),见姜义华、张荣华编校:《康有为全集》(第2集),中国人民大学出版社2007年版,第292页。
⑥ 康有为:《万木草堂口说·王制》(1896年),见姜义华、张荣华编校:《康有为全集》(第2集),中国人民大学出版社2007年版,第161页。
⑦ 康有为:《长兴学记》(1891年),见姜义华、张荣华编校:《康有为全集》(第1集),中国人民大学出版社2007年版,第348页。

主观方面,从内出,言扩充,尊德性,传心学;后者则继承、发扬了孔子学说中的客观方面,从外出,道学问,传经之功为多。

> 孔门两大派:孟子、荀子。传经之功,荀子为最多,孟子多言经世。孟子言制,荀子言礼。制,经天下者也。至礼,如客之类,正一身者也。①

他的这段话,貌似孟、荀兼重,实则扬孟抑荀。因为,孟子并非只言"经天下"而不言"正一身",荀子也并非只言"正一身"而不言"经天下"。他扬孟抑荀,其中暗藏伏笔。在传统儒家道统说里,孔子、孟子、程宋一直被视为正宗嫡派。他要将陆王心学嫁接为孟子正宗,而将程朱理学移植为荀子后学,以陆王心学篡夺程朱理学的传统正宗地位。他首先将孔子强说成心学的老祖宗,然后再说思孟学派得到了孔子心学的真传,最后再采取移花接木的手法,将陆王尊为孟子正宗,而将程朱移为荀子后学。

> 谓孔子不言心学,盖亦有激之言。②
> 曾、夏皆传粗学,子思能传心学。③
> 孟子,公羊之学。荀子,穀梁之学。
> 孟子高明,直指本心,是尊德性,陆、王近之。
> 荀子沉潜,道问学,朱子近之。④
> 陆子静专讲心学,得孟子之传。⑤
> 孟子之学,心学也。宋儒陆象山与明儒王阳明之学,皆出自孟子。

---

① 康有为:《万木草堂口说·学术源流》(1896 年),见姜义华、张荣华编校:《康有为全集》(第 2 集),中国人民大学出版社 2007 年版,第 136 页。
② 康有为:《南海师承论·卷二》(1896 年至 1897 年),见姜义华、张荣华编校:《康有为全集》(第 2 集),中国人民大学出版社 2007 年版,第 259 页。
③ 康有为:《万木草堂口说·学术源流》(1896 年),见姜义华、张荣华编校:《康有为全集》(第 2 集),中国人民大学出版社 2007 年版,第 134 页。
④ 康有为:《万木草堂口说·学术源流》(1896 年),见姜义华、张荣华编校:《康有为全集》(第 2 集),中国人民大学出版社 2007 年版,第 135 页。
⑤ 康有为:《万木草堂口说·学术源流》(1896 年),见姜义华、张荣华编校:《康有为全集》(第 2 集),中国人民大学出版社 2007 年版,第 139 页。

孟子,传孔子心学者也。①

朱子沉潜,一近圣人实学,有似荀子。陆子高明,一近圣人大义,有似孟子。②

周、程、朱、张……其学为孔子传人。③

康有为因何如此偏爱心学呢? 这主要因为心学具有"直捷明诚,活泼有用"的特点。从孟子的"万物皆备于我",到陆九渊的"六经皆我注脚",都给康有为以深刻影响。他曾说"'万物皆备于我',孟子何等气象";又说"陆子静不怕天不怕地"。④ 心学的主观唯心主义总体倾向,不但利于他更加随心所欲地阐发孔子的微言大义,也更能激发他维新变法的理论勇气。康有为既具有自信的优点,又具有武断的缺陷,弟子梁启超对他的认识可谓精准深刻。

有为之为人也,万事纯任主观,自信力极强,而持之极毅。其对于客观的事实,或竟蔑视之,或必欲强之以从我。其在事业上也有然,其在学问上也亦有然;其所以自成家数崛起一时者以此,其所以不能立健实之基础者亦以此……⑤

先生最富于自信力之人也,其所执主义,无论何人,不能摇动之。于学术亦然,于治事亦然。不肯迁就主义以徇事物,而每镕取事物以佐其主义,常有六经皆我注脚、群山皆其仆从之概。⑥

康有为年轻时就读过许多佛教经籍,深受佛学佛教思想影响。1879 年,

---

① 康有为:《康南海先生讲学记·古今学术源流》(1896 年秋),见姜义华、张荣华编校:《康有为全集》(第 2 集),中国人民大学出版社 2007 年版,第 112 页。
② 康有为:《康南海先生讲学记·古今学术源流》(1896 年秋),见姜义华、张荣华编校:《康有为全集》(第 2 集),中国人民大学出版社 2007 年版,第 107 页。
③ 康有为:《万木草堂口说·学术源流》(1896 年),见姜义华、张荣华编校:《康有为全集》(第 2 集),中国人民大学出版社 2007 年版,第 138 页。
④ 吴熙钊等校点:《南海康先生口说》,中山大学出版社 1985 年版,第 52 页。
⑤ 梁启超著,朱维铮校注:《梁启超论清学史二种》,复旦大学出版社 1985 年版,第 64 页。
⑥ 梁启超:《南海康先生传》(1901 年 12 月),见姜义华、张荣华编校:《康有为全集》(第 12 集),中国人民大学出版社 2007 年版,中国人民大学出版社 2007 年版,第 438 页。

他在西樵山隐读，就曾"专讲道、佛之书"①；1884 年，他在开始关注西学以后，仍"于海幢华林读佛典颇多"②；等等。他喜欢引释说儒、拟佛论孔的习惯，终生不改。其实，不仅康有为如此，龚自珍、魏源、谭嗣同、梁启超、章太炎等人，都曾或多或少地受到佛学、佛教影响，实乃一代风气。因此，梁启超说"晚清思想有一伏流，曰佛学"，"晚清所谓新学家者，殆无一不与佛学有关系"，"今文学家多兼治佛学"。③ 康有为早年对佛教倍加推崇，甚至视之与儒教平起平坐。

> 余谓教有二而已。……孔氏之教也……佛氏之教也。……圣人之教，顺人之情，阳教也；佛氏之教，逆人之情，阴教也。故曰：理惟有阴阳而已。
>
> 然则此二教者，谁是谁非，谁胜谁负也？曰：言不可以若是也。方不能有东而无西也，位不能有左而无右也，色不能有白而无黑也。……是二教者终始相乘，有无相生，东西上下，迭相为经也。④

后来，他的这种推崇显然有所弱化，可兴趣依然不减。在万木草堂讲学时，论佛言论，俯拾皆是。然而，康有为总归不是和尚，他"往往以己意进退佛说"⑤。

> 佛学除人伦外，其余道理与孔子合。⑥
> 孔子非不能为佛教，谓其远人，故不为也。⑦

---

① 康有为：《我史》（1899 年 1 月），见姜义华、张荣华编校：《康有为全集》（第 5 集），中国人民大学出版社 2007 年版，第 62 页。
② 康有为：《我史》（1899 年 1 月），见姜义华、张荣华编校：《康有为全集》（第 5 集），中国人民大学出版社 2007 年版，第 64 页。
③ 梁启超著，朱维铮校注：《梁启超论清学史二种》，复旦大学出版社 1985 年版，第 81 页。
④ 康有为：《康子内外篇·性学篇》（1886 年），见姜义华、张荣华编校：《康有为全集》（第 1 集），中国人民大学出版社 2007 年版，第 103 页。
⑤ 梁启超著，朱维铮校注：《梁启超论清学史二种》，复旦大学出版社 1985 年版，第 81 页。
⑥ 康有为：《万木草堂口说·荀子》（1896 年），见姜义华、张荣华编校：《康有为全集》（第 2 集），中国人民大学出版社 2007 年版，第 182 页。
⑦ 康有为：《万木草堂口说·中庸》（1896 年），见姜义华、张荣华编校：《康有为全集》（第 2 集），中国人民大学出版社 2007 年版，第 171 页。

佛生先于孔子数十年。①

达摩如儒之刘歆,六祖如郑康成。②

昌黎辟佛,其论太浮浅。佛氏精微处,彼实未曾见到,故云云。③

《列子》云:安之死于此,不复生于彼乎? 是佛氏轮回之说。④

庄子之学,入乎《人世间》,直出佛氏之外。其言"火尽而薪存",即佛氏轮回之说。⑤

庄子未可厚非,其言虚室生白,即佛氏十方世界全见大光明。⑥

可见,康有为虽然喜欢读佛、说佛,可并非为佛说佛,而是援引佛学,阐发己意。佛学、佛教对于康有为具有终身的深刻影响,这主要表现在三个层面:一是方法论层面,符合并强化了康有为的学风和言说方式,他不仅引佛释儒,并颇能汲取佛学谈辩说故事、纳大千于芥子的风格;二是宗教观层面,他受到佛教的启发和基督教的刺激,以保教救世为旨归,试图将儒学宗教化,尊孔子为教主,立孔教为国教;三是人生观和世界观层面,他认为宇宙无穷,人生宇宙之间至微至瞬,现世人生皆苦,学为"天民",超脱以进于大同极乐世界,这是他终身的人生观和世界观基调,并集中体现于《大同书》《诸天讲》两部晚年重要著作。

---

① 康有为:《万木草堂口说・学术源流》(1896 年),见姜义华、张荣华编校:《康有为全集》(第 2 集),中国人民大学出版社 2007 年版,第 142 页。
② 康有为:《万木草堂口说・学术源流》(1896 年),见姜义华、张荣华编校:《康有为全集》(第 2 集),中国人民大学出版社 2007 年版,第 144 页。
③ 吴熙钊等校点:《南海康先生口说》,中山大学出版社 1985 年版,第 9 页。
④ 康有为:《万木草堂口说・诸子》(1896 年),见姜义华、张荣华编校:《康有为全集》(第 2 集),中国人民大学出版社 2007 年版,第 180 页。
⑤ 康有为:《万木草堂口说・诸子》(1896 年),见姜义华、张荣华编校:《康有为全集》(第 2 集),中国人民大学出版社 2007 年版,第 180 页。
⑥ 康有为:《万木草堂口说・诸子》(1896 年),见姜义华、张荣华编校:《康有为全集》(第 2 集),中国人民大学出版社 2007 年版,第 180 页。

第二节　保教—创教—合教

一、保教：康有为早期孔教思想

康有为终生一贯尊孔。近代以来尊孔者颇不乏人,康有为异于他人之处,在于皆以孔子教主化、孔教宗教化为旨归。他的孔教思想与活动大致可分三个时期,每一时期的指向重点不尽相同,其特点可分别名之为"保教""创教""合教"。康有为一生深受宗教思想影响,故梁启超称其为宗教家。

> 先生又宗教家也。吾中国非宗教之国,故数千年来,无一宗教家。先生幼受孔学,及屏居西樵,潜心佛藏,大澈大悟,出游后,又读耶氏之书,故宗教思想特盛……①

康有为早在 1886 年之前就明确提出了"孔教"的概念。在其早期著作《康子内外篇·性学篇》中,曾将孔教与佛教、基督教等并称,视其为世界宗教之一。

> 今天下之教多矣:于中国有孔教,二帝、三皇所传之教也;于印度有佛教,自创之教也;于欧洲有耶稣;于回部有马哈麻。自余旁通异教,不可悉数。②

在万木草堂讲学时,他更高扬起尊孔的旗帜,将孔子奉为"神明圣王,改制

---

① 梁启超:《南海康先生传》(1901 年 12 月),见姜义华、张荣华编校:《康有为全集》(第 12 集),中国人民大学出版社 2007 年版,第 427 页。

② 康有为:《康子内外篇·性学篇》(1886 年),见姜义华、张荣华编校:《康有为全集》(第 1 集),中国人民大学出版社 2007 年版,第 103 页。

教主"。这已详见前文,兹不赘言。

1895 年,他在《公车上书》中又为弘扬孔教提出 4 项建议。首先,在常规的科举科目之外增设"道学"一科,以发扬孔子之道,培育孔教人才。

> 今宜亟立道学一科,其有讲学大儒,发明孔子之道者,不论资格,并加征礼,量授以国子之官,或备学政之选。其举人愿入道学科者,得为州、县教官。其诸生愿入道学科者,为讲学生,皆分到乡落,讲明孔子之道,厚筹经费……①

其次,将民间不在祀典的"淫祠"都改为孔子庙,作为宣讲孔教之所。再次,朝廷制定政策,模仿基督教传教士,鼓励人们到国外传播孔教,传教卓有成效者,给予重奖。

> 其道学科有高才硕学,欲传孔子之道于外国者,明诏奖励,赏给国子监、翰林院官衔,助以经费,令所在使臣领事保护,予以凭照,令资游历。若在外国建有学堂,聚徒千人,确有明效,给以世爵。②

最后,在南洋等华侨集中地方,"每岛派设教官,立孔子庙",宣扬孔教,以期所谓用夏变夷。③

同年,康有为于京、沪两地组织成立强学会,在《上海强学会章程》中即规划有"创讲堂以传孔教"④一项工作。1897 年春,他于广西桂林组织成立圣学会,其章程规定了 5 件"要事",而以"庚子拜经"为首。

---

① 康有为:《上清帝第二书》(1895 年 5 月 2 日),见姜义华、张荣华编校:《康有为全集》(第 2 集),中国人民大学出版社 2007 年版,第 43 页。
② 康有为:《上清帝第二书》(1895 年 5 月 2 日),见姜义华、张荣华编校:《康有为全集》(第 2 集),中国人民大学出版社 2007 年版,第 43 页。
③ 康有为:《上清帝第二书》(1895 年 5 月 2 日),见姜义华、张荣华编校:《康有为全集》(第 2 集),中国人民大学出版社 2007 年版,第 75 页。
④ 康有为:《上海强学会章程》(1895 年 11 月),见姜义华、张荣华编校:《康有为全集》(第 2 集),中国人民大学出版社 2007 年版,第 94 页。

每逢庚子日大会，会中士夫袨带陈经行礼，诵经一章，以昭尊敬。其每旬庚日，皆为小会，听人士举行，庶以维持圣教，正人心而绝末萌。①

1898 年，康有为于北京组织成立保国会，其章程中也称："本会同志讲求保国、保种、保教之事，以为论议宗旨。"②

百日维新期间，康有为又上《请商定教案法律厘正科举文体、听天下乡邑增设文庙谨写〈孔子改制考〉进呈御览以尊圣师而保大教折》，请求"开孔教会，以衍圣公为会长，听天下人入会，令天主、耶稣教各立会长与议定教律。凡有教案，归教会中按照议定之教律商办，国家不与闻"③。这是康有为第一次正式提出建立"孔教会"的主张。

此时，康有为的孔教思想具有双重目的。对内，树立自己维新理论的权威；对外，抵制西方宗教的渗透。

康有为利用自己的今文经学，宣传变法理论，培育维新人才，采取的重要方式便是将孔子装扮成"改制素王"，用自己塑造的孔子偷换传统专制制度所维护的孔子。传统专制制度所维护的孔子只是大成至圣先师文宣王，而康有为却要"明儒为孔子教号"，"著孔子为万世教主"，④认为孔子之道，包含天地人神，涵盖古今中外，非如此不足以表示尊崇，非如此未给其以应有地位。其实，这个孔子已被他乔装打扮，孔子之道就是其康有为之道，不过是借孔子之名行维新变法之实。他将孔子抬高到如此无以复加的地位，实质是借此树立自己维新理论的权威，这是当时历史条件下的一种斗争策略，体现了康有为的学风特色和政治智慧。

同时，近代基督教的在华传播，是与西方列强的对华侵略扭结在一起

① 康有为：《两粤广仁善堂圣学会缘起》(1897 年 4 月)，见姜义华、张荣华编校：《康有为全集》(第 2集)，中国人民大学出版社 2007 年版，第 268 页。
② 康有为：《保国会章程》(1898 年 4 月 17 日)，见姜义华、张荣华编校：《康有为全集》(第 4 集)，中国人民大学出版社 2007 年版，第 54 页。
③ 康有为：《我史》(1899 年 1 月)，见姜义华、张荣华编校：《康有为全集》(第 5 集)，中国人民大学出版社 2007 年版，第 94 页。
④ 康有为：《孔子改制考·儒教为孔子所创考》(1892 年至 1898 年)，见姜义华、张荣华编校：《康有为全集》(第 3 集)，中国人民大学出版社 2007 年版，第 86 页。

的,有时教会依本国政府为后盾,外国政府又借教会而渗透,武装侵略、经济冲击、宗教渗透等相互为用。正如康有为所指出:"泰西以兵力通商,即以兵力传教。其尊教甚至,其传教甚勇;其始欲以教易人之民,其后以争教取人之国。"①有的传教士自觉不自觉地充当了文化侵略工具,藐视中国的治理管辖和民族尊严,忽视中国的历史背景和文化传统;有的教民投身教会以为靠山,"恃教""吃教";有的教会组织广招教民,其中鱼龙混杂,良莠不齐,对教民与非教民的冲突偏袒包庇,对中国地方官吏要挟恐吓。从而,教案频发,处理稍有不慎,便可能引发群体事件和外国武装恫吓,清政府深感头痛、恼怒、担忧。加之西方基督教文化和中国儒家文化的天然冲突,使一些植根传统、陶染旧学的官僚和知识分子,不但包括顽固派,也包括洋务派,还包括维新派,怀有较深的非基督教情结,维护孔子、儒学的地位和生命力,成为他们共同而紧迫的命题。

康有为早期的孔教思想,正是以"保教"作为目的和出发点的,现实诱因和考量就是作为竞争对象的基督教。1888 年,他在《上清帝第一书》中对中法战争后的形势做了分析,尤其指出了法国政府利用教会向中国进行渗透的可能和危害。

> 法既得越南,开铁路以通商,设教堂以诱众,渐得越南之人心,又多使神父煽诱我民,今遍滇、粤间,皆从天主教者⋯⋯数年之后,经营稍定,以诸夷数十万与我从教之民,内外并起,分两路以寇滇、粤,别以舟师扰我海疆,入我长江,江楚教民从焉,不审何以御之?②

1895 年他在《公车上书》中,面对西方宗教渗透的日益加剧,以致"直省之间,拜堂棋布,而吾每县仅有孔子一庙",深表担忧,为了防止"外夷邪

---

① 康有为:《请商定教案法律厘正科举文体听天下乡邑增设文庙谨写〈孔子改制考〉进呈御览以尊圣师而保大教折》(1898 年 6 月 19 日),见姜义华、张荣华编校:《康有为全集》(第 4 集),中国人民大学出版社 2007 年版,第 92 页。

② 康有为:《上清帝第一书》(1888 年 12 月 10 日),见姜义华、张荣华编校:《康有为全集》(第 1 集),中国人民大学出版社 2007 年版,第 181 页。

教,得起而煽惑吾民",他大声疾呼"扶圣教而塞异端"①并提出 4 项建议以宣扬孔教。百日维新中,他又上折请求"开孔教会""议定教律",这也是为了抵制西方的宗教渗透,他设想政府加强立法,依法管理宗教,推进各宗教组织依法自我管理,政府居于上位依法促进各宗教组织之间的对话协商,颇具前瞻性和务实性。

康有为一方面警惕和抵制基督教文化渗透,一方面又在组织形式、传教精神方面对其进行了吸收和融化。由于对基督教的整体否定态度,他极少谈及基督教文化和传教士对自己的影响,只是偶尔稍露机锋,他曾于1904 年自称,"吾于二十五年前读佛书与耶氏书"②。此外,李提摩太、李佳白等传教士都曾参与过北京强学会的活动,李提摩太还与康有为保持着多年的私谊。这并不奇怪。近代传教士是西方科学知识在中国传播的重要途径之一,他们在传教的同时,也热衷于译刊书报,介绍西学,鼓动中国实行改良。这些书籍和报刊一度是康有为了解西学的唯一途径,也为其之后"创教""合教"埋下了伏笔。

康有为一方面试图将西学与基督教相析离,声称"泰西之文学、治术、技艺诸门,皆自希腊始,与诸教无关"③,一方面又对传教士的执着精神和基督教的礼拜仪式深感兴趣,深为叹服。他尝试吸收基督教的一些教规教仪,以期"洋为中用",在圣学会中举行"庚子拜经"时就说:

> 外国自尊其教,考其教规,每七日一行礼拜,自王者至奴隶,各携经卷,诵读媆拜。吾教自有司朔望行香,而士庶遍礼百神,乃无拜孔子者,条理疏矣。④

其后,他更赞叹基督教礼拜仪式的庄严静穆,并在以后建立孔教时吸收。

① 康有为:《上清帝第二书》(1895 年 5 月 2 日),见姜义华、张荣华编校:《康有为全集》(第 2 集),中国人民大学出版社 2007 年版,第 43 页。

② 康有为:《意大利游记》(1904 年),见姜义华、张荣华编校:《康有为全集》(第 7 集),中国人民大学出版社 2007 年版,第 397 页。

③ 上海市文物保管委员会编:《戊戌变法前后康有为遗稿》,上海人民出版社 1986 年版,第 135 页。

④ 康有为:《两粤广仁善堂圣学会缘起》(1897 年 4 月),见姜义华、张荣华编校:《康有为全集》(第 2集),中国人民大学出版社 2007 年版,第 268 页。

> 欧美之民,祈祷必于天神,庙祀只于教主,七日斋洁,膜拜诵其教
> 经,称于神名,起立恭默,雅琴合歌,一唱三叹,警其天良,起其齐肃。
> 此真得神教之意,而又不失尊教之心。①

二、创教:康有为民初孔教思想

从民国元年至参与张勋复辟之前,是康有为孔教思想的第二阶段,他
在这一阶段孔教思想的核心是"创教",具体活动就是创办《不忍》杂志,成
立孔教会,请求政府定孔教为国教。

辛亥革命爆发,清帝逊位,康有为便将"保皇立宪"修正为"虚君共
和",自认为高明之至,却难再有较大影响。民初政局的动荡窳败,令他不
忍坐视,便于1913年2月创办《不忍》杂志,将其作为自己的舆论阵地。正
如他在《〈不忍〉杂志序》中自称:

> 睹民生之多艰,吾不能忍也;哀国土之沦丧,吾不能忍也;痛人心
> 之堕落,吾不能忍也;视政治之窳败,吾不能忍也;伤教化之陵夷,吾不
> 能忍也;嗟纪纲之亡绝,吾不能忍也;见法律之蹂躏,吾不能忍也;睹政
> 党之争乱,吾不能忍也;慨国粹之丧失,吾不能忍也;惧国命之分亡,吾
> 不能忍也。②

《不忍》杂志系月刊,由上海广智书局出版发行,前后共出10册。1913年2
月至11月出版8册,1918年1月另出第9册和第10册合刊。编辑人员先
后有陈逊宜、麦鼎华等,内容分图画、政论、教说、瀛谈、艺林等专栏,全部刊
印康有为的旧著新作。在政治方面,宣扬虚君共和;在文化思想方面,鼓吹
尊孔读经。刊载的重要论著有《以孔教为国教配天议》《覆教育部书》《中
国颠危误在全法欧美而尽弃国粹说》《中国还魂论》等。

1912年10月,康有为支持弟子陈焕章联合沈曾植、朱祖谋、梁鼎芬等

---

① 康有为:《请尊孔圣为国教立教部教会以孔子纪年而废淫祠折》(1898年6月19日),见姜义华、张
　荣华编校:《康有为全集》(第4集),中国人民大学出版社2007年版,第97页。
② 康有为:《〈不忍〉杂志序》(1912年12月22日),见姜义华、张荣华编校:《康有为全集》(第9集),
　中国人民大学出版社2007年版,第353页。

遗老,在上海酝酿组织孔教会。陈焕章(1881—1931),字重远,广东高要人,早年为万木草堂弟子,后中进士,并留学美国哥伦比亚大学,以《孔门理财学》①一文获哲学博士学位。陈焕章曾被推为世界宗教和平会副会长,归国后捍卫孔教甚力,实为康有为在国内开展孔教活动的最佳代理。陈焕章在《孔教会序》中说:

> ……相与创立孔教会,以讲习学问为体,以救济社会为用,仿白鹿之学规,守兰田之乡约,宗祀孔子以配上帝,诵读经传以学圣人。敷教在宽,借文字语言以传布;有教无类,合释、老、耶、回而同归。创始于内国,推广于外洋,冀以挽救人心,维持国运,大昌孔子之教,聿昭中国之光。②

同时,他还请正在日本的康有为先后写过两篇《孔教会序》。将二人的文章对照即知,乃师乃徒,同出一辙。1912 年底,孔教会发起人上书袁世凯、教育部和内务部,请求准予立案。当时袁世凯也为复辟帝制准备舆论,成立孔教会的请求可谓来得恰逢其时,教育部、内务部很快先后照准立案,并称赞说:“当兹国体初更,异说纷纭,该会阐明孔教,力挽狂澜,以忧时之念,为卫道之谋,苦心孤诣,殊堪嘉许。”③一些省、县纷纷成立孔教会支会,如北京、上海、天津、南京、济南、青岛、武昌、长沙、南昌、西安、成都、贵阳、桂林、兰州、福州、齐齐哈尔、香港、澳门以及纽约、东京、南洋等地,甚至在一些乡镇也有活动。1913 年 9 月,第一次全国孔教大会在山东曲阜召开,举行了大规模的祀孔典礼。11 月,推举康有为任总会长,张勋任名誉会长,由陈焕章任主任干事。一时间,遗老新贵,竞相附和,尊孔读经之风弥漫一时。

几乎同时,康有为发表《以孔教为国教配天议》,呼吁把孔教定为中国的国教。

---

① 陈焕彰:《孔门理财学》,翟玉忠译,中央编译出版社 2009 年版。
② 《孔教会杂志》,第 1 卷第 1 号。
③ 《孔教会杂志》,第 1 卷第 1 号。

　　复崇天坛,改祈年殿或太和殿为明堂,于冬至祭天坛,上辛祭明堂,以孔子配上帝……在天坛明堂,则总统率百官行礼;其在地方乡邑,则各立庙祀天,而以孔子配之。其学宫因文庙之旧,加上帝于中,而以孔子配可也。听立奉祀生,宣讲遗经,民无男女,皆于来复日释菜而敬礼焉。凡入庙而礼天圣者,必行跪拜礼,以致其极恭尽敬。①

紧接着,他又发表《覆教育部书》,反对辛亥革命以来"没收文庙学田,废除祀孔",担忧"新道德未成,而旧道德先废,即令举国人民在无教化之中",请求教育部"收回成命,不废丁祭,保存祀田"②。他还在《拟中华民国宪法草案》中,号召读经,"大中小各学皆诵经,大学设经科,授以学位,俾经学常入人心,其学校特助以经费"③。

　　康有为的这些言论和活动,恰与袁世凯复辟时期的复古主义教育气候合流。袁世凯于 1914 年 9 月 25 日颁布《祭孔告令》称:"前经政治会议议决,祀孔典礼,业已公布施行。"④1915 年 1 月、2 月,袁世凯又接连颁布《特定教育纲要》和《颁定教育要旨》,规定"各学校应崇奉古圣贤以为师法,宜尊孔以端其基,尚孟以致其用","中小学校均加读经一科";⑤并将"法孔孟"⑥列为教育宗旨之一。1916 年 6 月袁世凯死后,教育部废止或修正了一系列袁世凯统治时期的教育政策措施,包括有关"尊孔读经"的内容。康有为对此"不忍"了,接连向总统黎元洪、总理段祺瑞、内务部、国会等致书致电,强烈要求"以孔子为大教,编入宪法,复祀孔子之拜跪明令,保守

---

① 康有为:《以孔教为国教配天议》(1913 年 4 月),见姜义华、张荣华编校:《康有为全集》(第 10 集),中国人民大学出版社 2007 年版,第 95 页。

② 康有为:《覆教育部书》(1913 年 5 月),见姜义华、张荣华编校:《康有为全集》(第 10 集),中国人民大学出版社 2007 年版,第 116、118 页。

③ 康有为:《拟中华民国宪法草案》(1913 年 3 月),见姜义华、张荣华编校:《康有为全集》(第 10 集),中国人民大学出版社 2007 年版,第 83 页。

④ 陈学恂主编:《中国近代教育史教学参考资料》(中册),人民教育出版社 1986 年版,第 206 页。

⑤ 陈学恂主编:《中国近代教育史教学参考资料》(中册),人民教育出版社 1986 年版,第 225—227 页。

⑥ 陈学恂主编:《中国近代教育史教学参考资料》(中册),人民教育出版社 1986 年版,第 238 页。

府县学宫及祭田,皆置奉祀官"①,恢复学校读经。他还先后在杭州、南京、镇江等地演说,呼吁"以保存国粹、读经守教为惟一之责任"②。当时,新文化运动开始兴起,正给予以孔子为依托的旧伦理、旧道德、旧文化、旧思想猛烈批判,新文化运动主将陈独秀在《新青年》杂志上发表了《驳康有为致总统总理书》等一系列文章,批驳了他的常识错误和逻辑错误,指出"孔教与帝制,有不可离散之因缘"③。

康有为在政治上终生与袁世凯为敌,而此时以"创教"为核心的孔教思想,却与袁世凯的复辟活动相呼应。当然,理性审视,康有为、袁世凯二人提倡的尊孔读经尚有细致差别,康有为主要是从一国文化构建的角度来思索这个问题。他认为,任何一个国家都有国教,即"凡国,必有所谓国教也。国教者,久于其习,宜于其俗,行于其地,深入于其人心者是也"④。国教又称国魂,它是一个国家所以异于他国的、被广大国民普遍接受的、悠久历史沉积的文化传统,是国家独立的精神基石和民族团结的文化纽带。

> 凡为国者,必有以自立也。其自立之道,自其政治、教化、风俗,深入其人民之心,化成其神思,融洽其肌肤,铸冶其群俗,久而固结,习而相忘,谓之国魂。⑤

而中国的国教、国魂就是以孔子为代表的儒家文化,即"中国数千年来奉为国教者,孔子也"⑥。进而言之,中国在向西方学习时,既要善于学习别国的长处,又要注意保持自己优秀的文化传统。

---

① 康有为:《致黎元洪、段祺瑞书》(1916年9月),见姜义华、张荣华编校:《康有为全集》(第10集),中国人民大学出版社2007年版,第317页。
② 康有为:《在浙之演说》(1916年7月中旬),见姜义华、张荣华编校:《康有为全集》(第10集),中国人民大学出版社2007年版,第304页。
③ 任建树等编:《陈独秀著作选》(第1卷),上海人民出版社1993年版,第217页。
④ 康有为:《以孔教为国教配天议》(1913年4月),见姜义华、张荣华编校:《康有为全集》(第10集),中国人民大学出版社2007年版,第91页。
⑤ 康有为:《中国颠危误在全法欧美而尽弃国粹说》(1913年7月),见姜义华、张荣华编校:《康有为全集》(第10集),中国人民大学出版社2007年版,第129页。
⑥ 康有为:《孔教会序》(1912年9月),见姜义华、张荣华编校:《康有为全集》(第9集),中国人民大学出版社2007年版,第341页。

231

中国一切文明,皆与孔教相系相因。若孔教可弃也,则一切文明
随之而尽也,即一切种族随之而灭也。①

但是,康有为无视传统的儒家文化在两千多年沿存中已经成为一个复杂的
综合体,本身既有精华也有糟粕,对中国历史发展既有积极作用也有消极
作用,既可救治现代化的某些弊病,又总体与现代化的潮流不适。他再次
不惜曲解历史,将自己以前抨击过的君主专制社会,硬说成一个自由、平
等、民主的世界,并将其归因为孔教。

自汉时行孔子拨乱之治,风化至美,廉让大行。宋、明儒学,仅割
据其一体,或有偏矫,然气节犹可观焉。夫孔子定同姓不婚之义,故吾
人最繁孳,过万国焉。《春秋》讥世卿,故汉时已去世爵,而布衣徒步,
可为公卿。诸经之义,人民平等而无奴,故光武大行免奴,先于林肯二
千年。孔子法律尚平,瞽瞍杀人,则皋陶执之,故后世讼狱,则亲王、宰
相受法同罪,未以伪《周礼》议亲议贵为然也。孔子重民,尤多言薄税
敛,故轻减税率。……汉时学校,已遍全国,人民皆得入学,工商惟人
民所习无限制,聚会、著书、言论皆自由。孔子敷教在宽,其有从佛道
者,皆听信教自由。②

他为了抬高孔子的地位,为了强调孔教对中国的作用,强说孔教之"教"为
宗教之"教",将其与佛教、基督教、伊斯兰教同列为世界宗教。

或有谓宗教必言神道,佛、耶、回皆言神,故得为宗教;孔子不言神
道,不为宗教。此等论说尤奇愚。试问今人之识有"教"之一字者,从
何来?秦、汉以前,经、传言教者,不可胜数。是岂亦佛、回、耶乎?信
如斯说,佛、回、耶未入中国前,然则中国数千年为无教之国耶?……

① 康有为:《孔教会序》(1912 年 10 月 7 日),见姜义华、张荣华编校:《康有为全集》(第 9 集),中国
人民大学出版社 2007 年版,第 345 页。
② 康有为:《孔教会序》(1912 年 10 月 7 日),见姜义华、张荣华编校:《康有为全集》(第 9 集),中国
人民大学出版社 2007 年版,第 344 页。

教之为道多矣，有以神道为教者，有以人道为教者，有合人、神为教者。①

譬如君主有专制、立宪之异，神道之教主独尊，如专制之君主焉；人道之教主不尊，如立宪之君主焉。不能谓专制之君主为君主，而立宪之君主非君主也。然则谓言神道者为教，谓言人道者非教，谓佛、耶、回为教，谓孔子非教，岂不大妄哉？②

康有为确有一条"广长舌"，明明没有的事情，却让他说得头头是道，貌似有理。然而，在中国这样一个本没有宗教传统的国家，硬要编出一种宗教，而且编造的对象又是人人熟悉、根本不是宗教的孔教，又有几人会相信呢？难怪陈独秀批判说："吾华宗教，本不隆重；况孔教绝无宗教之实质与仪式，是教化之教，非宗教之教。"③就连他的学生梁启超也"不谓然，屡起而驳之"。④

康有为于民国初年创立孔教的直接动因，可以归结为三个方面。

首先，康有为周游世界，比较中西，得出了两个结论：一是西方的科学技术胜于中国，中国必须学习西方，于是主张物质救国，倡导实业教育，这在前文已经讲过；另一结论则是，中国的道德文化胜于西方，中国必须加以继承、保留、延续和发扬。他主张物质救国、科学救国，尊重科学技术的价值，但并不承认科学万能。他看到，科学技术推动了生产力的发展，而发达了的生产力给人带来富足享乐的同时，也带来了物欲横流，尔虞我诈。

强大之国，冲繁之地，其所挟避求争之势最甚，则其相迫而为贪伪盗杀、机巧变诈、压制苦恼之风亦最甚；……其电线、铁路愈捷便，其窃

---

① 康有为：《意大利游记》（1904 年），见姜义华、张荣华编校：《康有为全集》（第 7 集），中国人民大学出版社 2007 年版，第 374 页。
② 康有为：《孔教会序》（1912 年 10 月 7 日），见姜义华、张荣华编校：《康有为全集》（第 9 集），中国人民大学出版社 2007 年版，第 346 页。
③ 任建树等编：《陈独秀著作选》（第 1 卷），上海人民出版社 1993 年版，第 215 页。
④ 梁启超著，朱维铮校注：《梁启超论清学史二种》，复旦大学出版社 1985 年版，第 70 页。

盗诈谋之事亦益以易遁焉。①

他对中西比较的结果就是:

> 如以物质论文明,则诚胜中国矣。若以道德论之,则中国人数千年以来,受圣经之训,承宋学之俗,以仁让为贵,以孝弟为尚,以忠敬为美,以气节名义相砥,而不以奢靡淫佚争竞为尚,则谓中国胜于欧美人可也。即谓俗尚不同,亦只得谓互有短长耳。②

这里所谈的道德文化,还是他以前宣扬的孔教,即"神明圣王、改制教主"。正如他1904年游览意大利时所说:

> 孔子实为改制之教主,立三统三世之法,包含神人,一切莫不覆帱,至今莫能外之。其三世之法,与时变通,再过千年,未能出其范围。③

其次,康有为青年时期即深受佛教思想影响,正如梁启超所说,"先生于佛教,尤为受用者也。先生由阳明学以入佛学,故最得力于禅宗,而以华严宗为归宿焉"④。1901年底,他由槟榔屿到达佛教的发源地——印度,一番漫游之后,于次年初卜居北部山城大吉岭。印度是世界文明古国之一,印度文明曾为人类文化发展做出巨大贡献,康有为称赞说:"印度者,大地之骨董,教俗、文字、宫室、器用至古,为欧美文明祖所自出,文明所关至大

---

① 康有为:《物质救国论·论欧洲中国之强弱不在道德哲学》(1904年),见姜义华、张荣华编校:《康有为全集》(第8集),中国人民大学出版社2007年版,第66—67页。
② 康有为:《物质救国论·论欧洲中国之强弱不在道德哲学》(1904年),见姜义华、张荣华编校:《康有为全集》(第8集),中国人民大学出版社2007年版,第67页。
③ 康有为:《意大利游记》(1904年),见姜义华、张荣华编校:《康有为全集》(第7集),中国人民大学出版社2007年版,第375页。
④ 梁启超:《南海康先生传》(1901年12月),见姜义华、张荣华编校:《康有为全集》(第12集),中国人民大学出版社2007年版,第429页。

也。"①然而，当时印度已经沦为英国的殖民地，除加尔各答、孟买等少数港口城市呈现出资本主义繁荣景象，绝大多数地区都十分贫穷落后，看不见一丝一毫古印度文明的影子，康有为不禁感叹道："印度自古之文明而委弃不收，此则二千年来最可叹惜痛恨之事也。"②最使他吃惊的是，在中国、日本、缅甸等国影响极大的佛教，在其发源地竟衰落到"全印度无僧无佛法"③的地步。向当地人打听一些佛像的来历，他们竟然不知这是印度的佛像，而误认为是中国的。他感到深深的悲哀，进而联想到中国的儒家文化，不由陷入莫名的恐惧，印度佛教的今天可能就是中国儒教的明天。这更加激发了他以弘扬孔教为己任的勇气和决心，正是"固知教宗无美恶，视乎人力为张躯。非道弘人人弘道，可鉴可惧可惊瞿"④。

再次，辛亥革命后，中国并没有因此走上安定富强之路，康有为觉得自己的政治使命尚未完成，应该不卸仔肩，继续探索救国救民之路。既然自己设计的"虚君共和"政体不被接受，那么就以民国政府批判者的面目出现。1912年6月，他发表《中华救国论》批评民国政府"号为共和，而实共争共乱；号为自由，而实自死自亡；号为爱国，而实卖国灭国"⑤。其后又指责，"共和在道德、物质，而政治为轻；若误行之，为暴民无政府之政，可以亡国"⑥。他这里所谓道德，就是孔教。民国政府成立后，废止了小学读经和清末忠君、尊孔的教育宗旨，康有为对此愤愤不息、哀哀不已、惶惶不安，极尽抨击之能事。

> 自共和数月来，礼乐并废，典章皆易，道揆法守，扫地无余。遂至教育之有司，议废孔子之祀典，小则去拜跪而行鞠躬，重则废经传而裁

① 康有为：《印度游记》(1901年)，见姜义华、张荣华编校：《康有为全集》(第5集)，中国人民大学出版社2007年版，第509页。
② 康有为、康同璧等著，楼宇烈整理：《康南海自编年谱(外二种)》，中华书局1992年版，第92页。
③ 康有为、康同璧等著，楼宇烈整理：《康南海自编年谱(外二种)》，中华书局1992年版，第89、109页。
④ 康有为：《印度游记》(1901年)，见姜义华、张荣华编校：《康有为全集》(第5集)，中国人民大学出版社2007年版，第535页。
⑤ 康有为：《中华救国论》(1912年5、6月间)，见姜义华、张荣华编校：《康有为全集》(第9集)，中国人民大学出版社2007年版，第312页。
⑥ 康有为：《中华救国论》(1912年5、6月间)，见姜义华、张荣华编校：《康有为全集》(第9集)，中国人民大学出版社2007年版，第309页。

俎豆,黉序鞠茂草之场,庙堂歇丝竹之声。呜呼!不图数千年文明之中华,一旦沦胥,至为无教之国也。岂不哀哉![①]

进入民国,康有为的文化思想趋于保守,正如他在《覆教育部书》中所说,"欧美自有其美者,形而下之物质,诚不可少也,采其长可也。中国亦有其粹者,形而上之德教,诚不可废也,补其短可也"[②]。在此前15年,张之洞为反对他写了《劝学篇》一文,现与其中的"中体西用"思想比较,两者又是何其相似乃尔!同时,康有为这一时期创立孔教的旨归实在于文化立国,不能不引人深思。他在1905年左右西方还是科技凯歌高进的时代,就敏锐觉察到单纯物质主义、科学主义的弊病,而欧洲和国人对此问题的普遍反思是在一战之后。国人反思的最早代表作是梁启超1919年所撰《欧游心影录》,对于"科学与人生观"问题论战则到了1923年,由此亦不能不感叹康有为目光之深邃。

三、合教:康有为晚年孔教思想

康有为生命的最后10年真正成了一名时代的落伍者。1917年参与张勋复辟,标志着他政治生命的衰竭。1923年他到西安演讲,或老生常谈,或信口开河,终因"盗经"事件灰溜溜地离陕,这标志着其思想历程的终结。这一时期,其孔教思想乃以"合教"为特征,愈见奇异。

民国建立后,康有为成了一名持不同政见者。孙中山组织南京临时政府时,蔡元培曾推荐康有为、章太炎作为人选,孙中山接受了章太炎而拒绝了康有为,复函蔡元培说:

> 关于内阁之设备及其组织用人之道,弟意亦如是,惟才能是称,不问其党与省也。但此时则不能不收罗海内名宿,来教所论甚的。然其间尚有当分别论者。康氏至今犹反对民国之旨,前登报之手迹,可见

① 康有为:《孔教会序》(1912年10月7日),见姜义华、张荣华编校:《康有为全集》(第9集),中国人民大学出版社2007年版,第344—345页。
② 康有为:《覆教育部书》(1913年5月),见姜义华、张荣华编校:《康有为全集》(第10集),中国人民大学出版社2007年版,第116页。

一斑。倘合一炉而冶之,恐不足以服人心,而招天下之反对。至于太炎君等,则不过偶于友谊小嫌,决不能与反对民国者作比例。尊隆之道,在所必讲,弟无世俗睚眦之见也。①

袁世凯任总统后,曾电招康有为去北京"主持名教",康有为采取了不合作态度。康有为视袁世凯为死敌,认为正是袁世凯出卖了光绪帝,葬送了百日维新,害得自己有国难投,有家难奔。1908 年,光绪帝死了,他揣测是袁世凯投毒弑君,先后发表《清光绪帝上宾请讨贼哀启》《上摄政王书》《讨袁檄文》,号召"杀贼以报先帝之仇而谢天下"②。等到袁世凯做了民国的总统,他腹诽其才能只配作个地方督抚,对其采取避而远之的态度。

1914 年,康有为正式归国,定居上海,结束了 16 年的海外流亡生涯。1915 年 12 月,袁世凯复辟,康有为与弟子梁启超等多次在上海集议,密谋武装倒袁。1916 年 3 月,康有为发表《劝袁世凯退位书》,洋洋数千言,首称"慰庭总统老弟大鉴",突兀出奇,戏谑陡生;次数袁世凯当政以来的种种倒行逆施,"政权专制,过于帝者";再劝袁世凯"早让权位,遁迹海外",现在已经"虽欲退保总统之位,或无效矣",否则只会重蹈王莽、董卓的覆辙;末以"北风多厉,春色维新,为国自爱"结电,更是意味深长。③

康有为反对袁世凯称帝,并不是反对帝制,而是反对袁世凯舍清室而另起炉灶,认为袁世凯既不会"立宪"也不会"虚君"。他反对洪宪皇帝却拥护大清朝的皇帝,参与了张勋复辟。1917 年 6 月,康有为应张勋之约赴京"襄赞大业",在火车上侧望西山,想起自己 20 年前仓皇逃亡的情景,感慨万千,今日重来,颇有一番再造时势的味道,不禁赋诗抒怀:"廿载流离逐客悲,国门出入岂能知? 长驱津浦有今日,大索长安忆尔时。朝市累更

① 孙中山:《致蔡元培书》(1912 年 1 月 12 日),见中国社科院近代史所编:《孙中山全集》(第 2 卷),中华书局 2011 年版,第 19 页。
② 康有为:《清光绪帝上宾请讨贼哀启》(1908 年 11 月),见姜义华、张荣华编校:《康有为全集》(第 9 集),中国人民大学出版社 2007 年版,第 15 页。
③ 康有为:《劝袁世凯退位书》(1916 年 3 月),见姜义华、张荣华编校:《康有为全集》(第 10 集),中国人民大学出版社 2007 年版,第 281—285 页。

哀往劫,天人合应会佳期。西山王气瞻葱郁,风起云飞歌有思。"①7 月 1
日,张勋等人拥立溥仪复辟,康有为被授予"弼德院"副院长,并为复辟草拟
了《拟复辟登极诏》《开国民大会以议宪法诏》《召集国会诏》《免跪拜诏》《免
避讳诏》《亲贵不许干政诏》等一系列文件。

> 永削满、汉之名,以除畛域之界,统名中华帝国,以行立宪政体。
> 大开国民会议,以议宪法。……不分新旧而合熔,斟酌古今而行政。
> 奖励物质以富民,兴起教化以美俗,政权公之国民,犹是共和也。②

从这些文件来看,他的政治主张依然是君主立宪制。但在民主共和观念已
经深入人心,推翻了袁世凯复辟之后,他竟然将立宪政体系于张勋复辟丑
剧,足见其政治上的不清醒。

张勋复辟丑剧只上演了 12 天便在举国声讨中落幕。康有为作为复辟
祸首之一,被段祺瑞、冯国璋下令通缉,他发表《致冯国璋电》,列举大量事实
证明,段祺瑞、冯国璋等再造共和的"英雄"都曾参与过复辟活动,嬉笑怒骂,
轰动一时。被通缉期间,康有为躲在美国使馆里无所事事,鉴赏书画,聊遣
愁寂,撰成《万木草堂藏画目》。他此时所作的一首诗颇能表现其颓唐心境:
"小院回廊月色微,森深乔木息尘机。孤臣白发明灯下,侧望舮棱事已非"。③
他参与张勋复辟,自己"虚君共和"的政治理想没能实现,却得了"复辟的
祖师"之恶名,招来一片诟骂,连他的高足梁启超也对其大张挞伐。

康有为真能如他自己所说"息尘机"吗? 不,他是不会甘于寂寞的。
1917 年 10 月,他续办《不忍》杂志,并编成政论集《不幸而言中不听则国
亡》,刊布《共和平议》,继续宣扬其"虚君共和"与"尊孔读经"思想。他在
《共和平议》中说:

---

① 康有为:《康南海先生诗集》,见姜义华、张荣华编校:《康有为全集》(第 12 集),中国人民大学出版
社 2007 年版,第 339 页。
② 康有为:《拟复辟登极诏》(1917 年 7 月前),见姜义华、张荣华编校:《康有为全集》(第 10 集),中
国人民大学出版社 2007 年版,第 388 页。
③ 康有为:《康南海先生诗集》,见姜义华、张荣华编校:《康有为全集》(第 12 集),中国人民大学出版
社 2007 年版,第 340 页。

辛亥革命,作《救亡论》,作《共和政体论》,以戒国人。……举国
钦狂泉,则以不饮者为狂矣。……其亡其亡,今将及矣。若国人不听
吾言,则可预言亡国也。……欧洲十余国皆有民权,皆能自由者,除法
国共和外,余皆为虚君,然则必欲予民权自立,何必定出于民主? 今日
中国,必无骤出华盛顿之理,不必为此妄想也。……而今中国实未能
行民主也,世界实未能行大同也。[①]

　　此时的康有为已经声名狼藉,较少有人再来听他的陈词滥调。况且,
新文化运动已轰轰烈烈地开展起来,"虚君共和"早已不是人们关心的话
题,"尊孔读经"也被"打倒孔家店"的呐喊所淹没。参与张勋复辟,可谓康
有为平生最后一次重要的政治活动。此后,他依然不甘寂寞,不时对国是
发表意见。1919 年"五四"运动爆发后两天,他通电呼吁"政府宜亟释放被
捕学生而诛卖国贼"[②];8 月,他致电犬养毅,请其向日本政府转达撤兵交还
青岛的要求;等等。康有为维护"曝光率"的重要方式,就是频繁发表通
电,以至电报费成为他晚年的一项大额开支。其实,过时的政治家,就仿佛
过气的明星,已经很少有人再关注了。

　　康有为生命的最后 10 年,或营园纳妾,或漫游山水,或写诗悼亡,交往
的圈子也越来越小,彻底沦为清朝遗老了。他对有知遇之恩的光绪帝感恩
戴德尚可理解,而晚年竟对既不仁圣又无多少瓜葛的溥仪万分迷恋,就只
能归因为政治思想的没落和老年人的偏执了。1922 年 12 月,溥仪"大
婚",康有为在杭州"望阙行礼",寄诗祝贺;溥仪赐书"天游堂"匾额,以示
笼络。1924 年 10 月,冯玉祥驱逐溥仪离开故宫,他通电斥骂冯"挟兵搜
宫";次年 2 月,康有为专程从上海到天津,"觐见"逃居于此的溥仪。1927
年 2 月,他又一次去天津向溥仪祝寿;3 月 8 日是康有为 70 岁生日,溥仪赐
他御书匾额和玉如意,康有为上奏折追述戊戌变法经过并谢恩,这位"老

①　康有为:《共和平议》(1917 年),见姜义华、张荣华编校:《康有为全集》(第 11 集),中国人民大学
　　出版社 2007 年版,第 63—64 页。
②　康有为:《请诛国贼救学生电》(1919 年 5 月 6 日),见姜义华、张荣华编校:《康有为全集》(第 11
　　集),中国人民大学出版社 2007 年版,第 106 页。

臣"自称"永戴高天厚地之恩,以心肝,奉至尊,愿效坠露轻尘之报"①,并穿着前清朝服与全家合影留念;次日,他致电张宗昌,出谋划策,对抗当时正向上海挺进的北伐军。1927年3月31日,康有为因急症逝于青岛。关于他的死因,有食物中毒、慈禧遗命暗杀、国民党暗杀、日本人暗杀等多种揣测,仿佛一出"罗生门",或许正暗合康有为非同常人、波谲云诡、充满争议的一生。

康有为晚年,为实现自己"虚君共和"的理想,密谋逊帝溥仪复辟,依然东奔西走,周旋于各系势力之间,伺机一搏。其中,尤与秀才出身的直系军阀实力派吴佩孚关系密切。请看末代皇帝溥仪的一段回忆:

> 想为我效力的人,到处都有。例如,康有为和他的徒弟徐勤、徐良两父子,打着"中华帝国宪政党"的招牌,在国内国外活动。……民国十三年春节后,康有为给庄士敦的信中说:"经年奔走,至除夕乃归,幸所至游说,皆能见听,亦由各方厌乱,人有同心。"据他说陕西、湖北、湖南、江苏、安徽、江西、贵州、云南全都说好了,或者到时一说就行。他最寄予希望的是吴佩孚,说"洛(指吴,吴当时在洛阳)忠于孟德(指曹锟),然闻已重病,如一有它,则传电可以旋转"。……现在看起来,康有为信中说了不少梦话,后来更成了没有实效的招摇行径。②

1923年4月,康有为在洛阳祝贺吴佩孚50大寿时,曾撰一联曰:牧野鹰扬,百岁功名才一半;洛阳虎视,八方风雨会中州。"牧野鹰扬"典出《诗经·大雅·大明》,原纪周武王伐纣之功,康有为用典于此,显见阿谀。其后,他漫游开封、保定、南京、济南、青岛、北戴河等地,于10月再至洛阳。吴佩孚又将他介绍给陕西督军兼省长刘镇华,康有为登华山、游潼关,于11月6日到达西安,受到刘镇华的隆重接待。此后的两个多月里,他遍游关中名胜,不时发表演讲。

---

① 康有为:《敬谢天恩以臣行年七十特赐臣寿折》(1927年3月),见姜义华、张荣华编校:《康有为全集》(第11集),中国人民大学出版社2007年版,第459页。
② 爱新觉罗·溥仪:《我的前半生》,中华书局1977年版,第162—163页。

康有为 1923 年在西安的重要演讲有 8 次：11 月 14 日，由刘镇华主持，在易俗社为陕西军、政、教等各界人士演讲"天人之故"；15 日，应西安学界邀请，仍在易俗社演讲孔教大义；17 日，应西安青年会邀请，为之演讲"各地各生圣人，为之教主"；18 日，应西安孔教会邀请，在文庙大成殿前行三拜九叩礼后，演讲孔教大义；19 日，应万国道德会西安分会邀请，为之演讲佛教、基督教、孔教等诸教异同；26 日，应西安女子师范学校邀请，为之演讲"人之生也，与忧惧来，若女子则尤甚"；27 日，应陕西报界公会邀请，为之演讲"共和政体"；30 日，应西安佛教会邀请，在卧龙寺演讲佛教。此外，还有即席讲话及演讲多次。在这些演讲中，康有为除讲"虚君共和"和"物质救国"，重点是宣扬"孔教"，可谓其晚年孔教思想的一次集中展示。

康有为晚年的孔教思想与以前相比，既有承继又有差异。承继之处在于，他依然宣扬孔子是"神明圣王""改制教主"，孔子之道包含天地人神，淹通古今中外。

> 孔子之教，通于三世，圆融无碍。今欧美之制，不能外之。
>
> 然则虽知孔子之教，当知《春秋》三世之义，当知《礼运》大同之说。欲知大同之说，当求西汉今文五经之说，而黜东汉以来伪古文五经之说，进而求之六纬。吾有《伪经考》《孔子改制考》《春秋笔削微言大义考》《论语注》《中庸注》《孟子微》，皆发此义。庶几孔教可兴，大同之治可睹……①

并且仍将孔教与基督教、佛教、伊斯兰教并列，视为世界宗教之一，辩称"人之生世，不能无教。教有二，有人道教，有神道教。耶、佛、回诸教皆言神，惟孔子之教为人道教"②。他还解释道："中国于佛教未入之先，三代及

---

① 康有为：《长安讲演录》(1923 年 11 月 18 日)，见姜义华、张荣华编校：《康有为全集》(第 11 集)，中国人民大学出版社 2007 年版，第 285 页。

② 康有为：《长安讲演录》(1923 年 11 月 18 日)，见姜义华、张荣华编校：《康有为全集》(第 11 集)，中国人民大学出版社 2007 年版，第 282 页。

后汉政化至盛,岂曰无教,盖皆孔子之教,二千年来以迄于今矣。"①他在青年会演讲时,继续宣传"中体西用"的陈词。

> 吾国长于形上之学,而缺形下之学,科学不讲,物质不修,故至贫弱,不能富强。今应采欧美之物质,讲求科学,以补吾国之短。若夫道德教化,乃吾所固有,宜力保之,万不可自弃也。愿诸君无惑于异说,毋入于歧途,外求欧美之科学,内保国粹之孔教,力行孔子之道……②

同时,康有为晚年的孔教思想与以前相比又有很大差异,主要表现在三个方面。

首先,宣扬"合教",试图以孔教为核心融合世界主要宗教,这是与此前的最大差别,也是其晚年孔教思想的最重要特征。

康有为对佛学终生不倦,至老愈笃,对基督教也有较多的接触和了解,尤其流亡海外期间,他对所到国家的宗教情况非常留心,时时注意考察和比较,这就为其以后融合诸教奠定了思想基础。早在《意大利游记》中,他便专门辟有《耶教出于佛》一节,对照孔、佛、耶、道四教,从20个方面论证了基督教与佛教具有共通之处,得出结论称"孔子与佛,皆哲学至精极博,道至圆满。而耶苏与张道陵,则不待是"③,适合中国国情者非孔教莫属。

康有为在西安所做的8次演讲中,除对报界公会专讲"共和政体"外,其余7次均涉及宗教问题,其中尤以在万国道德会的演讲最为详尽。康有为演讲各教教义和历史,比较异同,分析短长,以便"长者取之,不合者去之"④。他从一贯的尊孔立场出发,品评各教,认为诸教皆以仁爱为本而各有特点,其中以孔教最为完备。

---

① 康有为:《长安讲演录》(1923 年 11 月 15 日),见姜义华、张荣华编校:《康有为全集》(第 11 集),中国人民大学出版社 2007 年版,第 276 页。

② 康有为:《长安讲演录》(1923 年 11 月 15 日),见姜义华、张荣华编校:《康有为全集》(第 11 集),中国人民大学出版社 2007 年版,第 278 页。

③ 康有为:《意大利游记》(1904 年),见姜义华、张荣华编校:《康有为全集》(第 7 集),中国人民大学出版社 2007 年版,第 398 页。

④ 康有为:《长安讲演录》(1923 年 11 月 30 日),见姜义华、张荣华编校:《康有为全集》(第 11 集),中国人民大学出版社 2007 年版,第 296 页。

> 基督教言博爱，佛教言慈悲、言众生平等，孔子言仁。盖教主皆以慈爱为主……①
>
> 孔教中庸，以智、仁、勇三达德为要。大概佛家言广大圆明，智也。耶言博爱，仁也。回教勇猛严敬，勇也。知各教不外智、仁、勇……②

既然诸教皆以仁爱为本，这种共同性就使它们具有相互融合的可能；既然诸教各有特点，这种差异性就使它们具有相互融合的必要；既然孔教最为完备，这就应以孔教为核心融合各教。至于为什么要融合各教，康有为自道其原因说：

> 地球之上，各教之多，皆诲人为善。然人数至众，风土至异，吾少著《大同书》，即拟联合诸教。往年英教士李提摩太，博学能仁而有识人也，尝与吾言，谓：大地多教，决非一教主所能统一。吾教同人攻吾叛教，吾谓非此不能保教也。欲采大地各教主之所长，联合诸教，约吾共行之。吾深题其说与吾同。③

对于自己素有研究、有兴趣、有敬意的佛教，他甚至提出具体的融合措施。他说，"佛教为地球大教，万法俱毕，权实并用，显密双明"④，必须加以融合。但佛教为了引导人们获得来世的极乐，而要求人们在今世戒欲苦修，依此推之，人人出家，人人不婚，最终必将导致人类灭绝，那时也就没有佛教可言了。因此，他设想以50岁为限，"五十岁前不可出家，五十岁后可以学佛"，这样就可以"去死不远，应养灵魂，为来世计，调停孔佛之间，庶几

---

① 康有为：《长安讲演录》（1923年11月17日），见姜义华、张荣华编校：《康有为全集》（第11集），中国人民大学出版社2007年版，第280页。
② 康有为：《长安讲演录》（1923年11月19日），见姜义华、张荣华编校：《康有为全集》（第11集），中国人民大学出版社2007年版，第287页。
③ 康有为：《长安讲演录》（1923年11月19日），见姜义华、张荣华编校：《康有为全集》（第11集），中国人民大学出版社2007年版，第288页。
④ 康有为：《长安讲演录》（1923年11月30日），见姜义华、张荣华编校：《康有为全集》（第11集），中国人民大学出版社2007年版，第293页。

道并行而不悖也"①。

其次,试图从"人道"的新角度来论证必须尊崇孔教的原因。

以前,康有为主要从"神明圣王""改制教主"的角度来阐释和尊崇孔教,认为孔子之道无处不在,无所不包,在诸教之中最为完美,故应凌驾而独尊。现在,他虽然也还在谈"神明圣王""改制教主",但已开始变换视角,试图从新的角度来阐释尊孔的原因。他认为,人类有两种宗教,一种是神道教,一种是人道教,神道教注重灵魂的修炼,追求来世的超脱;人道教注重人际关系的调整,追求现世的和谐。佛教、基督教、伊斯兰教等均属神道教,唯有孔教属于人道教。每个人都生活在现世社会之中,因此每个人都离不开孔教;为了维护社会的和谐发展,就必须对人际关系进行规范和调整,因此人类社会离不开孔教。

> 耶、佛、回诸教皆言神,惟孔子之教为人道教。人之道,莫大于人伦。……惟吾国自孔子明人伦以正人道……
>
> 吾前在美时,门人陈焕章与各教中人辩论,问于吾。吾曰:汝问之。曰:汝食乎?曰:食。曰:汝衣乎?曰:衣。汝居室乎?曰:居。汝有夫妻乎?曰:有。汝须忠信乎?须文行乎?曰:须。应之曰:衣、食、住、夫妻、文行、忠信,即孔子之教也。然则汝实孔教矣。人无以难。盖孔子之教,人类所不能外,中西一也。②

而且,康有为一贯尊重人性,反对禁欲,从此立场出发,他严厉批评了婆罗门教、佛教、基督教的绝欲苦修。他认为,这些宗教都只讲神道而不讲人道,扼杀天性,摧残人性,不可能为全人类普遍接受。反之,"孔子本人情以为教"③,承认人的现实欲望,节欲而不禁欲,顺欲而不纵欲,既尊重了个

---

① 康有为:《长安讲演录》(1923 年 11 月 30 日),见姜义华、张荣华编校:《康有为全集》(第 11 集),中国人民大学出版社 2007 年版,第 296 页。

② 康有为:《长安讲演录》(1923 年 11 月 18 日),见姜义华、张荣华编校:《康有为全集》(第 11 集),中国人民大学出版社 2007 年版,第 282—283 页。

③ 康有为:《长安讲演录》(1923 年 11 月 18 日),见姜义华、张荣华编校:《康有为全集》(第 11 集),中国人民大学出版社 2007 年版,第 283 页。

体的正常需求,又规范了社会的共同伦理。因此,只有孔教可以成为人类的共同信仰,受到人类的共同尊崇。

> 婆罗门教,身不被衣,腰束一带,食一撮米,或一日一食,或数日一食,或至七日、九日乃至一月始一食。不居房屋,或于树下、土沟中以之止息。且有缚身十字架,身上涂油,盛暑则上晒太阳,下铺屎干棘刺卧其上,展转反侧,通体流血。或自焚者,或割臂者。佛之为教,舍身爱物,故断臂饲鹰,割肉饲虎。僧不娶妇,尼不嫁夫。耶之天主教亦然,神父不能娶妻,则无男女之好,无父子之亲……①

康有为自称对于各种宗教"皆敬之",但从中国的历史传统和文化背景来考察,只有孔教最适合中国国情,其余各教"则有宜有不宜者"②,不得不加以鉴别取舍。即使佛教传入中国历史悠久、流传极广、影响甚巨,但因其宣扬慈悲出世,也不适合以救亡图存为主旋律的近代中国。

> 今缅甸、暹罗笃信佛教者亦有,然缅相乌江慈悲主,不战而亡国于英,英五日灭缅,慈悲太过之。故佛法有益于个人之养灵魂,佛割肉饲鹰,舍身饲虎,而不能治国。印度有高音王,敌国来伐,高音王不忍伤其民,让国而逃,全家为戮,己则为敌盲其目而行乞,此缅相乌江所法也。仁让则至极矣,然可行乎?故孔子以中庸为人道之至,无过无不及,为可行也。③

这正如梁启超对康有为所做的评价:"先生之言宗教也,主信仰自由,不专崇一家排斥外道,常持三圣一体、诸教平等之论。然以为生于中国,当先救

① 康有为:《长安讲演录》(1923年11月18日),见姜义华、张荣华编校:《康有为全集》(第11集),中国人民大学出版社2007年版,第283页。
② 康有为:《长安讲演录》(1923年11月19日),见姜义华、张荣华编校:《康有为全集》(第11集),中国人民大学出版社2007年版,第287页。
③ 康有为:《长安讲演录》(1923年11月30日),见姜义华、张荣华编校:《康有为全集》(第11集),中国人民大学出版社2007年版,第294页。

中国;欲救中国,不可不因中国人之历史习惯而利导之。……于是乎以孔教复原为第一著手。"①其实,康有为始终认为,创立孔教、尊崇孔教只是救中国、救人类的手段而非目的,等到人类进入了大同世界,孔教也就完成了自己的使命而归于消亡,那时人们追求的将是成仙成佛,于是仙学和佛学就取代孔教而盛行风靡。他在《大同书》的结尾处即作如是说,这种空想或许可窥康有为对孔教的最终态度。

> 大同太平,则孔子之志也,至于是时,孔子三世之说已尽行……盖病已除矣,无所用药,岸已登矣,筏亦当舍。故大同之世,惟神仙与佛学二者大行。盖大同者,世间法之极,而仙学者长生不死,尤世间法之极也。佛学者不生不灭,不离乎世而出乎世间,尤出乎大同之外也。至是则去乎人境而入乎仙佛之境,于是仙佛之学方始矣。②

再次,大谈因果报应、轮回转世,编造"电通"理论,极力将孔子神灵化。

今文经学喜言灾异谶纬,作为今文经学家的康有为也继承了这个传统。这在他年轻时并不明显,但到了晚年他就大谈起因果报应、轮回转世来了,在西安演讲中他多次提及,言之凿凿,煞有其事,仅举11月14日演讲为例。

> 六道轮回,人道畜生,佛经有之,埃及铁布经有之,巴比伦、印度亦有之,孔子《礼纬》亦有之,各地亦有之。房琯为永禅师后身,东坡为戒和尚后身,古书所传多矣。吾南海有吉利村关姓兄弟,年二十余,行至罗行村,遇一童子,年九岁,忽呼关兄弟名而问曰:汝母好否? 汝姊好否? 生意出租收入好否? 关兄弟愕然,因其问颇奇,即答曰:均好,惟家计艰难。童子取十金付之,使归奉母,岁岁如是。关兄弟不解其

① 梁启超:《南海康先生传》(1901年12月),见姜义华、张荣华编校:《康有为全集》(第12集),中国人民大学出版社2007年版,第427页。
② 康有为:《大同书·卷八》(1902年后),见姜义华、张荣华编校:《康有为全集》(第7集),中国人民大学出版社2007年版,第188页。

故。后童子至十六岁，其父母死，童子主家政。关兄弟再往见，约至吉
利视其母。童子付以三百元，使之奉养，并筑报本祠焉。盖童子前生，
即关兄弟之父也。此等轮回之事，人世甚多，不能遍引。是以人生富
贵贫贱，皆由自造。如秦始皇、武则天之流，残民无道而身享富贵，当
由前身为善之故，不能以今世论也。为善而身不蒙福，如颜子之贤而
箪瓢陋巷，早岁而亡，必其夙世少于施舍，亦其理也。[①]

康有为竟然编造出一套"电通"理论，率引科学，曲解经书，用无线电通信
技术验证因果报应、轮回转世确有其事。

　　若夫电，则诸天皆无不通矣。每秒之时，电行三十万里，天下之至
速未有如电者也。今无线可以通电，足见电无所不有，无所不通，无处
能舍电者也。吾有《电通》一书发明此义。昔无线电人多不信，今则
遍于大地，其理大明。电字与神字相似，古"裑"字屈曲相通，与电字
合。《礼记》云：地载神气，神气风霆，风霆流形，应物化生。有形之电
为电，无形之电为神。吾地载电气而流行生物，古人已知之，即电通之
理也。[②]

他认为，"无形之电为神"，这种无线电之神运行神速，鉴别精微，充溢宇
宙，无所不在，严密地注视着每个人的一举一动，一言一行，甚至一闪念间
的善恶是非，最终使人们善有善报，恶有恶报。当人做坏事的时候，自以为
诡秘无比，其实无线电之神早已洞察其奸。

　　电通之理，通于善恶，因果报应，丝毫不爽，皆电通也。……求福
之道，在正直、忠信、仁爱，最忌奸邪、诈诡、阴谋。在彼害人，自谓甚

---

① 康有为：《长安讲演录》(1923 年 11 月 14 日)，见姜义华、张荣华编校：《康有为全集》(第 11 集)，
　中国人民大学出版社 2007 年版，第 274 页。
② 康有为：《长安讲演录》(1923 年 11 月 14 日)，见姜义华、张荣华编校：《康有为全集》(第 11 集)，
　中国人民大学出版社 2007 年版，第 274 页。

密,而不知电报布露于天地间,时至发露,报应不爽,可畏哉!①

他还认为,无线电是活人与死人对话的媒介,今世与来世交流的传导。每个人的体内都蕴藏着无线电,只要通过"至诚之心"的修炼,就能够形成无线电台,具备"电通"的功能,接收和发射无线电。

> 至诚即无线台,有至诚则有无线台,否则无之。……积其至诚以为无线电台,故能通之。……电人人有之,在人之自修与否。②

此外,康有为一方面宣扬孔教是人道教而不是神道教,另一方面又将孔子极力神化,甚至将孔子神灵化和灵异化。他在 11 月 18 日的演讲中就说:"明德之极,通于鬼神。孔子云:莫见乎隐,莫显乎微。……凡诡诈阴谋,人以为隐微,鬼神早已感触。今摄影中往往冤鬼显出,岂非明证乎?"孔子"不语怪、力、乱、神",康有为以鬼神灵异传布孔教,孔子如有知,将起于九原之下以辩之乎?

康有为晚年之"合教"思想,看似视野宏阔、圆融贯通,实则奇谈怪论、近乎邪说。他不仅对伊斯兰教关注不多、知之甚少,就是对于基督教、佛教也多是从自己兴趣需要出发的形式性理解,用神灵化、灵异化的方式来阐释宗教信仰和教主尊崇,恰恰违背了这些宗教的基本教义。当然,神灵化、灵异化孔子和孔教,更不是尊孔,恰恰是灭孔,实反映了他晚年思想的整体迷乱。康有为在西安除了讲尊孔合教、虚君共和、物质救国,还劝告人们要经常洗澡,注意个人卫生;不要随地大小便,改进厕所,注意公共卫生;植树种草,不要乱砍滥伐,注意绿化;在 11 月 15 日的演讲中,曾对青年学生提出博学、行仁、专门、常识、乐学的 5 点希望,也是老生常谈,不着边际。曾经风云一时的改革家和思想家,这些"讲演极肤浅,简直把陕西人当小孩

---

① 康有为:《长安讲演录》(1923 年 11 月 14 日),见姜义华、张荣华编校:《康有为全集》(第 11 集),中国人民大学出版社 2007 年版,第 274 页。
② 康有为:《长安讲演录》(1923 年 11 月 14 日),见姜义华、张荣华编校:《康有为全集》(第 11 集),中国人民大学出版社 2007 年版,第 274 页。

子看,因而惹起大家的反感"①。康有为此行,本来就绪意为陕西的旧文化、旧思想呐喊助威,许多具有新思想的人士对其非常不满;加之他有时倚老卖老,放言无忌,使人难堪,也招致一些官场人物的嫌恨。不久,大家就借"盗经"事件群起而攻之,使他不得不于 1924 年 1 月悄然离陕,与来时的热闹场景形成鲜明对照。西安演讲反映了康有为晚年思想的没落和哲学思想的贫乏,也决定了他后来创办天游学院时,无论教育实践还是教育思想都难有什么新鲜成分了。晚年的康有为,在新崛起的政治人物和经过新文化运动洗礼的人士心目中,一般印象俨然一位自大而搞笑的"老怪物"。

第三节　启蒙运动中的传统文化本位主义

一、辛亥革命后的尊孔读经潮流

民国肇造,教育部分三步或者说分三种策略,在学校教育中废止了读经尊孔。

第一步或者说第一种策略,是南京临时政府教育部于 1912 年 1 月 19 日颁发《普通教育暂行办法》14 条,其中命令"小学读经科一律废止"。即对显性课程层面的读经问题,与朝代鼎革之际的其他当务之急问题一样,用行政命令的方式予以废止。

第二步或者说第二种策略,是颁布民元教育宗旨取代清末教育宗旨,废止清末教育宗旨中的忠君、尊孔规定。其中,民元教育宗旨明确取消忠君或者说禁止忠君,无论是从事实还是观念层面,并未受到过大阻力、也未引发过多风波。随着民国建立、清帝逊位、清朝统治的终结,除了少数顽固的遗老遗少还将逊帝溥仪作为"君",对于绝大多数人来讲已经无君可忠,保皇派领袖康有为目睹民国建立;也不得不提出"虚君共和"论,提议奉孔

---

① 中国人民政治协商会议江苏省暨南京委员会文史资料研究委员会编:《江苏文史资料选辑》(第 2辑),江苏人民出版社 1981 年版,第 48 页。

子之后衍圣公为"虚君"。而且,清末教育宗旨中的忠君内涵,也不完全同于君主专制时代、传统教育中的忠君,毕竟经过清末新政改革和预备立宪的洗礼,人们的国家观念和民族意识大大增强,言忠君多与爱国相联系,更将君主作为一个国家和民族的象征,即兼有君主专制和君主立宪理念下的忠君之意。

第三步或者说第三种策略,就是对于尊孔采取了策略务实态度,严格来讲不是命令废止而是"不再提",既未禁止也不提倡,相对于清末教育宗旨的命令尊孔,此时的态度实际是"抑孔"。民初,尊孔远较忠君问题复杂得多。在1912年全国临时教育会议上,审查《学校仪式规则案》时,有人主张将孔子诞辰列为纪念庆祝日,"争之再四","足见社会尊孔之所在";教育部准备的《学校不拜孔子案》,初读即不成立,原因是有人认为"孔子非宗教家,尊之自有其道",一旦立案,徒引争论,不如不立,既不规定祭拜也不规定不拜,这样自然就是不拜。①对此,民国首任教育总长蔡元培自有认识。他在《对于教育方针之意见》中提出:"忠君与共和政体不合,尊孔与信教自由相违,所以删去。"②但是,他对于忠君和尊孔的态度不尽相同。民国建立,忠君自然失去了社会政治基础,但尊孔则远难以像对待忠君那样简单处理。蔡元培一方面称"尊孔与信教自由相违",一方面又讲"孔子之学术,与后世所谓儒教、孔教当分别论之。嗣后教育界何以处孔子,及何以处孔教,当特别讨论之"。他一方面讲,"何谓公民道德?曰法兰西之革命也,所标揭者,曰自由、平等、亲爱。道德之要旨,尽于是矣",另一方面,为了论证自由、平等、博爱思想的合理性和普适性,将其分别比附为中国传统的义、恕、仁等道德观念和道德范畴,又广引孔子、孟子、《大学》、张载等的名言名句,证论中国古已有之,中西一理。③ 然而,当时无论新旧两派,大多数人对于康有为以儒学为孔教、孔教为宗教、孔子为教主之说,皆不以

---

① 我一:《临时教育会议日记》(1912年7月),见陈元晖主编,璩鑫圭等编:《中国近代教育史资料汇编·学制演变》,上海教育出版社1991年版,第647页。

② 蔡元培:《我在教育界的经验》(1937年12月),见高平叔编:《蔡元培教育论著选》,人民教育出版社1991年版,第707页。

③ 蔡元培:《对于新教育之意见》(1912年2月11日),见高平叔编:《蔡元培教育论著选》,人民教育出版社1991年版,第2、7页。

为然。

民元教育宗旨取消尊孔的规定,对于解放思想,廓清旧伦理旧道德,扫荡君主专制制度的文化基础,保障民国共和政体,催生新文化运动,都具有重要意义。并且,也留下了中国现代教育制度与中国传统文化之关系的永恒命题。无论尊孔派、改孔派还是贬孔派、去孔派,都无法回避这样一些事实和逻辑:儒家学说是中国君主专制制度的思想柱石,是中国传统伦理道德和社会秩序的观念基础,中国传统文化中某些糟粕和落后的方面已经成为中国现代化的阻力和桎梏,中国传统文化整体已经不能完全适应现代社会的要求而必须用现代方法重新诠释和再造;同时,孔子又是儒家学派的创始人和中国传统文化的代表,儒家学说又是中国传统文化的主干,中国传统文化中所谓精华与糟粕又相伴相生而难截然分离,中国传统文化是维系中华民族和华人的精神纽带,中国传统文化以文化基因的形态遗传、浸淫于每位华人而其不自知、不可缺、不能离,教育和学校作为文化的承继、传授者不能也不应完全抛弃孔子、儒家学说和中国传统文化。这正是孔子、儒家学说、中国传统文化在现代所面临的困境,也是中国现代人、现代社会和现代文化、现代教育所面临的重大命题,民元教育宗旨只是遭遇到而不可能解决这个命题。因此,从严格意义上来讲,民元教育宗旨不是"取消了"而是"不再提"尊孔。至于尊孔是尊孔子之学术、孔子之思想还是儒家学说、儒教、孔教,在当时不可能厘清,甚至大多数人感觉不必也无法厘清。

及至袁世凯统治时期,出现了一股强大的复辟、复古潮流,也包括教育领域的复辟、复古。这一时期的教育复辟、复古活动,整体是为袁世凯加强专制、复辟帝制服务的,具有反民主、反平等、反现代性质。

其一,恢复祀孔读经。1913 年 6 月,大总统袁世凯发布《尊崇孔圣令》;11 月,再下尊孔令。1914 年 3 月,袁世凯通令各省崇祀孔子,以春秋两丁为祀孔日,行祀孔礼;9 月,颁发《祭孔告令》,并亲率百官到孔庙祭祀,这是民国建立后首次高级别、大规模的官方祭孔活动。1914 年 5 月,教育总长汤化龙呈《上大总统言教育书》,一方面不赞同读全经,不赞同立孔教为国教;另一方面建议"于中小学校修身或国文课程中采取经训,一以孔子之言为旨归",按照现代教育教学原理,进行课程设计。这被袁世凯誉为"卓识伟论"。6月,教育部通令各地执行。1915年2月,袁世凯制订的《特定教育纲要》发交教育部办理,要求"教科书宜采辑学案,以明尊孔尚孟之渊源";"中小学均加读经一科",初小学《孟子》,高小学《论语》,中学主要学《礼记》等;设立经学院,分科授经;各地设立经学会,培育中小学经学教员和经学院生源。

其二,恢复尊孔的教育宗旨。1913年10月,袁世凯炮制的《天坛宪法草案》中规定,"国民教育以孔子之道为修身大本"。1915年1月,袁世凯颁发《颁定教育要旨》,规定教育要旨为"爱国、尚武、崇实、法孔孟、重自治、戒贪争、戒躁进"[①];2月,颁发《特定教育纲要》,规定"各学校均应崇奉古圣贤以为师法,宜尊孔以端其基,尚孟以致其用"[②]。这基本是清末教育宗旨的翻版。

其三,强化教育统治。1913年6月,袁世凯签发《注重德育整饬学风令》,要求"教育行政,一以整齐严肃为主","学生有不守学规情事,应随时斥退"[③]。1914年12月,教育部公布《整理教育方案草案》,共3大原则30余条,实为秉承袁世凯意旨所做的整体教育规划,渗透了教育复辟、复古思想,内容包括尊孔读经,加强中央教育行政集权,整饬学风,强化学生管理,强化教科书管理、教师管理,加强私立学校的管理和整顿,推行义务教育,加强教育区域规划等。[④]

袁世凯死后,1916年9月,国务院决议撤销《颁定教育要旨》和《特定教育纲要》;10月,教育部废止《预备学校令》,公布修正《国民学校令》《高等小学校令》及施行细则,删去"读经"等内容。1917年5月,宪法审议会撤销1913年宪法草案中"国民教育以孔子之道为修身大本"的规定。从法理来讲,袁世凯颁布的是"教育要旨"而非"教育宗旨",并未明令废止民元教育宗旨,此时撤销教育要旨,也未明令恢复民元教育宗旨,即民元教育

① 陈元晖主编,璩鑫圭等编:《中国近代教育史资料汇编·学制演变》,上海教育出版社1991年版,第758—767页。
② 陈元晖主编,璩鑫圭等编:《中国近代教育史资料汇编·学制演变》,上海教育出版社1991年版,第750页。
③ 宋恩荣主编:《中华民国教育法规选编(1912—1949)》,江苏教育出版社1997年版,第3页。
④ 陈元晖主编,璩鑫圭等编:《中国近代教育史资料汇编·学制演变》,上海教育出版社1991年版,第733—747页。

宗旨在法理上并未断续，一直延续到南京国民政府成立以后颁行"三民主义教育宗旨"。但在实际上，民元教育宗旨在袁世凯统治时期已经失去效力，在袁世凯死后也并未恢复效力。当时，政局动荡，政令难行，随着洪宪复辟政权的很快垮台和袁世凯的去世，袁世凯统治时期的教育复辟、复古政策大多并未来得及实施。反之，袁世凯去世、新文化运动兴起、1922 年"新学制"及其课程标准颁布实施，并不等于全国教育从此咸与维新、尊孔读经在学校销声匿迹。20 世纪 20 年代，许多省份在军阀的实际控制下，出于统治需要和个人偏好，尊孔读经依然存在，甚至颇行其道。如据季羡林回忆，他 1926 年在济南读高中时，"在当时当局大力提倡读经的情况下，经学是一门重要课程"①。

尊孔读经作为一种现象乃至思想、思潮能够长时间存在，甚或涌动一时，它是民国时期社会政治和文化思想状况的反映，既有社会政治原因，也有文化思想原因，政治统治者与文化保守主义者既相互呼应、利用，也相互博弈。

康有为、梁启超、严复同为维新派代表人物，进入民国后在晚年都倾向文化保守主义，但又互有差别。康有为在辛亥革命后，见已经无皇可保，遂发表《救亡论》，抛出"虚君共和"论，建议立孔子后裔衍圣公为"虚君"，即国家荣誉和文化象征之君；1912 年康有为领导成立孔教会，后任总会会长，在国内外广泛设立分会；②声讨袁世凯复辟而参与张勋复辟。严复则发起筹安会支持袁世凯复辟，积极提倡读经，称"耐久无弊，尚是孔子之书。四子五经，固是最富矿藏，惟须改用新式机器发掘淘炼而已"③；"无人格谓之非人，无国性谓之非中国人，故曰经书不可不读也"④。梁启超是民初宪政政治和讨袁护国运动的要角，1918 年至 1920 年欧洲之行后，目睹一战对于欧洲的巨大毁坏以及战后欧洲文化思想界的反思和转向，他开始重新审视西方物质文明和科技文明的局限，从世界文明的视域反思中国传统文化，思想发生一大转折，以其所著《欧游心影录》为代表，

---

① 季羡林：《病榻杂记》，新世界出版社 2007 年版，第 51 页。
② 参见干春松：《康有为和孔教会：民国初年儒家复兴努力及其挫折》，载《求是学刊》2002 年第 4 期。
③ 严复：《与熊纯如书》(1917 年)，见王栻编：《严复集》(第 3 册)，中华书局 1986 年版，第 668 页。
④ 严复：《读经当积极提倡》(1913 年)，见王栻编：《严复集》(第 2 册)，中华书局 1986 年版，第 332 页。

呼吁尊重、爱护本国文化,并用现代的、科学的方法研究本国文化,然后综合异质文化,构建新的文化系统,并推广这种新的文化系统于世界。

此时,辛亥革命前的革命派、国粹派代表章太炎、刘师培等人也渐入晚境。民国建立前,国粹派相率"用国粹激动种姓,增进爱国的热肠",激励民族主义思潮,宣扬反清革命。他们提倡"古学复兴",效慕欧洲文艺复兴,试图用现代的思想、方法来复兴包括孔子之学在内的先秦诸子之学,但"不是要人尊信孔教,只是要人爱惜我们汉种的历史"①。民国建立后,章太炎曾因反对袁世凯而遭软禁,1918 年退隐政坛后,创办章氏国学讲习会,讲授国故,提倡读经,反对新文化运动,反对孙中山的新三民主义,正如鲁迅所称,"脱离民众,渐入颓唐"。刘师培则参加筹安会参与袁世凯复辟,1919 年后在北京大学组织国故社,编辑《国故月刊》,与新文化运动相对抗。

以上诸公,皆是一代文化精英、学术精英,他们在民初数年间相继走向文化保守主义,或可称为落后、落伍,或可归于对民初政局乱象的失望,但这绝非个体行为、个别事件,而是代表了一种群体倾向、一股文化思潮。在整个民国时期,尊孔读经的复古主义、文化保守主义思潮是与反复古主义、文化激进主义思潮相伴相生的,甚至可以讲,正因为有复古主义、文化保守主义思潮,所以才有相拮抗的反复古主义、文化激进主义思潮。将前者统称为中国传统文化本位论者乃至文化保守主义者则可,但概斥之为帝制复辟论者和文化反动论者则不可。需要深入分析的是,尊孔论者所尊之孔子,究竟是作为君主专制统治的文化支柱、旧伦理旧道德的思想基石,还是作为儒家学说的创始人、中国传统文化的总代表、全球华人文化圈的"共主"。至于"读经",有主张纳入学校课程的,有主张社会化阅读的;有主张单独设置课程或专业的,有主张融于国文、历史、哲学等课程或专业的;有主张读全经的,有主张删读的;有主张按照传统顺序阅读的,有主张根据现代教育教学原理和学生认知发展逻辑重新编排的;等等。这些皆非根本,根本者在于是将所读之经作为不容置疑的"圣经"还是传统文化的"经典"。

---

① 章太炎:《东京留学生欢迎会演说辞》(1906 年 7 月 15 日),见汤志钧编:《章太炎政论选集》(上册),中华书局 1977 年版,第 272、276 页。

二、新文化运动中的教育民族化

新文化运动既是一场深刻的思想文化启蒙，又是一场剧烈的社会政治变革。社会政治变革为思想文化启蒙提供了基础、提出了要求，同时，思想文化启蒙又反映、催动了社会政治变革。它绝不仅仅是几位启蒙思想家通过创办报刊，引领青年，开展的一场文学革命和思想解放运动，而是洋务运动、维新运动、清末改革运动、辛亥革命以后的一场全面变革和启蒙，并相对于此前其启蒙、解放意义更为广泛而深刻，这不仅表现在参与人群、涉及领域等方面，重要的是它具有更为广阔而深厚的社会基础，及其基础之上更为持久而深刻的影响。

新文化运动与一战后世界范围内人本主义、民族主义思潮的勃兴相激荡，其主题与旗帜是"德先生"和"赛先生"，即民主和科学。陈独秀、胡适、李大钊、鲁迅等新文化运动领袖，得到蔡元培的支持，以当时的最高学府北京大学为基地，以《新青年》杂志等为舆论阵地，以文学革命为突破口，反对复古、守旧、国故主义，反对文言文和旧文学，反对旧思想、旧道德和旧的价值观念，以思想论战为形式，甚至以"打到孔家店"为口号，催生了大批以青年学生为主体和受众的启蒙性报刊、社团，极大地感染、影响、引领、洗礼了大批青年学生、中小知识分子。这是一场以整个知识界为场域并超越知识界的，以尊奉个体价值、高扬个体解放为旗帜的，深刻而广泛的思想文化启蒙运动，它最直接的产物就是20世纪二三十年代自由主义思潮和自由主义知识分子群体的产生和发展，最重要的成果是马克思主义在中国的传播。

新文化运动时期的思想多元化、政治多极化以及初步的工业化、城市化、市民化、开放化，无可避免地带来了教育观念的变革。教育观念的变革、教育的变革又是新文化运动的重要内容、载体和表现，最集中体现为教育的民主化和科学化。教育的民主化，主要反映在教育的个性化。新文化运动是一场个性启蒙和解放运动，新文化运动时期是尊重和张扬个性的时代，受此大时代大趋势影响，在教育的社会发展与个体发展功能之关系上，个体本位主义开始抬升，在师生关系方面，儿童本位主义开始流行。所谓

"新教育之效力,即在尊重个人之价值"①;"个人之价值,当以教育之方法而增进之,此即所谓发展个性是也"②。教育的科学化,反映在科学内容的教学、科学方法的训练、科学精神的培养等方面。如蔡元培发起创办的北京孔德学校,以法国孔德实证主义相标榜,自称:"取他注重科学精神、研究社会组织的主义,来作我们教育的宗旨。为注重科学精神,所以各种教科,偏重实地观察,不单靠书本子同教室的讲授。偏重图画、手工、音乐、运动等科,给学生练习视觉、听觉、筋觉。为研究社会组织,给学生时时有共同操作的机会。"③

　　新文化运动时期,既是中国的开放性、国际化程度提高的时期,同时也是反帝爱国运动迭起、民族主义抬升的时期,教育的民族性也大大增强。这主要反映在:一是随着大规模抵制日货运动、"五四"运动、废除不平等条约运动以及"五卅"运动、省港工人大罢工等民族主义运动高潮迭起,在教育领域出现了声势浩大的非基督教运动、收回教育权运动、国家主义教育思潮等,以及以反帝爱国为主要内容的社会教育和宣传发动,同时,中小学的修身、国文、历史、地理等科的民族性教学内容也有所体现和加强。二是开始初步结合中国教育国情,探索构建中国教育的思想和实践体系。其中,代表性人物是晏阳初和陶行知,代表性思想和实践是平民教育思潮与运动。三是在东西文化论战中,整理国故、重读经典成为风气。吴宓、胡先骕、梅光迪、柳诒徵等"学衡派",标榜"昌明国粹,融化新知",自不必论。就是新文化派的代表胡适,虽然提倡白话文、实用主义、科学方法,但其主要研究领域还是中国哲学史、中国小说史、禅宗史、红楼梦、水经注等"国学",并从 1919 年起打出"整理国故"的旗号。在此浪潮下,文化保守主义者、传统文化本位主义者以及新文化派人物等,纷纷从不同的立场、目的出发将目光投向国故、国学,竞相开出所谓"国学书目",整理、翻印古籍一时

---

① 蒋梦麟:《个人之价值与教育之关系》(1918 年 4 月),见曲士培编:《蒋梦麟教育论著选》,人民教育出版社 1995 年版,第 39 页。

② 蒋梦麟:《个性主义与个人主义》(1919 年 2 月),见曲士培编:《蒋梦麟教育论著选》,人民教育出版社 1995 年版,第 76 页。

③ 蔡元培:《北京孔德学校二周年纪念会演说词》(1919 年 12 月),见高平叔编:《蔡元培教育论著选》,人民教育出版社 1991 年版,第 249 页。

成风,青年人在课余读古籍、在校外上国学补习班、有条件者师从宿儒学习国学,竟成时尚。但这一时期教育的民族性,与晚清民初的反对同文馆开设天文算学科、维新变法与顽固守旧的斗争、义和团式的激进民族主义、中学西学之争、尊孔读经等大不相同,其核心是要在世界一体化的新形势下思考中国教育、中国的命运和走向。

这一时期的文化思想争鸣,还体现为文学、教育领域的"文(文言文)、白(白话文)之争"。自白话文运动、白话文教学出现之日起,文、白之争就未曾完全停止过。如果说早期主要是文、白优劣之争,那么新文化运动之后,特别是进入 20 世纪三四十年代,几乎所有人都不能无视白话文已经取得所谓"正宗"地位这个事实,文、白之争就转化为文、白的各自价值之争,实质是开始探寻文言文的自身价值及其所代表的文化价值。如果说早期反对白话文者主要是文化保守主义者,甚至是文化反动者,那么此时则主要是中华文化本位主义者和文化综合创新论者,争论的形式也从非此即彼式的反对转向彼此观照式的反思。就连朱自清、叶圣陶等新文学、新文化者也说:"中学生应该诵读相当分量的文言文,特别是所谓古文,乃至古书。这是古典的训练,文化的教育。一个受教育的中国人,至少必得经过这种古典的训练,才成其为一个受教育的中国人。"①"中国人虽然需要现代化,但是中国人的现代化,得先知道自己才成;而要知道自己还得借径于文言或古书。"②

当然,白话文教学及其当代影响、当下境遇,呼唤持续而深入的反思澄明。文白兼学、以白为主,是现代语文教学的一条原则和共识。但自 20 世纪 90 年代起,文、白之争,主要是文、白教学之争复起,延续十余年,迄今未已,并有愈烈和持续之势。从双方论辩的命题、水平、言说方式来看,总体并未超出 20 世纪 40 年代"抢救国文"之争的范畴;从实际结果来看,出现了文言文阅读的复苏势头,尤其经典的课外诵读、闲暇阅读、新解新说等方兴未艾,现代出版理念、出版形式包装下的传统文化、文言选注读物等畅销流行。然而,"虚热"与意气之争之后,仍有一些值得深究而恰恰未予深究

---

① 朱自清:《再论中学生的国文程度》(1944 年 10 月),见朱乔森编:《朱自清全集》(第 2 卷),江苏教育出版社 1988 年版,第 36 页。

② 叶圣陶:《教材、教法和教学效率——〈国文教学〉序》(1945 年 4 月),见刘国正主编:《叶圣陶教育文集》(第 3 卷),人民教育出版社 1994 年版,第 114 页。

乃至较少关注的问题。例如：一、当下的文言文阅读应当读什么？文言文阅读主要是"读经"、读所谓"国学"，还是主要读古典文学名著、浅易的文言美文？二、当下的文言文阅读乃至所谓"国学"复兴的机制机理是什么？主要是由于时代社会因素，还是由于作为特定文化意义上的中国人的心理、思维因素？如果主要是后者，具有文化规定性的当下中国人为什么产生了文言文阅读动机，更愿意阅读哪些和怎样阅读？三、在当代全球化和世界文化体系背景下，文言文阅读作为中华文化的延续、传递形式之一，具有哪些比较优势？更适宜延续、传递中华文化的哪些方面？等等。

第六章　救世救人类:大同教育家康有为

　　康有为还是以救世救人类为己任的大同教育家。《大同书》是康有为今文经学、佛学、西学思想杂糅的产物与博杂学风的集中体现,是清末民初乌托邦思想的重要代表作之一。在这部洋洋 30 万言的著作中,他以天才的想象与烂漫的笔调,工笔描绘了大同世界与大同教育体系的细致图景。该书是康有为作为思想家最高境界的主要标志,是康有为从《新学伪经考》《孔子改制考》到《大同书》再到晚年《诸天讲》思想变迁的重要环节。如果说《新学伪经考》《孔子改制考》主要反映了他的社会政治思想,那么《大同书》则反映了他的理想世界思想,《诸天讲》则反映了他的世界本体思想。三者看似区别颇大,实则一脉相承。康有为的大同思想以其人性论为基础,学习论为主线,仁学观为底色,并糅合他周游世界的观感、比较中西的思考及其佛学思想,既是理想社会的构想,更是其世界观与人生观的混合体,主要是出世的而非入世的,这点更清晰地体现在他晚年最后一部重要著作《诸天讲》之中。这些,也正是教育家康有为的重要特色和原创性之一。

第一节　人性论—学习论—仁学观

一、人性论:"性无善恶"和"性有善恶"

人性论是中国传统哲学中的常谈常新命题,几乎每位大思想家、哲学家都会表达己见。自孔子说"性相近也,习相远也",首开人性论之先河,因其文约义丰,后人聚讼纷纭。概括来说,人性论不外两类:一是自然人性论,即把人性视为先天具有的本能;一是先验人性论,即把人性视为与生俱来的道德意识。甚至某一思想家、哲学家谈人性时,在不同时间、不同场合其实是在谈两类不同的人性,需要仔细析别。

康有为亦是如此。他既主张自然人性论,又主张先验人性论,主张自然人性论时认为性无善恶,主张先验人性论时认为性有善恶,不能简单地说他的人性论就是性无善恶的自然人性论。而且,要准确研判康有为的人性论,必须不避烦琐,细加考证,这实由其个性、学风和思想特点所决定,非如此不足以窥真相。

首先,来看康有为性无善恶的自然人性论。他早在《康子内外篇》中就谈到人性问题,认为人性是人的自然属性,没有善恶之分。

> 孟子言性善,荀子言性恶,杨子言善恶混,韩子强为之说曰三品,程、朱则以为性本善,其恶者情也,皆不知性情者也。……(人性)譬如附子性热,大黄性凉,气质之为之也。……何所谓善恶耶?①

---

① 康有为:《康子内外篇·爱恶篇》(1886 年),见姜义华、张荣华编校:《康有为全集》(第 1 集),中国人民大学出版社 2007 年版,第 101 页。

并把人性的基本表现概括为"爱恶"，即人体器官对外界刺激的本能反应。

> 人禀阴阳之气而生也。能食味、别声、被色，质为之也。于其质宜者则爱之，其质不宜者则恶之，儿之于乳已然也。见火则乐，暗则不乐，儿之目已然也。故人之生也，惟有爱恶而已。[1]

他还着重批驳了朱熹的人性论，认为朱熹过于夸大"理"的作用，"不知理与性皆是人理人性，未受气以前，何所谓性、理"[2]。

康有为一生都主张性无善恶的自然人性论，并由此出发，始终批评朱熹的以理为性的人性论。他在《长兴学记》中说：

> 夫性者，受天命之自然，至顺者也。不独人有之，禽兽有之，草木亦有之，附子性热，大黄性凉是也。若名之曰人，性必不远，故孔子曰：性相近也。孟子性善之说，有为而言。荀子性恶之说，有激而发。告子生之谓性，自是确论，与孔子说合，但发之未透。……程子、张子、朱子分性为二，有气质，有义理，研辨较精。仍分为二者，盖附会孟子。实则性全是气质，所谓义理，自气质出，不得强分也。[3]

在万木草堂讲学时他又多次说：

> 凡论性之说，告子是而孟子非，可以孔子为折衷。告子之说为孔门相传之说。[4]

---

① 康有为：《康子内外篇·爱恶篇》(1886 年)，见姜义华、张荣华编校：《康有为全集》(第 1 集)，中国人民大学出版社 2007 年版，第 100 页。

② 康有为：《康子内外篇·人我篇》(1886 年)，见姜义华、张荣华编校：《康有为全集》(第 1 集)，中国人民大学出版社 2007 年版，第 108 页。

③ 康有为：《长兴学记》(1891 年)，见姜义华、张荣华编校：《康有为全集》(第 1 集)，中国人民大学出版社 2007 年版，第 341 页。

④ 康有为：《万木草堂口说》(1896 年)，见姜义华、张荣华编校：《康有为全集》(第 2 集)，中国人民大学出版社 2007 年版，第 186 页。

性只有质,无善恶。①

朱子以为理在气之前,其说非。②

朱子以性有"生质之性",有"义理之性",非也。"性"字,"善"字,要分开讲。③

在《论语注》中他对"性相近,习相远"解释说:

孔子则不言善恶,但言远近。盖善恶者,教主之所立,而非天生之事也。甚矣! 圣人之言之精浑而无病也。言性者聚讼纷如,亦折衷于孔子可矣。④

1923 年在陕西演讲时他依然说:

朱子以性为理,则偏而不全。性人有之,物亦有之,譬如附子性热,大黄性凉是也。⑤

因此,从自然人性论的角度来考察,康有为把人性视为人先天具有的本能,主张性无善恶,从而论证了人与人的先天平等性。由此出发,他批评朱熹的为封建伦理道德作论证的人性论,并对孟子、荀子等先哲的人性论也表示了不满,实际上这是在用维新派的平等观念反对传统专制主义的等级观念,因而具有现代启蒙意义。他性无善恶的自然人性论反映到对于教育作用的认识上,就是强调教育对个体发展的重要作用。

---

① 康有为:《万木草堂口说》(1896 年),见姜义华、张荣华编校:《康有为全集》(第 2 集),中国人民大学出版社 2007 年版,第 188 页。

② 康有为:《万木草堂口说》(1896 年),见姜义华、张荣华编校:《康有为全集》(第 2 集),中国人民大学出版社 2007 年版,第 133 页。

③ 康有为:《万木草堂口说》(1896 年),见姜义华、张荣华编校:《康有为全集》(第 2 集),中国人民大学出版社 2007 年版,第 203 页。

④ 康有为:《论语注》(1902 年后),见姜义华、张荣华编校:《康有为全集》(第 6 集),中国人民大学出版社 2007 年版,第 516 页。

⑤ 康有为:《长安讲演录》(1923 年 11 月 18 日),见姜义华、张荣华编校:《康有为全集》(第 11 集),中国人民大学出版社 2007 年版,第 283 页。

其次，再来看康有为性有善恶的先验人性论。早先，他反对从先验道德意识的角度来考察人性。

> 程子、张子、朱子分性为二，有气质，有义理，研辨较精。……实则性全是气质，所谓义理，自气质出，不得强分也。①

对孟子、荀子的人性论也参以己意，或反对，或强说。

> （荀子）所谓性恶者，以质朴之粗恶言之，非善恶之恶也。是荀子之言，未见有悖于圣言者也。……孟子之言性善，以人之性善于禽兽者为善，而不知人之异于禽兽者，知觉也，非善也。孟子又以孩提之良知良能为证，而不知此亦知觉也，与善恶无与也。②

后来，这位深受董仲舒影响的今文经学家也谈起人性善恶来，开始由纯粹的自然人性论者走向复合式人性论者。他在《春秋董氏学》中说：

> 性善性恶、无善无恶、有善有恶之说，皆粗。若言天有阴阳之施，身亦两有贪仁之性，与《白虎通》同，可谓精微之论也。③

到了后期，他更多地倾向先验论，其"性有善恶"观发展到极致，并且逐渐向"性三品"说靠拢。

> 性者，天赋之知气神明，合于人身而不系于死生者。④

---

① 康有为：《长兴学记》（1891 年），见姜义华、张荣华编校：《康有为全集》（第 1 集），中国人民大学出版社 2007 年版，第 341 页。
② 康有为：《致朱蓉生书》（1891 年），见姜义华、张荣华编校：《康有为全集》（第 1 集），中国人民大学出版社 2007 年版，第 330 页。
③ 康有为：《春秋董氏学·春秋微言大义第六上》（1893 年至 1897 年），见姜义华、张荣华编校：《康有为全集》（第 2 集），中国人民大学出版社 2007 年版，第 385 页。
④ 康有为：《孟子微》（1901 年），见姜义华、张荣华编校：《康有为全集》（第 5 集），中国人民大学出版社 2007 年版，第 433 页。

　　人之性有万亿之不同,如尧、舜之与武后、张献忠,善恶相去固远
也。即就性善言之,尧、舜、孔子、伊尹之上圣,及颜子、黄宪、高允、元
紫芝之纯德懿行,季札、子臧、华盛顿之高蹈大让,以及乡里善人,其等
固有千百级之殊。……人之性固不犹乎人之性矣。即犬之性,亦有义
犬,有瘈犬,犬性亦不犹犬性矣。①

　　余固以孟轲言人性善者,有中人以上者也。孙卿言人性恶者,中
人以下者也。杨雄言人性善恶混者,中人也。②

无论其人性观怎样变化,最终都没有完全倒向先验人性论。直至晚年,他
依然认为,人性既包括自然本能又包括先验道德,对每一个人二者都不可
偏废。

　　人必有性……性为生之质。盖性有德性,有气质之性之分……二
性皆天之与人、不可少者。……德性具有仁、义、礼、智、信之德,质性
有视、听、言、动之能……③

　　正因为康有为的人性论并非一成不变,他除始终批评朱熹外,对孟子、
荀子、告子、董仲舒诸人的态度也多有变化。早期,先尊告子而轻孟子、荀
子,后尊董仲舒而轻孟子、荀子、告子;后期,则融合诸家,甚至有些特尊孟
子了。早期言论已见前引,于兹不赘。后期思想,只需看他在 1901 年撰成
的《孟子微》中的几段话,便可略知一二。

　　告子、荀子、董子与孟子,实无丝毫之不合,特辨名有殊,而要归则

---

① 康有为:《孟子微》(1901 年),见姜义华、张荣华编校:《康有为全集》(第 5 集),中国人民大学出版
社 2007 年版,第 431 页。
② 康有为:《孟子微》(1901 年),见姜义华、张荣华编校:《康有为全集》(第 5 集),中国人民大学出版
社 2007 年版,第 429 页。
③ 康有为:《长安讲演录》(1923 年 11 月 15 日),见姜义华、张荣华编校:《康有为全集》(第 11 集),
中国人民大学出版社 2007 年版,第 276 页。

一也。①

　　孟子之言性,如禹之治水,专主瀹浚疏排而利导之。荀子之言性,若贾让、王景之治河,专主筑堤而迁民以防捍之。……②

　　(孟子)导人入圣之直路也。如水然,但得有源,则浩浩流去……绝无涯涘矣。若荀子隄括之说,则终日筑堤以防涨溢,而河之决堤如故也。③

　　孟子之言性,全在率性而扩充之。……此乃孟子独得之要……此其所与告子、荀子、董子用隄括克制之道异也。……此仍为上根人语,为太平世说,粗下之人,乱世之时,不易承当耳。④

二、学习论:教育是人之为人的根本途径

康有为的人性论,尤其是性无善恶的自然人性论,决定了他十分强调教育对个体发展的作用,视教育为个体发展的基本途径,甚至认为教育是人之为人的根本途径。

首先,康有为认为人有"智"而动物无"智"是人与动物相区别的根本标志。他在自然人性论中,主张性无善恶,人人平等,称"性者生之质,人皆具一气质,故相近"⑤。进而认为,不仅人与人之间的自然属性具有相似性,若从情感本能来考察,人与动物之间也具有相似性。

　　爱恶仁义,非惟人心有之,虽禽兽之心亦有焉……岂徒禽兽? 草

① 康有为:《孟子微》(1901年),见姜义华、张荣华编校:《康有为全集》(第5集),中国人民大学出版社2007年版,第430页。
② 康有为:《孟子微》(1901年),见姜义华、张荣华编校:《康有为全集》(第5集),中国人民大学出版社2007年版,第433页。
③ 康有为:《孟子微》(1901年),见姜义华、张荣华编校:《康有为全集》(第5集),中国人民大学出版社2007年版,第433页。
④ 康有为:《孟子微》(1901年),见姜义华、张荣华编校:《康有为全集》(第5集),中国人民大学出版社2007年版,第431页。
⑤ 康有为:《致朱蓉生书》(1891年),见姜义华、张荣华编校:《康有为全集》(第1集),中国人民大学出版社2007年版,第330页。

木亦爱恶,特愈微耳。①

那么,人与动物的根本区别在哪里?那就是人有"智"而动物无"智"。这个"智"就是指人的思维能力。人具备了"智"以后,才可以节制情感,提升道德水平,创造文明,不断进步。反之,动物由于不具备"智",就只能停留在低级阶段。

> 人与禽兽何异乎?曰:异于其智而已。其智愈推而愈广,则其爱恶愈大而愈有节,于是政教、礼义、文章生焉,皆智之推也。②

他反对脱离气质而言义理,也反对脱离气质而言"智",认为气质是"智"的基础,即物质器官是思维能力的基础。

> 智无形也,见之于爱恶。其爱恶大者,见其智之大;其爱恶少者,验其智之少。皆气质为之也,何别焉?彼昧于理者,以仁智为理,以物为气质,谓理气有异,不知天下舍气质,岂有异物哉!③

同时,他又认为智并非随着气质与生俱来,而是随着人体的生长发育,随着经验的积累而发展起来的。

> 婴孩沌沌,有爱恶而无哀惧,故人生惟有爱恶而已。哀惧之生也,自人之智出也。魂魄足矣,脑髓备矣,知觉于是多焉,知刀锯水火之足以伤生也,于是谨避之。婴儿不知刀锯水火之足以伤生而不避也,禽

---

① 康有为:《康子内外篇·爱恶篇》(1886年),见姜义华、张荣华编校:《康有为全集》(第1集),中国人民大学出版社2007年版,第101—102页。
② 康有为:《康子内外篇·爱恶篇》(1886年),见姜义华、张荣华编校:《康有为全集》(第1集),中国人民大学出版社2007年版,第101—102页。
③ 康有为:《康子内外篇·爱恶篇》(1886年),见姜义华、张荣华编校:《康有为全集》(第1集),中国人民大学出版社2007年版,第102页。

兽亦然。①

> 天地之气，存于庶物，人能采物之美者而服食之，始尚愚也同，一
> 二圣人少补其灵明，而智生矣。合万亿人之脑，而智日生；合亿万世之
> 人之脑，而智日益生，于是理出焉。②

当然，他不认为"智"的产生是人类社会实践的结果，而将其归因为"一、二圣人少补其灵明"。在知行关系上，他讲"通古今、别然否曰士，然则士以智为先"③。

其次，康有为认为学习活动是使人与动物相区别的根本途径。他认为，生物争强制胜的方式有两种，一是凭借"力"胜，一是凭借"智"胜。就"力"而论，人不如虎豹等动物；就"智"而论，虎豹等动物不如人。智胜于力，人有智而动物无智，所以人最终能战胜虎豹等动物。发展"智"的根本途径是学习，所以人之为人离不开学习。

> 夫强者有二：有力强，有智强。虎豹之猛而扼于人，虎豹不能学问
> 考论即愚，人能学问考论则智，是智胜也。至于天人鬼物，昆虫草木，
> 莫不考论，则益智，故贵学。④

他又认为，单从生物的本能来看，人与动物具有相似性，只有通过学习活动，才能使人的"智"获得发展，最终摆脱单纯的生物本能而与动物相区别。

① 康有为：《康子内外篇·爱恶篇》(1886年)，见姜义华、张荣华编校：《康有为全集》(第1集)，中国人民大学出版社2007年版，第100页。
② 康有为：《康子内外篇·理气篇》(1886年)，见姜义华、张荣华编校：《康有为全集》(第1集)，中国人民大学出版社2007年版，第111页。
③ 康有为：《春秋董氏学·春秋微言大义第六下》(1893年至1897年)，见姜义华、张荣华编校：《康有为全集》(第2集)，中国人民大学出版社2007年版，第393页。
④ 康有为：《上海强学会后序》(1895年11月)，见姜义华、张荣华编校：《康有为全集》(第2集)，中国人民大学出版社2007年版，第97页。

> 有性无学,则人与禽兽相等,同是视听运动,无人禽之别也。①
> 人无教则为禽兽,故宜有教。②

学习活动是人类特有的活动,它不但使人与动物相区别,而且使人最终战胜动物,成为生命界的主宰。

> 学也者,由人为之,勉强至逆者也。不独土石不能,草木不能,禽兽之灵者亦不能也。鹦鹉能言,舞马能舞,不能传授扩充,故无师友之相长,无灵思之相触,故安于其愚,而为人贱弱也。犀象至庞大,人能御之;虎豹鸷猛,人能伏之。惟其任智而知学也。……故学者惟人能之,所以戴天履地,而独贵于万物也。③

再次,康有为认为学习活动也是使人与人相区别的基本途径。他认为,人离开学习就只剩下自然属性了,单就自然属性而论,人与人之间基本是相同的,这就湮没了贤愚善恶之别。

> 孔子曰"性相近也"。……夫相近,则平等之谓,故有性无学,人人相等,同是食味、别声、被色,无所谓小人,无所谓大人也。④

正是通过学习,才使人与人之间产生才智的差异,学者胜于不学者,多学者胜于少学者,学习的差异越大,才智的差异越大。

> 同是人也,能学则异于常人矣;同是学人也,博学则胜于陋学矣;同是博学,通于宙合,则胜于一方矣;通于百业,则胜于一隅矣;通天人

---

① 康有为:《长兴学记》(1891 年),见姜义华、张荣华编校:《康有为全集》(第 1 集),中国人民大学出版社 2007 年版,第 341 页。
② 康有为:《重刻伪经考后序》(1917 年 11 月),见《新学伪经考》,中华书局 2012 年版,第 378 页。
③ 康有为:《长兴学记》(1891 年),见姜义华、张荣华编校:《康有为全集》(第 1 集),中国人民大学出版社 2007 年版,第 341 页。
④ 康有为:《长兴学记》(1891 年),见姜义华、张荣华编校:《康有为全集》(第 1 集),中国人民大学出版社 2007 年版,第 341 页。

之故，极阴阳之变，则胜于循常蹈故拘文牵义者矣。……惟其学相远，故人与禽兽相远，人与人相远，学人与学人相远，其相远之道里，不啻百十里也，不啻千万里也，不啻亿兆里至于无可计议、无可知识里也。①

值得注意的是，他提出了"顺而率性者愚，逆而强学者智"②的观点。所谓"逆而强学"，就是发挥人的主观能动性来学习。发挥主观能动性来学习的表现是"逆乎常纬"。所谓常纬，即指常规流俗、习惯定势。常纬的形成不是一人一时，而往往是经过了千万人的约定和千百年的积淀，一旦形成就会成为强大的习惯势力，制约着人的创造性的发挥。只有打破习惯势力的束缚，才能创造性地认识世界和改造世界。这种观点的提出，正是为了适应维新变法的需要。

> 人所以异于人者，在勉强学问而已。夫勉强为学，务在逆乎常纬。……其为是俗，非一人也，积千万人，积亿兆人，积京陔秭壤沟人，于是，党类立矣。其为是俗，非一时也，积日月年，积百十年，积千万年，于是，积习深矣。欲矫然易之，非至逆安能哉？故其逆弥甚者，其学愈至，其远于人愈甚，故所贵勉强行道也。③

最后，康有为认为教育对个体发展的作用，不仅表现在每一单独的个体方面，而且表现在个体的互相学习之中；每一获得了发展的个体之间的互相学习，可以使教育显示出更加重大的意义。

> 一人独学，不如群人共学；群人共学，不如合什百亿兆人共学。学

---

① 康有为：《长兴学记》（1891 年），见姜义华、张荣华编校：《康有为全集》（第 1 集），中国人民大学出版社 2007 年版，第 341 页。
② 康有为：《长兴学记》（1891 年），见姜义华、张荣华编校：《康有为全集》（第 1 集），中国人民大学出版社 2007 年版，第 341 页。
③ 康有为：《长兴学记》（1891 年），见姜义华、张荣华编校：《康有为全集》（第 1 集），中国人民大学出版社 2007 年版，第 341 页。

则强,群则强,累万亿兆皆智人,则强莫于京。①

此外,康有为还认为教育对个体发展的作用,不仅表现在一个人的道德形成和知识增长方面,还表现在可以使人从"国家人"进化为"世界人",遵守人类共同的价值规范,共同促进世界文明的发展。他对教育作用的这种独特认识,在 19 世纪八九十年代的中国人中是极罕见的。

> 教之实理有二:一则即其人之智与才力而增长之,且使其能增长爱性及保守信性也;一则以五洲众人所发明之精理及有益之制度与其人,使其人享受利益而有以化其恶性,去其习染而得之诈术,然后智与才力不致误用也。②

总之,康有为把教育作为个体发展的根本途径,认为每个人都可以和应该通过学习、接受教育,让自己在纯粹的生物本能的基础上,增长知识,完善道德,从而区别人与动物、善人与恶人、智人与愚人。他的这种基于自己人性论的教育个体发展功能的认识,对于开启民智,推动维新变法,具有积极作用和进步意义。百日维新失败后,他曾较多地倾向先验人性论,也就不再像以前那样夸大教育在个体发展中的作用了,但这在其有关论述中不占主要地位。他在 1901 年曾说:

> 告子之以决水喻者,徒谓中人,不指极善极恶也。孔子曰:性相近也,习相远也。夫中人之性,在所习然。习善而为善,习恶而为恶也。至于极善极恶,非复在习,故孔子曰:惟上智与下愚不移。性有善、不善,圣化贤教,不能复移易也。③

---

① 康有为:《上海强学会后序》(1895 年 11 月),见姜义华、张荣华编校:《康有为全集》(第 2 集),中国人民大学出版社 2007 年版,第 97 页。

② 康有为:《实理公法全书·教事门》(约 1888 年前),见姜义华、张荣华编校:《康有为全集》(第 1集),中国人民大学出版社 2007 年版,第 156 页。

③ 康有为:《孟子微》(1901 年),见姜义华、张荣华编校:《康有为全集》(第 5 集),中国人民大学出版社 2007 年版,第 428 页。

三、仁学观:"仁"是人类生存和进步的本源

"仁"是孔子与儒家的核心范畴,在孔子与儒家的观念体系中居于统摄性的最高位置,自孔子揭橥之后,儒家后学多有继承发展,依据各自理解和立场进行了不同的诠释和构建,甚至在许多儒者心目中,尊孔孟就是学仁行仁。康有为既继承了传统的"仁"学,又注入了他所接触和理解的西方自由、平等、博爱观念,从而形成了他独到的"仁学观"。

第一,康有为认为仁的实质是不忍人之心,不忍人之心人皆有之,人的行为都是不忍人之心的外在表现,它是人类生存和进步的本源。

> 不忍人之心,仁也……人人皆有之……既有此不忍人之心,发之于外,即为不忍人之政。若使人无此不忍人之心,圣人亦无此种,即无从生一切仁政。故知一切仁政,皆从不忍之心生,为万化之海,为一切根,为一切源。一核而成参天之树,一滴而成大海之水。人道之仁爱,人道之文明,人道之进化,至于太平大同,皆从此出。①

"不忍人之心"一语源于《孟子》,孟子也讲仁,但他将仁与义、礼、智等并列,并没有将其独尊到统率一切的高度。

> 恻隐之心,人皆有之;羞恶之心,人皆有之;恭敬之心,人皆有之;是非之心,人皆有之。恻隐之心,仁也;羞恶之心,义也;恭敬之心,礼也;是非之心,智也。仁义礼智,非由外铄我也,我固有之也,弗思耳矣。②

康有为的仁学观,则"以'仁'字为唯一之宗旨,以为世界之所以立,众生之所以生,国家之所以存,礼义之所以起,无一不本于仁"③。他将仁和智作

---

① 康有为:《孟子微》(1901年),见姜义华、张荣华编校:《康有为全集》(第5集),中国人民大学出版社2007年版,第414页。
② 《孟子·告子上》。
③ 康有为、康同璧等著,楼宇烈整理:《康南海自编年谱(外二种)》,中华书局1992年版,第252页。

为义、礼、信的基础,又将仁作为智的主导,称"义、礼、信不能与仁、智比","人宜以仁为主,智以辅之"①。这样,就将"仁"抬高到统率一切的地位。

第二,康有为既主张仁是博爱,又主张这种博爱具有界限和次序。他曾说"仁者博爱"②,又说"仁也以博爱为本"③,还说"故仁爱人,博爱之谓也"④。他所谓的博爱,确乃博大无比。"爱一家,即为一家之仁;爱一国,即为一国之仁;爱天下,即为天下之仁。"⑤当全世界已经充满爱,全人类已经充满仁,是否就可以说已经达到了仁的最高境界呢?还远远不能这样说。因为他认为,不但全人类要充满仁,而且整个生命界都要充满仁,只有如此,才能说达到了仁的最高境界。

> 人类既平等之后,大仁盎盎矣。虽然,万物之生皆本于元气,人于元气中,但动物之一种耳。……凡兹豢兽,皆用而不杀,死则化之。……待以人道,其仁爱之至欤!⑥

整个生命界都充满了仁,已经达到了仁的最高境界,按说康有为应该满足了吧?没有,远远没有。他依然在感叹"仁乎,仁乎,终不能尽"。他为什么还有感叹呢?在他看来,这种仁的最高境界只是相对的最高境界,这种最高境界还仅仅局限于地球之上。对于整个太阳系以至整个宇宙来讲,地球上的仁爱只不过是沧海一粟,也就是说仁的最高境界还远没有实现。要在整个太阳系以至整个宇宙实现仁爱,他感到无能为力,也只好在感叹之

---

① 康有为:《康子内外篇·仁智篇》(1886 年),见姜义华、张荣华编校:《康有为全集》(第 1 集),中国人民大学出版社 2007 年版,第 109 页。

② 康有为:《孟子微》(1901 年),见姜义华、张荣华编校:《康有为全集》(第 5 集),中国人民大学出版社 2007 年版,第 455 页。

③ 康有为:《论语注》(1902 年后),见姜义华、张荣华编校:《康有为全集》(第 6 集),中国人民大学出版社 2007 年版,第 394 页。

④ 康有为:《长安讲演录》(1923 年 11 月 14 日),见姜义华、张荣华编校:《康有为全集》(第 11 集),中国人民大学出版社 2007 年版,第 275 页。

⑤ 康有为:《长安讲演录》(1923 年 11 月 14 日),见姜义华、张荣华编校:《康有为全集》(第 11 集),中国人民大学出版社 2007 年版,第 275 页。

⑥ 康有为:《大同书·第二》(1902 年后),见姜义华、张荣华编校:《康有为全集》(第 7 集),中国人民大学出版社 2007 年版,第 49、51 页。

余安居地球了。

> 道本于可行而已,其不可行者,虽欲行之,不能不止矣。吾仁有所限矣,吾爱有所止矣。已夫!已夫!虽大同之仁、戒杀之爱,置之天天之中,其为仁不过大海之涓滴也夫。虽然,诸天之内,诸天之外,为仁者亦无以加兹。①

他虽然主张仁是博爱,同时也主张这种博爱是有等级的,说"圣人之仁,虽极广博,而亦有界限也。界限者,义也,不得已而立者也"②。他曾经根据仁的实施范围,将仁分为不同的等级。

> 孔子之道最重仁。人者,仁也。然则天下何者为大仁? 何者为小仁? 鸟兽昆虫无不爱,上上也;凡吾同类,大小、远近若一,上中也。爱及四夷,上下也。爱诸夏,中上也。爱其国,中中也。爱其乡,中下也。爱旁侧,下上也;爱独身,下中也;爱身之一体,下下也。③

他主张在不同的历史阶段和社会状态下,实施不同等级的仁爱,假如不顾条件限制,硬去实施不适合的高级仁爱,就会造成社会混乱。

> 乱世亲亲,升平仁民,太平爱物,此自然之次序,无由躐等也。④

由于当时中国尚处据乱之世,因此就应施行亲亲一级的仁,而亲亲的基础

---

① 康有为:《大同书·第二》(1902年后),见姜义华、张荣华编校:《康有为全集》(第7集),中国人民大学出版社2007年版,第52页。
② 康有为:《春秋董氏学·春秋微言大义第六上》(1893年至1897年),见姜义华、张荣华编校:《康有为全集》(第2集),中国人民大学出版社2007年版,第383页。
③ 康有为:《春秋董氏学·春秋微言大义第六下》(1893年至1897年),见姜义华、张荣华编校:《康有为全集》(第2集),中国人民大学出版社2007年版,第390页。
④ 康有为:《大同书·第二》(1902年后),见姜义华、张荣华编校:《康有为全集》(第7集),中国人民大学出版社2007年版,第51页。

则是孝悌,他说"仁者人也,亲亲为大"①,又说"仁之最大者莫如孝弟"②。只要都从孝悌做起,然后推仁爱于宗族、乡邑、国家以至天下,就可以成为一个具有"大仁"的"大人"。

> 其仁小者,则为小人;其仁大者,则为大人。故孝弟于家者,仁之本也;睦姻于族者,仁之充也;任恤于乡者,仁之广也。若能流惠于邑,则仁大矣;能推恩于国,则仁益远矣;能锡类于天下,仁已至矣。③

第三,康有为认为施行仁的目的就是为了使每个人实现快乐和从苦难中解脱。他讲:"人道者依人以为道。依人之道,苦乐而已,为人谋者,去苦以求乐而已。"④每个人生活的目的都是为了追求幸福快乐,就连基督徒和佛教徒也是这样。基督徒的苦行磨炼,是为了追求天国的幸福;佛教徒的绝欲清修,是为了追求涅槃的快乐。正因为天下没有不追求快乐的人,所以判断任何一种社会制度合理与否,就看它是否能给人带来幸福快乐以及带来多少幸福快乐。

> 普天之下,有生之徒,皆求乐免苦而已,无它道矣。……立法创教,能令人有乐而无苦,善之善者也;能令人乐多苦少,善而未尽善者也;令人苦多乐少,不善者也。⑤

由此出发,他批评了朱熹的"灭人欲,存天理"观。朱熹为了维护"三纲五常",倾向抑制人的物质欲望,这与康有为的"主乐派哲学"相抵牾。朱熹

---

① 康有为:《孟子微》(1901年),见姜义华、张荣华编校:《康有为全集》(第5集),中国人民大学出版社2007年版,第442页。
② 康有为:《南海师承记·讲仁字》(1896年至1897年),见姜义华、张荣华编校:《康有为全集》(第2集),中国人民大学出版社2007年版,第228页。
③ 康有为:《长兴学记》(1891年),见姜义华、张荣华编校:《康有为全集》(第1集),中国人民大学出版社2007年版,第342页。
④ 康有为:《大同书·第一》(1902年后),见姜义华、张荣华编校:《康有为全集》(第7集),中国人民大学出版社2007年版,第6页。
⑤ 康有为:《大同书·第一》(1902年后),见姜义华、张荣华编校:《康有为全集》(第7集),中国人民大学出版社2007年版,第7页。

反对饮食"要求美味",穿着"必欲精细",康有为则恰恰相反,他认为如果条件允许,在吃上就要追求玉食美馔,在穿上就要追求锦衣轻裘,在住上就要追求高堂广厦,等到大同世界实现了,人在衣、食、住、行等物质生活方面将获得极大满足。他批评"朱子之道极苦"①,认为朱熹提倡"苦道"的原因,就是只看到了据乱而没有看到大同。

> (朱熹)多言义而寡言仁,知省身寡过而少救民患,蔽于据乱之说而不知太平大同之义,杂以佛老,其道觳苦。②

由此出发,他也批评宗教禁欲主义,尤其对被当时国人视为洪水猛兽的"性",他更是采取了极其超前的态度。他认为佛教禁止僧侣婚娶,"其事本非人情之所能。既非人情,而欲人人强行之,势必不能"。③ 他设想,大同世界将废除婚姻,"名曰交好之约,不得有夫妇旧名","男女合约,当有期限,不得为终身之约","顺乎人情,听其交欢",④合则留,不合则去,只有如此才可以破除家庭之累,保持各自的人格独立。他的这些言论在今天看来也是惊世骇俗,简直可称他"性解放"的老祖宗。

第四,康有为将"仁"训解为人与人之间的相互吸引和相互帮助,引入西方自然科学中电、以太、磁力等概念,对仁进行了新的诠释。他认为,仁就是电、以太、磁力,它使人与人之间相互吸引,相互沟通。

> 不忍人之心,仁也,电也,以太也……⑤

---

① 康有为:《万木草堂讲义·七月初三夜讲源流》(1897 年),见姜义华、张荣华编校:《康有为全集》(第 2 集),中国人民大学出版社 2007 年版,第 288 页。

② 康有为:《孔子改制考·序》(1892 年至 1898 年),见姜义华、张荣华编校:《康有为全集》(第 3 集),中国人民大学出版社 2007 年版,第 3 页。

③ 康有为:《欧洲十一国游记二种》,岳麓书社 1985 年版,第 96 页。

④ 康有为:《大同书·第二》(1902 年后),见姜义华、张荣华编校:《康有为全集》(第 7 集),中国人民大学出版社 2007 年版,第 76、77 页。

⑤ 康有为:《孟子微》(1901 年),见姜义华、张荣华编校:《康有为全集》(第 5 集),中国人民大学出版社 2007 年版,第 414 页。

有觉知则有吸摄,磁石犹然,何况于人? 不忍者,吸摄之力也。①

仁则电能通,而全体畅洽;不仁则电不通,而全身麻痹。一身如
此,天下同之。②

康有为也继承了汉儒训仁为"相人偶"的学说,认为仁有调适人际关系的
功能,它使人与人之间相互关心,相互帮助。

仁从二人,郑康成谓相人偶,盖二人相助之义。假使大地只我一
人,则一切无所用也,既有二人,则必有相处之法矣。③

仁从二人,人道相偶,有吸引之意,即爱力也,实电力也。人具此
爱力,故仁即人也。苟无此爱力,即不得为人矣。④

第五,康有为将"仁"作为教育的核心内容和重要目标,认为教师教和
学生学的终极目的都是为了追求仁。他在《长兴学记》学纲中,对"志于
道"的解释是"道者,仁义而已。志者,志于为仁义之道"⑤;对"依于仁"的
解释是"依者,如衣之附人。人而无衣,则为倮虫;人而不仁,亦为一倮虫
而已"⑥。

周公、孔子垂学立教,以迪来士,皆以为仁也。旁及异教,佛氏之

① 康有为:《大同书·第一》(1902 年后),见姜义华、张荣华编校:《康有为全集》(第 7 集),中国人民
大学出版社 2007 年版,第 4 页。
② 康有为:《长安讲演录》(1923 年 11 月 14 日),见姜义华、张荣华编校:《康有为全集》(第 11 集),
中国人民大学出版社 2007 年版,第 275 页。
③ 康有为:《长安讲演录》(1923 年 11 月 15 日),见姜义华、张荣华编校:《康有为全集》(第 11 集),
中国人民大学出版社 2007 年版,第 276 页。
④ 康有为:《中庸注》(1901 年 3 月),见姜义华、张荣华编校:《康有为全集》(第 5 集),中国人民大学
出版社 2007 年版,第 379—380 页。
⑤ 康有为:《长兴学记》(1891 年),见姜义华、张荣华编校:《康有为全集》(第 1 集),中国人民大学出
版社 2007 年版,第 342 页。
⑥ 康有为:《长兴学记》(1891 年),见姜义华、张荣华编校:《康有为全集》(第 1 集),中国人民大学出
版社 2007 年版,第 344 页。

普度，皆为仁也。①

所以为学，皆以为仁也。②

博稽而通其变，务致之用，以求仁为归。③

康有为较少使用"德""才"的概念，而更多谈的是"仁""智"。一般来说，他主张仁、智并重，"必仁且智"，不可偏废，智是仁之用，是维新变法的事功，仁是智之源，是救世救人类的追求。

知而不仁，则不肯下手，如老氏之取巧。仁而不知，则慈悲舍身，如佛氏之众生平等。二言管天下之道术矣。孔子之仁，专以爱人类为生；其智，专以除人害为先。此孔子大道之管辖也。④

仁智同藏而智为先，仁智同用而仁为贵。⑤

可见，康有为独到的仁学观，是从维新主义出发，杂糅了儒、释、墨诸学，对于"仁"的全新诠释和构建。它不仅具有同时代谭嗣同"仁学"的激进主义、以佛释仁等特征，更具有近似墨子"兼爱"的半宗教神秘色彩，可谓其大同、诸天思想的源头和端倪。要想深入而准确地理解康有为的仁学观，必须既看到它维新变法的现实主义一面，更要看到它大同诸天的超现实主义一面。否则，如果康有为复起于地下必将哂之：不亦小哉！不亦陋矣！

---

① 康有为：《长兴学记》(1891 年)，见姜义华、张荣华编校：《康有为全集》(第 1 集)，中国人民大学出版社 2007 年版，第 342 页。

② 康有为：《长兴学记》(1891 年)，见姜义华、张荣华编校：《康有为全集》(第 1 集)，中国人民大学出版社 2007 年版，第 344 页。

③ 康有为：《长兴学记》(1891 年)，见姜义华、张荣华编校：《康有为全集》(第 1 集)，中国人民大学出版社 2007 年版，第 349 页。

④ 康有为：《春秋董氏学·仁智》(1893 年至 1897 年)，见姜义华、张荣华编校：《康有为全集》(第 2 集)，中国人民大学出版社 2007 年版，第 393 页。

⑤ 康有为：《大同书·第一》(1902 年后)，见姜义华、张荣华编校：《康有为全集》(第 7 集)，中国人民大学出版社 2007 年版，第 4 页。

第二节　比较中西与《大同书》

一、比较中西的基本结论

百日维新失败后,康有为流亡海外,遍历亚、美、欧、非四大洲,直至民国二年(1913年)底才回到国内。他曾请篆刻大师吴昌硕治印一方,文曰:"维新百日,出亡十六年,三周大地,游遍四洲,经三十一国,行六十万里。"每到一国,他都悉心考察其现实与历史,并与中国进行比较。他自称:"吾两年居美、墨、加,七游法,五居瑞士,一游葡,八游英,频游意、比、丹、挪,久居瑞典。十六年于外,无所事事,考察政治乃吾专业也。"①

1899年10月,康有为由加拿大经日本返香港,探望母亲。次年2月,由香港抵达新加坡,接受英国保护;8月,应英国新加坡总督之邀前往槟榔屿,在此一住就是15个月。在这一年多时间,他的主要精力用于领导各地的保皇会活动和帮助唐才常的自立军起义;1901年,其主要精力则用于从事理论著述,先后撰成《中庸注》《孟子微》《礼运注》《春秋笔削大义微言考》等书。1901年12月,他由槟榔屿赴印度。漫游各地后,他于次年1月卜居于印度北部的大吉岭,潜心著述,先后写成了《论语注》《大学注》《大同书》等一系列著作。1903年,他听到后党干将荣禄死讯,揣测国内政局可能发生变化,试图东山再起,遂从印度出发,游经缅甸、爪哇、越南、暹罗,于10月回到香港。至此,康有为已在国外作了近6年流亡政客。正是"佛土行三载,亡人幽六年。逍遥游去也,故国整归鞭"②。

但是,国内政局并没有像康有为预料的那样发生变化,他便于1904年3月离港,经越南、暹罗,于5月初再至槟榔屿。小住20余天后,他自槟榔

① 康有为:《共和平议》(1917年)。见姜义华、张荣华编校:《康有为全集》(第11集),中国人民大学出版社2007年版,第2页。

② 康有为:《康南海先生诗集》,见姜义华、张荣华编校:《康有为全集》(第12集),中国人民大学出版社2007年版,第234页。

屿启行，经锡兰、亚丁至红海，穿苏伊士运河进入地中海，6 月 15 日抵达意大利的布林底西。从此，他开始了漫游欧洲和世界的历程，直至 1909 年底，又历时近 6 年。他的足迹遍布意大利、瑞士、奥地利、匈牙利、德国、法国、丹麦、挪威、瑞典、比利时、荷兰、英国、西班牙、摩洛哥、塞尔维亚、保加利亚、罗马尼亚、希腊以及美国、墨西哥、埃及、土耳其、巴勒斯坦等地，可谓一名空前的超级政治旅行家。

康有为的目的是考察各国政俗，看看究竟哪些国家好，哪些国家不好，好在何处，不好在何处，何以好何以不好，中国哪些可学哪些不可学，学将如何学，等等。他自夸立志做一名耐苦不死、遍尝百草的"神农"，"将尽大地万国之山川、国土、政教、艺俗、文物，而尽揽掬之，采别之，掇吸之"，然后开具一服拯救中国的"神方大药"①。

康有为考察西方政俗，形成了一些基本认识，得出了一些基本结论。

第一，康有为以前想象中的欧洲，人人丰衣足食，处处路不拾遗，通过实地考察，他认识到各国之间发展很不平衡，一国之内也是贫富悬殊，甚至觉察到资本主义社会里的阶级矛盾和阶级斗争。初到欧洲文明发源地之一的意大利，已使他大失所望。

> 未游欧洲者，想其地若皆琼楼玉宇，视其人若皆神仙才贤，岂知其垢秽不治、诈盗遍野若此哉！故谓百闻不如一见也。吾昔尝游欧美至英伦，已觉所见远不若平日读书时之梦想神游，为之失望。②

在意大利，车迹所经，道路"污秽滑斜"，路面马粪斑驳，垃圾横陈，时时"妇女贫人，褴褛相望，亦多乞者"。③ 游览那不勒斯火山时，他被一群乞儿一直追出了一里多路。这一切，使他仿佛回到了万里之外的中国。从西班牙

---

① 康有为：《欧洲十一国游记序》(1904 年 12 月 22 日)，见姜义华、张荣华编校：《康有为全集》(第 7 集)，中国人民大学出版社 2007 年版，第 344 页。
② 康有为：《意大利游记》(1904 年)，见姜义华、张荣华编校：《康有为全集》(第 7 集)，中国人民大学出版社 2007 年版，第 351 页。
③ 康有为：《意大利游记》(1904 年)，见姜义华、张荣华编校：《康有为全集》(第 7 集)，中国人民大学出版社 2007 年版，第 352 页。

到葡萄牙时,他又在两国边界处遇到强盗,幸亏及时"鸣枪示警,未遭毒手"①。于是,他得出结论说,意大利是西方世界中比较贫困的国家,北欧各国才是富裕之区。"北欧各国,皆胜于我。意国与我国平等相类。"②他还看到,"褴褛之情,颠连之状,此各国所同有",而不止意大利一国如此。③于是,他在《大同书》中,更加夸张地描述了西方国家劳动人民的贫苦。

> 即欧美诸国近号升平,而吾见其工人取煤熏炭则面黑如墨,沾体涂足则手污若泥,自以其所耕之地大于中国,求肉不得,醉酒卧地,执妇女而牵笑。若爱尔兰之小儿,赤足卧地,杂于羊豕。伦敦乞妇,牵车索食,掷以皮骨,俯拾于地,甘之如饴。若德、俄、奥之北鄙,瑞典、那威之雪界,葡、班之穷民,此则与中国蒙古、东三省之穷民同其苦患……④

游览法国时,连素称繁华绮丽的巴黎也没有给他留下多少美好印象。

> 往闻巴黎繁丽冠天下,顷亲履之,乃无所睹,宫室未见瑰诡,道路未见奇丽,河水未见清洁,比伦敦之湫隘则略过之。……欧洲城市,莫不如此。⑤

> 要而论之,巴黎博物院之宏伟繁赜,铁塔之高壮宏大,实甲天下;除此二事,无可惊美焉⑥。

---

① 康有为:《欧洲十一国游记二种》,岳麓书社 1985 年版,第 73 页。
② 康有为:《意大利游记》(1904 年),见姜义华、张荣华编校:《康有为全集》(第 7 集),中国人民大学出版社 2007 年版,第 352 页。
③ 康有为:《意大利游记》(1904 年),见姜义华、张荣华编校:《康有为全集》(第 7 集),中国人民大学出版社 2007 年版,第 351 页。
④ 康有为:《大同书·第一》(1902 年后),见姜义华、张荣华编校:《康有为全集》(第 7 集),中国人民大学出版社 2007 年版,第 13 页。
⑤ 康有为:《法兰西游记》(1905 年),见姜义华、张荣华编校:《康有为全集》(第 8 集),中国人民大学出版社 2007 年版,第 143 页。
⑥ 康有为:《法兰西游记》(1905 年),见姜义华、张荣华编校:《康有为全集》(第 8 集),中国人民大学出版社 2007 年版,第 144 页。

1870年巴黎公社失败后，国际工人运动转入低潮，资本主义各国相对和平发展，但阶级矛盾和阶级斗争并没有停止，康有为以其特有的敏感觉察到了这点，并做出超人的预见，认为贫富差距导致的阶级矛盾将成为世界性焦点问题，这在当时的中国人中少出其右者。

> 人事之争，不平则鸣，乃势之自然也。故近年工人联党之争，挟制业主，腾跃于欧美，今不过芽蘖耳，后此必愈甚。又工党之结联，乃至若美国之逐我华工，恐或酿铁血之祸，其争不在强弱之国而在贫富之群矣。从此百年，全地注目者必在于此。故近者人群之说益昌，均产之说益盛，乃为后此第一大论题也。①

第二，康有为试图从地理决定论的视角，诠释中国专制政治和欧洲民主政治的不同历史成因。他游览罗马元老院旧址后，写下《议院之制必发生于西》一段文字，这集中体现了其观点。他一方面坚持"天道后起者胜"的进化史观，另一方面从中国与西欧地理历史的差别，说明中西政体的区别，即中国由大一统而专制、西欧由分封而民主的必然性。

> 中国亘古乃无议院政体、民学之司者，国民非不智也，地形实为之也。……欧洲数千年时之有国会者，则以地中海形势使然，以其海港汊氿纷歧，易于据险而分立国土故也。分立故多小国寡民，而王权不尊，而后民会乃能发生焉。……凡此古旧文明之国，则必广土众民，而后能产出文明。既有广土众民，则必君权甚尊，而民权国会皆无从孕育矣。况我中国之一统，已当黄帝、尧、舜之时。盖古号九州为中国者，在大江以北、太行以南，旷野数千里，地皆平陆，无险可守。故为一统帝国之早之远，在万国之先。……假令罗马而一统至今，则英伦三岛，亦中国之琼、台耳，滇、黔耳，为罗马之郡县，奉罗马之政法，何从而有国会？何从而与王争？何从而渐进渐精而成今日之立宪政体

---

① 康有为：《大同书·第六》(1902年后)，见姜义华、张荣华编校：《康有为全集》(第7集)，中国人民大学出版社2007年版，第154页。

乎？……物无两大，有其利者必有其害。中国万里数千年，已享一统之乐利。欧洲列国分立，经黑暗中世，千年战争，惨祸酷矣，乃得产此议院以先强，则有其害者亦有其利。然中国苟移植之，则亦让欧人先获百年耳，何伤乎！天道后起者胜也。[①]

第三，康有为比较中西古代文明，自豪的是中国古代文明毫不逊于西方，惭愧的是中国对古代文明的保护和继承远不如西方。他写下《罗马宫室不如中国秦汉时》《中国保存文物不如罗马》等文字，对中国古代文明历经兵燹人祸，惨遭破坏，劫余无几，深感痛心；大声呼吁停止当时还在继续、蔓延的人为毁坏，切实保护各种古代文物遗存，以利中国传统文化的继承和延续。

当西汉末，罗马仅有今意大利蕞尔之地。而法典之大成，远在六朝之世。罗马之哲学、诗歌，虽有中兴者，然仅罗马一都市民耳，不能遍及意大利。其余并吞之属地，则概以羁縻待之……其与汉世百郡千县，并设学校，皆有文学掌故、博士弟子，诵经习礼，大学生至三万人，而边人皆得论秀入官，执政典兵。至今英、德、法、美，每一大学学生，无过万人者，合各国比之，尚不及我汉世，何况昔之罗马乎？其文明相去，何可道里计也。惟其丹壁、妙画、石像、铁管、"摩色"、文阶，亦有可观者，石渠、剧场之伟大亦自惊人，然比之万里长城，则又不足道矣。[②]

第四，康有为反对崇洋媚外，妄自菲薄，提倡文化自信和文化自尊，却将攻击的矛头指向革命派。近代中国，既要反抗列强侵略，又要学习西方先进的科学技术和制度文化，这种学习是从被动和屈辱中开始的，学习的过程是曲折的，学习的心态是矛盾的，往往非左即右，或过或不及，缺乏理性与一贯。他考察意大利之后，批评一些人不加分析的崇洋、畏洋心理，

[①] 康有为：《意大利游记》(1904 年)，见姜义华、张荣华编校：《康有为全集》(第 7 集)，中国人民大学出版社 2007 年版，第 380—383 页。

[②] 康有为：《意大利游记》(1904 年)，见姜义华、张荣华编校：《康有为全集》(第 7 集)，中国人民大学出版社 2007 年版，第 369—370 页。

说："我国人不知意之贫与我等，但望见欧人，一律畏而待之，岂不愚哉？"①
进而又说：

> 今欧人之文明，皆本于罗马，大学皆学罗马之语言文字，不忘其祖，宜盛称之。若以我之文明较之，则渺乎在下矣。而我国人耳食而未尝亲游者，徒惊今日欧美之盛美，而误信其所出之罗马，乃亦同而尊仰之，则大谬矣！甚矣！吾国人今日之不自立，乃忘己而媚外也。故国人不可不读中国书，不可不游外国地，以互证而两较之，当不至为人所恐吓，而自退处于野蛮也。②

他以老资格的维新领袖自居，善于"互证而两较之"，教训在学习外国经验时，必须从自己的国情出发，不能生搬硬套，否则流弊无穷。

> 今之学者，不通中外古今事势，但闻欧人之俗，辄欲舍弃一切而从之，谬以彼为文明而师之。岂知得失万端，盈虚相倚，观水流沙转，而预知崩决之必至。苟非虚心以察万理，原其始而要其终，推其因而审其果者，而欲以浅躁一孔之见，妄为变法，其流害何可言乎？③

他指责革命派实为媚外生搬，大加挞伐，并大肆渲染法国革命的恐怖，以先知先觉的口吻教导革命派，中国自由平等已经两千多年，根本没有实行革命的必要，倘若误行，必然导致大屠杀和大分裂，导致外国的武装干涉，导致亡国亡种。

> 一二妄人，好持新说，以炫其博，迷于一时之权利，而妄攻道德。

---

① 康有为：《意大利游记》（1904年），见姜义华、张荣华编校：《康有为全集》（第7集），中国人民大学出版社2007年版，第394页。
② 康有为：《意大利游记》（1904年），见姜义华、张荣华编校：《康有为全集》（第7集），中国人民大学出版社2007年版，第370页。
③ 康有为：《法兰西游记》（1905年），见姜义华、张荣华编校：《康有为全集》（第8集），中国人民大学出版社2007年版，第157页。

乃辄敢攻及孔子,以为媚外之倡。必欲使己国数千年文明尽倒,国教俱无,而后快其猖狂纵欲之私,以助其成名之具,无论其力未能也。……今之少年,求新太过,躐等而驰,乱次以济,固宜无所不有。①

吾国久废封建,自由平等,已二千年,与法之十万贵族,压制平民,事既不类,倡革命言压制者,已类于无病而学呻矣。……我又为黄种之独国,白人纷纷,虎视逐逐,莫妙于假定乱之名,以行其瓜分之实。恐吾国革命之徒……不尽杀四万万人不止。即幸能存者,亦留为白人之奴隶马牛而已。②

第五,康有为虽然看到西方国家的种种弊端,颂扬中国辉煌灿烂的古代文明,反对数典忘祖,反对民主革命,但还是坚决主张学习西方先进的科学技术和民主政治。即如他自称:"以吾文明之本皆具,自由平等之实久得,但于物质、民权二者少缺耳。但知所缺在物质、民权,则急急补此二者可也。"③

彼大进化,乃在数十年来耳。以言工艺,则自华忒(瓦特。笔者注)之后,机器日新,汽船、铁路之交通,电、光、化、重之日出。机器一日一人之力,可代三十余人,或者能代百许人。于是器物宫室之精奇,礼乐歌舞之文妙,盖突出大地万国数千年之所无,而驾而上之。以言政治,则经道光十年、道光二十八年法国两革命之变,欧土各国,咸生民变,贵族尽倒。道、咸之后,各国皆开议院而与民权。于是比、意自立,德国合并,皆在我生数十年前后之间。④

---

① 康有为:《意大利游记》(1904 年),见姜义华、张荣华编校:《康有为全集》(第 7 集),中国人民大学出版社 2007 年版,第 374 页。
② 康有为:《法兰西游记》(1905 年),见姜义华、张荣华编校:《康有为全集》(第 8 集),中国人民大学出版社 2007 年版,第 188 页。
③ 康有为:《法兰西游记》(1905 年),见姜义华、张荣华编校:《康有为全集》(第 8 集),中国人民大学出版社 2007 年版,第 201 页。
④ 康有为:《法兰西游记》(1905 年),见姜义华、张荣华编校:《康有为全集》(第 8 集),中国人民大学出版社 2007 年版,第 201 页。

康有为维新变法的一贯目标,就是建立君主立宪政体和发展现代工商业。周游世界,比较中西,他的这种思想更加坚定,思路更加清晰,这就是他所亟亟倡导的"物质"和"民权"二物。

> 嗣是欧土战争少戢,文学大兴。小学行强迫之教,遍于国民;才俊与政议之选,不限贵族;立法出自议院公众之论,民讼皆有陪审辩护之人。人民皆预闻国政,有选举议员之特权;国王皆隶于宪法,无以国土人民为私有。医院、公园、聋盲哑校、博物院、藏书馆,都邑相望。公馆壮丽,狱舍精洁,道路广净。为民之仁政,备举周悉。法律明备,政治修饬。彬彬矞矞,光明妙严。工艺之精美,政律之修明,此新世之文明乎,诚我国所未逮矣!今且当舍己从人,折节而师之矣。①

第六,康有为试图比较中西文化,折中取舍,择优而从,但最终走的还是托古改制和尊孔读经的路子。他不是一位彻底的文化保守主义者,认为中国古代文化正是吸收了印度传来的佛教文化,才得"以增长文物知识",正是不同文化间的相互交流和融合,才促进了不同文化的共同繁荣和发展。他在 1901 年写的《印度游记·序》中就说:

> 夫物相杂谓之文,物愈杂则文愈甚。故文明者,知识至繁、文物至盛之谓。支那之文物无所加于印度,故印度之智慧不增……印度之文物大入支那,故支那之文明更广。……盖娶妇必择异姓而生乃繁,合群必通异域而文乃备。②

游历西方,他既看到现代科技对生产力的巨大推动,也看到资本主义发展之后的种种问题。他认为像中国的程朱理学那样,忽视科技生产,一味强调个体道德修养,压抑人的正常欲望和个性自由发展,固然不对;反之,像

---

① 康有为:《法兰西游记》(1905 年),见姜义华、张荣华编校:《康有为全集》(第 8 集),中国人民大学出版社 2007 年版,第 201 页。

② 康有为:《印度游记》(1901 年),见姜义华、张荣华编校:《康有为全集》(第 5 集),中国人民大学出版社 2007 年版,第 509 页。

当时的西方社会那样,一味追求功利主义和自我价值,强调个性解放,也会导致物欲横流,弊窦丛生。

> 心德为敛体,物质为涨体。敛者愈敛,故讲宋学必以敝车羸马为荣,以陋巷敝袍为美,令人安分而不妄营,此其效也。然物质之华无自生,国体陋而民生亦苦焉。涨者愈涨,故美、法之民百元工赀之入,以五十元租屋而盛饰之;人民日放工之余,皆拥女看剧,华衣盛饰。而物质之学益明,百产益昌,机器益盛,此其效也。而奸诈盗伪之作,亦日甚矣。是故圣者之导民,盖难之也。①

这使康有为陷入深深的思索,思索的结果还是,"追求西方知识的同时,不应放弃中国的文化遗产"②,他最终老调重弹,讲起托古改制、尊孔读经来了。

> 吾国甫通欧西,而今已十余人矣,后日益多。虽然,速变则速变矣,吾患其无自立之性也。各国于其本国言语、文字、历史、风俗、教宗,皆最宝爱之,敬重之,保存之,而后人性能自立,一国乃自立。……况孔子实为改制之教主,立三统三世之法,包含神人,一切莫不覆帱,至今莫能外之。其三世之法,与时变通,再过千年,未能出其范围。③

康有为百日维新失败之后,流亡海外 16 年,周游世界,广泛考察,比较中西,自称要做遍尝百草的神农,开出救国救世的神方大药。但最终,他开出的政治、经济、文化三味方药,还是建立立宪议会制度、发展现代科技和工商业、尊奉孔教,大致未出维新变法的范畴。如果说增加的新东西,则是他亲身感受了当时西方国家存在的问题,看到了资本主义的现实一面,更

---

① 康有为:《法兰西游记》(1905 年),见姜义华、张荣华编校:《康有为全集》(第 8 集),中国人民大学出版社 2007 年版,第 157 页。

② 萧公权:《康有为思想研究》,台北联经出版事业公司 1988 年版,第 359 页。

③ 康有为:《意大利游记》(1904 年),见姜义华、张荣华编校:《康有为全集》(第 7 集),中国人民大学出版社 2007 年版,第 374—375 页。

加直接地把革命派作为竞争对手和攻击对象，更加坚定地宣扬中国传统文化道德。其本人的思想观念，与其说是变得更加深刻深邃，毋宁说是变得更加博杂庞大，即进入大同诸天之境，试图从文化比较、文化建构的角度，探索救世救人类之道，甚至变得有些非常人所能理喻，带有些许诡异神秘色彩，其代表作就是《大同书》和《诸天讲》两书。

二、《大同书》的思想来源

"大同"一词出于传统典籍《礼记·礼运》："大道之行也，天下为公，选贤与能，讲信修睦。故人不独亲其亲，不独子其子；使老有所终，壮有所用，幼有所长，鳏寡孤独废疾者皆有所养；男有分，女有归。货，恶其弃于地也，不必藏于己；力，恶其不出于身也，不必为己。是故谋闭而不兴，盗窃乱贼而不作，故外户而不闭。是谓大同。"《礼记》是十三经之一，在儒家典籍中具有重要地位，其中《礼运》篇、大同观托古而言理想社会，颇有阐发附会空间，故后世之言理想社会者多寄以"大同"之名。不同的人所言大同理想社会，内涵虽不一致，但仍有共同倾向：一是比附兴会，托古以言理想；二是所托理想社会，一般包含着社会治理、社会秩序、社会保障等内容。康有为亦是如此，他以"大同"命名自己所托理想世界，至于此"大同"与《礼运》篇之"大同"有多少直接的实质的联系，本不必过多费词。甚至可以说，康有为《大同书》的思想范式和言说方式所受隐性影响，来自佛学和庄子的，未必少于儒学和西学，后者是其表、其实指，前者更是其里、其浑然气象。

康有为之大同思想酝酿甚早，而《大同书》的正式撰成却晚。他自称，早在1885年便"手定大同之制，名曰《人类公理》"①。不久，他又撰写了《康子内外篇》和《实理公法全书》两书。在这三部著作中，他以全人类为考察对象，抨击君主专制和男尊女卑，对人世间种种不平等深寄同情，并依据自己理解的自由、平等、博爱观念，勾画了理想世界的粗疏轮廓，体现了其早期的大同思想。他在《康子内外篇》中提出的"以天下为一家，中国为

① 康有为：《我史》(1899年1月)，见姜义华、张荣华编校：《康有为全集》(第5集)，中国人民大学出版社2007年版，第65页。

一人"①的理想,可视为其大同思想的萌芽。这时,他对于理想世界的勾画还失之粗糙和肤浅,涉及的社会领域还较狭窄,表明其大同思想尚待拓展深化。维新运动时期,他把《公羊》"三世说"和《礼运》的"大同""小康"说相糅合,也使其大同思想日趋明朗和丰富。正如梁启超所说:"先生独发明《春秋》三世之义,以为文明世界在于他日……于是推进化之运,以为必有极乐世界在于他日,而思想所极,遂衍为大同学说。"②讲学万木草堂时,他也曾与部分高足讨论过"大同"问题。据梁启超追忆:"先生时方著《公理通》《大同学》等书,每与通甫(陈千秋字通甫。笔者注)商榷,辨析入微,余辄侍末席,有听受无问难,盖知其美而不能通其故也。"③百日维新失败后,他周游世界,比较中西。亲身感受到的西方社会,打破了他心目中原有的想象和美化,使他认识到西方国家同样充满着弊端,潜伏着危机,并通过接触欧洲空想社会主义思想的接触,丰富和修正了自己的思想,终于在1901年至1902年间撰成《大同书》全稿,这标志着其大同思想的最后形成。

在此之前,康有为虽就大同问题撰写过部分文字,但由于自己的思想尚待发展丰富,又因忙于领导迅速发展的维新运动,而将主要精力放在现实改革上面,故一直盼望能有机会进行全面整理和总结。进入20世纪,这个机会终于来了。1901年底,他偕次女康同璧、二姨太梁随觉等人,离开槟榔屿到达印度,漫游各地后,于次年初卜居北部山城大吉岭,在此一住就是一年多。那里地僻客稀,康有为潜心著述,除了发表《答南北美洲诸华商论中国只可行立宪不可行革命书》《与同学诸子梁启超等论印度亡国由于各省自立书》等政论文章,更将主要身心投入到理论研究之中,先后写成《论语注》《大学注》《孟子微》《官制议》《大同书》等理论著作,其中尤以《大同书》的思想水平最高、影响最巨。他常以救世主自居,而视《大同书》为救世良方,书成之后,曾赋《大同书成题词》三首,颇以大慈大悲普度众生自命。诗曰:

---

① 康有为:《康子内外篇·觉识篇》(1886年),见姜义华、张荣华编校:《康有为全集》(第1集),中国人民大学出版社2007年版,第106页。
② 梁启超:《南海康先生传》(1901年12月),见姜义华、张荣华编校:《康有为全集》(第12集),中国人民大学出版社2007年版,第430页。
③ 中国史学会编:《中国近代史资料丛刊·戊戌变法》(第4册),神州国光社1953年版,第45页。

千界皆烦恼,吾来偶现身。

狱囚哀浊世,饥溺为斯人。

诸圣皆良药,苍天太不神。

万年无进化,大地合沉沦。

人道只求乐,天心惟有仁。

先除诸苦法,渐见太平春。

一一生花界,人人现佛身。

大同犹有道,吾欲度生民。

廿年抱宏愿,卅卷告成书。

众病如其已,吾言亦可除。

人天缘已矣,轮劫转空虚。

悬记千秋事,医王亦有初。[①]

　　《大同书》共 10 部分,凡 30 万字。撰成后,康有为"思大同之治非今日所能骤几,骤行之,恐适以酿乱,故秘其稿不肯以示人"[②],只有梁启超等少数入室高足得窥全貌。梁启超等多次请求刊布于世,康有为都以未合时宜为辞拒绝了。1913 年,《不忍》杂志首次发表了《大同书》的甲、乙两部;1919 年,上海长兴书局将甲、乙两部合刊为单行本;直到 1935 年,全书才经其弟子钱安定整理,由中华书局出版。

　　《大同书》的基本思路是:

　　首先,康有为认为,无论中国还是西方国家,无论资本主义社会还是君主专制社会,人类世界无处不充满着苦难。"全世界皆忧患之世而已,普天下人皆忧患之人而已,普天下众生皆戕杀之生而已。苍苍者天,厚厚者地,不过一大杀场、大牢狱而已。"[③]他将人类的无数苦难约分为 6 类:人生

---

① 康有为:《康南海先生诗集》(1888 年至 1927 年),见姜义华、张荣华编校:《康有为全集》(第 12
　集),中国人民大学出版社 2007 年版,第 136 页。

② 张伯桢:《南海康先生传》(1932 年),见姜义华、张荣华编校:《康有为全集》(第 12 集),中国人民
　大学出版社 2007 年版,第 497 页。

③ 康有为:《大同书·第一》(1902 年后),见姜义华、张荣华编校:《康有为全集》(第 7 集),中国人民
　大学出版社 2007 年版,第 4 页。

之苦、天灾之苦、人道之苦、人治之苦、人情之苦、人所尊尚之苦。其中,人生之苦又分7种,包括投胎、夭折、废疾、蛮野、边地、奴婢、妇女;天灾之苦又分8种,包括水旱饥荒、蝗虫、火灾、水灾、火山地震、房屋倒塌、船沉车撞、瘟疫;人道之苦又分5种,包括鳏夫、孤独、疾病无医、贫穷、卑贱;人治之苦又分5种,包括刑狱、苛税、兵役、国家统治、家庭羁绊;人情之苦又分8种,包括愚蠢、仇怨、爱恋、牵累、劳苦、愿欲、压制、阶级;人所尊尚之苦又分5种,包括富人、贵人、长寿者、帝王、神圣仙佛各有自己的苦难。因此,他以夸张的笔调写道:

> 康子于是起而上览古昔,下考当今,近观中国,远揽全地。尊极帝王,贱及隶庶,寿至篯彭,夭若殇子,逸若僧道,繁若毛羽,盖普天之下,全地之上,人人之中,物物之庶,无非忧患苦恼者矣。虽所有浅深大小,而忧患苦恼之交迫而并至,浓深而厚重,繁赜而恶剧,未有能少免之者矣。①

其次,康有为认为,必须拯救人类脱离苦难而达于极乐。他说,既然人的本性就是求乐免苦,那么任何一种社会制度的善恶与否,要看它能给人类带来多少快乐、免除多少苦难,凡带来快乐和免除苦难越多者也就越完善。

> 普天之下,有生之徒,皆以求乐免苦而已,无它道矣。……立法创教,能令人有乐而无苦,善之善者也;能令人乐多苦少,善而未尽善者也;令人苦多乐少,不善者也。②

古今中外的许多先贤圣哲,为了实现人类求乐免苦的理想,曾经付出过艰苦卓绝的努力,但由于种种原因都失败了。

---

① 康有为:《大同书·第一》(1902年后),见姜义华、张荣华编校:《康有为全集》(第7集),中国人民大学出版社2007年版,第5—6页。
② 康有为:《大同书·第一》(1902年后),见姜义华、张荣华编校:《康有为全集》(第7集),中国人民大学出版社2007年版,第7页。

　　诸圣群哲乃怃然焦然，思有以拯救之、普渡之，各竭其心思、出其方术施济之，而横览胥溺之滔滔，终无能起沉痼也。略能小瘳，无有全愈者，或扶东而倒西，扶头而病足。岂医理之未精欤？抑医术之未至耶？蒙有憾焉。或者时有未至耶？①

他也具有"不忍之心"，不忍坐视自己和同胞受苦受难，也希望寻找一条拯救之路。

　　生于大地，则大地万国之人类皆吾同胞之异体者也，既与有知，则与有亲。……其进化耶则相与共进，退化耶则相与共退，其乐耶相与共其乐，其苦耶相与共其苦……吾为天游，想像一极乐之世界，想像一极苦之世界，乐者吾乐之，苦者吾救之。吾为诸天之一物，吾宁能舍世界天界、绝类逃伦而独乐哉！②

而与前人相比，他不仅能够继承中国文化的精华，"积中国羲、农、黄帝、尧、舜、禹、汤、文王、周公、孔子及汉、唐、宋、明五千年之文明而尽吸饮之"，而且能够融会东西文明之长，"当大地之交通，万国之并会，荟东西诸哲之心肝精英而醋饫之"，③通过比较取舍，改造创新，最终寻找出一条超越前人的道路——大同之道。

　　吾既生乱世，目击苦道，而思有以救之，昧昧我思，其惟行大同之道、行太平之道哉！遍观世法，舍大同之道而欲救生人之苦，致其大乐，殆无由也。大同之道，至平也，至公也，至仁也，治之至也。虽有善

---

①　康有为：《大同书·第一》（1902 年后），见姜义华、张荣华编校：《康有为全集》（第 7 集），中国人民大学出版社 2007 年版，第 6 页。

②　康有为：《大同书·第一》（1902 年后），见姜义华、张荣华编校：《康有为全集》（第 7 集），中国人民大学出版社 2007 年版，第 5 页。

③　康有为：《大同书·第一》（1902 年后），见姜义华、张荣华编校：《康有为全集》（第 7 集），中国人民大学出版社 2007 年版，第 3 页。

道,无以加此矣。①

再次,康有为认为,"九界"是人类一切苦难的根源,只有破除九界,消灭国家、种族、家庭、性别、行业、阶级等差别,才能实现大同之道。正如他自己所说:

> 一览生哀,总诸苦之根源,皆因九界而已。九界者何? 一曰国界,分疆土部落也。二曰级界,分贵贱、清浊也。三曰种界,分黄、白、棕、黑也。四曰形界,分男女也。五曰家界,私父子、夫妇、兄弟之亲也。六曰业界,私农、工、商之产也。七曰乱界,有不平、不通、不同、不公之法也。八曰类界,有人与鸟兽虫鱼之别也。九曰苦界,以苦生苦,传种无穷无尽,不可思议。……吾救苦之道,即在破除九界而已。第一曰去国界,合大地也。第二曰去级界,平人民族也。第三曰去种界,同人类也。第四曰去形界,保独立也。第五曰去家界,为天民也。第六曰去产界,公生业也。第七曰去乱界,治太平也。第八曰去类界,爱众生也。第九曰去苦界,至极乐也。②

梁启超在《清代学术概论》中,曾将《大同书》关于理想世界的方案,概括为 13 个方面。

> 一、无国家,全世界置一总政府,分若干区域。
> 二、总政府及政府皆由民选。
> 三、无家族,男女同栖不得逾一年,届期须易人。
> 四、妇女有身者入胎教院,儿童出胎者入育婴院。
> 五、儿童按年入蒙养院,及各级学院。
> 六、成年后由政府指派分任农工等生产事业。

---

① 康有为:《大同书·第一》(1902 年后),见姜义华、张荣华编校:《康有为全集》(第 7 集),中国人民大学出版社 2007 年版,第 6—7 页。
② 康有为:《大同书·第一》(1902 年后),见姜义华、张荣华编校:《康有为全集》(第 7 集),中国人民大学出版社 2007 年版,第 25 页。

七、病则入养病院，老则入养老院。

八、胎教、育婴、蒙养、养病、养老诸院，为各区最高之设备，入者得最高之享乐。

九、成年男女，例须以若干年服役于此诸院，若今世之兵役然。

十、设公共宿舍、公共食堂，有等差，各以其劳作所入自由享用。

十一、警惰为最严之刑罚。

十二、学术上有新发明者，及在胎教等五院有特别劳绩者，得特奖。

十三、死则火葬，火葬场为肥料工厂。[1]

可见，康有为这部著作的内容极为丰富，试图构思一部理想世界的百科全书。其中，对于大同世界的治理体制和经济体制描画尤为细致。

首先，看一下大同世界的治理体制。

康有为设想，大同世界政治体制的基本原则是，没有君臣尊卑之分，没有等级贵贱之别，所有社会成员在政治上一律平等。

> 人类齐同无级。无帝王、君长，亦无统领，但有民举议员以为行政，罢还复为民，有言立统领者以为叛逆。无贵族、贱族之别，人人平等，世爵尽废，有言立贵族、世爵者，以为叛逆。民举为司事之人，满任复为民，不名为官。……无贵贱之族，皆为平民。……无主国属部，人民平等。[2]

并由此出发，猛烈攻击了国家制度，列举古今中外的大量史实以证明"有国之害"。有了国家，统治者为了争当国家领袖而残杀平民，一国人民为了自私其国而攻伐他国，诸侯相争，强弱相凌，生灵涂炭，尸横遍野。国家制度是世界战争的根源，是阶级统治的恶果，是实现大同的无穷羁绊。因

---

[1] 梁启超著，朱维铮校注：《梁启超论清学史二种》，复旦大学出版社1985年版，第66—67页。

[2] 康有为：《大同书·第二》（1902年后），见姜义华、张荣华编校：《康有为全集》（第7集），中国人民大学出版社2007年版，第48—49页。

此,要想进入大同世界,就必须废除国家制度而构建崭新的全球治理体制。

康有为设想,大同世界的治理体制可分三级:公政府、度政府和地方自治局。全世界设一个总政府,名曰"公政府";再根据经纬把地球分成若干"度",每度设一"度政府";度政府下设地方自治局,以便同民众保持密切联系。

公政府内设 24 个部门,分别是民部(掌各度人本院、育婴院、慈幼院、养老院、恤贫院、考终院之事,并游徽消防之政及整顿之事)、农部、牧部、渔部、矿部、工部、商部、金部(相当于财政部)、辟部(掌开辟荒地、深山、穷谷而为坦途、都邑)、水部、铁路部、邮部、电线部、汽船部、飞空部、卫生部、文学部、奖智部(掌全地奖励创新特许之事)、讲道部(掌全地讲道劝善之事,凡有宗教炼魂者统之,兼奖励仁施之事)、极乐部(掌人道极乐进化之事,凡音乐、美术、游戏、博物、动植物皆属之)、公议院、上议院、下议院、公报院。各部均设主、伯、亚、旅、府、史、胥、徒等各级行政人员,其长官均由选举产生。公政府的首脑称总统,任期一年,不得连任。而且,名为总统,"其实无权,不过坐受各度之成而司会计、品节、奖励之事而已"①。

度政府内设 18 个部门,分别是民曹、农曹、矿曹、工曹、商曹、金曹、辟曹、水曹、通曹(掌道路船政之政)、医曹、文曹(凡小学、中学、大学及图书馆、测候馆掌焉)、道曹、智曹、乐曹、会议院、上议院、下议院、公报馆。各部门的长官均由地方自治局的管理者选举产生。而且,进入大同世界之后,世界一统,不分国别,也就不再有军队、法院、监狱、外交等机构,"诸司皆为民之官而已"②。

地方自治局设有议院、农局、矿局、牧局、渔局、工局、商局、金行、都水局、辟山局、道路局、游徽局、卫生局、讲道局、评事局等行政部门,以及人本院、育婴院、慈幼院、小学院、中学院、大学院、医疾院、养老院、恤贫院、考终院、博物馆、图书馆、音乐馆、美术馆、公游园、植物园、动物园、讲道馆、测候台、公报馆等公共机构。地方事务均由公众协商解决,"人人皆有发言权,

---

① 康有为:《大同书·第七》(1902 年后),见姜义华、张荣华编校:《康有为全集》(第 7 集),中国人民大学出版社 2007 年版,第 169—170 页。

② 康有为:《大同书·第七》(1902 年后),见姜义华、张荣华编校:《康有为全集》(第 7 集),中国人民大学出版社 2007 年版,第 168 页。

从其多数而行之"①；所有行政人员也由公众选举产生，且行政部门的主要职能不是行政管理而是公共服务。

康有为见世界情况复杂，各国文明不一，公政府体制难以一蹴而就，便又设想了联邦体制作为过渡，并制定了《公政府大纲》13条作为实施纲领：各国每年裁军1万人，减之又减，以至于无；随着各国裁军的完成，也将"公兵"逐渐裁撤，最终废除一切国家和军队；废除各国君主的世袭爵号；禁用"国"字，而代之以"州"或"界"；全球分为10大州，包括欧罗巴州、东亚州、北亚州、中亚州、西亚州、南美州、北美州、中美州、澳州、阿非利加州；各州废除旧有国名而代之以"界"，每州约分数十界；地球经纬各分100度，经纬相交即为10000方度，各地自治政府即以度为主；全世界均以大同纪年，不得以君主或教主纪年；统一度量衡；统一计数为十进位；统一语言文字；根据地球运行制定历法；以西历1901年为大同元年。

其次，再来看一下大同世界的经济体制。

康有为设想，大同世界经济体制的基本原则是公有制基础上的计划经济和按劳分配，即"欲致大同，必去人之私产而后可。凡农工商之业，必归之公"②。并由此出发，猛烈攻击了家庭制度，列举14条罪状。有了家庭，人就会产生无穷无尽的私心私欲，顾小家而忘大同，即"人各自私其家，则无从得以私产归公，无从公养全世界之人，而多贫穷困苦之人"，因此，"欲至太平大同必在去家"③。

康有为设想，农业要实行"公农"，即"举天下之田地皆为公有，人无得私有而私买卖之"④，三级政府分别设立农部、农曹和农局，管理耕地和农业，由农局向农民分配耕地，并随着农业机械化的发展而增加分配数量。

① 康有为：《大同书·第七》(1902年后)，见姜义华、张荣华编校：《康有为全集》(第7集)，中国人民大学出版社2007年版，第172页。
② 康有为：《大同书·第六》(1902年后)，见姜义华、张荣华编校：《康有为全集》(第7集)，中国人民大学出版社2007年版，第156页。
③ 康有为：《大同书·第三》(1902年后)，见姜义华、张荣华编校：《康有为全集》(第7集)，中国人民大学出版社2007年版，第91页。
④ 康有为：《大同书·第六》(1902年后)，见姜义华、张荣华编校：《康有为全集》(第7集)，中国人民大学出版社2007年版，第156—157页。

工业要实行"公工",即"天下之工必尽归于公。凡百工大小之制造厂、铁道、轮船皆归焉,不许有独人之私业矣"①,三级政府分别设立工部、工曹和工局管理工业生产,各地则根据地形、交通、市场等条件,因地制宜地开设各种工厂。商业则实行"公商",即"不得有私产之商,举全地之商业,皆归公政府之商部统之"②,三级政府分别设立商部、商曹和商局管理商业,每个商店都商品丰富,服务周到,并可电话购物。

大同世界实行计划经济。商部根据人民需要制订生产计划,然后按照生产能力将计划分配各地;工部依照商部的计划拟定生产指标;工厂则按下达的指标严格组织生产,产品的数量和种类恰好符合实际需要,既无多余也无不足。这样,就会"地无遗利,农无误作,物无腐败,品无重复余赢","工人之作器适与生人之用器相等,无复重之余货,无腐败之殄天物"。③ 而且,大同世界实行工资制,按照每个人的资历、才能、劳动成果和对社会的贡献,发放不同的工资,包含了初步的按劳分配思想。

> 自农夫、渔、牧、矿工,各视其材之高下,阅历之浅深,以为工价之厚薄,略分十级。……其农夫、渔人、牧夫、矿工、林工至下级者,其俸令足为其衣食之资,自此等而上之可也。④

这就是说,社会报酬既应体现按劳分配,又应避免贫富悬殊,即使最低工资者也足以过上丰衣足食的生活,对具有突出贡献的科技工作者,还应"悬重赏以鼓厉之"⑤。对于个别懒惰者则应开除公职,以视惩戒。懒惰将是

---

① 康有为:《大同书·第六》(1902 年后),见姜义华、张荣华编校:《康有为全集》(第 7 集),中国人民大学出版社 2007 年版,第 160 页。
② 康有为:《大同书·第六》(1902 年后),见姜义华、张荣华编校:《康有为全集》(第 7 集),中国人民大学出版社 2007 年版,第 161 页。
③ 康有为:《大同书·第六》(1902 年后),见姜义华、张荣华编校:《康有为全集》(第 7 集),中国人民大学出版社 2007 年版,第 160、161 页。
④ 康有为:《大同书·第六》(1902 年后),见姜义华、张荣华编校:《康有为全集》(第 7 集),中国人民大学出版社 2007 年版,第 159 页。
⑤ 康有为:《大同书·第七》(1902 年后),见姜义华、张荣华编校:《康有为全集》(第 7 集),中国人民大学出版社 2007 年版,第 175 页。

大同世界的唯一社会问题。

第三节　大同世界与大同教育

一、"大同"与教育

康有为把教育作为通往大同世界的法门。他认为,九界是人类一切苦难灾祸的根源,要想实现大同世界就必须去除九界,而教育则是去除九界的重要途径之一,尤其是去除种界、形界、家界和产界方面。

所谓种界,就是种族差异。他希望消除种族隔离和种族压迫,最终消除种族差异而实现大同。他竟然认为种族隔离和种族压迫的产生根源是种族优劣,要消除种族隔离和种族压迫,必须改造劣等种族。他视白色人种和黄色人种为优秀人种、高贵人种,视棕色人种和黑色人种为落后人种、劣等人种,尤其对于黑人,更是称其"铁面银牙,斜颔若猪,直睛如牛,满胸长毛,手足深黑,蠢若羊豕,望之生畏"①。为了改造所谓劣等种族,他设想了 4 种方法,包括迁地之法、杂婚之法、改食之法和沙汰之法,即通过改变居住环境、杂婚交配、改变饮食结构甚至绝育手术,使黑人经千百年的进化最终成为白人。对黑人他不仅要改变其体貌特征,而且要提高其知识水平。"迁地杂婚以外,有起居服食以致其养,有学校教育以致其才,何患黑人之不变,进而为大同耶!"②这实质上是一种"文明"的种族灭绝观。

所谓形界,就是性别差异。他希望消除男女差别,而使女性获得独立自由,通过男女平等而最终实现大同,并拟订了《女子升平独立之制》11 条作为实施纲要,其中第一条即规定男女教育同权。

---

① 康有为:《大同书·第二》(1902 年后),见姜义华、张荣华编校:《康有为全集》(第 7 集),中国人民大学出版社 2007 年版,第 45 页。
② 康有为:《大同书·第二》(1902 年后),见姜义华、张荣华编校:《康有为全集》(第 7 集),中国人民大学出版社 2007 年版,第 48 页。

今未能骤至太平,宜先设女学,章程皆与男子学校同。其女子卒业大学及专门创学者,皆得赐出身荣衔,如中国举人、进士,外国学士、博士之例,终身带之。①

他还设想废除家庭和夫妻制,称"男女婚姻,皆由本人自择,情志相合,乃立合约,名曰交好之约,不得有夫妇旧名","婚姻期限,久者不许过一年,短者必满一月,欢好者许其续约"②。而这种设想的实现,又以女子教育的发达作为前提。

从上所论,专为将来进化计。若今女学未成,人格未具,而妄引妇女独立之例,以纵其背夫淫欲之情,是大乱之道也。夏葛冬裘,各有时宜,未至其时,不得谬援比例。③

所谓家界,就是家庭羁绊。他认为,要使每个人彻底摆脱家庭羁绊,就必须由社会来负责每个人从生到死的一切责任,即实行公养、公教和公恤。公养机构包括人本院、育婴院和慈幼院,承担胎教和婴幼儿的养育护理之责;公教机构包括蒙养院、小学院、中学院和大学院,承担6—20岁学生的教育之责;公恤机构包括养老院、恤贫院、养病院和化人院,承担社会成员的贫病老死之责。这样,每个人的生老病死都由社会负责,家庭也就失去了存在的意义。

人道不外生育、教养、老病、苦死,其事皆归于公,盖自养生送死皆政府治之,而于一人之父母子女无预焉。④

① 康有为:《大同书·第二》(1902年后),见姜义华、张荣华编校:《康有为全集》(第7集),中国人民大学出版社2007年版,第75页。
② 康有为:《大同书·第二》(1902年后),见姜义华、张荣华编校:《康有为全集》(第7集),中国人民大学出版社2007年版,第76、77页。
③ 康有为:《大同书·第二》(1902年后),见姜义华、张荣华编校:《康有为全集》(第7集),中国人民大学出版社2007年版,第78页。
④ 康有为:《大同书·第三》(1902年后),见姜义华、张荣华编校:《康有为全集》(第7集),中国人民大学出版社2007年版,第93页。

所谓产界，就是贫富差异。他希望通过实行公农、公工和公商，最终消灭贫富差别而实现大同。其中，农、工、商等各种行业，都必须设立农学、工学、商学等专门学校以培养专门人才。

康有为还将发达的教育作为大同世界的重要内涵和基本特征之一。那时，学校教育和社会教育都高度发展，人人享有受教育的机会。他以天才的笔调描绘了一幅大同教育蓝图。

> 太平世以开人智为主，最重学校。自慈幼院之教至小学、中学、大学，人人皆自幼而学，人人皆学至二十岁，人人皆无家累，人人皆无恶习，图书器物既备，语言文字同一，日力既省，养生又备，道德一而教化同，其学人之进化过今不止千万倍。其时学校所教，时时公议改良，固非今日所能预议。若其公理乎，则德教、智教、体教之外，实教当为最重，故大学科专行之。……公政府有学部以统之，各度小政府亦立学曹以司学务，皆有主、伯、亚、旅、府、史、胥、徒以司其事。……无据乱世学校全聚京都，而乡邑则皆横僿不文之俗，此不平不同也。太平世地地相同，地地平等，不待裹粮远学焉。其学官皆自各学教习出，展转推至学部长，若学部长欲议改良学制，则合各度学校而公议之，公议皆以电话从其多数而行之。其学官如父兄，其学生皆如子弟，盖以大地为一家，而鞠育后进以负荷家业也，其畴不勉焉！[1]

二、大同教育体系

正因为教育对于大同世界如此重要，所以康有为在《大同书》中，依据他所理解的西方教育制度并加以想象，规划勾勒了一套自以为完备的大同教育体系，使每个人从接受胎教开始到 20 岁大学毕业为止，一直处于公养公教之中。大同教育体系包括人本院、育婴院（慈幼院）、小学院、中学院和大学院，依次递升，相互衔接。其中，前两者属学前教育，以养为主以教

---

[1] 康有为：《大同书·第七》（1902 年后），见姜义华、张荣华编校：《康有为全集》（第 7 集），中国人民大学出版社 2007 年版，第 179 页。

为辅,后三者属学校教育,以教为主以养为辅。康有为对大同教育体系中各级机构的设址、教师、教学内容等问题,都有自己的设想。

其一,人本院。

人本院承担胎教工作,既是大同教育体系的基础,又是人生教育的开端,加之中国以前对此的忽视和知识的缺乏,康有为在各级教育机构中对它的描述最为详尽具体。于是,有的教育研究者竟将此作为中国近代学前教育思想的嚆矢来看待。

设址。他认为,从整个地球来看,人本院最宜设置在温度合宜、湿度适中的温带,其他地带不是酷热严寒就是干旱潮湿,都不利于胎儿的生长发育和人种的改良进化。

> 非洲人之黑肉银牙,尖腮斜面,脑后颐前,固由传种,亦半由生长热地,居住山谷致之也。南洋诸岛,地近赤道,华人英人来者,居之岁月,皆为瘦损黄黑,又汗出太多,聪明亦减。若印度万里平原,多热少水,故人被日光,积成黑面,目多圆突,其英人久居于是,传至子孙,面变黄蓝,华人之杂婚传子于是者亦然,岂非地气使然哉?若加拿大地当五十度,落基雪山照面,故华人生子皆红白明秀。欧洲各国地近寒带,故多白。葡萄牙、西班牙在三十余度,地在温带,故面色黄。是皆地气所感成。①

他设想,到了大同世界,热带只作农田牧场,既不能设立学校,更不能设立人本院,只有20岁以上的成年人才能来此居住工作。非温带的妇女怀孕后,应立即移居人本院等待生育,由于那时的交通已经非常便利,数千里之遥瞬息可至,移居不会有任何困难。

他还认为,温带也并非处处适宜设立人本院,而应尽量选择那些地势平坦、风景优美、空气新鲜的地方,避开高山峻岭、山谷盆地和泥沼水泽。只有这样,才会有利于胎儿的正常发育,为其以后身心健康成长奠定基础。

---

① 康有为:《大同书·第三》(1902年后),见姜义华、张荣华编校:《康有为全集》(第7集),中国人民大学出版社2007年版,第94页。

　　胎孕多感地气,故山谷崎岖深阻之地,其生人多瘿瘤突额,锐颐折颡黄黭,无有丰颐广额者;其人性褊狭,锐银重惶,深阻险僻,寡有光明广大者。水泽沮洳之地,其生人多柔质弱态,润色靡颜,鲜有劲骨雄魄者;其人性多委靡卑湿,曲折柔脆,寡有刚直贞固者。其他山石荦确,原陵衍隰,皆可以此而推矣。……院地当择平原广野、丘阜特出、水泉环绕之所,或岛屿广平、临海受风之所,或近海广平之地;次则远背山陵,前临溪水;又次则高山之顶及岭麓广平者。若不近海,亦必营之于江河原陵之地,远山而有土气,近水而无水湿。凡崎岖岩险,荦确崚嶒,壑谷褊隘,幽闭遮压,狭窄锐曲,皆所力戒而弃之。……务令多吸天气,多受海风,则生人乎必多丰颐广额、隆准直面、河目海口,其性必能广大高明、和平中正、开张活泼,少险诐反侧,寡悲愁妒嫉矣。①

　　人本院的数量和住院时间。他认为,人本院的数量应根据孕妇人数随时增加,至于孕妇和婴儿的住院时间则不尽统一。总的说来,妇女怀孕后即应移居人本院等待生育,但具体入院时间需由医生决定。而且,在大同世界的不同阶段,入院时间也不相同。在初期,怀孕6个月方可入院;在中期,怀孕3个月就可入院;等到高级阶段,刚一怀孕即需入院。这就是,“世愈太平,教养愈密”②,入院越早,胎教时间越长。婴儿出生之后到断乳之前,依然在人本院进行抚育;断乳后,婴儿转入育婴院,妇女则与其脱离亲子关系自由生活,不再承担任何责任和义务。断乳时间由医生决定,多则6个月,少亦3个月,总以保障婴儿的正常发育为原则。

　　工作人员。他认为,人本院的管理者应从女医生中选举产生,其标准是“仁慈智慧尤深者”③。此外,还有女医生、女傅和女保,女傅也从女医生中选举产生,女保即女护士,由总医生挑选,其标准是“德性慈祥、身体强

① 康有为:《大同书·第三》(1902年后),见姜义华、张荣华编校:《康有为全集》(第7集),中国人民大学出版社2007年版,第94—95页。
② 康有为:《大同书·第三》(1902年后),见姜义华、张荣华编校:《康有为全集》(第7集),中国人民大学出版社2007年版,第95页。
③ 康有为:《大同书·第三》(1902年后),见姜义华、张荣华编校:《康有为全集》(第7集),中国人民大学出版社2007年版,第95页。

健、资禀聪敏、有恒心而无倦性者"①。医生负责孕妇保健,女傅则与孕妇共同起居,对其进行指导和教育。大同世界严禁堕胎,孕妇入院后必须严守院中的规章制度,从饮食衣着到起居作息都有统一要求。工作人员负有监督之责,工作称职者将会受到奖励,玩忽职守者将会受到惩罚。

教育内容和方式。他认为,孕妇一旦入院就必须脱离原来的工作,专心致志于胎儿的养护以迎接小生命的降临。大同世界本是极乐世界,而女子为了承担人类延续的责任比男子经历更多的苦难,进入人本院之后还要受到种种行为约束。因此,她们应当受到全社会的尊敬和爱护,尊敬和爱护的表现之一就是给予合适的教育。孕妇入院后可以照旧读书、欣赏图画和听音乐,但书画与音乐都必须经过严格选择,剔除一切邪恶淫秽者,只留那些优美健康者以发扬人类博爱仁慈的美德,总以促进孕妇身心健康和胎儿生长发育为宗旨。

> 院中所读之书,所见之画,凡有异形怪事、恶色恶言及争杀贪诈、诡伪奸偷、邪说淫论皆不得藏。故于群书之中,皆当别编,选其高明超妙、广大精微、中和纯粹、仁爱慈惠、吉祥顺正以及嘉言懿行,足以蓄德理性、兴起仁心者,号为《胎教丛编》。至工艺学之中,若天文、乐律、图画最为有益,其余凡与胎无损,乃许习学。其他用精太过,或与胎不宜者,虽所素业,亦当禁断。院中所读所学,皆有禁限,不得逾越。盖孕妇如当官奉职,皆有职守,入院之后,以养胎为宗旨职业。其有碍此宗旨职业者,皆不可行也。……人本院终日常有琴乐歌管,除早夜某某时停奏外,余皆有乐人为之,亦听孕妇自为之。盖声音动荡,最能感人,其入魂尤易……但取其最和平中正者……②

① 康有为:《大同书·第三》(1902 年后),见姜义华、张荣华编校:《康有为全集》(第 7 集),中国人民大学出版社 2007 年版,第 103 页。
② 康有为:《大同书·第三》(1902 年后),见姜义华、张荣华编校:《康有为全集》(第 7 集),中国人民大学出版社 2007 年版,第 98—99 页。

此外，还定期举行讲座，向孕妇讲授生育常识，以期"孕育必安，生产必易"①。婴儿出生以后，依然要经常向母婴播放音乐和朗诵诗歌。当然，这些音乐和诗歌也要选择那些优美健康者，"众母及孺子感入无间，敷于血气，畅于四支"②。

康有为之所以对人本院进行如此详细的规划，表现了他对胎教的异乎寻常的重视，其原因有三：首先，大同世界的每个成员都应具备良好的品德和广博的知识，但这种品德和知识并非与生俱来和自发形成，而必须通过接受教育获得。良好的教育又应极早进行，胎教正可以为儿童以后的发展打下基础，否则"胎生既误，施教无从"③。因此，他主张"母仪既教之学校之先，更敬慎之于胎妊之后，不使物感情移而误其胎元也"。④ 其次，大同世界的女子都应获得自由独立，而女子获得自由独立的条件之一，就是不再承担抚育子女的责任。实行公养公教，使孩子从一生下来就由社会负责。再次，大同世界应该消除种族差异，而通过人本院进行胎教，正是逐步消除种族差异的手段之一。

其二，育婴院和慈幼院。

婴儿断乳后，即由人本院转入育婴院；3岁以后，再由育婴院转入慈幼院。也可两院合并，而不单独设立慈幼院。总之，育婴院和慈幼院是进行学前教育的主要机构。

设址。他认为，婴幼儿身体稚嫩，心灵纯洁，易受外界病菌的感染和不良环境的影响，因此，育婴院的选址也必须像人本院一样慎之又慎，应设立在温带中地势平坦、风景优美、空气新鲜的地方，而且最好能与人本院相毗邻，便于婴儿的移送。即使地址狭窄，难以同时容纳两院，也需远离工厂、市场、戏院、火化场等喧闹污秽场所，以免妨碍儿童身心的健康成长。

① 康有为：《大同书·第三》（1902年后），见姜义华、张荣华编校：《康有为全集》（第7集），中国人民大学出版社2007年版，第97页。
② 康有为：《大同书·第三》（1902年后），见姜义华、张荣华编校：《康有为全集》（第7集），中国人民大学出版社2007年版，第102页。
③ 康有为：《大同书·第三》（1902年后），见姜义华、张荣华编校：《康有为全集》（第7集），中国人民大学出版社2007年版，第94—95页。
④ 康有为：《大同书·第三》（1902年后），见姜义华、张荣华编校：《康有为全集》（第7集），中国人民大学出版社2007年版，第98页。

育婴院的建筑必须符合婴幼儿的身心特点。院舍周围要有大片的草坪,草坪上建有游戏设施,院内种着各种各样的花草树木,养着许许多多的美丽的鱼儿鸟儿,空气流畅,阳光充足,孩子们在此尽情地嬉戏玩耍,充分地享受着大自然的乐趣。每一件玩具和游戏设施都要体现人类仁爱慈祥的美德,使孩子们在潜移默化中受到真善美的熏陶,"凡争杀、偷盗、奸诈种种恶物,皆当屏除,无使入婴儿心目中"①。

教师。他认为,育婴院的管理者应从医生中选举产生,其标准是"仁质最厚、生学最明者"。此外,还应有医生和女保,分别负责婴幼儿的保健和日常生活。因育婴院以抚养为主以教育为辅,男子往往粗心好动、缺乏耐心,女子一般细心静谧、具有耐性,故只设女保不设男保,其条件是,"本人自愿,而由总医生选其德性慈祥、身体强健、资禀敏慧、有恒性而无倦心、有弄心而非方品者"②。医生每天早晚为孩子检查身体,制定饮食衣着和起居游戏的计划,然后将计划下达女保,由其遵照执行。起初,每位女保照看一个孩子;2 岁以后,每位女保照看两三个孩子。育婴院、慈幼院女保的任期分别为一年和两年,期满考核,若"仁慈尽职,婴儿健长"③,则给予奖励。

教育目的和教学内容。他设想,婴儿由人本院转入育婴院的第一件事情,就是举行定名礼,由人口官为之取名。这个名字既不从父亲也不从母亲,完全消除家庭特征和亲子关系。从此以后,该婴儿就成为育婴院的正式成员。该院的教育目的是"养儿体,乐儿魂,开儿知识",不仅要使其身体健康成长,还要使其品德和智力获得发展。当孩子开始学习说话时,就要"教以言"以发展其语言表达能力;当孩子会唱歌时,就要"教仁慈爱物之旨以为歌"以陶冶其心灵;而且,还要经常利用玩具、图画等直观教具向孩子传授知识。等到孩子们知识稍开,就要"将世界有形各物,自国家至农工商务,皆为雏形,教之制作",培养他们良好的兴趣,以期长大之后乐

---

① 康有为:《大同书·第三》(1902 年后),见姜义华、张荣华编校:《康有为全集》(第 7 集),中国人民大学出版社 2007 年版,第 104 页。

② 康有为:《大同书·第三》(1902 年后),见姜义华、张荣华编校:《康有为全集》(第 7 集),中国人民大学出版社 2007 年版,第 103 页。

③ 康有为:《大同书·第三》(1902 年后),见姜义华、张荣华编校:《康有为全集》(第 7 集),中国人民大学出版社 2007 年版,第 104 页。

于并能够从事科技和实业工作。①

其三,小学院。

一般来说,儿童年满 6 岁即由育婴院转入小学院,并在此一直学习到10 岁。当然,随着社会的发展和进步,入学年龄和离院年龄也可以相应提前。总之,小学院是学龄教育的开始机构,是中学院和大学院的基础。

设址。他依然非常重视小学院的选址,认为应该将其设立在温带自然条件较好的地方,并且注意避开喧闹污秽的场所。教室应该宽敞明亮,光线充足,门窗适合,空气通畅;校园应该宽阔美丽,既要广植花草树木,美化环境,又应开辟体操场和游步场,设置秋千、跳木、沿竿等器械以供体育游戏之用。

> 学地当择山水佳处、爽垲广原之地,以资卫生,以发明悟,不可在林谷幽暗、岩洞崎岖、水泽沮洳之处。盖林谷幽暗,不通风气,则养生不宜;岩谷崎岖,则于童子之跳动恐有陨坠之患;水泽沮洳,则湿气过盛,精神不爽也。儿童当知识甫开之时,尤易感染学习……第一当远戏馆、声妓、酒宴之地,第二当远坟墓葬所,第三当远作厂、车场、市场喧哗之地,庶使非礼不祥之事不接于耳目,哗嚣杂乱之物不扰于神思,保其静正之原,乃可广其知识之学。②

教师。他认为,小学院教师宜由女子担任,名为女傅,其标准是“德性仁慈、威仪端正、学问通达、诲诱不倦者”。这是因为,小学院教师不仅担负着教师的教育职责,还担负着母亲的养护职责,而男性缺乏女性的温柔、耐心和体贴,故只用女子不用男子。小学生身体稚嫩,活泼好动,易受损伤,故对他们的“卧起行游,提携抱持,衣服饮食”都要给予无微不至的关怀。此外,他们心灵纯洁,善于模仿,“举动謦笑、言语行为、入耳寓目皆以女傅为转移”,因此,必须十分重视小学院教师的选择,他称“欲造世界于

① 参见康有为:《大同书·第三》(1902 年后),见姜义华、张荣华编校:《康有为全集》(第 7 集),中国人民大学出版社 2007 年版,第 104 页。

② 康有为:《大同书·第三》(1902 年后),见姜义华、张荣华编校:《康有为全集》(第 7 集),中国人民大学出版社 2007 年版,第 105—106 页。

良善,则选女傅最要矣"。①

教育目的和教学内容。他认为,小学生的身体尚未发育完全,故其保养和锻炼应在小学院中居于首要地位。

> 是时专以体育为主,而智育次之,令功课稍少而游嬉较多,以动荡其血气,发扬其身体,而又须时刻监督,勿贡非几。②

除了重视体育,他也重视德育,认为少年时期的德育将影响一个人终生的品德发展。

> 熏陶濡染,其气最深,人情先入为主,则终身有不能化者。况人道蒙养之始,以育德为先。令其童幼熏德善良,习于正则正,习于邪则邪,入兰室则香,居鲍肆则臭。故人生终身之德性,皆于童幼数年预为印模,童幼习于善良则终身善良,童幼习于邪恶则终身邪恶。有童幼良善而长大变易者矣,未有童幼习于恶而长大能改者也。③

他既重视小学生的智力开发,又不主张过分增加小学生的课业负担。他认为,大同世界已经语言统一,学习起语言文字来事半功倍,小学可主要开设修身、习算、地理、历史等课程,凡"人世普通之学皆当习学"④。此外,他还设想在小学院增加实业教育内容,以引导儿童对科技产生兴趣,这具有智育和德育的双重意义。

> 图画雏形之器,古今事物莫不具备,既使开其知识,而须多为仁爱

---

① 康有为:《大同书·第三》(1902年后),见姜义华、张荣华编校:《康有为全集》(第7集),中国人民大学出版社2007年版,第105页。
② 康有为:《大同书·第三》(1902年后),见姜义华、张荣华编校:《康有为全集》(第7集),中国人民大学出版社2007年版,第105页。
③ 康有为:《大同书·第三》(1902年后),见姜义华、张荣华编校:《康有为全集》(第7集),中国人民大学出版社2007年版,第105页。
④ 康有为:《大同书·第三》(1902年后),见姜义华、张荣华编校:《康有为全集》(第7集),中国人民大学出版社2007年版,第106页。

之事以感动其心,且以编入学课中,使之学习。(若夫金工、木工、范器、筑场,既合童性之嬉,即资长大之业。童而熟习,长大忘形,尤于工艺易精也。)[1]

其四,中学院。

中学院在学龄教育中居于承上启下的地位,它以 11—15 岁的少年为教育对象,对于每个人的品德形成和知识发展都具有重要意义,即"此时纯为学龄,一生之学根本于是"[2]。

设址。他一如既往地重视学校的选址工作,依旧主张中学院应设在温带地理条件较好的地方,注意避开喧嚣污秽的场所,校舍也应符合少年的身心特点,以利于学生的健康成长。

> 中学院舍当择广原爽垲、近海近河之地,令基宇极广,可容万数,自食室、藏书楼、体操场、游步园、操舟渚,莫不毕备。……其院舍皆当令与人体相宜。
>
> 中学之童,年少体弱,在寒带则患以祁寒而减功课,在热带则患以盛热而损身体。除冬夏各有所宜外,余月皆在温带设学。
>
> 中学之童,年少血气未定,易于感染,凡剧场声伎之所,葬墓、市场、作厂、车场不净哗嚣之地,院舍皆不得近,此以绝邪缘而正思感。[3]

教师。他认为,中学院的管理者由公众选举产生,其标准是"学行并高、经验甚深、慈爱普被者"。由于这时的学生已经基本具备生活自理能力,因此,不再需要育婴院和小学院那样的女保和女傅,而是"不论男女皆

---

[1] 康有为:《大同书·第三》(1902 年后),见姜义华、张荣华编校:《康有为全集》(第 7 集),中国人民大学出版社 2007 年版,第 106 页。

[2] 康有为:《大同书·第三》(1902 年后),见姜义华、张荣华编校:《康有为全集》(第 7 集),中国人民大学出版社 2007 年版,第 106 页。

[3] 康有为:《大同书·第三》(1902 年后),见姜义华、张荣华编校:《康有为全集》(第 7 集),中国人民大学出版社 2007 年版,第 107 页。

得为师,惟才德是视",其标准是"行谊方正,德性仁明,文学广博,思悟通妙,而又诲人不倦、慈幼有恒者"。与小学院的教师相比,中学院的教师除了慈爱更应多些威严,"导之以正义,广之以通学,绳之以礼法,虽于慈惠之中而多用严正之气"。①

教育目的和教学内容。他认为,既然中学阶段"纯为学龄",就与小学院的以游戏活动为主的教学不同,而应致力于学生的道德发展和知识增长,以便为将来大学院的学习打下坚实基础。

> 人生学问之通否,德性之成否,皆视此学龄。中学不通,则无由上达于大学及为专门之学,而终身受其害矣;德性不习定,至长大后气质坚强,习行贯熟,终身不能化矣。及夫时过乃悔而欲学,则勤苦而难成;年长乃变而化性,则倔强而难屈。②

对于教学内容,他除了重视体育和德育,更加强调系统知识的传授。由于时代进步,大同世界中学院的知识难度已经超过现世大学和专科学校的水平。而且,学校应该按照农工商矿等行业设置各类实验场所,"以备学者之游观、玩摩、摹学";还应设立大型图书馆,不只藏图书,还陈列各种文物和模型,起着图书馆兼博物馆、实验室、展览馆的作用。③

其五,大学院。

大学院以16—20岁的青少年为教育对象,是学龄教育的最高阶段,大多数学生从此毕业后就要踏入社会工作岗位了。

设址。他认为,大学院是研究专门高深学问的地方,因学校性质的不同,校址也不同,农业大学应设在田野中,商业大学应设在市井中,工业大学应设在工厂中,医科大学应设在医院中,等等。而且,在热带和寒带也可

---

① 康有为:《大同书·第三》(1902年后),见姜义华、张荣华编校:《康有为全集》(第7集),中国人民大学出版社2007年版,第107页。
② 康有为:《大同书·第三》(1902年后),见姜义华、张荣华编校:《康有为全集》(第7集),中国人民大学出版社2007年版,第107页。
③ 康有为:《大同书·第三》(1902年后),见姜义华、张荣华编校:《康有为全集》(第7集),中国人民大学出版社2007年版,第107页。

以设立大学,以便于研究有关寒热带的科学。每所大学的在校生都在万人以上,除了教学设施外,还应有足够的场地和设施以供娱乐休息之用。

> 大学院舍,不能统一并置一地。譬如农学设于田野,商学设于市肆,工学设于作厂,矿学设于山颠,渔学设于水滨,政学设于官府,医学设于病院,植物学设于植物院,动物学设于动物院,文学设于藏书楼,乃至如冰海学设于近冰海之地,热带学设于热带之地。盖大学专为世界有用之学而设预备之方,考求之用,故其学舍不在内而在外,不统一而分居,乃所以亲切而有用,征实可信也。①

教师。大学院是传授专门高深学问的场所,凡具备渊博知识及丰富实践经验者,不分男女,均可担任教师,即"大学之师,不论男女,择其专学精深奥妙、实验有得者为之"②。

教育目的和教学内容。他在坚持德智体全面发展的同时,更将智育视为大学教育的首要目的。

> 大学之教,既以智育为主,此人生学终之事,不于此时尽其智识,不可得也。大学亦重体操,以行血气而强筋骸;大学尤重德性,每日皆有歌诗说教,以辅翼其德,涵养其性,而所重则尤在智慧也。③

他认为,随着社会发展和科技进步,大同世界的社会分工日益精细,大学分科也日益详细,以至多如牛毛,非现代人所能想象。每个学生根据自己的兴趣选科学习,优秀者或可兼通数科,就是最差者也能掌握一种专门技术以之为谋生技能。

---

① 康有为:《大同书·第三》(1902年后),见姜义华、张荣华编校:《康有为全集》(第7集),中国人民大学出版社2007年版,第109页。
② 康有为:《大同书·第三》(1902年后),见姜义华、张荣华编校:《康有为全集》(第7集),中国人民大学出版社2007年版,第109页。
③ 康有为:《大同书·第三》(1902年后),见姜义华、张荣华编校:《康有为全集》(第7集),中国人民大学出版社2007年版,第109页。

　　大同之时,无一业不设专门,无一人不有专学。世愈文明,分业愈
众,研求愈细,究辨愈精。故大学分科之多,备极万有。又于一科之中
擘以为门,一门之中擘分为目,皆各有专门之师以为教焉,而听人自
择。其门目之多,与时递增,不须今日为之预定,至千万年,其门目之
多,牛毛茧丝不能比数。五年之中,强敏者既听兼通数学,中才者亦得
妙解一门,虽极愚下之资,笃守一业,亦足以下之自养其身。①

他还认为,大学不仅要传授理论知识,更应注重科学实验。

　　大学分科五年之中,虽有事于虚文,而必从事于实验,如学农必入于
田野,学工必入于作场,学商必入于市肆,学矿必入于矿山,学律则讲于审
判之所,学医则讲于医病之室。虽讲极虚之文字,亦寄之实验场,试于经
用,而后可信,百科皆然。故学成皆有用之才,无不效之业。惟其所分门
目愈细,故试之实验愈周,不似统括大概之学得以虚文高论也。②

　　毕业分配。大同教育体系中各级学校均为依次递升,只有在大学院学
习结束后,才可真正称为毕业。大学院会给毕业生发毕业文凭,完不成学
业者虽然得不到文凭,但也必须离校,不再继续享受公养公教的社会福利。
教师则根据学生的专业和学习情况,向各业公所(类似于各业行会)推荐,
由各业公所择优聘用。

　　其学政治、法律则为君,为长;学教育、哲理则为傅,为师;学贸易、
种植,则为农,为商;学一技、一能,则为工,为匠。虽贵贱攸殊,高下迥
异,而各禀天赋,各谒人官,各听自由,各从所好,分业成能,通力合作,

---

① 康有为:《大同书·第三》(1902年后),见姜义华、张荣华编校:《康有为全集》(第7集),中国人民
大学出版社2007年版,第108页。

② 康有为:《大同书·第三》(1902年后),见姜义华、张荣华编校:《康有为全集》(第7集),中国人民
大学出版社2007年版,第109页。

其于利物前民以供公众之用,则一也。①

对于个别学业优异或有发明创造、著书立说的学生,可由几位教师共同推荐,并由"公家特给学士荣衔"和 3 年薪酬,资助他们进一步从事研究工作。个别学业差的学生,假如无人聘用,就只能"俯就贱业";倘若贱业也找不到,就只能进入恤贫院,在院中"以苦工代食,为人不齿"②。

　　总之,康有为以西方教育制度为蓝本,并掺入自以为得的想象,设计了一套大同教育体系。尤其他重视自然环境和社会环境对个体成长的影响,强调校址的选择;重视学生的身心发展规律,强调教师和教学内容的选择;重视科学技术的作用,强调实业教育和科学实验;等等。这些,或是其大同教育思想的闪光之处,如果放在维新运动之前,亦可称为超前之处。然而,若以《大同书》最终写成的 1902 年而论,清末新政改革已经启动,"壬寅"学制已经颁布,20 世纪第一轮兴学热潮已经启幕,新式学校在中国已经设立几百所,清末留学热潮已达相当温度,中国人对于现代学校和现代教育的认识也已达相当水平。那么,康有为那颇显粗疏、充满着臆测乃至梦呓的大同教育设想,其原创性究竟何在呢?或在于他是所谓中国近代空想社会主义者的代表吗?当然,在《大同书》中,确实体现了追求绝对平等、无政府主义、完全公有制、严密计划经济、一次性按劳分配等空想社会主义思想的所有主要特征。

第四节　"天游"老人与《诸天讲》

　　参与张勋复辟后,康有为名节大坏,许多人视其为遗老甚至怪物,不愿招惹。为了慰藉失落,重温辉煌,他又想到了办学。政途失意,聚徒讲学,

---

① 康有为:《大同书·第三》(1902 年后),见姜义华、张荣华编校:《康有为全集》(第 7 集),中国人民大学出版社 2007 年版,第 108 页。

② 康有为:《大同书·第三》(1902 年后),见姜义华、张荣华编校:《康有为全集》(第 7 集),中国人民大学出版社 2007 年版,第 108—109 页。

既是一种感情的弥补,也是一种迂回的策略,他以退为进,以图再起。

1923年,康有为在济南和青岛组建孔教会时,曾与当地士绅商议筹办曲阜大学。他亲自到曲阜勘察校址,并在青岛拟具了大学章程。后因"曲阜大学工程宏大,成须累年,故欲就青岛先开预科"。青岛有红瓦绿树,碧海蓝天,尽得海山之胜,而且又与天津、上海、大连同为"遗老"聚居之地。于是他自称:"吾拟开一所大学于此,就近收得万年兵营为之,亦相距数百步耳。扶杖看云望海之暇,与天下之英才讲学,远胜沪上矣。"[①]后来,当时的胶澳督办高恩洪在"万年兵营"处开办了青岛大学,遂使康有为的设想付诸流水。他还曾到庐山白鹿洞书院游览。当时白鹿洞书院治属星子县,县长读书时曾听过梁启超的演讲,便以太老师之礼待康有为,备极殷勤。康有为谆谆嘱咐,白鹿洞书院历史悠久,名人辈出,曾对中国的文化教育事业以很大影响,应当注意保护修缮,适当时还可募集经费,恢复招生,并愿前来讲学。这些,可以视为他后来在上海创办天游学院的思想端倪。

1914年康有为定居上海。1921年,他在愚园路购地建造公馆,名曰"游存庐",占地10亩。园中有屋名曰"三本堂",内供上帝、孔子和祖宗牌位,盖取《荀子·礼论》"天地者生之本也,先祖者类之本也,君师者教之本也"之义,亦可见康有为此时思想之一斑。1926年3月,他以临街的一幢楼房作校舍,办起了天游学院。"康氏自任院长兼主讲,每星期担任课程五小时,龙泽厚为教务长,另聘教授数人。此次招生报名者不过二十余人,以唐文治主办之无锡国学专修馆学生报考较多"[②]。从它的一份招生简章中或许可以看出康有为此时的教育思想。

天游学院简章

地址:上海愚园路一九四号

电话:西一四七九号

(一)宗旨 本院为学术最高深之研究院。以研究天地人物之理,为天下国家身心之用为宗旨。

---

① 转引自马洪林:《康有为大传》,辽宁人民出版社1988年版,第607页。

② 中国人民政治协商会议全国委员会文史资料委员会编:《文史资料选辑》(第31辑),文史资料出版社1962年版,第237页。

（二）学制　本院采书院制，致师弟之亲。并酌采学校制，各科设助教，院中设管理员。

（三）学科

　　（甲）道学　经学、历代儒学、史学。

　　（乙）哲学　天文、地理、电学、生物、人类、人道、周秦诸子、东西洋哲学、心理、伦理、人群、灵魂、鬼神、大同。

　　（丙）文学　散文、骈文、诗、词、曲、书、画。

　　（丁）政学　政治、宪法、理财、教育、列国。

　　（戊）外国文　英文、法文、德文、日文。任人选习。

（四）入学

　　（甲）招考　本院每学期招生一次，名额不限。

　　（乙）程度　大学或中学毕业，及旧学有相当学力者。

　　（丙）考试　国文论题，或兼缴呈成篇著作，预科、本科同。特别生：仕学知名者免考。

　　（丁）具书　填具入学志愿书，并须由妥实保证人填具保证书，然后入学。

（五）学级　初入院者入预科，补习经、史、子、文各学，以植根柢。毕业升入本科。倘有好学之士，不能依规定学科修业者，亦得来院随意听讲，为特别生。

（六）年限　本科二年，预科一年。特别生不拘年限，天才亮特者不限。

（七）考试　每学期及学年之终，举行考试一次。

（八）升学　本科生修业期满，考试及格，给与毕业证书。预科修业期满，考试及格者，升入本科，不及格者留院。

（九）纳费　每学期学费四十元，膳宿费五十元，杂费六元。各科同。均于入学前缴纳。

（十）退学　学生不得无故自行退学。如有正确理由，须由保证人证明，或家长来信，经本院允许乃可。已缴各费概不发还。[①]

---

① 中国人民政治协商会议全国委员会文史资料委员会编：《文史资料选辑》（第31辑），文史资料出版社1962年版，第236—237页。

313

　　招生简章说,天游学院"采书院制","并酌采学校制"。其实,康有为采取的还是万木草堂模式。正如天游学院弟子任启圣所回忆:"康氏在学院上半期讲诸天,下半期多讲文章、书法及各家杂说。其主要功课则在笔记,每月论文十道,随同笔记一并送呈,由康氏亲自批阅,加以圈点,按时交还。其意重在自修,不在课堂,所谓讲解者不过启发之作用耳。"①

　　康有为有时讲课,不是传授学问,而纯属发议论、发感慨、发牢骚。今录任启圣的两段文字,可见其当时讲学之概况,也可见其当时思想之一斑。

　　　康氏选文眼光太高,但其本人讲书,并不注重文法、章句,往往出乎本题之外。如讲韩文公《马说》,首言:"吾读《马说》则生无限感慨。昔戊戌变法,劝德宗(载湉)辟新疆全省为牧马场,养马八百万匹,为扩充骑兵之用。日本岛国不足虑。若驰驱欧亚,称霸天下,舍骑兵莫属。蒙古入欧,全凭马兵。余愿辅德宗为成吉斯汗也。"至下课,则文公《马说》一字未谈。戊戌为康氏一生悲剧,亦为一生之喜剧;无论讲学谈话,则念念不忘。②

　　　康氏志大言大,好高骛远。晚年讲学,常有盛气。某日在讲堂大言曰:"有人谓我不能为骈体文,然我并非不能,实不愿为。少时读六朝文,皆能背诵。今日请诸君(康氏在讲室中皆泛称同学为诸君,如单称某人则称某君,如张君、王君)戏出一题。余在讲室口述,诸君笔记,不经纂改,即可成骈体一篇。"又曰:"有人谓我诗似杜工部,我实非学杜者。但少时喜读杜诗,至今尚能背诵全集。如诸君不信,请任提一句,我即可连接下句,不遗一字。"其自负如此。康氏处处欲为第一人,若谓其学某似某,则非其所喜。③

_____

① 中国人民政治协商会议全国委员会文史资料委员会编:《文史资料选辑》(第31辑),文史资料出版社1962年版,第238页。

② 中国人民政治协商会议全国委员会文史资料委员会编:《文史资料选辑》(第31辑),文史资料出版社1962年版,第239页。

③ 中国人民政治协商会议全国委员会文史资料委员会编:《文史资料选辑》(第31辑),文史资料出版社1962年版,第240—241页。

　　天游学院基本沿袭了万木草堂的教学内容和教学方法，但时隔35年，1922年"新学制"都已行之有年，康有为也由维新领袖变为清朝遗老，再来如此办学，就不免昨是今非，门前冷落了。而且，天游学院招生简章规定，每学期收取学杂费、食宿费共计96元，远高于当时上海的公立高校，略低于圣约翰大学、沪江大学等教会大学，与复旦大学、光华大学等著名私立大学相当，堪称不菲，可以推知又有几人愿意送弟子来此呢？康有为不得不"乘寒假休业，宣布学院停办"，前后历时不足一年。对此，他自我嘲道："上海各大学人数动辄千百，我院只有二三十人并不为少。耶稣有门徒十二人，尚有一匪徒在内。今其遍教于天下，岂在多乎？"[①]其中辛楚，想来自知。

　　从天游学院的招生简章来看，其教学内容极为丰富，仅哲学一科就包括天文、地理、电学、生物、人类、人道、周秦诸子、东西洋哲学、心理、伦理、人群、灵魂、鬼神、大同等课程。可见，晚年康有为的思想是何等庞杂怪异。他将天文、地理、电学、生物等自然科学归入哲学的范畴，正是其一贯思想。他在万木草堂讲学时也是如此，讲授自然科学知识并非为了传授"科学"，而是为了用"科学"来诠释其哲学思想和推衍其政治理论。

　　康有为在天游学院讲授的所谓自然科学知识，主要集中于天文学方面。1926年，他将讲学内容编撰成《诸天讲》一书，这是他一生中最后一部重要著作。该书"未出版而先生逝世"[②]，后经其弟子伍庄赞助，唐修校勘，1930年由中华书局出版。《诸天讲》又名《诸天书》，或又称《天游庐讲学记》。凡《通论篇第一》《地篇第二》《月篇第三》《日篇第四》《游星篇第五》《彗星篇第六》《流星篇第七》《银河天篇第八》《霞云天篇第九》《诸天二百四十二天篇第十》《上帝篇第十一》《佛之神通大智然不知日月诸星诸天所言诸天皆虚想篇第十二》《历篇第十三》《仪像篇第十四》《附篇第十五》等15篇，另附《月球图》15幅，与《月篇》中的某些章节相配合。

　　《诸天讲》成书虽晚，但构思颇早。据他在该书自序中称：

---

① 中国人民政治协商会议全国委员会文史资料委员会编：《文史资料选辑》（第31辑），文史资料出版社1962年版，第240—241页。

② 伍庄：《诸天讲·序》（1926年），见姜义华、张荣华编校：《康有为全集》（第12集），中国人民大学出版社2007年版，第11页。

二十八岁时,居吾粤西樵山北银河之澹如楼,因读《历象考成》,而昔昔观天文焉。……乃作《诸天书》,于今四十二年矣。……丙寅讲学于天游学院,诸门人咸请刻布此书……春编校于西湖一天园开天天室,夏五避暑焦山大观台听涛书屋,日俯长江听奔涛,校成序之。①

其实,他的这番夫子自道不足全信。康有为年轻时即注重天文历法的学习和研究,并将其作为万木草堂的讲学内容之一,这倒是事实。其弟子张伯桢曾根据听课笔记整理成《康南海先生讲学记》,其中就有不少这方面的内容。

天文学、历学皆出孔门。②

天者气也。苍苍者,其濛气乎?其大无外。空中积实,皆星也。其小者为恒星。星实为从日而生,目力所常见之。日统摄八星。八星者何?金、木、水、火、土五星,另有天王、海王二星,本地球为地星,共为八星。凡八星皆有人类,西人言之详矣。日有吸力,故能统摄诸星。诸星皆运日而行。本地球每岁运一周,每日有自转力,一转为一日。月为地球所生,现未有人类。月无光,假日之光以为光。③

但是,我们现在所见的《诸天讲》,绝非他28岁即1885年时的作品。书中,减少了早期"八星皆有人类"之类观点,增加了"破德人爱因斯坦相对论"之类的内容。正如其弟子唐修在《诸天讲·跋》中所说,"是书付刊时,先生随加改易增损"④。因此,该书应作为研究康有为晚年思想的重要资料,而不能轻率地相信是他28岁时所作。

---

① 康有为:《诸天讲·自序》(1926年),见姜义华、张荣华编校:《康有为全集》(第12集),中国人民大学出版社2007年版,第12—13页。
② 康有为:《康南海先生讲学记·古今学术源流》(1896年秋),见姜义华、张荣华编校:《康有为全集》(第2集),中国人民大学出版社2007年版,第105页。
③ 康有为:《康南海先生讲学记·天文家》(1896年秋),见姜义华、张荣华编校:《康有为全集》(第2集),中国人民大学出版社2007年版,第119页。
④ 唐修:《诸天讲·跋》(1926年),见姜义华、张荣华编校:《康有为全集》(第12集),中国人民大学出版社2007年版,第131页。

在《诸天讲》中，康有为繁引历代正史天文志和当时译讲天文的西书，以资说明，地球只是太阳系的行星之一，太阳系又是银河系的一部分，银河系则是整个宇宙更小的一部分，宇宙是无穷无际的，地球仿佛宇宙中的一粒尘埃。康有为并以此推测，其他星球也存在类似于人这样的生命，也存在社会制度、社会文化等。由此，他并认为佛教等宗教对"天"的认识也是错误的。

> 各教主生在古昔，未有精镜，谈天无有不误。吾敬诸圣，亦不欲多议。佛说无量世界，无量诸天，无量劫，无量世，其人名罪福，皆能一一数之如家珍。所谓天眼通、天耳通、宿命通、知化通、神足通，无所不至，然日月至近，尚渺不知，何必远言？即如所谓大中小三千世界，各以一千世界为增级，然今所实测见者，吾日天内只八游星，则无一小千世界也。银河天则有二万万日，是不止中千世界也。涡云天有银河天十六万万，是大千世界亦不止千也。盖佛所言世界以千增级者，不过随意拟议推算，非谓实也。然相去太远，误谬亦已大甚矣。若回、耶所言诸天上帝，远不及佛之深远，可不必论。①

同时，他对哥白尼的日心说和牛顿的万有引力定律十分推崇，称"自哥白尼出，乃知地之绕日；奈端（即牛顿。笔者注）乃发重力之吸拒，天文乃有所入"②。但是，康有为却由此引出神学的结论。

> 天有上帝者，各国各教所公有也。……奈端、拉伯拉室派以其所推吸拒力之论，大攻康德之尊上帝为神秘，上帝几为摇撼者。然天下之物至不可测，吾人至渺小，吾人之知识至有限，岂能以肉身之所见闻，而尽天下之事理乎？……吾国看相、算命、占筮多有奇验者。……近者德国破法，先见于童谣；意王被刺，预推于术士。此则大地同符，

---

① 康有为：《诸天讲·佛之神通大智然不知日月诸星诸天所言诸天皆虚想篇第十二》（1926年），见姜义华、张荣华编校：《康有为全集》（第12集），中国人民大学出版社2007年版，第101页。

② 康有为：《诸天讲·自序》（1926年），见姜义华、张荣华编校：《康有为全集》（第12集），中国人民大学出版社2007年版，第13页。

古今一揆。……庄子曰:人之生也有涯,其知也无涯。以奈端、拉伯拉室、达尔文之知至少,而欲尽知天乎? 而可决无上帝乎? 多见其不知量也。①

《诸天讲》貌似一部掺杂了大量谬误的天文学著作,其实其意不在言科学,而是另有所托。这一点,他的学生们早就注意到了。1927 年秋,梁启超、徐勤、伍庄等人在天津聚会,商议整理出版康有为的遗著,就曾对此书有过不同意见。梁启超认为:"《诸天讲》多科学家言,而不尽为科学家言;庄子《逍遥游》不言科学,《诸天讲》兼言科学,后人或不以《逍遥游》视之,而议先师科学之言为未完也。"徐勤则认为:"是何害! 先师神游诸天,偶然游戏,草成是书,必执科学拘之,毋乃小乎?"②

那么,康有为撰写《诸天讲》的真正目的是什么呢? 是要教导人们"见大心泰"。具体地说,就是使人们知道,地球也是浩瀚宇宙里无数星体中的一颗,其他星球"亦有无量之人物、政教、风俗、礼乐、文章"③,地球人看外星人,正如外星人看地球人,大家都是宇宙中的生命,都是宇宙中微不足道的一粒尘埃,都有相同的喜怒哀乐,相同的生老病死,没有必要相互羡慕而徒生烦恼。"星必在天上者也,吾人既生于星中,即生于天上。然则吾地上人皆天上人也,吾人真天上人也。……生而为天人,诸天之物咸备于我,天下之乐,孰大于是!"④一个星光璀璨的夜晚,康有为带领学生用望远镜观测星空后说了一番话,正是这种思想的生动流露。

人生天地间,智愚贤不肖虽各有其差,而终身役役,内摇其心,外铄其精,忧乐相寻。小者则忧其身;忧其家,大者则忧其国、以及天下,

---

① 康有为:《诸天讲·上帝篇第十一》(1926 年),见姜义华、张荣华编校:《康有为全集》(第 12 集),中国人民大学出版社 2007 年版,第 93—94 页。
② 伍庄:《诸天讲·序》(1926 年),见姜义华、张荣华编校:《康有为全集》(第 12 集),中国人民大学出版社 2007 年版,第 11 页。
③ 康有为:《诸天讲·自序》(1926 年),见姜义华、张荣华编校:《康有为全集》(第 12 集),中国人民大学出版社 2007 年版,第 12 页。
④ 康有为:《诸天讲·自序》(1926 年),见姜义华、张荣华编校:《康有为全集》(第 12 集),中国人民大学出版社 2007 年版,第 11 页。

常苦忧多而乐少。然见大则心泰。吾诚能心游物表,乘云气而驾飞龙,逍遥乎诸天之上,翱翔乎寥廓之间,则将反视吾身、吾家、吾国、吾大地,是不啻泰山之与蚊虻也,奚足以撄吾心哉！况诸天历劫,数且无穷,又何有于区区吾人哉！①

"诸天"一词源于佛教。康有为年轻时即熟读释家经籍,深受佛教思想影响,因此也很早就喜言诸天。他在《康子内外篇·性学篇》中即说：

> 二教(指儒、佛两教。笔者注)非独地球相乘也,凡众星有知之类,莫不同之;非徒众星为然也,凡诸天莫不同之也。相乘相生,而无有止绝者也。②

流亡日本期间所作《自编年谱》(即《我史》)中,他叙1884年事时也有"以诸天界、诸星界、诸星界、地界、身界、魂界、血轮界统世界焉"③句。在《大同书》中更说：

> 吾为天游,想像一极乐之世界,想像一极苦之世界,乐者吾乐之,苦者吾救之。吾为诸天之一物,吾宁能舍世界天界、绝类逃伦而独乐哉！④

1904年,他在巴黎乘氢气球升空游览时曾赋诗说：

> 忽视地球众生苦,哀尔多难醉腥膻。诸天亿劫曾历尽,无欣无厌

① 唐修:《诸天讲·跋》(1926年),见姜义华、张荣华编校:《康有为全集》(第12集),中国人民大学出版社2007年版,第132页。
② 康有为:《康子内外篇·性学篇》(1886年),见姜义华、张荣华编校:《康有为全集》(第1集),中国人民大学出版社2007年版,第103页。
③ 康有为:《我史》(1899年1月),见姜义华、张荣华编校:《康有为全集》(第5集),中国人民大学出版社2007年版,第64页。
④ 康有为:《大同书·第一》(1902年后),见姜义华、张荣华编校:《康有为全集》(第7集),中国人民大学出版社2007年版,第5页。

随所便。不忍之心发难灭,再入地狱救斯民。特来世间寻烦恼,不愿
天上作神仙。①

此时,康有为游于"诸天"体现的还是一种入世的勇气;晚年,他搞的天游
化人、天游园、天游学院等"天游"系列,则体现的就是一种出世的达观了。
1922 年,他的女儿同薇、同璧将远行,康有为在饯行宴上对她们说:"行前
无人间悲感之情,庶几游于人间,而不为人所囿,则超然自在矣。"并赋
诗曰:

行时问易说经铃,不似凡人伤别筵。记取天游台上月,伏生有女
出人天。②

1926 年,他的两个儿子同篯、同凝都在圣约翰大学附中读书,泯然众
人,徐勤曾担忧地问:"师弟不贤何以传父业?"康有为却笑答:"子孙贤,
明吾德;不贤,犹我身生一虱虫而已,何必细问。"③真是心无芥蒂,达观
者言。

---

① 康有为:《法兰西游记》(1905 年),见姜义华、张荣华编校:《康有为全集》(第 8 集),中国人民大学
出版社 2007 年版,第 155 页。
② 康有为、康同璧等著,楼宇烈整理:《康南海自编年谱(外二种)》,中华书局 1992 年版,第 216 页。
③ 中国人民政治协商会议全国委员会文史资料委员会编:《文史资料选辑》(第 31 辑),文史资料出
版社 1962 年版,第 245 页。

第七章　评价与总结

　　康有为研究已经进入多元化阶段，除了对康有为及其与维新运动关系的研究，对其大同思想的研究趋冷，对孔教思想的研究趋热，他的诸天观开始得到关注。在研究中宜坚持复原论的方法原则，在复原康有为的文献基础上，复原其关系结构、人格特质乃至话语系统和思维系统。教育家康有为的评价涉及相互联系的两个方面，一是对于康有为的总体评价，二是对于教育家康有为的评价，前者固然是后者的背景、前提和基础，但后者并非前者的简单延伸、完全对应。以往评价中最易偏颇之处恰在于，一是把他截然分为先进与落伍两个阶段，二是把政治评价上的所谓先进与落伍"两阶段说"套用在教育评价上。康有为、梁启超、严复三人的教育思想，同中有异，大同小异。康有为学风博杂，大气磅礴、振聋发聩而失之于主观武断，是一位思想家型的教育家，其教育思想贵在创新，贵在言人所未敢言而开一时风气。或者说康有为作为原创型教育家，其贡献主要不在于实行而在于思想启蒙，但他像中国近现代的大多启蒙主义者一样，是"半截子"启蒙主义，甚至启蒙主义中隐含着无意识蒙昧主义。

第一节　康有为研究之研究

广义来讲,对康有为的研究,在他去世后不久就开始了。研究的先行者,大概应属丁文江。丁文江编撰有《梁任公先生年谱长编》,煌煌80余万字,该书的重要特色和价值就是摘录梁启超师友往来书信700余封,编年分类连缀,以期通过梁启超呈现中国近代政治巨变。研究梁启超,必然涉及康有为,与康有为同样具有自信自大人格特质的丁文江,可能在研究梁启超之后不久,便曾有意循此上探,进而研究康有为。他在1929年致信胡适说:"南海不比任公——他有日记。其一部分我已经抄到,可惜都是零星不全。这位先生的固执自大简直是孙中山第二。"①1939年丁文江在湖南考察时因煤气中毒意外去世,他编撰的《梁任公先生年谱长编》实际并未完稿,后经人补撰,终于20世纪50年代出版。当然,丁文江也不可能从学术角度真正开展康有为研究了。然而,丁文江隐约地开启了康有为研究的两个重要共识:一是资料的搜集整理;二是从康有为切入研究中国近代政治变革,并从中国近代政治变革的大背景来研究康有为。这两个重要共识一直延续至今。

对康有为的研究,大致经历了三个阶段。

新中国成立之前,可以称为前研究阶段。这一阶段,主要是康有为弟子、亲友对他的纪念回忆,以及相关资料的汇集整理和发表出版,还谈不上真正的学术研究,但资料的汇集整理是学术研究的基础性工作,纪念回忆文章虽然可能有出于情感的为尊者讳乃至近于阿谀,但也披露了一些难得的细节。当然,这一阶段的一些近代史、近代教育史著作中,都给予康有为相当的地位,如蒋廷黻著《中国近代史》中第四章第二节"康有为辅助光绪变法",舒新城的《近代中国教育思想史》中第七章"西政教育思想"和第十

---

① 丁文江:《致胡适》(1929年5月21日),见耿云龙主编:《胡适遗稿及秘藏书信》(第23册),黄山书社1994年版,第114—115页。

一章"大同教育思想"等。这些研究虽然还比较粗略,但奠定了几个研究传统:一是康有为和维新运动像整个中国近代史一样,在当时基本还没有被纳入学术研究的范畴,而被更多地、现实地作为民国前奏、革命史前奏来看待;二是关注的焦点在于,康有为本人在百日维新中的地位,以及康有为领导的百日维新在中国近代史中的地位,即把康有为主要作为政治改革家来看待,其历史作用和地位亦在于此;三是把百日维新、维新运动作为中国近代史上重要的进步一环来看待,无论蒋廷黻的"鸦片战争—洋务运动—维新运动—辛亥革命"的近代历史链条观,还是舒新城的"西文教育思想—西艺教育思想—西政教育思想"的近代教育思想链条观,都是一种单线条进化论泛革命史观。以上,都隐含了对康有为在百日维新中地位的相信和认可。以蒋廷黻的学术和地位,他竟直书"康有为辅助光绪变法",如此肯定的结论,足见康有为自我宣传的成功以及在当时的影响。当然,在几乎所有研究者仅关注康有为的维新思想,康有为的孔教思想只在圈子内流行,其《大同书》整理出版未久之时,舒新城竟注意到康有为的大同思想及其地位,足见舒新城目光之敏锐。

新中国成立后至20世纪90年代末,可以称为主流研究阶段。所谓"主流",一指维新运动被纳入近代史研究主流,特别是从革命史观出发,为了论证半殖民地半封建社会的近代中国特征,以及中国近现代历史道路选择的必然性,把维新运动与辛亥革命、五四运动共同作为革命史的前奏,类似于中国古代史研究的"五朵金花"那样,维新运动研究呈现了繁荣态势;二指康有为被纳入中国近代人物研究的主流,康有为的地位被从维新团队中特别标拔出来,这不仅因为他是维新运动的"头儿",还因为他可以被赋予多重象征意义。他既曾是勇往直前的维新领袖,后来还成为落伍保守的反面标本,同时还可将其《大同书》诠释成中国式空想社会主义思想的代表,亦即具有中国式科学社会主义源头的意义。这一时期的研究,基本集中做两方面工作,一是整理出版了康有为的部分代表性论著,如《新学伪经考》《孔子改制考》《大同书》《康有为政论集》等;二是从革命史的话语系统研究康有为与维新变法、百日维新的关系。这一阶段,确立了康有为研究的革命史传统,对部分专题进行了深挖,教育史研究也套用了这种范式,或者说是这种范式在教育史领域的延伸。由于康有为在革命史中的地位,也相应确立了其在教育史中的地位,从此他在中国近代教育史上的地位不可撼动,凡写中国近代教育史必写康有为。这种教育史叙事方式,甚至是预设性地带着放大镜来寻找康有为的教育思想和实践。由于要把康有为及其教育思想和实践楔入教育史,于是必须广泛发掘其教育思想和实践,与之相应,发掘的重点就是万木草堂、百日维新和大同书三方面。这种情况,到了20世纪90年代中后期有所变化,一是随着社会思想变化和史学观念多样化,人们开始发掘康有为的多重意义,研究视野有所扩大;二是出现了系统研究康有为教育思想及实践的第一本专著《康有为教育思想研究》(李剑萍著,辽宁教育出版社1997年版);三是出现了以孔祥吉、黄彰健为代表的考证之作①,特别是考证了康有为百日维新期间奏折的真伪、改易情况,看似是史料考证的基础性工作,实际包含着对康有为在百日维新中的作用,乃至对百日维新在中国近代史上的作用等的质疑,具有解构之中再建构的启发意义。

新世纪以来,可以称为多元化阶段。这一阶段,继续发展了20世纪90年代中后期以来出现的研究新态势,一方面加强了康有为史料的汇集、整理、出版工作,最有代表性者就是12卷本《康有为全集》的出版,虽然仍有大量的康有为逸稿、函电没有发现,但基本汇集了已知的康有为的主要文献,并参考了多位研究者的考证成果;另一方面,就是由于相关史料的大量出版、发掘和解密,研究者可以从更广阔的背景和更多元的视角来研究和解读康有为,特别是以茅海建、姜鸣为代表的研究者对于康有为《自编年谱》(即《我史》)等的考证,质疑和动摇了康有为在百日维新中的作用与地位,并有研究者与之争鸣,欲辨欲明。这也导致康有为研究中出现了极端现象,一是研究更加走向专业化和专门化,康有为研究简直成为"康学",非专门研究者难以致其功甚至入其门;二是吸引了不少非专业和非主流研究者参与,康有为的许多"点"被深挖甚至被戏说,如康有为的死因、私生活、移植睾丸、刺杀暗杀、造伪欺骗等。经过仔

---

① 参见黄彰健:《康有为戊戌真奏议》,台北历史语言研究所1974年版;孔祥吉:《康有为变法奏议研究》,辽宁教育出版社1988年版;孔祥吉:《救亡图存的蓝图:康有为变法奏议辑证》,台北联合报系文化基金会1998年版;孔祥吉:《康有为变法奏章辑考》,北京图书馆出版社2008年版。

细的鉴别,它们其实共同推动了康有为研究的深刻化和丰富化。同时,康有为研究还出现了国际化态势,即从世界视野和根据外国档案等来研究康有为及其在维新运动中的作用和地位,包括日本、英国等国政府和有关方面对于康有为及维新运动的态度、反应和影响等。康有为研究也出现了生活化态势,不再把他仅仅作为维新领袖、孔教圣人,而是作为一个人来看待,更加凸显了康有为的人格特质。此外,随着新世纪以来中华传统文化的复兴,以及对于文化保守主义者的再认识,开始从制度化儒学的角度来重新思考作为今文经学家的康有为及其地位和影响;随着告别暴力变革思想的泛滥,也出现了对辛亥革命进而对维新变法的新解读。

时至今日,对康有为研究的基本态势可以概括为:一项基本工作,就是持之以恒地进行康有为文献的收集、汇集、整理和考证,这是康有为研究不可或缺的基础性工作;一条研究主线,依然还是康有为及其与维新运动关系的研究;三个新兴方面,一是康有为孔教思想及其与儒学关系的研究,二是康有为大同思想的研究,三是康有为的诸天观及其与佛学关系的研究。其中,康有为大同思想的研究趋冷,孔教思想的研究趋热,诸天观的研究开始得到关注。

康有为的研究者也大致可分成四派:一是考证派,继续加强对康有为文献、康有为与各方关系的考证;二是主流派,坚持研究康有为及其与维新变法的关系,坚持主流观点,无非在此基础上进行个别修正、丰富和深化;三是新兴派,一般采用新的史料和新的观点,研究康有为的新问题;四是逸闻派,非专业人员关注康有为的逸闻趣事,有助于丰富对康有为的理解。

康有为研究的方法,除了方法论层面的和学科层面的,以及具体的研究策略和技术,还有研究的方法原则问题。笔者主张,在康有为研究中宜坚持复原论的方法原则。

首先是复原康有为的文献。这既包括复原康有为本人的文献,又包括复原与其直接利害攸关方的文献。每一方面的复原,最好既能复原修改前的文献原貌,又能复原文献改易的过程,前者只是复原了文献的初始原貌,后者恰可反映作者在时势变迁中的心态历程和因应过程。

其次是复原康有为的关系结构。康有为是时代群体的代表和时代精神的凝缩,通过他可以集中反映一个时代的风貌;同时,康有为的风貌也必须在他与时代环境的联系互动,以及与时代群体的关系结构中才能更加清晰地显现。复原康有为的文献固然困难,而复原这种复杂的关系结构更是难上加难。一方面随着史料的丰富和挖掘,更利于复原关系结构;另一方面随着史料的海量增多,以及关系结构的愈益复杂,关系结构的把握难度已经超出了个体研究者的能力,每位研究者只能从某个侧面进行着自以为是的建构,各自得出相对片面的结论,反而使得关系结构的复原更加困难,比如康有为与翁同龢的关系、康有为与日本各方的关系等。

再次是复原康有为的人格特质。康有为的人格特质与生俱来,是其先天性、本质性、稳定性和深层性的心理特征,性格决定命运,命运凸显性格。确切地说,命运是性格与时代环境契合的产物,维新的时代呼唤着以教主自命的康有为,康有为自信自大的人格特质又使他在维新时代脱颖而出。如果是在君权高涨的所谓康乾盛世,康有为恐怕不是被视为疯子就是身陷文字狱。他正是在一个新旧转换的时代,或者说权力控制的窗口期,寻找到了自己的位置,进而寻找到了自己发挥作用的空间。由此来看,复原康有为的人格特质是以往学术研究的盲点,近年出现的一些非主流研究甚至非学术研究成果,亦自有启发意义。

最后是复原康有为的话语系统和思维系统。要想真正复原和理解康有为,就必须通过其文献去感受他的话语系统,再由话语系统上溯他的思维系统,从而复原他的整个精神世界,这才意味着复原了康有为最为深层和隐秘的部分。如果说复原康有为的实践世界需要的是苦功夫细功夫,那么复原他的精神世界,除此之外还更需要悟性和直觉。

康有为研究中坚持复原论的方法原则,就是为了把复原后更真实、更丰富的康有为呈献给新的研究者。妨碍复原康有为的因素有许多,包括文献的不完整、文献的被改易、研究者自身的水平、研究环境的制约等。当然,最主要的还是研究者自我价值观的局限,研究者往往先入为主,总想从康有为那里寻找自己既定思想依据的材料,或者总想让别人相信自己对康有为的研究才是唯一正确的。

第二节　康有为评价之评价

　　对教育家康有为的评价涉及相互联系的两个方面，一是对康有为的总体评价，二是对作为教育家的康有为的评价，前者固然是后者的背景、前提和基础，但后者并非前者的简单延伸、完全对应。以往康有为评价中最易偏颇之处恰在于，一是把康有为截然分为先进与落伍两个阶段，二是把政治评价上的所谓先进与落伍"两阶段说"套用在教育评价上。

　　对于康有为的总体评价，其实在他去世十几天后便开始了。1927 年 4 月 17 日，康门弟子在北京畿辅先哲祠公祭康有为时，梁启超写的《公祭康南海先生文》可谓评价之滥觞。

　　　桓桓德宗，帝中之英，发愤国耻，旁求贤良。吾师受特达之知，奋草茅以陟庙堂。上书痛哭，前席慷慨，谓瓜分迫于目睫，非维新无以自强。帝遽动容，举国从将縻百日之施设，实宏远而周详，强邻动色以相告，民气蹈厉而发皇。天不厌乱，变在萧墙，牝鸡跋扈，应龙摧藏。师播越于外者十有六年，艰难险阻之备尝，国命日蹙，清乃先亡。曾坠日之不可挽，指虞渊而茫茫，虽骤起而卒蹶，后有作新中国史者，终不得不以戊戌为第一章。斯万世之公论，匪吾党之阿扬。复辟之役，世多以此为师诟病，虽我小子，亦不敢曲从而漫应。虽然，丈夫立身，各有本末，师之所以自处者，岂曰不得其正，思报先帝之知于地下？则于吾君之子而行吾敬，栖燕不以人去辞巢，贞松不以岁寒改性，宁冒天下之大不韪，而毅然行吾心之所以自靖，斯正吾师之所以大过人，抑亦人纪之所攸托命，任少年之喜谤，今盖棺而论定。[①]

[①]　梁启超：《公祭康南海先生文》（1927 年 4 月 17 日），见姜义华、张荣华编校：《康有为全集》（第 12 集），中国人民大学出版社 2007 年版，第 502 页。

作为康有为的高足,梁启超对先师难免有夸大溢美和回护隐讳之处,其评价当然不是盖棺定论。然而,他却开启了一种评价通则,即将康有为的一生分为前后两个阶段来评价,肯定其前半生而为其晚年行迹辩解。

后来,鲁迅更加明确地将康有为的一生分成两个阶段来评价,在《花边文学·趋时和复古》中曾说:

> 广东举人多得很,为什么康有为独独那么有名呢,因为他是公车上书的头儿,戊戌变法的主角,趋时;……但是,晦气也夹屁股跟到,康有为永定为复辟的祖师……原是拉车前进的好身手,腿肚大,臂膊也粗,这回还是请他拉,拉还是拉,然而是拉车屁股向后,这里只好用古文,"呜呼哀哉,尚飨"了。①

毛泽东在《论人民民主专政》中,肯定维新派的历史贡献,当然也是肯定康有为作为维新派"头儿"的前半生。

> 自从一八四〇年鸦片战争失败那时起,先进的中国人,经过千辛万苦,向西方国家寻找真理。洪秀全、康有为、严复和孙中山,代表了在中国共产党出世以前向西方寻找真理的一派人物。那时,求进步的中国人,只要是西方的新道理,什么书也看。向日本、英国、美国、法国、德国派遣留学生之多,达到了惊人的程度。国内废科举,兴学校,好像雨后春笋,努力学习西方。我自己在青年时期,学的也是这些东西。这些是西方资产阶级民主主义的文化,即所谓新学,包括那时的社会学说和自然科学,和中国封建主义的文化即所谓旧学是对立的。学了这些新学的人们,在很长的时期内产生一种信心,认为这些很可以救中国,除了旧学派,新学派自己表示怀疑的很少。要救国,只有维新,要维新,只有学外国。②

---

① 《鲁迅全集》(第5卷),人民文学出版社2005年版,第535—536页。
② 《毛泽东选集》(第4卷),人民出版社1991年版,第1469—1470页。

康有为的思想和活动，都是在近代中国错综复杂、急遽变化的历史背景下展开的，其中，许多史实尚待澄清，许多认识尚待丰富，许多结论尚待深化，加之不同研究者对历史、现实和未来的不同理解角度和深度，使得自己不敢奢望立即得出某种所谓"盖棺定论"。为了充分展现这位背景繁复、思想庞杂、个性鲜明的改革家、思想家的教育实践和教育思想，本书不恤频频集中援引原文，既为了展示后人难以追叙的神貌，又期望读者或可按图索骥以形成自己的评价。

对康有为的评价应以完整的认识为基础，但就目前而言，由于主客观因素的制约，对康有为的认识还远远没有终结，甚至尚难称之为完整，因此，对他的种种评价也有待于继续发展。我们至今甚至尚未完全掌握康有为本人的著作，据其自撰《万木草堂丛书》目录所列，经部有《孔子改制考》《伪经考》《春秋董氏学》《春秋笔削微言大义考》《礼运注》《大学注》《中庸注》《论语注》《孟子微》等19种，史部有《时务刍言》《戊戌奏稿》《政见书》《官制考》《物质救国论》《救亡论》《共和政体论》《中华救国论》《共和平议》和历次上书等64种，子部有《大同书》《诸天讲》《长兴学记》《桂学答问》等26种，集部有文集、诗集等28种，凡137种，这还不包括大量的函札和电稿。这些著述，有的可能已经散佚，有的尚需进一步校雠考证，有的已是今人理解所难逮。

有研究者，曾将康有为与鲁迅、毛泽东并列为中国近代不同时期思想家的代表。笔者认为，对于这样一位复杂人物的认识，不是轻而易举的，而是需要付出大量细致耐心的工作，难以一言以蔽之"进步"或"落伍"。

> 在这个近百年六代知识者的思想旅程中，康有为（第一代）、鲁迅（第二代）、毛泽东（第三代），大概是最重要的三位，无论是就历史上所起的作用说，或者就思想自身的敏锐、广阔、原创性和复杂度说，或者就思想与个性合为一体从而具有独特的人格特征说，都如此。也正是这三点的综合，使他们成为中国近现代思想上的最大人物。①

---

① 李泽厚：《中国现代思想史论·后记》，安徽文艺出版社1994年版，第344页。

康有为思想庞杂,个性鲜明,许多言行往往使人颇费思量,连他的学生也说:

> 先生日美戒杀,而日食肉;亦称一夫一妻之公,而以无子立妾;日言男女平等,而家人未行独立;日言人类平等,而好役婢仆;极好西学西器,而礼俗、器物、语言、仪文,皆坚守中国;极美民主政体,而专行君主;注意世界大同,而专事中国。凡此皆若甚相反者……①

康有为是近代史上最富争议的人物之一,争议几乎涉及他的方方面面。关于其前半生,虽然总体来说应给予肯定,但评价的高度则因人而异;关于其后半生,虽然总体来说应给予批评,但近年来随着评价视角的转换,已经由单纯的政治批判转向深层的文化反思,出现了一些引人注目的新动向和新趋势。其实,康有为从先进者到落伍者是一个复杂的过程,即使作为一名先进者,思想中亦多诡异虚妄之处,即使成为一名落伍者,依然不妨是时时闪烁着睿智的思想者。因此,对于康有为的总体评价,既要将其一生分成不同阶段来评价,又应注意避免简单化和武断的倾向,摆脱"从先进到落伍"的粗糙模式。

康有为既是改革家和思想家,又是教育家,但首先是一位改革家和思想家,其次才是一位教育家,其教育实践多为政治目的所左右,其教育思想多以政治主张为背景,正如其弟子任启圣评价康有为说:"康氏乃近代政治家、思想家,以读书为政治之资本,以孔子为推行之工具,讲学乃其余事耳。"②可谓一语中的。同时,康有为又确是一位大教育家,是特质鲜明的原创型教育家而非一般教育家,其教育思想实践在中国教育早期现代化中具有重要地位。也正如其弟子梁启超所说:"先生能为大政治家与否,吾不敢知。虽然,其为大教育家,则昭昭明甚也。先生不徒有教育家之精神而已,又备教育家之资格。其品行方峻,其威仪严整,其授业也,循循善诱,

① 陆乃翔等:《南海先生传》(1929年6月),见姜义华、张荣华编校:《康有为全集》(第12集),中国人民大学出版社2007年版,第470页。
② 中国人民政治协商会议全国委员会文史资料委员会编:《文史资料选辑》(第31辑),文史资料出版社1962年版,第239页。

至诚恳恳,殆孔子所谓'诲人不倦'者焉。其讲演也,如大海潮,如狮子吼,善能振荡学者之脑气,使之悚息感动,终身不能忘;又常反复说明,使听者涣然冰释,怡然理顺,心悦而诚服。"①他的学生梁启勋也曾说:"假令康先生终身讲学,不作政治活动,其在社会上所起的作用更大。用其所短,惜哉。"②亦可谓一语中的。

因此,正确认识康有为的教育思想实践及其政治思想活动的关系,既要看到两者的联系,又要看到两者的区别。这些联系并非简单地一一对应和同步运行,联系之中可能包含着某些区别,即超前或滞后。正如有的研究者所说:"中国近代人物都比较复杂,它的意识形态方面的代表更是如此。社会解体的迅速,政治斗争的剧烈,新旧观念的交错,使人们思想经常处在动荡、变化和不平衡的状态中。先进者已接受或迈向社会主义思想,落后者仍抱住'子曰诗云''正心诚意'不放。同一人物,思想或行为的这一部分已经很开通很进步了,另一方面或另一部分却很保守很落后。政治思想是先进的,世界观可能仍是唯心主义;文艺学术观点可能是资产阶级的,而政治主张却依旧是封建主义。如此等等,不一而足,构成了中国近代思想一幅极为错杂矛盾的图景。用形而上学的简单办法是不能正确处理这种图景的。"③教育家康有为也鲜明地具有这些特点,他在维新运动中并非一概先进,在维新运动后也并非全盘落伍。本书没有割裂地孤立地来探讨教育问题,并力图全面反映康有为一生的教育思想实践及其不同时期的嬗变演化。

此外,还需公允地对待康有为的教育思想与他人以及其他派别教育思想的关系,既要看到它们的区别,也应看到它们的联系。维新运动时期可谓是康有为的时代,奠定了他在近代历史的地位,也决定了其教育思想具有他人以及其他派别教育思想所难以比拟的先进性。然而,康有为又是时代的康有为,他的教育思想也反映了时代的先进的共同的教育意愿。仅就百日维新中光绪帝颁发的教育改革上谕而言,它们虽然反映了康有为的教

① 梁启超:《南海康先生传》(1901年12月),见姜义华、张荣华编校:《康有为全集》(第12集),中国人民大学出版社2007年版,第425—426页。
② 陈学恂主编:《中国近代教育史教学参考资料》(上册),人民教育出版社1986年版,第362页。
③ 李泽厚:《中国近代思想史论》,人民出版社1979年版,第421—422页。

育改革思想,但并非每一道上谕都因康有为而发。例如,1898 年 6 月 11 日选派王公出国游历的上谕,即因兵部左侍郎荣惠之奏而发;6 月 20 日、7 月 4 日注重矿学和农学的上谕,即因御史曾宗彦之奏而发;7 月 19 日变通科举章程的上谕,即因湖广总督张之洞和湖南巡抚陈宝箴之奏而发;7 月 29 日责成各省选派专人管理学堂事务的上谕,即因刑部侍郎李端棻之奏而发;9 月 11 日命令建立茶务学堂的上谕,即因刑部主事萧文昭之奏而发;等等。就连慈禧太后也知道,若不改革已经山穷水尽的八股取士制度,恐怕已难维护清朝统治。6 月 23 日废八股改策论的上谕,就是得到她的首肯才颁发的。据康有为的《自编年谱》(即《我史》)记:

> 上得芝栋折(宋伯鲁字芝栋,此指康代宋所拟《请废八股改试策论折》。笔者注),即令降旨。刚毅请下部议,上曰:若下礼部,彼等必驳我矣。刚又曰:此事重大,行之数百年,不可遽废,请上细思。上厉声曰:汝欲阻挠我耶?刚乃不敢言。及将散,刚毅又曰:此事重大,愿皇上请懿旨。上乃不作声。既而曰:可请知。故待初二日诣颐和园请太后懿旨,而至初五日乃降旨也。①

考之《光绪朝东华录》可知,6 月 22 日光绪帝确曾到颐和园向慈禧太后"请安驻跸"②。于是,次日便有上谕颁布。这是因为,慈禧太后和后党并不等于顽固派,它是一个与光绪帝和帝党相对立的政治集团,既反对帝党进而抵制光绪帝支持的维新变法,又不像顽固派那样无视时代形势而拒绝一切改革。所以,百日维新失败后,慈禧太后一面下令恢复八股取士,恢复弓刀石武试,废止经济特科,一面也允许新式学堂继续发展。这从 1898 年 9 月 26 日和 11 月 1 日的两道懿旨中可知究竟。

> 大学堂为培植人才之地,除京师及各省会业已次第兴办外,其各

---

① 康有为:《我史》(1899 年 1 月),见姜义华、张荣华编校:《康有为全集》(第 5 集),中国人民大学出版社 2007 年版,第 94 页。
② 朱寿朋编、张静庐等校点:《光绪朝东华录》,中华书局 1958 年版,总第 4100 页。

府州县议设之小学堂,着该地方官斟酌情形,听民自便。其各省祠庙不在祀典者,苟非淫祀,着一仍其旧,毋庸改为学堂,致于民情不变。此外业经议行及现在交议各事,如通商、惠工、重农、育才以及修武备、浚利源,实系有关国计民生者,即当切实次第举行;其无裨时政而有碍治体者,均毋庸置议。

武科改试枪炮,原为因时制宜起见,惟科举之设,无非为士子进身之阶,至于训练操防,尤以营伍学堂为储才之根本,所有武场童试及乡会试,均著仍照旧制,用马步箭弓刀石等项,分别考试。前据兵部奏,请各省营用武进士及投标武举,悉令练习枪炮,酌定劝惩章程,即著各督抚一律遵行,不准虚应故事。……至各省武备学堂,应由督抚酌量建设,所有未经入伍之武举武生等,均就近挑入学堂,学习格致、舆地等学及炮队、枪队、马队、工程队诸科,以备折冲御侮之用。①

因此,本书不仅试图描述康有为的时代,也试图描述时代的康有为,不仅要为他一人画像立传,也要通过他与前人、时人的比较来勾勒一个时代的轮廓,尽可能不因康有为而忽视和贬低他人。例如,谭嗣同的父亲湖北巡抚谭继洵,政治派别不明朗,为人素称庸谨,竟在百日维新中于1898年7月15日上折请求废除科举制度、建立三级学校体系、设立学部、发展师范教育,虽未引起朝廷重视,但其改革建议之先进与完备实不让康有为,堪称一时之秀。

臣不揣冒昧,妄拟以学校立科举之体,以科举成学校之用,谨画二策,曰立学校之规模,曰筹科举即出于学校,敬为我皇上陈之。

今各省亦竞言学堂矣。然而章程不同,则无其法,款项支绌,则无其费,教习难聘,则无其师。以臣观之,此三者,皆非所难也,难在规模未定耳。拟请于京师设立学部,总管各省学校事务……今各省府厅州县,莫不有书院,虽多寡大小不同,皆宜一律改为学堂。……酌裁学

---

① 陈学恂主编:《中国近代教育史教学参考资料》(上册),人民教育出版社1986年版,第472、473、474页。

官,而总其职事于学堂,即责成地方官管理。……各州县既立学堂,拟请于京师及各省城,设立师范学堂……

使仍以科举考试之法求之,则所取者,未必出于学校,而学校转不如科举之可贵,是堕学者之志,而分其趋向也。此后考试,拟请以学堂中之功课分数为凭。……其县学堂,则由该县知县会同该学堂教习,出具切实考语,汇册赍府转详学政,再由该学生亲赍凭单投验收考。学政面试所学,果与凭单相符,即作为生员,准入府学堂肄习稍深之学。府学堂肄业期满功课及格者……详送督抚……督抚面试所学,果与凭单相符,即作为举人,准入省学堂肄习精深之学。学堂肄业期满功课及格者……汇册咨送京师学部……学部大臣面试所学,果与凭单相符,即作为进士,准入京师大学堂肄业……

至于学成录用之法,则视其学某学,然后用于某部。……则学者学其所用,用者用其所学,人无旷官,官无旷事,科举无倖进而学校亦不虚设矣……①

第三节　康有为、梁启超、严复教育思想比论

康有为被自己的弟子奉为政治家、教育家、宗教家和哲学家,②确切地讲,他实在不是一位具备实操能力的政治家,更多像是政治改革思想家或者是现实政治批评家。尤其在百日维新期间,他的许多改革建议都是紧急上奏,光绪帝的许多改革措施也是仓促出台,大多缺乏系统性和可操作性。教育改革之所以未达预期目的,除了整体改革的失败以及守旧官员的敷衍观望,具体执行过程中确实存在极大困难也是重要原因之一。

八股取士和策论取士,同为科举考试却是不同的考试方法,两种方法

---

① 朱有瓛主编:《中国近代学制史料》(第1辑下册),华东师范大学出版社1986年版,第691—693页。

② 参见梁启超:《南海康先生传》(1901年12月)、陆乃翔等:《南海先生传》(1929年6月),见姜义华、张荣华编校:《康有为全集》(第12集),中国人民大学出版社2007年版,第422—471页。

应该如何过渡衔接,因改革而丢掉饭碗的士子应该如何安置,这是政策性很强又牵涉面很广的工作,必须予以充分重视和尽力解决,而康有为却丝毫没有考虑。他事后自称:"时八股士骤失业,恨我甚,直隶士人至欲行刺"①;梁启超也说:"五月初五日,下诏废八股取士之制,举国守旧迂谬之人,失其安身立命之业,自是日夜相聚,阴谋与新政为敌。"②其实,绝大多数习八股应科举者,并非就是"守旧迂谬之人",而不过是受国家政策支配的普通知识分子。他们之所以成为改革的对立面,就是因为改革改掉了他们的饭碗。任何改革必然要触及一部分人的既得利益,但如果触及的是老百姓的饭碗就需三思了,否则便可能会失去群众基础和改革意义。

将民间不在祀典的淫祠改为学堂,即"改诸庙为学堂,以公产为公费"③,固然省时省力省钱,用意也是好的,但百姓是否愿意呢?淫祠大都是百姓捐款集资兴建的,与国家助给经费的官办书院不同,用现在的话说就是产权关系不同。如果百姓愿意改当然是好事,如果百姓还没有认识到其中的益处而不愿改,政府又不经说服教育就单凭简单粗暴的行政命令强迫施行,必然引起一些人的反感和抵触。康有为也没有考虑到这一点,事后反而自称,"吾以乡落各有淫祠,皆有租入,故欲改以充各乡落学舍,意以佛寺不在淫祠之列。不意地方无赖,藉端扰挟,此则非当时意料所及矣"④。其实,闹事的人不一定都是"无赖",但无赖确可利用群众的反感和抵触煽动闹事。任何改革都会遇到阻力,除了来自当权的顽固派,还来自群众的守旧意识和落后习俗。因此,任何改革都要考虑群众的承受能力,并要善于引导群众,否则就会将其推到顽固派的一面,从而被顽固派借为反对改革的口实。

当时制约学堂发展的两大因素,一是经费,一是师资,正如张之洞

① 康有为:《我史》(1899年1月),见姜义华、张荣华编校:《康有为全集》(第5集),中国人民大学出版社2007年版,第95页。
② 梁启超:《戊戌政变记》,台北文海出版社《近代中国史料丛刊》影印本,第121页。
③ 康有为:《请改直省书院为中学堂乡邑淫祠为小学堂令小民六岁皆入学折》(1898年7月3日至9日间),见姜义华、张荣华编校:《康有为全集》(第4集),中国人民大学出版社2007年版,第318页。
④ 康有为:《我史》(1899年1月),见姜义华、张荣华编校:《康有为全集》(第5集),中国人民大学出版社2007年版,第95页。

1898 年 9 月 3 日致函总理衙门所称:"设学堂之难有两事:一延师,一筹款,而延师尤难。"①对于这两大难题,康有为虽曾提出过解决设想,但最终都由设想陷入空想、幻想而不能解决实际问题。关于师资问题,他只是说,"院师学长,多八股之士,或以京秩清班,以空名领之,今宜皆更易,别聘通才"。那么新型教师从哪里来呢?他却没有回答。他设想了三种经费来源,一是利用书院、义学的原有经费和祠庙公产,二是"请严旨戒饬各疆臣,清查善后局及电报、招商局各溢款、陋规、滥费,尽拨为各学堂经费",三是"鼓动绅民捐创学堂"。② 其实,这三项来源都似有实无,极不稳定。关于第一种来源,仅举山西为例便可略知各省大概。据山西巡抚胡聘之1898 年 9 月 11 日奏称:

> 晋省各属书院,共计一百零九处,有一县地方并无书院者,有数处合设一书院者。岁用束脩、膏火及杂支等项经费,共银三万九千两余,钱二万六千余串。此项银钱,或出于生息租资,或绅富商民随时筹捐,或由地方官捐廉给发。现据开报之数,出于生息者,每年出入尚有定数。出于各项租资及按年筹款者,岁入多寡既无一定,每年出款亦随时酌量变通,未能作为常额。至通省各书院经费动款,除省会及河东外,其余各府州县,皆归绅士经理,并无动用公款之处,是以历未造报。③

就连最热心于兴学的张之洞,也称湖北"州县书院经费尤少,断难敷一学堂之用,多无肄业生斋舍,有者亦止数间,尚须筹款充用"④。关于第二种来源,它从一开始就名存实亡。在没有朝廷监督的情况下,而希望各地自查自纠"小金库"行为,这完全是空想,表明了康有为实际行政经验的缺

---

① 朱有瓛主编:《中国近代学制史料》(第 1 辑下册),华东师范大学出版社 1986 年版,第 443 页。
② 康有为:《请改直省书院为中学堂乡邑淫祠为小学堂令小民六岁皆入学折》(1898 年 7 月 3 日至 9 日间),见姜义华、张荣华编校:《康有为全集》(第 4 集),中国人民大学出版社 2007 年版,第 318 页。
③ 朱有瓛主编:《中国近代学制史料》(第 1 辑下册),华东师范大学出版社 1986 年版,第 447 页。
④ 朱有瓛主编:《中国近代学制史料》(第 1 辑下册),华东师范大学出版社 1986 年版,第 443 页。

乏。关于第三种来源,也非常不切实际。甲午中日战争期间及战后,清政府为支付军费和战争赔偿,进行了一系列集资摊派、强行募捐、发行公债、加厘借债,再让绅民捐资助学显然已成强弩之末。因此,各地传到中央的一个共同声音就是:缺钱!这的确是当时的实际情况,不能武断地将其统统称为对维新变法的消极对抗。

康有为始终是民国的持不同政见者。政治腐败、经济疲敝、军阀混战,使其伤心,因宣传民主共和而废除尊孔读经,更使其愤愤。应该说,康有为的问题并不在于他批评民国,而在于他用什么批评民国,遗憾的是,他选择了参与张勋复辟来批评民国。他在批评民国教育时,为了批评起来更加容易而将其失误无限夸大,尽量描绘得一团黑、一团糟,甚至说民国学校教育还不如八股取士。

> 若废科举而用学校,则学者自听讲义、读课本外,束书不观,乃至中国相传之名物、日用之书亦不之识,其愚闭乔僿,殆甚于八股之时。而八股之士,尚日诵先圣之经,得以淑身而善俗;今学校之士,则并圣经而不读,于是中国数千年之教化扫地。①

他1917年著成《共和平议》后,更效《吕氏春秋》"一字千金"故事,狂称"破吾论文一篇者,酬以千圆"②。其中,专辟《民国之学术只导昧亡》一节,极力攻击民国学校,极力美化科举制度。

> 自民国以来,改定学校法,禁读孔经,学子只读教科书;而所编教科书,秕谬、疏漏、颠倒不可究诘……以此教士,安得人才?及其聚众百数十人,则别有恶风相扇,或家庭革命,行独立之教,或男女纵狎,设猎艳之团。于是父兄相引为戒,家有子女,不敢令入校矣。然且入校之费至巨,非中上之家不能遣子入校……昔有科举之时……当其盛

---

① 康有为:《中国还魂论》(1913年11月),见姜义华、张荣华编校:《康有为全集》(第10集),中国人民大学出版社2007年版,第159页。

② 康有为:《共和平议》(1917年),见姜义华、张荣华编校:《康有为全集》(第11集),中国人民大学出版社2007年版,第2页。

时,则文学昌明;即其衰乱之时,而郡邑郊野乡遂之间,褒衣博带,方步圆领,执经而哦,拥书而讽者相望。……平民望风,亦知所景从感化也。乃今知昔者科举之以无用为用也。[①]

这既是康有为的思维和论说特点,也可看出康有为与传统的思想联系,他可以反对君主专制,也可以号召发展资本主义工商业,但对以孔子为代表的传统文化却坚守不移,既要继承又要发展。

康有为、梁启超、严复同是维新运动的主将和代表,三人都是著名的维新思想家和教育家。[②]

康、梁、严三人的人生历程非常相似。他们出生在接受资本主义熏染最早的广东、福建的沿海地区,甚至连家庭背景也极为相像,祖父中过举人或秀才,父亲以布衣教授或行医乡里,是典型的乡间知识兼绅士之家。他们聪颖早慧,才华出众,读书广博,早年受业地方名儒,儒家与"中学"基础深厚,青年时期开始接触、学习"西学",投身维新变法事业。一生成名于南,立业于北。百日维新失败后,他们主张君主立宪,既反对君主专制,又反对民主共和。康有为、梁启超在海外组织"保皇会",创办《清议报》《新民丛报》,与孙中山领导的资产阶级革命派展开激烈论战;严复除短暂地在上海组织名学会、参加唐才常组织的自立会外,将主要精力转向翻译西方社会政治学名著,即著名的"严译八种"。民国初年,康有为反对袁世凯称帝却参与张勋复辟,严复作为"筹安会"成员之一支持袁世凯称帝活动,鼓吹尊孔读经,成为文化保守主义的新代表。新文化运动兴起以后,他们不仅政治上完全没落,文化思想也严重落伍,成为政治与文化上的双重遗

---

① 康有为:《共和平议》(1917 年),见姜义华、张荣华编校:《康有为全集》(第 11 集),中国人民大学出版社 2007 年版,第 35—36 页。

② 有关梁启超、严复的研究情况可参见张衍前、于志国:《近年来梁启超研究综述》,载《文史哲》1996 年第 2 期;黄克武:《略论梁启超研究的新动向》,载《文史哲》2004 年第 4 期;陈慧:《近 50 年来梁启超思想研究之检讨》,载《哲学动态》2001 年第 10 期;侯杰、林绪武:《省思与超越——近十年来梁启超研究之探讨》,载《社会科学研究》2004 年第 3 期;李承贵:《建国以来严复思想研究综述》,载《学术月刊》1995 年第 10 期;林平汉:《严复学术与思想研究新进展——纪念严复逝世 85 周年国际学术研讨会综述》,载《福建师范大学学报》(哲学社会科学版)2007 年第 2 期;李艳红:《近十年来严复思想研究综述》,载《湘潭大学社会科学学报》2002 年第 6 期等。

老。"善变"的梁启超在民国后一度非常活跃,组建共和党,策划倒袁护国运动,出任北洋政府司法总长、财政总长等要职,也反对康有为、严复的尊孔读经主张。1918 年退出政坛、游历欧洲后,他专心学术研究,以其所著《欧游心影录》为标志,在反思西方工业文明、唯科学主义和社会阶级矛盾的基础上,回归中国传统文化本位主义,宣扬用东方的"固有文明"来"拯救世界"。20 世纪 20 年代,三人相继谢世,其思想影响亦被继起者取代。

康有为、梁启超、严复三人在维新运动前后,积极创办报刊,组织或参加学会,康有为在北京、上海发起成立强学会,编印《万国公报》(后更名《中外纪闻》)《强学报》,梁启超是康有为的得力助手,担任《强学报》主笔,严复则在天津创办《国闻报》,使这里成为维新运动在北方的舆论中心;他们都发表了一系列维新变法言论,如梁启超的《变法通议》《论君政民政相嬗之理》等,严复的《论世变之亟》《原强》《救亡决论》等,皆传诵一时,具有重要的资产阶级启蒙作用。

康、梁、严三人皆平生与办学和教育教学结缘。康有为不仅创办过著名的万木草堂,直到去世前一年还在上海私寓举办天游学院,亲自授课。其弟子梁启超总结其一生说:"康南海果如何之人物乎?吾以为谓之政治家,不如谓之教育家;谓之实行者,不如谓之理想者。"[①]梁启超在维新运动时期曾任湖南时务学堂总教习,晚年出任清华学校研究院导师;严复更是终生以教育为职业,任天津水师学堂洋文正教习[②]、会办、总办长达 20 年,1896 年又创办天津俄文馆自兼总办,1905 年协助马相伯创办复旦公学并曾出任监督,后任安徽高等学堂监督,民国成立后京师大学堂改称北京大学,严复出任首任校长。

康、梁、严三人的维新教育思想都以兴学校、变科举为核心,兼及幼儿教育、师范教育、社会教育、留学教育等。他们对于兴学校、变科举这个立论之"果"是一致的,但是立论之"因"即立论的基础与出发点是有区别的。

康有为主要是从教育政治学的层面出发,将兴学校、变科举作为维新

---

① 梁启超:《南海康先生传》(1901 年 12 月),见姜义华、张荣华编校:《康有为全集》(第 12 集),中国人民大学出版社 2007 年版,第 438 页。

② 参见姜鸣:《严复任职天津水师学堂史实再证》,载《历史研究》2008 年第 3 期。

变法的重要内容和维新救国的重要手段。

梁启超则能进于教育文化学的层面,在维新运动时期循着"伸民权—开民智—兴学校"的思想理路,主张"今日欲伸民权,必以广民智为第一义",而"条理万端,皆归本于学校",[①]进而"师范学校立,而群学之基悉定"。[②] 清末新政改革掀起新一轮兴学热潮后,他于1902至1903年间发表《论教育当定宗旨》《新民说》等论著,呼吁中国现代教育的宗旨与意义"在养成一种特色之国民",即具备"品行、智识、体力",[③]具备进取精神、自由思想、自主行动、有组织的生活、讲公德、爱国家、尽义务以及有毅力、勇敢、尚武等符合资产阶级要求的品质,"为本国之民而非他国之民,为现今之民而非陈古之民,为世界之民而非陬谷之民",兼具民族性、现代性、世界性的"新民"[④]。这些教育思想,是在对中国国民性、中国传统文化、传统国民性与现代国民性的反思与比较的基础上提出的。

三人之中,只有严复进于教育哲学的层面思考与阐述兴学校、变科举及其相关问题。严复维新教育思想的重点与特色在于:一是基于"物竞天择、适者生存"的社会进化论的教育发展观;二是基于"鼓民力""开民智""新民德"的体德智三育论,培养"真国民"的教育目的观;三是基于"体用一致"的文化本体论与文化价值论,批判张之洞等的"中体西用"观,赞颂西方"以自由为体,以民主为用",[⑤]主张"统新故而视其通,苞中外而计其全"[⑥]的中华文化综合创新论,以及相应的自小学至大学综合中西学、中学递减、西学递增的学校课程观;四是基于中西知识价值论、方法论、思维论的比较,强调实证方法和形式逻辑对于现代科学和民族思维改造的重大意

① 梁启超:《变法通议·学校总论》,见《饮冰室合集·文集之三》(第1册),中华书局1989年版,第19页。

② 梁启超:《变法通议·论师范》(1896年8月),见《饮冰室合集·文集之三》(第1册),中华书局1989年版,第34页。

③ 梁启超:《论教育当定宗旨》(1902年),见《饮冰室合集·文集之十》(第2册),中华书局1989年版,第61页。

④ 梁启超:《新民说》(1902至1903年),见《饮冰室合集·专集之四》(第6册),中华书局1989年版,第5页。

⑤ 严复:《原强》(1895年3月),见王栻主编:《严复集》(第1册),中华书局1986年版,第27、23页。

⑥ 严复:《与外交报主人论教育书》(1902年),见王栻主编:《严复集》(第3册),中华书局1986年版,第560页。

义,先后翻译了《穆勒名学》《名学浅说》等逻辑学著作,在上海组织名学会,与此相应,倡导"读书得智是第二手事,唯能以宇宙为我简编,民物为我文字者,斯真学耳"①,"试验愈周,理愈靠实"②,"逻辑为一切法之法,一切学之学"等重视实证方法和逻辑思维培养的教学观。

康有为、梁启超、严复三人同中有异,大同小异,求同存异。康有为学风博杂,大气磅礴、振聋发聩而失之于主观武断,是一位思想家型的教育家,其教育思想贵在创新,贵在言人所未敢言而开一时风气;梁启超学风博大,视野恢宏、情感充沛而失之于精深稍欠,是一位百科全书式的学者和学术家型的教育家,其教育思想贵在敏锐而全面;严复学风博雅,真正学贯中西、精深入微而失之于豁达不足,是一位哲学家型的教育家,其教育思想在同侪之中最为深刻细致。若从中西学的关系来看,康有为基本还是一位今文经学与佛学相杂糅的传统学者,仅得西学之皮毛;梁启超中西兼具,但对西学的引进、理解、把握具有"快餐式"的特点;严复的中西学均堪称一流,是当时为数极少的能够进入"学"的层面来理解西学者。

康有为不是一般的教育家,而实际以"教主"自命。原创型教育家康有为、晏阳初、梁漱溟、陶行知都有宗教家之一面,执着而不执迷,既有百折不回的自我信仰,又有虽千万人吾往矣的实行精神。康有为是天才式人物,属于早慧早熟型思想家,其思想样态在比较年轻时就形成了,《新学伪经考》《孔子改制考》两书基本奠定了其思想体系,此后虽有发展或者说侧重,但总体变化不大,这使得在急剧变化的清末民初政治界和思想界,他的思想很快就落伍了,但他竟能以自大自信之人格特质维持自己的"明星"地位近30年,可谓异数。在中国近现代原创型教育家中,若以人格特质而论,唯有黄炎培与康有为差可拟之,但黄炎培更善于"事闲勿荒,事繁勿慌,取象于钱,内圆外方"。

教育家康有为的最大意义,就在于中国教育早期现代化时期由设立新式学校走向建立现代教育制度阶段,尤其是在维新运动时期所进行的集成

---

① 严复:《原强》(1895年3月),见王栻主编:《严复集》(第一册),中华书局1986年版,第29页。
② 严复:《西学门径功用》(1898年8月9日),见王栻主编:《严复集》(第一册),中华书局1986年版,第93页。

式启蒙,或者说康有为作为原创型教育家,其贡献主要不在于实行而在于思想启蒙。但是,他像中国近现代的大多启蒙主义者一样,一是"半截子"启蒙主义,二是启蒙主义中隐藏着无意识蒙昧主义。从百日维新期间康有为那些密集的建议亦可见,当时他的思想已有些许变化,从先前鼓吹议会、选举等制度变革,一转而寄望于光绪帝、"制度局"等关键少数,这可能既是他的政治策略,也是他自认为已经开始由体制外进入体制内,角色的变化带来思想的潜变,这实已经包含了康有为后来成为近乎愚忠式保皇派的暗脉。一个中国近代的启蒙主义者,从思想启蒙者、民主争取者而滑入传统文化本位主义者乃至复古主义者、落伍者、专制者,固然由于近代中国急剧突变的时势使然,变迁太快,革新太急,世事难料,一不留神便先进变落伍,而从国民性等更深层原因来考察,未尝不是圣君贤臣的奴才意识与"打倒皇帝做皇帝"的暴民意识交织所致,他们在骨子深处都有民粹主义情结。而从方法论和思维方式来看,康有为"以好博好异之故,往往不惜抹杀证据或曲解证据以犯科学家之大忌,此其短也。"①其孔教思想固无足论矣,其大同观、诸天观又何尝不是一种无意识的蒙昧主义?启蒙主义者的自我启蒙,以及警惕启蒙主义者的无意识的蒙昧主义,始终是中国近代以来思想启蒙的深隐命题。

---

① 梁启超著,朱维铮校注:《梁启超论清学史二种》,复旦大学出版社1985年版,第64页。

附　录　康有为生平大事年表^①

1858 年　（咸丰八年　戊午）　1 岁

　　3 月 19 日（二月初五日），生于广东省南海县。

　　是年，英法联军攻陷大沽炮台，进犯天津。清政府
先后与英、法、俄、美分别签订不平等的《天津条
约》。

1862 年　（同治元年　壬戌）　5 岁

　　诸父教以唐诗，成诵数百首，为祖父等所钟爱。

1863 年　（同治二年　癸亥）　6 岁

　　从番禺简凤仪读《大学》《中庸》《论语》等书，开始
正式接受传统教育。

　　次年，太平天国运动失败。

1865 年　（同治四年　乙丑）　8 岁

　　祖赞修授徒于广州府学宫孝悌祠，学者近百人，有
为从往受学。

---

① 该年表主要参考康有为著《我史》，康有为、康同璧著《康南海自编年谱（外二
种）》，马洪林著《康有为大传》和汤志钧编《康有为政论集·附录》。所标康有
为年龄均为虚岁。1911 年之前并记阴历。

1866 年 （同治五年　丙寅）　9 岁

祖赞修任修《南海县志》,居南海学宫志局中,有为依之受学。

叔祖康国器因镇压太平天国累功授福建按察使,假归,与从军诸

父一起在家乡大宴庆贺,给少年康有为以深刻印象。

是年,孙中山生。

1867 年 （同治六年　丁卯）　10 岁

祖赞修赴任连州训导,有为还乡,复从学简凤仪。

是年,弟有溥(字广仁)生。

1868 年 （同治七年　戊辰）　11 岁

父达初卒三月后,往依祖父于连州任所。始读《纲鉴》《大清会

典》《东华录》《明史》《三国志》,开始学习史学。并阅邸报,了解

时政,自称"知曾文正、骆文忠、左文襄之业,而慷慨有远志矣"①。

是年,捻军起义失败;日本明治维新。

次年,章太炎生。

1870 年 （同治九年　庚午）　13 岁

祖赞修回调广州,有为从归。旋从师学八股文于广州。

1871 年 （同治十年　辛未）　14 岁

还乡,读书于叔祖国器所筑藏书楼中,得"纵观说部、集部"。

是年,始应童子试,不售。

1872 年 （同治十一年　壬申）　15 岁

在乡从杨学华学,再应童子试不售,被"专督责为八股小题文"。

也仿学时文,并"仍纵观说部、集部、杂史"。自称"两年费日力于

试事及八股,进学最寡"。

1873 年 （同治十二年　癸酉）　16 岁

移学于灵洲山,仍从杨学华学;中岁复还银塘乡,又从张公辅学。

因厌八股文,受到长辈诘责。

是年,梁启超生。

---

① 以下称引未特标明者,均出《康南海自编年谱(外二种)》。

1874 年　（同治十三年　甲戌）　17 岁

居乡,时出城侍祖赞修于羊城书院,好为纵横之文。"始见《瀛环志略》、地球图",初步涉猎世界知识。

1875 年　（光绪元年　乙亥）　18 岁

侍祖赞修于广州,"督责甚严,专事八股,一切学皆舍去。"

1876 年　（光绪二年　丙子）　19 岁

应乡试不售。始从朱次琦受"济人经世"之学。朱"扫去汉、宋之门户,而归宗于孔子",有为受其影响,以为"圣贤为必可期","天下为必可为"。

是年,与张云珠(字妙华)结婚。

次年,继续受学于朱次琦;祖赞修去世。

1878 年　（光绪四年　戊寅）　21 岁

继续受学于朱次琦,系统研习儒家经籍和古典文学。渐感传统旧学无法解决社会现实问题,思想异常矛盾和苦闷。冬,辞朱返乡。

1879 年　（光绪五年　己卯）　22 岁

春,入西樵山,居白云洞,"专讲道佛之书"。后晤翰林院编修张鼎华(字延秋),了解到一些京师风气和各种新书,"乃哀物悼世,以经营天下为志"。秋,还乡,读了《西国近事汇编》《环游地球新录》等几种西书。冬,初游香港。得见西方文明,"始知西人治国有法度",于是购读西书。从此,开始了向西方探寻真理的历程。

1880 年　（光绪六年　庚辰）　23 岁

居乡授诸弟读经。著《何氏纠缪》,批判东汉今文经学家何休,"既而自悟其非,焚去"。

1881 年　（光绪七年　辛巳）　24 岁

居乡读书,从事史学和宋明理学研究。是年读书最多,积劳致病。

1882 年　（光绪八年　壬午）　25 岁

6 月(五月),赴京应顺天府乡试不售。在京游国子监,观宫阙,购碑刻,讲金石之学。归途经上海,看到租界的"繁荣","益知西人治术之有本"。

12 月(十一月),还家,沿途大购西书,"自是大讲西学,始尽释故见"。

1883 年　(光绪九年　癸未)　26 岁

家居,学习和研究清代政治史、欧洲各国史和自然科学。创不缠足会草例,"实为中国不裹足会之始"。

1884 年　(光绪十年　甲申)　27 岁

春夏间,居广州。后因中法战争,广州戒严,还乡。经过几年探索,开始形成自己的维新主义思想体系,"日日以救世为心,刻刻以救世为事",欲"以三统论诸圣,以三世推将来,而务以仁为主"。

1885 年　(光绪十一年　乙酉)　28 岁

撰《教学通义》。学习算学,拟几何学著《人类公理》。

1886 年　(光绪十二年　丙戌)　29 岁

春,居广州,请张鼎华向两广总督张之洞建议开局翻译西书,张之洞一度表示同意,终未果。

从事历法研究。著《康子内外篇》《教学通议》等。

1887 年　(光绪十三年　丁亥)　30 岁

9、10 月(八、九月),游香港。

继续编著《人类公理》和《康子内外篇》,兼涉西学,并研究中国上古史。

1888 年　(光绪十四年　戊子)　31 岁

6 月(五月),赴京应顺天乡试,不第。

12 月 10 日(十一月初八日),鉴于中法战后,国势日蹙,上清帝第一书,提出"变成法""通下情""慎左右"的建议,未达。

是年,廖平分《今古学考》为《辟刘篇》《知圣篇》。

1889 年　(光绪十五年　己丑)　32 岁

春夏间在京撰《广艺舟双楫》。

9 月 11 日(八月十七日),出京,一路漫游。

1890 年　(光绪十六年　庚寅)　33 岁

1 月还粤。春,居广州,晤今文经学家廖平,大受启发。4 月(三月），陈千秋来学；9月（八月），梁启超来学。

1891 年 （光绪十七年　辛卯）　34 岁

始开讲堂于广州长兴里，著《长兴学记》，以为学规。"讲中外之故，救中国之法"，为维新运动培养骨干。学生除陈千秋、梁启超外，尚有韩文举、梁朝杰、曹泰等。

8月（七月），初刊《新学伪经考》。认为东汉以来经学，多出刘歆伪造，应称"伪经"；刘歆"饰经佐篡，身为新臣"，是新莽一朝之学，与孔子无涉，应称"新学"。

1892 年 （光绪十八年　壬辰）　35 岁

移讲堂于广州卫边街邝氏祠，学者渐众。用孔子生二千四百四十三年纪年。

次年冬，迁讲堂于广州府学宫仰高祠，正式称"万木草堂"。是年，应乡试，中第八名。

1894 年 （光绪二十年　甲午）　37 岁

3月18日（二月十二日），偕梁启超入京会试。

6月9日（五月六日），下车伤足，遂南归。7月（六月）到粤。

8月1日（七月初一日），甲午中日战争全面爆发。

8月（七月），遭余联沅劾，《新学伪经考》被毁版。

12月（十一月），往游广西桂林，讲学40余日，王濬中等来学，并著《桂学答问》。

是年，孙中山成立兴中会于檀香山。

1895 年 （光绪二十一年　乙未）　38 岁

2月25日（二月初一日），自桂林返广州。

3月8日（十二日），偕梁启超等入京会试。

4月17日（三月二十三日），中日《马关条约》签订。

5月2日（四月初八日），康有为联合应试举人各省上书，请求拒和、迁都、练兵、变法，史称《公车上书》（即《上清帝第二书》），未达。

5月3日（四月初九日），中进士。5日（十一日），授工部预衡司主事，未到职。

5月29日（五月初六日），上清帝第三书，提出变法的具体步骤。光绪阅后赞许之。

6月30日（闰五月初八日），上清帝第四书，正式提出"设议院以通下情"的政治主张，格未达。

8月17日（六月二十七日），在北京创办《万国公报》，后更名《中外纪闻》。

11月1日（九月十五日），"入江宁，居二十余日"，游说张之洞开上海强学会。

11月（十月初），北京强学会"开局"，"先以报事为主"。

1896年　（光绪二十二年　丙申）　39岁

1月12日（十一月二十八日），上海强学会机关报《强学报》创刊。

1月20日（十二月初六日），杨崇伊劾强学会"植党营私"，京、沪强学会相继被封，后改为官书局。

继续讲学于万木草堂，撰成《孔子改制考》《春秋董氏学》《日本变政记》等书。

8月9日（七月初一日），《时务报》在上海创刊，梁启超任主笔，汪康年任经理。

9月（八月），游香港。11月（十月），至澳门。

1897年　（光绪二十三年　丁酉）　40岁

2月11日（正月初十日），到桂林。与唐景崧、岑春煊等发起组织圣学会，创办广仁学堂，刊行《广仁报》。

2月22日（正月二十一日），《知新报》在澳门创刊，康广仁、何廷光为经理，徐勤等为主笔。

7月（六月），还穗讲学。

12月5日（十一月十二日），闻德国强占山东胶州湾，赴京上清帝第五书（次年1月），建议采法俄、日以定国是，大集群臣而谋变法，听任疆吏各自变法。并正式提出了国事付议会议行和颁布宪法的主张。

是年冬，《孔子改制考》《春秋董氏学》《日本书目志》在上海付梓。

1898 年　（光绪二十四年　戊戌）　41 岁

1 月 24 日（正月初三日），光绪帝命王大臣延见有为于总理衙门，询问变法事宜。

1 月 29 日（正月初八日），上《外衅危迫分割洊至急宜及时发愤大誓臣工开制度新政局革旧图新以存国祚折》，自称上清帝第六书，请求光绪帝迅速变法。

3 月 12 日（二月二十日），进呈《俄彼得变政记》，上《译纂〈俄彼得变政记〉成书可考由弱致强之故折》，即上清帝第七书。

4 月 17 日（三月二十七日），保国会在北京成立。有为起草《章程》30 条，以保国、保种、保教为宗旨。该会旋即无形解散。

6 月 11 日（四月二十三日），光绪帝下"明定国是"诏，决定变法，百日维新开始。

6 月 16 日（四月二十八日），光绪帝召见有为后，面谕军机大臣："康有为著在总理衙门章京上行走"，并许专折奏事。

7 月 26 日（六月初八日），光绪帝命改《时务报》为官报，派有为督办其事。

9 月 5 日（七月二十日），谭嗣同、杨锐、刘光第、林旭赏四品卿衔，在军机章京上行走，参预新政事宜。

9 月 18 日（八月初三日），有为自称：光绪帝传出密诏，令其设法相救。

9 月 19 日（八月初四日），有为走访李提摩太和伊藤博文，请其援救新政。

9 月 20 日（八月初五日），有为离京南下。

9 月 21 日（八月初六日），慈禧太后再出"训政"，幽光绪于瀛台，百日维新失败。

9 月 28 日（八月十三日），谭嗣同、林旭、刘光第、杨深秀、杨锐、康广仁被杀，史称"戊戌六君子"。

9 月 29 日（八月十四日），有为逃至香港。

10 月 19 日（九月初五日），离港赴日。

10月26日(九月十二日),抵日。与先期到达的梁启超会合。康、梁到达日本后,当时在日的孙中山、陈少白力谋与之会面,劝其改弦易辙,以革命方式救中国。有为拒绝之。

1899年　(光绪二十五年　己亥)　42岁

4月1日(二月二十一日),离日赴加拿大。

4月13日(三月初四日),抵达温哥华,受到华侨的欢迎。

4月20日(三月十一日),在鸟喊士晚士咧发表忠君爱国的演说。

5月31日(四月二十二日),抵伦敦,企图通过英国政府干涉中国内政,扶助光绪帝重掌政权,未能实现。旋返加拿大。

7月20日(六月十三日),与华侨李福基等在加拿大组织保皇会。

10月26日(九月二十二日),自加拿大赴香港探母病,经日本时,被留难。

1900年　(光绪二十六年　庚子)　43岁

1月24日(十二月二十四日),慈禧立溥儁为"大阿哥",准备取代光绪帝,史称"己亥建储"。

2月1日(正月初二日),由香港抵新加坡,正式接受英国政府保护。

2月14日(正月十五日),清政府再次悬赏十万两严拿康、梁,并销毁其著作。

7月16日(六月二十日),致各埠保皇会公函,谓"南方义勇"将"分兵北上勤王,助外人攻团匪以救上"。

7月26日(七月初一日),支持唐才常在上海发起"国会",设自立会,组自立军,企图效法日本的"挟藩勤王",以武力恢复光绪帝的权力。

8月14日(七月二十日),八国联军攻入北京。

8月22日(七月二十七日),自立军起义失败,唐才常等在武昌被张之洞杀害。

9月(八月),致书张之洞,指责张镇压自立军是"背主事仇"。

11、12月间(十月),分别致书李鸿章、刘坤一,请求他们"清君侧""救圣主"。

1901 年　（光绪二十七年　辛丑）　44 岁

12 月 7 日（十月二十七日），离开槟榔屿赴印度。

是年，撰《中庸注》《孟子微》《春秋笔削大义微言考》《礼运注》。

1902 年　（光绪二十八年　壬寅）　45 岁

1 月 20 日（十二月十一日），定居印度大吉岭。

2 月 8 日（正月初一日），梁启超在东京创办的《新民丛报》出版。

是年，撰成《大同书》《论语注》。发表《答南北美洲诸华商论中国只可行立宪不能行革命书》和《与同学诸子梁启超等论印度亡国由于各省自立书》，宣扬中国只能君主立宪，不能革命。

1903 年　（光绪二十九年　癸卯）　46 岁

4 月（三月），离开印度，漫游缅甸、爪哇、越南、暹罗。

10 月（九月），回到香港。

1904 年　（光绪三十年　甲辰）　47 岁

3 月 22 日（二月初六日），自香港启行，经越南、暹罗，5 月 3 日（三月十八日），再至槟榔屿。5 月 26 日（四月十二日），自槟榔屿启行，经锡兰、亚丁至红海，穿苏伊士运河入地中海。6 月 15 日（五月初二日），抵意大利，漫游各地。此后半年，遍游意大利、瑞士、奥地利、匈牙利、德国、法国、丹麦、挪威、瑞典、比利时、荷兰、英国等国。11 月 3 日（九月二十六日），自英国渡大西洋，重返加拿大后居温哥华。

是年，撰《物质救国论》。

1905 年　（光绪三十一年　乙巳）　48 岁

2 月 12 日（正月初九日），自加拿大游美国。8 月（七月），赴欧洲。10 月（九月），返美国。11 月 29 日（十一月初三日），自美国赴墨西哥。

是年，孙中山在日本组织成立同盟会。

1906 年　（光绪三十二年　丙午）　49 岁

1 月 26 口（正月初二日），至墨西哥首都，后漫游其各地。秋，赴欧洲。自秋至冬，遍游欧洲各地。

9 月 1 日（七月十三日），清政府下令预备立宪。

是年,撰《法国革命记》,发表《布告百七十余埠会众丁未新年元旦举大庆典告藏保皇会改为国民宪政会文》。

1907 年　（光绪三十三年　丁未）　50 岁
仍漫游欧洲各国。

1908 年　（光绪三十四年　戊申）　51 岁
10 月（九月）,漫游埃及和欧、亚诸国后,返归槟榔屿。
11 月 14 日（十月二十一日）,光绪帝死。有为作《清光绪帝上宾请讨贼哀启》《上摄政王书》,请杀袁世凯为光绪帝报仇。
冬,撰《金主币救国议》。

1909 年　（宣统元年　己酉）　52 岁
漫游各国。

1910 年　（宣统二年　庚戌）　53 岁
8 月 18 日（七月十四日）,自槟榔屿迁居新加坡。9 月（八月）,还香港探母。

1911 年　（宣统三年　辛亥）　54 岁
1 月（十二月）,赴西贡,返新加坡。5 月 8 日（四月十日）,回香港。6 月 6 日（五月十日）,重游日本,晤梁启超。
10 月 10 日（八月十九日）,辛亥革命爆发。
是年,撰《救亡论》《共和政体论》,提出“虚君共和”的政治主张。

1912 年　（民国元年　壬子）　55 岁
1 月 1 日,孙中山在南京就任中华民国临时大总统。
3 月 10 日,袁世凯在北京就任临时大总统。
5 月、6 月间,撰《中华救国论》。9 月、10 月,撰《孔教会序》。冬,撰《废省论》《大借款驳议》。

1913 年　（民国二年　癸丑）　56 岁
2 月,陈焕章主编的《孔教会杂志》在上海出版。
同月,有为创办《不忍》杂志。
11 月 12 日,授意门人陈焕章等组织的孔教会在上海成立。
同月,由日本赴香港奔母丧。并拒绝袁世凯邀他去北京的意向。
12 月,在广州葬母、弟后返香港。

1914 年　（民国三年　甲寅）　57 岁

7 月,卜居上海。

8 月,第一次世界大战爆发。

1915 年　（民国四年　乙卯）　58 岁

是年居上海。4 月,游杭州。

12 月 12 日,袁世凯称帝。

12 月 25 日,护国运动开始。

冬,曾与梁启超、潘若海等在上海集议,策划举兵倒袁。

1916 年　（民国五年　丙辰）　59 岁

3 月,电请袁世凯退位。

6 月,袁世凯死,有为电黎元洪"望早召正式国会"①。

7 月,游杭州,发表演说称"中国文化垂五千年,赖以不敝者,孔教耳"②。

9 月,至曲阜祭孔,并致书黎元洪,请"以孔子为大教,编入宪法,复祀孔子之拜跪,明令各地设奉祀官"③。

10 月 4 日,在南京发表尊孔演讲;7 日,在镇江演说称"治国之本,在于五经"④。

1917 年　（民国六年　丁巳）　60 岁

6 月 26 日,到达北京,参与张勋复辟活动。

7 月 1 日,与张勋等拥清逊帝溥仪复辟,被授"弼德院副院长"。8 日,避入美国公使馆。12 日,复辟彻底失败。17 日,被北京政府通缉。

12 月 6 日,在美国保护下出京,经天津至青岛,又至大连、济南,返上海。

是年,续办《不忍》杂志,编成政论集《不幸而言中不听则国亡》,刊布《共和平议》。

① 汤志钧编:《康有为政论集》(下册),中华书局 1981 年版,第 945 页。
② 汤志钧编:《康有为政论集》(下册),中华书局 1981 年版,第 953 页。
③ 汤志钧编:《康有为政论集》(下册),中华书局 1981 年版,第 957 页。
④ 汤志钧编:《康有为政论集》(下册),中华书局 1981 年版,第 966 页。

1918 年　（民国七年　戊午）　61 岁

是年起,常居上海,时往来于杭州。

3 月 23 日,段祺瑞决定实行"武力统一",南北战争开始。

8 月 14 日,发出通电,呼吁南北停战。

11 月 11 日,第一次世界大战结束。14 日,复电北京和平期成会,认为"今宜力请南北新旧国会同时解散,依美、法例,召开国民大会,令每县举议员一人,公决和平,公议宪法"①。

1919 年　（民国八年　己未）　62 岁

5 月 4 日,五四运动爆发。6 日,发表《请诛国贼救学生电》。

8 月,致电犬养毅,请其转达日本政府撤兵交还青岛。

1920 年　（民国九年　庚申）　63 岁

6 月,在江苏省句容县创办"述农公司"。

1921 年　（民国十年　辛酉）　64 岁

7 月 1 日,中国共产党成立。

12 月,在上海愚园路建成住所"游存庐"。

1922 年　（民国十一年　壬戌）　65 岁

6 月,游曲阜,登泰山。

7 月,发表《斥赵恒惕联省自治电》,认为"分裂则必争而大乱,统一则必治而修明"②。

11 月,杭州别墅"一天园"建成。

12 月 1 日,清逊帝溥仪"大婚",有为在杭州"望阙叩贺"。

1923 年　（民国十二年　癸亥）　66 岁

3 月,游海门、定海、普陀。4 月,游洛阳、开封,与吴佩孚往还,又游保定、南京。5 月,游济南。6 月,游青岛。7 月,游北戴河。10 月,登华山,游临潼。11 月,在西安对各界发表讲演多次,并祭董仲舒祠。

---

①　汤志钧编:《康有为政论集》(下册),中华书局 1981 年版, 第 1060 页。
②　汤志钧编:《康有为政论集》(下册),中华书局 1981 年版, 第 1076 页。

1924 年　（民国十三年　甲子）　67 岁

　　1 月,离陕西,游嵩山,经武昌;2 月,返上海,往杭州。

　　11 月,冯玉祥发动北京政变后,将溥仪逐出故宫。有为致电斥责,表示反对。

1925 年　（民国十四年　乙丑）　68 岁

　　2 月,自上海赴天津"觐见"溥仪。4 月,去青岛。6 月,赴杭州。7 月,返青岛。10 月,回上海。

1926 年　（民国十五年　丙寅）　69 岁

　　3 月,在上海住所内创办天游学院。

　　4 月,致电请求恢复清室优待条件。

　　9 月,重返北京,凭吊"戊戌六君子"。

　　是年,撰成《诸天讲》。

1927 年　（民国十六年　丁卯）　70 岁

　　2 月 14 日,赴天津祝溥仪寿。3 月 8 日,溥仪"赐寿";18 日,到青岛;31 日,病逝。旋葬于青岛。

参考文献

一、康有为的全集、文集（均为康有为撰著，故只列明编校者）

［1］姜义华等编校：《康有为全集》（第 1 至第 12 集），中国人民大学出版社 2007 年版。

［2］姜义华等编校：《康有为全集》（第 1 至第 3 集），上海古籍出版社 1987—1990 年版。

［3］汤志钧编：《康有为政论集》，中华书局 1981 年版。

［4］蒋贵麟主编：《康南海先生遗著汇刊》，台北宏业书局 1976 年版。

［5］蒋贵麟编：《万木草堂遗稿》，台北成文出版社 1978 年版。

［6］蒋贵麟编：《万木草堂遗稿外编》，台北成文出版社 1978 年版。

［7］蒋贵麟编：《万木草堂遗稿续编》，台北成文出版社 1983 年版。

［8］楼宇烈整理：《康南海自编年谱（外二种）》（附康同璧编《南海康先生年谱续编》和梁启超撰《南海康先生传》），中华书局 1992 年版。

［9］黄明同等编著：《康有为早期遗稿述评》（附《日本变政考》

和《杰士上书汇录》),中山大学出版社 1988 年版。

[10]《戊戌奏稿》,台北文海出版社《近代中国史料丛刊》影印本。

[11]《康有为日本变政考》,紫禁城出版社 1998 年影印本。

[12] 上海市文物保管委员会编:《康有为与保皇会》,上海人民出版社 1982 年版。

[13] 钟叔河等校点:《欧洲十一国游记二种》,岳麓书社 1985 年版。

[14]《不忍》杂志。

[15] 周德昌编:《康南海教育文选》,广东高等教育出版社 1989 年版。

[16] 吴熙钊等校点:《南海康先生口说》,中山大学出版社 1985 年版。

[17] 陈汉才校注:《长兴学记》,广东高等教育出版社 1991 年版。

[18]《新学伪经考》,中华书局 2012 年版。

[19]《孔子改制考》,中华书局 2012 年版。

[20] 周振甫、方渊校注:《大同书》,中华书局 2012 年版。

[21] 楼宇烈整理:《论语注》,中华书局 1984 年版。

[22] 楼宇烈整理:《孟子微》(附《礼运注》和《中庸注》),中华书局 1987 年版。

[23] 楼宇烈整理:《诸天讲》,中华书局 1990 年版。

[24] 楼宇烈整理:《长兴学记·桂学答问·万木草堂口说》,中华书局 1988 年版。

[25] 张荣华编校:《康有为往来书信集》,中国人民大学出版社 2012 年版。

[26] 上海文物保管委员会文献研究部编:《康有为遗稿·万木草堂诗集》,上海人民出版社 1996 年版。

[27] 陈永正编注:《康有为诗文选》,广东人民出版社 1983 年版。

[28] 王刘纯主编:《康有为手稿》(六种),大象出版社 2014 年影印本。

二、关于康有为著作等的考证

[1] 黄彰健:《康有为戊戌真奏议》,台北历史语言研究所 1974 年版。

[2] 孔祥吉:《救亡图存的蓝图:康有为变法奏议辑证》,台北联合报系文化基金会 1998 年版。

[3] 孔祥吉:《康有为变法奏章辑考》,北京图书馆出版社 2008 年版。

［4］孔祥吉：《康有为变法奏议研究》，辽宁教育出版社 1988 年版。

［5］茅海建：《从甲午到戊戌：康有为〈我史〉鉴注》，生活·读书·新知三联书店 2009 年版。

［6］茅海建：《戊戌变法史事考》，生活·读书·新知三联书店 2005 年版。

［7］茅海建：《戊戌变法史事考二集》，生活·读书·新知三联书店 2011年版。

［8］陈团初等编：《康有为著作与研究资料索引》，广东高等教育出版社 1989 年版。

三、关于康有为的传记、回忆

［1］林克光：《革新派巨人康有为》，中国人民大学出版社 1990 年版。

［2］马洪林：《康有为大传》，辽宁人民出版社 1988 年版。

［3］马洪林：《康有为评传》，南京大学出版社 2009 年版。

［4］张伯桢：《南海康先生传》，台北文海出版社《近代中国史料丛刊》影印本。

［5］陆乃翔等：《新镌康南海先生传》，万木草堂 1929 年刊本。

［6］卢湘父：《万木草堂忆旧》，台北文海出版社《近代中国史料丛刊》影印本。

［7］夏晓虹编：《追忆康有为》，生活·读书·新知三联书店出版社 2009年版。

［8］单演义：《康有为在西安》，陕西人民出版社 1990 年版。

［9］陈汉才：《康门弟子述略》，广东高等教育出版社 1991 年版。

［10］张林杰：《康有为与康门弟子》，大象出版社 2014 年版。

［11］中国人民政治协商会议全国委员会文史资料研究委员会编：《文史资料选辑》第 31 辑，文史资料出版社 1962 年版。

［12］中国人民政治协商会议江苏省暨南京委员会文史资料研究委员会编：《江苏文史资料选辑》第 2 辑，江苏人民出版社 1981 年版。

［13］中国人民政治协商会议广西壮族自治区委员会文史资料研究委员会编：《广西文史资料选辑》第 1 辑，内部发行。

［14］中国人民政治协商会议桂林市委员会文史资料研究委员会编：《桂林

文史资料》第 2 辑,内部发行。

四、关于康有为、戊戌维新等的研究

[1] 萧公权:《康有为思想研究》,汪荣祖译,中国人民大学出版社 2014 年版。

[2] 萧公权:《近代中国与新世界:康有为变法与大同思想研究》,汪荣祖译,江苏人民出版社 1997 年版。

[3] 〔韩〕李春馥:《戊戌时期康有为议会思想研究》,人民出版社 2010 年版。

[4] 汤志钧:《康有为与戊戌变法》,中华书局 1984 年版。

[5] 钟贤培主编:《康有为思想研究》,广东高等教育出版社 1988 年版。

[6] 汤志钧:《戊戌变法史》(修订本),上海社会科学出版社 2003 年版。

[7] 孔祥吉:《戊戌维新运动新探》,湖南人民出版社 1988 年版。

[8] 汤志钧:《戊戌时期的学会和报刊》,台北商务印书馆 1993 年版。

[9] 胡绳武主编:《戊戌维新运动史论集》,湖南人民出版社 1983 年版。

[10] 《论戊戌维新运动及康有为、梁启超》,广东人民出版社 1985 年版。

[11] 萧公权:《翁同龢与戊戌维新》,杨肃献译,中国人民大学出版社 2014 年版。

[12] 李剑萍:《康有为教育思想研究》,辽宁教育出版社 1997 年版。

[13] 李剑萍:《中国现代教育问题史论》(修订版),人民出版社 2011 年版。

[14] 李剑萍等:《中国现代教育史——中国教育早期现代化研究》,人民教育出版社 2011 年版。

[15] 李剑萍:《中国现代教育的历史探索》,安徽教育出版社 2012 年版。

[16] 李剑萍总主编:《中国现当代课程问题史论丛书》,山东人民出版社 2014 年版。

五、史料集

[1] 中国史学会主编:《中国近代史资料丛刊·戊戌变法》,神州国光社 1953 年版。

［2］中国史学会主编:《中国近代史资料丛刊·洋务运动》,上海人民出版社 1961 年版。

［3］中国史学会主编:《中国近代史资料丛刊·辛亥革命》,上海人民出版社 1957 年版。

［4］国家档案局明清档案馆编:《戊戌变法档案史料》,中华书局 1958 年版。

［5］朱有瓛主编:《中国近代学制史料》,华东师范大学出版社 1983—1993 年版。

［6］陈学恂主编:《中国近代教育史教学参考资料》,人民教育出版社 1986、1987 年版。

［7］汤志钧等编:《中国近代教育史资料汇编·戊戌时期教育》,上海教育出版社 1993 年版。

［8］陈元晖主编,陈学恂等编:《中国近代教育史资料汇编·留学教育》,上海教育出版社 1991 年版。

［9］舒新城编:《中国近代教育史资料》,中国人民大学出版社 2012 年版。

［10］《清实录》,中华书局 1985 年影印本。

［11］朱寿朋编、张静庐等校点:《光绪朝东华录》,中华书局 1958 年版。

［12］贺长龄编:《皇朝经世文编》,台北文海出版社《近代中国史料丛刊》影印本。

［13］昆冈等修:《钦定大清会典事例》,清光绪十二年内府石印本。

［14］杜迈之等辑:《自立会史料集》,岳麓书社 1983 年版。

［15］中华全国妇女联合会妇女运动历史研究室编:《中国妇女运动历史资料(1840—1918)》,中国妇女出版社 1991 年版。

［16］苏舆编:《翼教丛编》,台北文海出版社《近代中国史料丛刊》影印本。

［17］北京大学等编:《京师大学堂档案选编》,北京大学出版社 2001 年版。

［18］北京大学校史研究室编:《北京大学史料》,北京大学出版社 1993 年版。

六、相关人物文集

［1］梁启超:《饮冰室合集》,中华书局 1989 年版。

［2］梁启超著,夏晓虹辑:《饮冰室合集集外文》,北京大学出版社 2005 年版。

［3］汪征鲁等主编:《严复全集》,福建教育出版社 2014 年版。

［4］蔡尚思等编:《谭嗣同集》(增订本),中华书局 1998 年版。

［5］樊克政编:《中国近代思想家文库·龚自珍卷》,中国人民大学出版社 2015 年版。

［6］魏源全集编辑委员会编校:《魏源全集》,岳麓书社 2011 年版。

［7］唐浩明主编:《曾国藩全集》,岳麓书社 2011 年版。

［8］刘泱泱等注:《左宗棠全集》,岳麓书社 2014 年版。

［9］顾廷龙等主编:《李鸿章全集》,安徽教育出版社 2008 年版。

［10］赵德馨等主编,吴剑杰等点校:《张之洞全集》,武汉出版社 2008 年版。

［11］中国社会科学院近代史研究所等编:《孙中山全集》,中华书局 2011 年版。

［12］中国蔡元培研究会编:《蔡元培全集》,浙江教育出版社 1998 年版。

［13］任建树等编:《陈独秀著作选》,上海人民出版社 1993 年版。

［14］《鲁迅全集》,人民文学出版社 2005 年版。

［15］《毛泽东选集》,人民出版社 1991 年版。

［16］〔法〕圣西门:《圣西门选集》,王燕生等译,商务印书馆 1985 年版。

［17］〔英〕欧文:《欧文选集》,柯象峰等译,商务印书馆 1979 年版。

［18］〔法〕傅立叶:《傅立叶选集》,赵俊欣等译,商务印书馆 1982 年版。

七、相关研究著作

［1］梁启超著,朱维铮校注:《梁启超论清学史二种》,复旦大学出版社 1985 年版。

［2］汤志钧:《近代经学与政治》,中华书局 1989 年版。

［3］周予同著,朱维铮编:《周予同经学史论著选集》,上海人民出版社 1983 年版。

［4］皮锡瑞著,周予同注释:《经学历史》,中华书局 2008 年版。

［5］廖幼平编:《廖季平年谱》,巴蜀书社 1985 年版。

［6］陈德述等:《廖季平学术思想研究》,四川社会科学院出版社

1987 年版。

［7］罗检秋：《嘉庆以来汉学传统的衍变与传承》，中国人民大学出版社
2006 年版。

［8］〔英〕庄士敦：《儒学与近代中国》，潘崇等译，天津人民出版社 2010
年版。

［9］李泽厚：《中国近代思想史论》，人民出版社 1979 年版。

［10］李泽厚：《中国现代思想史论》，安徽文艺出版社 1994 年版。

［11］〔美〕费正清主编：《剑桥中国晚清史》，中国社会科学出版社 1985 年版。

［12］张朋园：《立宪派与辛亥革命》，台北学术著作奖助委员会 1969 年版。

［13］冯自由：《革命逸史》，中华书局 1981 年版。

［14］王德昭：《从改革到革命》，中华书局 1987 年版。

［15］李锐：《毛泽东的早期革命活动》，湖南人民出版社 1980 年版。

［16］张正藩：《近六十年来南洋华侨教育史》，台北文物供应社 1956 年版。

［17］〔日〕实藤惠秀：《中国人留学日本史》，谭汝谦、林启彦译，北京大学
出版社 2012 年版。

［18］〔德〕郎宓榭、阿梅龙、顾有信：《新词语新概念：西学译介与晚清汉语
词汇之变迁》，赵兴胜等译，山东画报出版社 2012 年版。